民事事実認定論

加藤新太郎

弘文堂

はしがき

　民事訴訟は、事実認定が生命である。もとより、適切な法解釈とその事実に対する当てはめ（法適用）も大切であり、事実認定と法の解釈・適用は車の両輪である。しかし、「誤った認定をした事実」に法の適用をしてみても意味はない。

　民事事実認定は、弁論主義・当事者主義などの民事訴訟法の原則の下において、当事者の党派的訴訟活動を前提として、その事象の専門家ではない裁判官が、法定の手続に則り証拠法則を遵守して、法的に意味のある主張の不一致である争点について、評価性を含む事象を認識していく営為である。そこで、裁判官はいかにして真実に迫る事実認定をしていくかについて考え続け、必須の基本的技能としての事実認定スキルを修得することを目標とする。弁護士は要証事実の効果的立証に努め、裁判官が事実を見誤ることのないよう万全を期する。法律実務家は適正な事実認定を目指し、日夜、努力を重ねている。

　本書は、このような民事事実認定を対象として、「知識体系としての民事事実認定論」の構築を試みるモノグラフィーである。筆者は、2004年12月に開催された東京大学民事訴訟法研究会において、「民事事実認定論の現状と課題―民事事実認定研究について研究者はいかにして寄与できるか」という報告をしたことがあり、その折に、伊藤眞先生から示唆された一言が、本書刊行の契機となった。

　先行研究と対比しつつ、本書の特色を述べると、次のようになる。

　第1に、本書は、民事事実認定にかかわる議論群（事実認定とはどのような性質の作業か、認定の対象となる事実とは何か、いかに事実を認定するか、間接事実からいかに要証事実を推認するか、適切な事実認定のための審理プロセス・事実認定にかかわる民事訴訟法原則はどのようなものであるべきか、適正な事実認定を支援・担保するシステムはどのようなものであるべきかなど）について、事実認定本質論、事実認定対象論、事実認定方法論、事実認定過程論、事実認定基盤論に整理して考察しようと試みた。当然のことながら、ある議論が複数のものに重なることはあるが、どのような性質の議論をしているかを明確に意識することが必要であると考えたことによる。

i

第2に、民事事実認定を語る場合には、ともすれば抽象的な議論にとどまりやすい。そこで、本書は、できる限り、具体的なケースを素材として用いて、足が地に着いた議論を展開するように試みた。とりわけ、筆者が民事裁判官として執務上経験した事柄を考察の対象としていること、それらを知識体系の中に位置づけようとしたことは、特色になっていると思う。もとより、個別のケースは多様であるし、そこから引き出すことのできる意味合いにも限界があるが、可能な限り、汎用性ある命題を導くように努めるよう心がけた。すなわち、本書は、民事事実認定論の分野において、「理論の実務化」と「実務の理論化」を意図したものである。

　第3に、本書を構成する各章の論考は、初出一覧のとおり、一部の書き下ろしを除き、筆者がこれまで裁判実務の傍ら発表してきた論考を基礎としている。しかし、いずれも、各論考発表後の議論状況に配慮し、相当程度の加筆をしてアップ・トゥ・デイトすることを心がけた。実務経験を謳ったからといって、永きに亘る思索であるからといって、それが意味あるものとは限らないことはよく承知している。そもそも本書は、先学の研究の成果にその多くを負っている。ただ、本書は、誠にささやかではあるが、筆者にとっては、これまでの民事事実認定研究の集大成である。

　本書の名宛人は、主として、法律実務家である弁護士、裁判官、このテーマに関心を持たれる研究者であるが、簡裁訴訟代理権を得た司法書士の方々のほか、法律実務家の卵である司法修習生、法科大学院学生も視野に入れている。本書が多くの方々に受け入れられれば、幸いである。

　最後に、本書刊行のきっかけとなる一言を頂戴した伊藤眞先生に、また、本書の基礎をなす論考の執筆の機会を与え、収録をお許しいただいた関係者の方々に感謝申し上げたい。

　本書刊行にあたっては、弘文堂の北川陽子さんにお世話いただいた。万端にわたるきめ細かな配慮とよりよい書籍をつくり上げようという情熱に対し、厚くお礼申し上げたい。

　　　2014年4月

　　　　　　　　　　　　　　　　　　　　　　　　　　　加藤　新太郎

初出一覧

- 第1章　書き下ろし
- 第2章　「民事事実認定の基本構造」伊藤眞ほか編『小島武司先生古稀祝賀　民事司法の法理と政策(上)』305頁（商事法務・2008）
- 第3章　「確信と証明度」福永有利ほか編『鈴木正裕先生古稀祝賀　民事訴訟法の史的展開』549頁（有斐閣・2002）
  - 補論Ⅰ　鈴木正裕＝青山善充編『注釈民事訴訟法(4)』53頁（有斐閣・1997）
  - 補論Ⅱ　「証明度(2)―長崎原爆訴訟上告審判決」伊藤眞＝加藤新太郎編『[判例から学ぶ]民事事実認定』16頁（有斐閣・2006）
- 第4章　「文書成立の真正の認定」新堂幸司ほか編『中野貞一郎先生古稀祝賀　判例民事訴訟法の理論(上)』575頁（有斐閣・1995）
  - 補論　書き下ろし
- 第5章　「人証の証拠評価と事実認定」法曹時報59巻1号1頁（2007）
- 第6章　鈴木正裕＝青山善充編『注釈民事訴訟法(4)』42頁（有斐閣・1997）
- 第7章　「事実認定と経験則」新堂幸司監修『実務民事訴訟講座〔第3期〕④民事証拠法』47頁（日本評論社・2013）
- 第8章　「民事訴訟における情報の歪みと是正」青山善充ほか編『石川明先生古稀祝賀　現代社会における民事手続法の展開(上)』417頁（商事法務・2002）
- 第9章　「契約の解釈におけるスキル」加藤雅信ほか編『野村豊弘先生還暦記念論文集　二一世紀判例契約法の最前線』57頁（判例タイムズ社・2006）
- 第10章　「民事訴訟法248条の構造と実務」金融財事情研究会編『田原睦夫先生古稀・最高裁判事退官記念論文集　現代民事法の実務と理論(下)』1016頁（金融財政事情研究会・2013）
- 第11章　「専門委員による専門的知見の導入」徳田和幸ほか編『谷口安平古稀祝賀　現代民事司法の諸相』193頁（成文堂・2005）
- 第12章　「新種証拠の取調べ」竹下守夫編集代表『講座新民事訴訟法Ⅱ』243頁（弘文堂・1999）
- 第13章　「民事訴訟における事実認定の違法」中舎寛樹先生退職記念論文集　名古屋大学法政論集254号1頁（2014）

はしがき　i

第1章　民事事実認定論の体系 ——————— 1

- I　事実認定の意義　1
- II　民事訴訟の争い方の類型と事実認定　2
- III　民事事実認定の困難性　5
- IV　民事事実認定の知識と経験　6
- V　民事事実認定論の諸相　8
  - 1）概　観　2）証明過程論的事実認定論　3）構造論的事実認定論
  - 4）証明論的事実認定論　5）確率論的事実認定論
  - 6）裁判心理学的事実認定論
- VI　知識体系としての民事事実認定論の構想　12
  - 1）総　説　2）民事事実認定の特色
  - 3）民事事実認定の与件と民事事実認定論　4）本書の構成

第2章　民事事実認定の基本構造 ——————— 17

- I　はじめに　17
- II　民事訴訟の判断のプロセスと事実認定　17
  - 1）民事訴訟における判断のプロセス　2）認定すべき事実　3）推論の構造
- III　民事訴訟と真実解明　23
  - 1）民事訴訟目的論と真実発見・真実解明　2）事実認定論と真実解明
- IV　事実認定の基本型とその手法の性質　27
  - 1）事実認定の基本型　2）事実認定手法の性質
- V　事実認定のルール　30
- VI　むすび　32

第3章　証明度論 ——————— 34

- I　はじめに　34
  - 1）民事訴訟における証明と事実認定　2）本章の意図と構成
- II　確信テーゼの形成　36
  - 1）学説（戦前）　2）学説（戦後）　3）判例理論
  - 4）刑事訴訟法の体系書の記述

Ⅲ　確信テーゼの見直し　45
　　　1）総　説　2）証明度の引下げを図ろうとする学説
　　　3）確信テーゼを克服しようとする学説
　Ⅳ　「確信と証明度」の現状と課題　50
　　　1）確信テーゼの要否　2）証明度の決め方　3）証明度のあり方
　　　4）証明度の軽減の可否
　Ⅴ　むすび──証明度論の課題　63
　　　1）本章の論旨　2）証明度論の新たな課題

第3章 補論Ⅰ　解明度、信頼度、証明度の変容 ── 66

　Ⅰ　解明度　66
　　　1）解明度の意義　2）解明度論の評価
　Ⅱ　信頼度　69
　　　1）信頼度の意義　2）信頼度の効用
　Ⅲ　証明度の変容　70
　　　1）総　説　2）原則的証明度より高い証明度の要否
　　　3）当事者の争い方による証明度の変容

第3章 補論Ⅱ　長崎原爆訴訟上告審判決 ── 74

　Ⅰ　はじめに　74
　Ⅱ　事案の概要　74
　　　1）事案の内容　2）本判決の判旨
　Ⅲ　考　察　76
　　　1）本判決の意義　2）裁判例の動向　3）検　討　4）本判決の読み解き

第4章　文書の成立の真正 ── 83

　Ⅰ　はじめに　83
　Ⅱ　文書の成立の真正の意義　84
　　　1）学説の諸相　2）判例の立場　3）検　討
　Ⅲ　文書の作成者の認定と証拠資料としての適格性　89
　　　1）問題の所在と学説の諸相　2）判例の立場　3）検　討

IV　文書成立の真正の推定　　95
　　　1）民事訴訟法228条4項の性質　2）二段の推定　3）二段の推定と反証
　　　4）文書の成立の真正についての審理
　V　むすび　　104

第4章 補論／陳述書──────────106
　I　陳述書の意義　　106
　II　陳述書利用消極論　　107
　III　陳述書の問題点と克服策　　109
　　　1）陳述書の汚染問題　2）陳述書の汚染への対応策
　IV　陳述書の作成　　111
　V　陳述書の証拠評価　　113
　　　1）高い証拠評価のされる陳述書　2）高い証拠評価のされない陳述書

第5章／人証の証拠評価──────────117
　I　はじめに　　117
　II　人証の証拠評価についての考慮要素　　120
　　　1）事実認定上着目すべきファクター　2）五つのテスト
　　　3）供述者の信用性・信頼性　4）供述内容の信用性・信頼性
　III　契約型紛争　　124
　　　1）【ケース1】変額保険のパンフレット不交付主張ケース
　　　2）【ケース2】証拠後出しケース
　　　3）【ケース3】金融商品取引における説明の適否
　IV　事故型紛争　　135
　　　1）【ケース4】京阪電車置石列車脱線転覆事件
　　　2）【ケース5】忘年会カラオケ膝蹴り事件
　V　人事紛争　　145
　　　1）【ケース6】養子縁組無効確認請求訴訟
　　　2）【ケース7】離婚請求訴訟における婚姻中の暴力
　VI　むすび　　149
　　　1）人証評価の五つのテストの基礎にある経験則
　　　2）五つのテストの相対性ないし限界

第6章 自由心証主義論 ———————— 154
- I　はじめに　154
- II　自由心証主義（総論）　154
  - 1）自由心証主義の意義　2）証拠法則からの解放とその例外
  - 3）自由心証主義の制度的基盤
- III　民事訴訟原則との関係　159
  - 1）弁論主義原則との関係　2）証拠共通の原則との関係
  - 3）証明責任原則との関係
- IV　自由心証主義の内容　164
  - 1）証拠評価のフリーハンド　2）自由心証主義の内在的制約
  - 3）判決書の記載内容による担保　4）合議体による審判
- V　自由心証主義の適用範囲　170
  - 1）原則　2）自由心証主義と証拠契約
- VI　弁論の全趣旨　173
  - 1）弁論の全趣旨の意義　2）弁論の全趣旨の作用　3）弁論の全趣旨の内実
  - 4）弁論の全趣旨による事実認定　5）弁論の全趣旨と判決理由
- VII　証拠調べの結果　182
  - 1）証拠調べの結果の意義　2）証拠調べの結果に対する証拠評価

第7章 経験則論 ———————— 186
- I　はじめに　186
- II　経験則の意義と機能　186
  - 1）経験則の意義と多様性　2）経験則の機能　3）事実上の推定
- III　経験則と推認・信用性の判断　191
  - 1）経験則と推認　2）経験則と信用性の判断　3）判例からみた経験則違反
- IV　経験則についての留意点　209
  - 1）経験則の例外随伴性　2）経験則の体系化　3）経験則の証明
- V　むすび　216

第8章 情報の歪みと是正 ———————— 217
- I　事実認定の意味合い　217

II　情報処理プロセスとしての民事訴訟　218
　　　1）民事事実認定の特色と与件　2）情報処理プロセスとしての民事訴訟
　　　3）事実認定を歪める要因
　III　民事訴訟における情報の歪みと是正（その1）　220
　　　1）制度の不当利用型——総説　2）主張レベルにおける発現形態
　　　3）証拠レベルにおける発現形態
　IV　民事訴訟における情報の歪みと是正（その2）　228
　　　1）訴訟代理人的役割への過剰適応型　2）特殊日本的法援用随伴型
　　　3）人格防衛型　4）自己主張の完全性志向型
　V　むすび　237

第9章／契約の解釈 ———— 239

　I　課題の設定　239
　II　契約の解釈の基準　240
　　　1）総　説　2）契約の解釈の類型　3）解釈の基準
　　　4）単独行為、合同行為の解釈との差異
　III　契約の解釈における実務の諸相　244
　　　1）契約の成否の解釈　2）契約の当事者の解釈　3）契約の法的性質の解釈
　　　4）条件の解釈　5）付款の解釈
　IV　契約の解釈におけるスキル　254
　　　1）契約の解釈が必要な場面——ケース・スタディのまとめ
　　　2）汎用的スキルとしての目的適合的解釈
　　　3）汎用的スキルとしての経験則の活用
　V　むすび　260

第10章／相当な損害額の認定 ———— 261

　I　はじめに　261
　　　1）民事訴訟法248条の趣旨　2）本章の目的
　II　民事訴訟法248条をめぐる問題状況　263
　　　1）民事控訴審の口頭弁論期日におけるエピソード
　　　2）民事訴訟法248条を適用する前提としての損害
　　　3）民事訴訟法248条の規範としての意味合い

- III　民事訴訟法248条の要件論　265
  - 1）総　説　2）損害が生じたことが認められる場合であること
  - 3）損害の性質上その額を立証することが極めて困難であるとき
  - 4）口頭弁論の全趣旨および証拠調べの結果に基づくこと
- IV　民事訴訟法248条の効果論　275
  - 1）相当な損害額認定の法的性質　2）検討と私見　3）相当な損害額の認定
- V　相当な損害額の認定のための審理　281
  - 1）民事訴訟法248条の規範としての意義　2）審理のあり方
  - 3）判決理由記載の程度
- VI　むすび　284

第11章／専門的知見の導入　286

- I　はじめに　286
- II　専門委員による専門的知見の導入　289
  - 1）専門委員制度の概要　2）専門委員制度の実効化
- III　専門委員と事案解明　293
  - 1）争点整理・進行協議と専門委員　2）事案解明のための関与の必要性
  - 3）証拠調べ手続
- IV　専門委員と実体形成　296
  - 1）争点整理・進行協議における説明　2）証拠調べにおける説明
  - 3）訴訟上の和解における説明　4）弁論主義と専門委員の独自性
  - 5）心証形成
- V　専門委員と手続保障　300
  - 1）当事者の意見聴取　2）当事者の同意　3）当事者の立会いの要否
  - 4）当事者の意見陳述の機会　5）期日外における説明と準備の指示
- VI　むすび　307

第12章／新種証拠の取調べ　309

- I　はじめに　309
- II　民事訴訟手続に関する検討事項　311
  - 1）総　説　2）録音テープ等の証拠調べ　3）磁気ディスク等の証拠調べ
  - 4）検討事項が提示した論点に対する各界意見の状況

III 学説・裁判例の問題状況　314
　　　1）総　説　2）学説の諸相　3）裁判例　4）私　見
  IV 要綱試案から現行民事訴訟法まで　318
　　　1）要綱試案の内容　2）要綱試案に対する各界意見の状況とコメント
　　　3）立法論としての磁気ディスク等の証拠調べ
　　　4）改正要綱および現行民事訴訟法
  V 現行法の規律と実務上の諸問題　321
　　　1）総　説　2）文書に準ずる物件の意義　3）図面、写真等の証拠調べ
　　　4）録音テープ、ビデオテープ等の証拠調べ　5）磁気ディスク等の証拠調べ

第13章／民事事実認定の違法 ───── 329

  I はじめに　329
  II 事実認定の違法の規律枠組みと問題の所在　330
  III 事実認定の違法──手続的な違法　331
　　　1）総　説　2）違法収集証拠の証拠能力
　　　3）人証の代わりに作成された文書の証拠能力
　　　4）訴訟提起後に作成された文書の証拠能力の問題　5）陳述書の証拠能力
　　　6）私的鑑定報告書の証拠能力　7）反対尋問を経ない供述・証言の証拠能力
  IV 事実認定の違法──実体的判断の違法　338
　　　1）総　説　2）適法に訴訟にあらわれた資料を顧慮しない事実認定
　　　3）論理法則・経験則に反する事実認定　4）裁量の範囲を逸脱した事実認定
  V 経験則違反と上告理由　341
　　　1）問題の所在　2）経験則違反が上告理由となる論拠
　　　3）上告理由となる経験則違反
  VI 経験則違反と上告受理申立て理由　345
　　　1）問題の所在　2）学説の諸相と検討
  VII むすび　346

　　　事項索引　348
　　　判例索引　353

凡　例

本書における文献略語は、以下のように用い、ほかは慣例にならった。

伊藤民訴	伊藤眞『民事訴訟法〔第4版〕』（有斐閣・2011）
コンメ民訴Ⅱ・Ⅳ・Ⅴ	菊井維大＝村松俊夫原著・秋山幹男＝伊藤眞＝加藤新太郎＝高田裕成＝福田剛久＝山本和彦著『コンメンタール民事訴訟法Ⅱ・Ⅳ・Ⅴ』（日本評論社・Ⅱ2006・Ⅳ2010・Ⅴ2012）
重点講義(上)(下)	髙橋宏志『重点講義民事訴訟法(上)〔第2版補訂版〕・(下)〔第2版〕』（有斐閣・上2013・下2012）
条解民訴	兼子一原著・松浦馨＝新堂幸司＝竹下守夫＝髙橋宏志＝加藤新太郎＝上原敏夫＝高田裕成著『条解民事訴訟法〔第2版〕』（弘文堂・2011）
新堂民訴	新堂幸司『新民事訴訟法〔第5版〕』（弘文堂・2011）
注釈民訴(4)	鈴木正裕＝青山善充編『注釈民事訴訟法(4)』（有斐閣・1995）
注釈民訴(7)	吉村徳重＝小島武司編『注釈民事訴訟法(7)』（有斐閣・1995）
手続裁量論	加藤新太郎『手続裁量論』（弘文堂・1996）
判例・民事事実認定	伊藤眞＝加藤新太郎編『［判例から学ぶ］民事事実認定』（有斐閣・2006）
民事事実認定	田尾桃二＝加藤新太郎編『民事事実認定』（判例タイムズ社・1999）

第1章　民事事実認定論の体系

I　事実認定の意義

　民事訴訟の結論は、確定された事実（自白または事実認定）に、法規が適用されることにより導かれる。民事事実認定は、民事訴訟において、当事者間に争いのある事実の存否を証拠調べの結果と弁論の全趣旨によって認定する作業である。当事者としては、争いのある事実が存在することの蓋然性を裁判官に認識してもらえば、その事実は認定されることになる。当事者が証拠を提出し、裁判官に争いのある事実が存在する蓋然性の認識を形成してもらうことを目標として行う訴訟活動が「証明」である。民事訴訟においては、争いのある事実が証明されれば、その事実があったと認定され、証明されるまでに至らなければ、その事実があったとは認定されない。

　民事訴訟においては、事実認定が重要であるといわれる。そのとおりであるが、適切な法解釈とその事実に対する当てはめ（法の適用）を間違えば、結論を誤ることになるから、法の解釈・適用も大切であり、両者はいわば車の両輪をなすものである。[1] 法律実務家は、しばしば事実認定の実践的な重要性を強調するが、それは、「誤った認定をした事実」に法の適用をしてみても意味がないことを骨身にしみて知っているからにほかならない。

　裁判官が民事訴訟において事実認定をすることは、日常的な執務である。そのため、裁判官は事実認定スキルを、執務に必須の基本的な技能として体得することが求められている。それは、民事訴訟の結論を導くうえで事実認定の比

---

1) 太田勝造教授は、事実認定の誤りも法判断の誤りも、いずれも誤判であるが、裁判の外部性の観点からは、事実認定での誤判は、当該紛争当事者に私的コストをもたらすにとどまるが、法判断での誤判は、当事者が被る私的コストばかりでなく、社会全体が被る誤判の社会的コストの双方が生じると指摘する。この点につき、同『法律〔社会化学の理論とモデル7〕』125頁（東京大学出版会・2000）。そのとおりであるが、事実認定と法判断が車の両輪をなすものであることを否定することにはならないであろう。

重が大きいことによる。そこで、何とか事実認定に優れた裁判官になりたいと考えて、日夜、努力を重ねるのであるが、その前途は遼遠である。

II　民事訴訟の争い方の類型と事実認定

　民事訴訟は、私人間において実体私法上の権利義務や法律関係の存否をめぐって生じた紛争（民事紛争）を解決するための手続であるが、事実を認定することが、どのような場合においても求められるわけではない。

　第1に、民事訴訟は、紛争当事者の一方（原告）の申立て（訴え）によって開始され、相手方（被告）は否応なくこれに応じなければならないが、処分権主義・弁論主義との関係から、被告が、請求棄却を求め原告の主張する請求原因事実を否認した場合にのみ、事実認定がされなければならない。

　被告は、原告の申立てについて答弁することになるが、その申立てに異論がなければ請求を認諾してもよい。この場合には、民事訴訟は、事実審理に入ることなく終了する。

　被告は、原告の申立てに対して請求棄却を求める場合には、請求原因事実について認否することになるが、事実を一部認めた場合には、その範囲で自白が成立し、争いのない事実については、証明をする必要がなくなる。被告が第1回の口頭弁論期日に欠席した場合にも、原告の主張する請求原因事実を自白したものとみなされ（民訴法159条）、証拠調べをすることなく原告勝訴の判決がされることになる。

　被告が、原告の主張する請求原因事実を否認した場合には、原告が証拠を提出して証明することが必要になる。これを本証といい、被告がそれを争うために立証することを反証という。この場合に、民事事実認定がされるのである。

　第2に、民事訴訟は、争う対象の類型から、①規範の争い、②評価の争い、③事実の争い（推測の争い、思い込みの争い、嘘つきの争い）に分けられる[2]。事実認定をすることが不要であるのは、このうち、①規範の争いの類型についてのみである。これを具体的にみてみよう。

---

[2] 事実の争いのうち、「推測の争い」、「嘘つきの争い」というネーミングについては、坂井芳雄「裁判する心」『裁判手形法（増補）〔第4版〕』566頁（一粒社・1988）参照。

【ケース１】　ある衆議院議員選挙について、Ａ選挙区の選挙人らが、公職選挙法の議員定数配分規定は憲法14条に違反して無効であり、これに基づき施行されたＡ選挙区の選挙も無効であると主張し、公職選挙法204条に基づき、Ａ選挙管理委員会を被告として、この選挙を無効とする旨の裁判を求めた。

【ケース２】　請負契約に基づく代金請求訴訟において、被告は、契約書の成立の真正は争わないが、一部の契約条項の意味について、原告とは異なる理解を示している。

【ケース３】　マンション居室賃貸借契約の貸主が、賃料不払いを理由として契約を解除したうえで未払い賃料請求したところ、借主が賃料を持参したので、これを受領した。その後、貸主が居主の明渡請求訴訟を提起したのに対し、借主は契約解除の意思表示は撤回されているとして、争った。

【ケース４】　消費貸借契約に基づく貸金返還請求訴訟において、被告は、金銭の授受の事実はないとして契約を否認している。

【ケース５】　工場勤務の従業員が工場内で死亡していた事故について、従業員の遺族が原告となって、労働災害事故であるとして、工場側の安全配慮義務違反を理由に損害賠償請求訴訟を提起した。しかし、この事故を目撃した者は、誰もいない。

　さて、【ケース１】のような議員定数違憲訴訟は、特定時点の国勢調査による人口に基づく選挙区間における議員一人当たりの有権者数の格差についての事実そのものに争いはなく、これを前提として、公職選挙法の議員定数配分規定について当該選挙当時における合憲性が問題となる。これは、①規範の争いであり、事実認定をする必要はない。

　【ケース２】と【ケース３】は、契約の解釈が問題となるものである。これらは、②評価の争いであり、(i)契約の解釈が争いとなる場合【ケース２】、(ii)黙示の意思表示の有無・解釈が争いとなる場合【ケース３】に分けられる。この類型に属するケースについては、いずれの場合も、契約の解釈や黙示の意思表示の有無・解釈を導く基礎となる事実を認定することが必要となる。

　(i)契約の解釈が争いとなるのは、例えば、【ケース２】において、「建物設計

請負契約書に、設計代金支払時期を『設計完了時』とタイプしてあるところを肉筆で『建物着工時』に直したが、結局、建物を建設しなかった場合、設計代金は支払うことになるのか、ならないのか」が争点となるようなケースである。この場合、「建物着工時」を条件と解するか、不確定期限と解するかという契約の解釈の問題となる。

(ⅱ)黙示の意思表示の有無・解釈が争いとなる場合とは、例えば、【ケース3】において、「賃貸借契約の貸主が、賃料不払いを理由として契約を解除したうえで未払い賃料請求したところ、借主が賃料を持参したので、これを受領した」という事実を、どのように評価するかが争点となるようなケースである。この場合、貸主の金銭受領を契約解除の撤回という黙示の意思表示とみるか、貸主は賃料相当損害金として受領したもの（解除の撤回という黙示の意思表示とみるのは相当でない）とみるか、いずれが相当かが争われる。

【ケース4】と【ケース5】は、いずれも③事実の争いである。【ケース4】は、当事者にとって金銭の授受は、自らが体験した事柄であり、当然のことながらその有無について認識している。したがって、原告か被告のいずれかが、虚偽を述べている「嘘つきの争い」である。嘘つきの争いでは、当事者は裁判官のする事実認定の適否が分かっているのであるから、事実認定を誤ることは民事訴訟の信頼性を著しく損なうことになる。また、客観的には真実ではない事実を何らかの理由で真実と思い込んでしまっている当事者もいる。この場合は嘘つきとはいえないから、「思い込みの争い」ということになる。これに対して、【ケース5】は、原・被告のいずれも、従業員が死亡した経緯についての事実を認識できていない。したがって、「推測の争い」である。[3] 事実の争いに属する訴訟においては、適切な証拠調べを実施して、経験則に依拠した事実認定をしていくことが必要になる。

このように民事訴訟においては規範の争いや解釈の争いもみられるが、ほとんどのケースが、事実の争いか、これを含むものであるといえる。すなわち、民事訴訟における事実認定の比重は軽くない。これが、実務上、民事事実認定が重要とされる所以である。

──────────

[3] 田尾桃二判事は、③事実の争いのうち、推測の争いについては、「経験則、論理法則に反しさえしなければよ」く、嘘つきの争いについても、「分かりにくいときは、経験則に沿った認定を」しておくこと、たとえ事実認定を誤るとしても、「それらしく間違う」ことが大切であるとされるが、示唆に富む指摘である。この点につき、同「民事事実認定論の基本構造」民事事実認定55頁。

III　民事事実認定の困難性

　民事訴訟における事実認定は難しいものなのであろうか。

　ドイツ・フランスに代表される大陸法系の国では、参審制を別とすれば、職業裁判官が事実認定と法適用の両方を行うシステムがとられている。法律実務家が事案の法的性質決定を行うことは、ローマ法以来の伝統であるから、当然であるが、法適用の前提として事実認定を裁判官が行うことは論理必然的なものとはいえない。それどころか、英米をはじめとするコモン・ローの国では、陪審制を採用している現実がある。そこでは、事実認定について格別の訓練をされたことのない一般公衆である陪審員が法廷に臨み、眼前に繰り広げられる弁論や証言をつぶさに見聞きして、一定の事実認定をする。そこには、統治（司法）における民主制の考え方の相違のほか、一般公衆の健全な事実認知能力・感覚の信頼ないし信仰がある。要するに、「事実認定は、誰にでもできる。事実認定にプロとアマの違いはない。事実認定は常識によればよいのである」という考え方が、陪審制の基礎にあるのであろう。

　このようにみてくると、事実認定が本来的に難しいものなのかどうかについては、容易に結論を見出すことができない。しかし、裁判官としての経験からすると、困難な事実認定上の争点をもったケースは少なくない。決め手となる書証もないか、極めて乏しく、原告・被告双方の本人尋問で、直接体験した事項について正反対のことを述べて譲らないケースが現実にある。これは、どちらかが虚偽を述べている「嘘つきの争い」であり、嘘をいわれた当事者は歯ぎしりをして悔しがっている。裁判官の悩みは深い。

4）わが国が大陸法系に属すること、大学における法学教育の現状が本文で述べたようなものであること等を熟慮して、法律家としての教育と実務家としての訓練を組み立てることが要請されるといえよう。

5）田尾桃二＝加藤新太郎「〈対談〉民事事実認定論の展望―解題をかねて」民事事実認定5頁〔加藤発言〕。このこととの関連では、事実認定における専門性とは何か、事実認定の知識がなくて事実認定ができるか、キャリア裁判官による事実認定の優位性はあるかという問題群が導かれる。

6）星新一のショート・ショートに、未来の話として、「その人物に残存している雰囲気からビジュアルな形で事実を再現する装置」が裁判で利用されるエピソードが出てくるが、裁判官として困難な事実認定を迫られる事件を担当すると、そうした装置を夢想することがあるほどである。なお、裁判官の役割として、実体の真実発見・解明と、フェアな手続運営のいずれに重点が置かれているかによっても、事実認定における裁判官の悩みの内容や度合いは異なるものになろう。この点

もっとも、このような事情は弁護士にも共通する。なぜなら、弁護士が民事関係実務を遂行する場合には、訴訟活動においても、訴訟外の活動においても、一定の事象についてどのようなデータに基づき、どのような事実として認識していくかは、必須の前提となる作業であるからである。

IV　民事事実認定の知識と経験

　「事実認定は常識によればよい」という見解がある。これは、事実認定は経験則を基礎とすべきものであること、したがって常識と重なるものであることを指摘する限りにおいて正しい。

　しかし、訴訟における事実認定は、文学部哲学科で教授されている事実認識論ではなく、心理学科で教えられる認知心理学における認知論（認識論）とも異なる。それは、弁論主義原則のもとで展開される事実主張のうち要証事実（要証命題）を、証拠法則という一定の約束ごとのなかで認識していく知的作業である。したがって、相応の事実認定に関する知識が必要とされるのであって、陪審員に対してされる説示の多くは、証拠法則の解説に費やされていることを見逃してはならない[7]。

　それでは、事実認定の知識があれば、これを上手くすることができるか。これは、演奏法を学べば、ピアノを上手く弾くことができるかという問いかけに似ている。もちろん、知識だけでなく、経験・訓練が重要なのである。もっとも、経験を積みさえすれば、誰でも事実認定の達人になるというわけでもない。事実認定に上達するためには、基礎的な知識を基にして経験を重ね、経験から暗黙知を獲得していくことが必要なのである。これが、事実認定のスキル（術としての事実認定論）にほかならない。

　ところで、裁判官による事実認定は、そうでない者（例えば、陪審員、参審員など）との比較において優位性があるといえるであろうか。この点について、田辺公二判事は、「職業的裁判官は事実認定について普通人と異なる特殊な訓練をそなえている反面、多年にわたって無意識のうちに集積された職業的な傾

につき、民事訴訟法学会編『民事訴訟法・倒産法の現代的潮流』179頁〔加藤新太郎発言〕（信山社・1998）参照。
7）加藤新太郎「民事事実認定の構造と判例」判例・民事事実認定5頁。

向に陥る危険を多分にもつ」、「職業的裁判官の判断は無条件に常に『素人』の判断に優るという前提に立つことは、われわれとしてもできるだけ避けなければならない」と説かれる。含蓄のある指摘である。確かに、無前提に、裁判官による事実認定が他よりも優位性をもつと考えることには、警戒を要するように思われる。

　また、弁護士は、裁判官よりも当事者ないしは事件（案件）との距離が近く、世間も広いうえ、その執務のなかで多様な経験を積むことから、人間通・世間通であって、キャリア裁判官よりも事実認定において一日の長があるという見解もみられる。これは、弁護士任官を推進する施策の実質的論拠であり、確かに一面の真理を突いているようにも思われる。もっとも、中野貞一郎教授は、「たとえば、天然果実というものを考えます場合に、なるほど弁護士の立場からいたしますと、リンゴならリンゴあるいはミカンならミカンの味をよく知っているかもしれない。裁判官はそれを現実に自分の舌で味わっていないかもしれない。しかし、特定の弁護士はリンゴとミカンしか味わっていない。しかし、裁判官は非常にたくさんの事件を扱いますために、リンゴも知っている、ナシも知っている、カキも知っているというふうなことによりまして、天然果実というものを客観的につかむことができるのではないか」といわれる。これは、その職務において、どのようなレベルで事象を認識するかに差異があり、裁判官もその経験の累積により認識主体としての優位性を獲得する可能性があることを正当に指摘されるものである。

　さらに、自身も弁護士から裁判官に任官された高木新二郎博士は、「弁護士任官者の多くが、キャリア裁判官と同様に事実認定に迷」うとされ、「弁護士体験があればそれでよいのではなく、密度の濃い弁護士経験が役に立つのであるし、弁護士体験を含めた真摯な努力を積み重ねた人生経験が役に立つのである」といわれる。この指摘は説得的なものと思われるが、そうであれば、これまた、無前提に、弁護士から任官した裁判官による事実認定がキャリア裁判官

---

8) 田辺公二『事実認定の研究と訓練』136頁、137頁（弘文堂・1965）。田辺判事は、例えば、アメリカ合衆国の判事と陪審との判断についての差異に関する研究から、多くのものを学ぶことができるとする。
9) 鈴木竹雄（司会）「シンポジウム　司法制度改革の基本問題」私法27号49頁〔中野貞一郎発言〕(1965)。
10) 高木新二郎『随想　弁護士任官裁判官』26頁（商事法務・2000）。

よりも優位性をもつと考える必然性はないということになろう。

　問題の核心は、「優れた事実認定、誤りのない事実認定はいかにしたら可能か」である。事実認定は、任官したばかりの若手裁判官から退官する間際のベテラン裁判官に至るまで当面する一生の仕事であり、そのスキルアップを目指していくことがキャリア裁判官の目標になる。そのような事実認定の手法は、これまで、先輩裁判官から後輩裁判官に合議事件の審理・評議を通じて、一子相伝的に伝えられてきた。その内実に存する暗黙知を形式知に変え、知識体系としての民事事実認定理論として抽出し、それを踏まえた実践的スキルの体系としての民事事実認定手法モデルを形成することはできないであろうか。

V　民事事実認定論の諸相

1　概　　観

　これまでの民事事実認定論および証明論に関する理論的研究および実証的研究は少なくない。これらの特色に着目すると、証明過程論的事実認定論、構造論的事実認定論、証明論的事実認定論、確率論的事実認定論、裁判心理学的事実認定論の五つに分類することができる。内容的に重なり合う部分もあるが、あえて分類してリスト・アップすれば、次のとおりである。

2　証明過程論的事実認定論

　①田辺公二『事実認定の研究と訓練』（弘文堂・1965）

　②山田道郎「裁判における証明のための事実調査」法律論叢63巻4＝5号223頁（1991）

　③田尾桃二「民事事実認定論の基本構造」田尾＝加藤新太郎編『民事事実認定』（判例タイムズ社・1999）31頁

　④加藤新太郎編『民事事実認定と立証活動Ⅰ・Ⅱ』（判例タイムズ社・2009）

3　構造論的事実認定論

　①伊藤滋夫『事実認定の基礎―裁判官による事実判断の構造』（有斐閣・1996）

　②田中豊『事実認定の考え方と実務』（民事法研究会・2008）

③吉川愼一「事実認定の構造と訴訟運営」自由と正義50巻9号62頁（1999）

4　証明論的事実認定論
①円山雅也『民事裁判における「推定」について』司法研究報告書8輯6号（司法研修所・1955）
②倉田卓次『民事実務と証明論』（日本評論社・1987）
③藤原弘道『民事裁判と証明』（有信堂高文社・2001）
④賀集唱「事実上の推定における心証の程度」民訴雑誌14号（1968）
⑤同「民事裁判における事実認定をめぐる諸問題」民訴雑誌16号（1970）
⑥村松俊夫「事実認定について」『民事裁判の理論と実務』（有信堂・1967）
⑦中野貞一郎「過失の『一応の推定』について」『過失の推認〔増補版〕』（弘文堂・1987）
⑧春日偉知郎『民事証拠法研究―証拠の収集・提出と証明責任』（有斐閣・1991）
⑨同『民事証拠法論集―情報開示・証拠収集と事案の解明』（有斐閣・1995）
⑩同『民事証拠法論―民事裁判における事案解明』（商事法務・2009）
⑪伊藤眞「証明、証明度および証明責任」法学教室254号（2001）
⑫同「証明度をめぐる諸問題」判タ1098号4頁（2002）
⑬馬場英彦「事実認定の諸問題」鈴木忠一＝三ケ月章監修『実務民事訴訟講座Ⅰ　判決手続通論1』269頁（日本評論社・1969）
⑭水沼宏「民事裁判における事実認定」司法研修所論集60号1頁（1978）
⑮髙橋宏志「証明責任」『重点講義民事訴訟(上)〔第2版補訂版〕』517頁（有斐閣・2013）
⑯村重慶一「民事裁判における事実認定論」木川統一郎博士古稀祝賀編集刊行委員会編『木川統一郎博士古稀祝賀　民事裁判の充実と促進(中)』236頁（判例タイムズ社・1994）
⑰土屋文昭「事実認定再考―民事裁判の実態から」自由と正義48巻8号72頁（1997）
⑱渡辺千原「事実認定における『科学』(一)(二・完)」民商116巻3号19頁、4＝5号189頁（1997）
⑲松本博之「民事証拠法の領域における武器平等の原則」竹下守夫編集代表

『講座新民事訴訟法Ⅱ』1頁（弘文堂・1999）
⑳垣内正「事実認定のプロセスについて」潮見佳男編集代表『國井和郎先生還暦記念論文集 民法学の軌跡と展望』561頁（日本評論社・2002）
㉑萩原金美『訴訟における主張・証明の法理―スウェーデン法と日本法を中心にして』（信山社・2002）
㉒竜嵜喜助『真偽と証明―正義は一つか』（尚学社・2004）
㉓村田渉「推論による事実認定例と問題点」判タ1213号42頁（2006）
㉔瀧澤泉＝小久保孝雄＝村上正敏＝飯塚宏＝手嶋あさみ『民事訴訟における事実認定』司法研究報告書59輯1号（法曹会・2007）
㉕土屋文昭＝林道晴編・村上正敏＝矢尾和子＝森純子『ステップアップ民事事実認定』（有斐閣・2010）
㉖田村陽子「民事訴訟における証明度再考―客観的な事実認定をめぐって」立命館法学327＝328号517頁（2010）
㉗三木浩一「民事訴訟における証明度」慶應義塾大学法学研究83巻1号56頁（2010）〔同『民事訴訟における手続運営の理論』428頁以下（有斐閣・2013）所収〕
㉘畠山稔＝谷有恒＝遠藤東路＝藤澤裕介『民事訴訟における事実認定―契約分野別研究（製作及び開発に関する契約)』司法研究報告書65輯1号（法曹会・2014）

〔経験則論〕
①兼子一「経験則と自由心証」『民事法研究(2)』185頁（酒井書店・1954）
②岩松三郎「経験則論」『民事裁判の研究』149頁（弘文堂・1961）
③岩松三郎＝兼子一編『法律実務講座民事訴訟編(4)』54頁（有斐閣・1961）
④近藤完爾「証拠の証明力」『民事訴訟論考(3) 判決と心証形成』29頁（判例タイムズ社・1978）
⑤山内敏彦「経験則試論」『末川博先生追悼論集 法と権利3〔民商法雑誌78巻臨時増刊〕』167頁（有斐閣・1978）
⑥松本博之「事実認定における『経験則違背の上告可能性』」『裁判と上訴』編集委員会編『小室直人・小山昇先生還暦記念 裁判と上訴㈰』224頁（有斐閣・1980）
⑦右田堯雄「経験則の機能」三ケ月章＝青山善充編『民事訴訟法の争点〔新

版〕』240頁（有斐閣・1988）
⑧本間義信「訴訟における経験則の機能」新堂幸司編集代表『講座民事訴訟⑤　証拠』63頁（弘文堂・1983）
⑨三井喜彦「経験法則―認識論からの出発」判時1440号3頁（1993）
⑩同「経験法則―認識論からの出発（続考）(上)(下)」判時1522号3頁、1523号3頁（1995）
⑪伊藤滋夫「経験則の機能」青山善充＝伊藤眞編『民事訴訟法の争点〔第3版〕』198頁（有斐閣・1998）
⑫後藤勇『民事裁判における経験則―その実証的研究』（判例タイムズ社・1990）
⑬同『続・民事裁判における経験則―その実証的研究』（判例タイムズ社・2003）
⑭加藤新太郎編『民事事実認定と立証活動Ⅰ』330頁（判例タイムズ社・2009）
⑮上北武男「自由心証主義に関する一考察―事実認定における経験則の選択と法の適用について」同志社法学64巻7号39頁（2013）

5　確率論的事実認定論
①太田勝造『裁判における証明論の基礎―事実認定と証明責任のベイズ論的再構成』（弘文堂・1982）
②同『法律〔社会科学の理論とモデル7〕』（東京大学出版会・2000）
③三木浩一「確率的証明と訴訟上の心証形成」慶應義塾大学法学部編『慶應義塾大学法学部法律学科開設百年記念論文集〔法律学科篇〕』631頁（慶應通信・1990）〔同『民事訴訟における手続運営の理論』368頁以下（有斐閣・2013）所収〕
④橋本聡「英米における事実認定理論の現状」新堂幸司監修・高橋宏志＝加藤新太郎編『実務民事訴訟講座〔第3期〕④民事証拠法』305頁（日本評論社・2012）

6　裁判心理学的事実認定論
①菅原郁夫『民事裁判心理学序説』（信山社・1998）
②司法研修所編『供述心理』（事実認定教材シリーズ1号）（1962）

VI　知識体系としての民事事実認定論の構想

1　総　　説

　これまでの、証明過程論的事実認定論、構造論的事実認定論、証明論的事実認定論、確率論的事実認定論、裁判心理学的事実認定論は、その問題関心が重なり合うところがあるものの、それぞれ独自の意義がある。これらは、いずれも「学としての民事事実認定論」を志向するものでもある。そのような民事事実認定論は、事実認定の構造と作動のあり方を解明し、可視化することを目的とするものでなければならない。

　本書も、「学としての民事事実認定論」、すなわち「知識体系としての民事事実認定論」を構想するものであるが、上記の分類でいえば、構造論的事実認定論、証明過程論的事実認定論ないし証明論的事実認定論に及ぶ。

　それでは、民事事実認定論は、どのような議論群で構成されるべきであろうか。この点を考えるにあたり、民事事実認定の特色との関係から、問題を整理しておこう。

2　民事事実認定の特色

　田尾桃二教授は、民事訴訟における事実認定の特色について、次の六つを挙げられる。[11]

　第1に、事実認定の資料が原則として当事者提出のものに限定されていることである。弁論主義・当事者主義に由来するものではあるが、事実認定者が自ら資料を収集しないことは、同様に事実を認識する作用を基本とする歴史学における史実の確定にも、マスコミの取材にもみられないものである。

　第2に、認定の対象、方法（手段）に制限があることである。認定の対象としては、例えば、主要事実は自白に拘束されるというルールが前提とされる（民訴法179条）。また、証拠調べの方法（手段）についても、書証、人証、鑑定、検証などに限定されており、場所も、原則として受訴裁判所の法廷とされている。このことも、歴史学における調査と比較すると弱点であるといえる。

---

11) 田尾・前掲注3) 民事事実認定36頁。

第3に、時間の制約がある上に、必ず結論を出さなければならないことである。これは、民事訴訟の宿命であり、歴史学のように、史実の確定やさらなる資料（史料）の発掘を待つということができない。もっとも、事実認定における真偽不明に対応するために証明責任の原則があり、それによって結論を決定するという建前になってはいる。

　第4に、当事者間に闘争性があることである。当事者は、対立して（アドバーサリーの構造）、それぞれ仮説を立てて証拠の裏付けを伴い自己の推論を展開するとともに、相手方の仮説とその推論を打ち破ろうとする。しかし、それが度を越して過剰になりがちで、そのことが適正な事実認定を妨げている面がある。

　第5に、認定の対象が、単なる事実ばかりでなく、評価・判断と混交したものが少なくないことである。例えば、民法541条の「催告」、612条の「承諾」等に当たる事実の認定は、評価ないし判断と結びついているものである。[12]

　第6に、裁判官は世の中の出来事すべてについて事実認定をしなければならないことである。これは、第三者的な客観性のある事実認定ができるというプラス面があるが、全体として（例えば、専門性という観点からは）弱みであるといえる。

3　民事事実認定の与件と民事事実認定論

　田尾教授の上述の指摘は、いずれも首肯できるものであるが、これらは民事事実認定の与件でもある。すなわち、民事事実認定は、①弁論主義・当事者主義などの民事訴訟法の原則のもとにおいて、②当事者の党派的訴訟活動を前提として、③当該事象の専門家ではない裁判官が、④法定の手続に則り証拠法則を遵守して、⑤法的に意味のある主張の不一致である争点について、評価性を含む事象を認識していく営為である。

　ところで、大村敦志教授は、民事事実認定論は、事実認定本質論（事実認定とはどのような性質の作業か）、事実認定対象論（認定の対象となる事実とは何

---

12) 民事事実認定において問題となる事実は法的評価と関係する場合が少なくないことについては、伊藤滋夫『事実認定の基礎―裁判官による事実判断の構造』11頁（有斐閣・1996）。この点について、認定事実の具体性には種々の段階があり、それが具体から抽象へと階層状をなしていると説明するものとして、吉岡進「民事事実認定のエッセンス」民事事実認定64頁。

か)、事実認定方法論（証拠によっていかに事実を認定するか、間接事実からいかに要証事実を推認するか、どのような場合に事実認定ができたといえるか）によって構成されるとする[13]。基本的に賛同することができるが、私は、それに加えて、事実認定過程論、事実認定基盤論も必要不可欠ではないかと考える。例えば、民事事実認定の与件との関係では、②および④の点から、事実認定過程論が必要と思われる。また、与件②および③の点からは、専門的知見の導入という観点に基づく事実認定基盤論を考えることが相当であろう。

これを整理すると、知識体系としての民事事実認定論は、次のような議論群で構成されるべきである[14]。もっとも、具体的なテーマは、これらの議論の複数にかかわることが少なくないことに留意したい。したがって、どのような議論をしているかについて、常に自覚的であることが要請される。

第1に、事実認定とはどのような性質の作業かを明らかにする「事実認定本質論」。

第2に、認定の対象となる事実とは何かを明らかにする「事実認定対象論」。

第3に、証拠によっていかに事実を認定するか、間接事実からいかに要証事実を推認するか、どのような場合に事実認定ができたといえるかを明らかにする「事実認定方法論」。

第4に、適正な事実認定をするための審理プロセスはどのようなものであるべきかを明らかにする「事実認定過程論」。

第5に、事実認定にかかわる民事訴訟法原則はいかにあるべきか、適正な事実認定を支援・担保するシステムはどのようなものでなければならないかを明らかにする「事実認定基盤論」。

以上のことを、現行民事訴訟法の採用する争点中心審理のもとにおいて観念することが有効な「証明構造論」との関係で言及したことがある[15]。証明構造論とは、①争点となる要証事実の性質の把握（法的に意味のある主張の不一致である争点はどのような事実か—主要事実か、間接事実か、補助事実か）、②推論の構造の把握（主要事実を推認することのできる間接事実は何か—その間接事実で主要

---

13) 大村敦志『典型契約と性質決定』229頁（有斐閣・1997）。
14) 加藤・前掲注7）判例・民事事実認定5頁。
15) 加藤新太郎「要件事実論の到達点」新堂幸司監修・高橋宏志＝加藤新太郎編『実務民事訴訟講座〔第3期〕⑤証明責任・要件事実論』40頁（日本評論社・2012）。

事実を推認することができるか）、③証明方法の選択（どのような証拠で証明するか）、④証明の効果的実践（どのように証明するか）などで構成される思考枠組みであるが、これは事実認定論とオーバーラップするものである。[16]

4　本書の構成

本書も、事実認定本質論、事実認定対象論、事実認定方法論、事実認定過程論、事実認定基盤論について考察するものである。以下に、本書の構成と筆者がこれまでに執筆した論考との関連を示しておくことにしたい。

(1) 事実認定本質論
　第2章　民事事実認定の基本構造
　　「民事事実認定の基本構造」伊藤眞ほか編『小島武司先生古稀祝賀　民事司法の法理と政策(上)』（商事法務・2008）
　第3章　証明度論
　　「確信と証明度」福永有利ほか編『鈴木正裕先生古稀祝賀　民事訴訟法の史的展開』（有斐閣・2002）
　　◆「証明度軽減の法理」『手続裁量論』124頁（弘文堂・1996）
(2) 事実認定対象論
　　◆「因果関係の割合的認定」『手続裁量論』179頁（弘文堂・1996）
(3) 事実認定方法論
　第4章　文書の成立の真正
　　「文書成立の真正の認定」新堂幸司ほか編『中野貞一郎先生古稀祝賀　判例民事訴訟法の理論(上)』（有斐閣・1995）
　第5章　人証の証拠評価
　　「人証の証拠評価と事実認定」法曹時報59巻1号1頁（2007）
　第7章　経験則論
　　「民事事実認定と経験則」新堂幸司監修・高橋宏志＝加藤新太郎編『実務民事訴訟講座〔第3期〕④民事証拠法』第3節以下（日本評論社・2012）
　第9章　契約の解釈
　　「契約の解釈におけるスキル」加藤雅信ほか編『野村豊弘先生還暦記念

16）より正確にいえば、証明構造論は、事実認定論に別の観点から光を当てるものである。

論文集　二一世紀判例契約法の最前線』（判例タイムズ社・2006）
　第10章　相当な損害額の認定[17]
　　「民事訴訟法二四八条の構造と実務」金融財政事情研究会編『田原睦夫先生古稀・最高裁判事退官記念論文集　現代民事法の実務と理論(下)』（金融財政事情研究会・2013）
（4）　事実認定過程論
　第11章　専門的知見の導入[18]
　　「専門委員による専門的知見の導入」徳田和幸ほか編『谷口安平先生古稀祝賀　現代民事司法の諸相』（成文堂・2005）
　第12章　新種証拠の取調べ
　　「新種証拠の取調べ」竹下守夫編集代表・松本博之＝宮崎公男編『講座新民事訴訟法Ⅱ』（弘文堂・1999）
　　◆「新種証拠の証拠調べ」『手続裁量論』210頁（弘文堂・1996）
　　◆「民事鑑定の今日的課題」『手続裁量論』242頁（弘文堂・1996）
　　◆「文書提出命令の実際」上谷清＝加藤新太郎編『新民事訴訟法施行三年の総括と将来の展望』（西神田編集室・2002）
（5）　事実認定基盤論
　第6章　自由心証主義論[19]
　　鈴木正裕＝青山善充編『注釈民事訴訟法(4)』42頁（有斐閣・1995）
　　◆「自由心証における弁論の全趣旨」『手続裁量論』161頁（弘文堂・1996）
　第8章　情報の歪みと是正
　　「民事訴訟における情報の歪みと是正」青山善充ほか編『石川明先生古稀祝賀・現代社会における民事手続法の展開(上)』（商事法務・2002）
　第13章　民事事実認定の違法[20]
　　「民事訴訟における事実認定の違法」中舎寛樹教授退職記念論文集　名古屋大学法政論集254号1頁（2014）

---

17) 相当な損害額の認定という主題は、事実認定本質論にもかかわる。
18) 専門的知見の導入という主題は、事実認定基盤論でもある。
19) 自由心証主義論は、事実認定本質論、事実認定方法論、事実認定過程論でもある。
20) 民事事実認定の違法という主題は、事実認定本質論でもある。

第2章 民事事実認定の基本構造

I　はじめに

　本章は、民事訴訟における事実認定の基本構造について考察を加え、事実認定の内実を可視化することを目的とする。これまでの研究においては、「事実認定は、演繹か帰納か」、「事実認定において、実体的真実を発見するとはどのような意味か」といった原理的な問題についても、必ずしも一義的に明確にはされていない。しかし、これらは、事実認定とはどのような性質の作業かを明らかにする「事実認定本質論」を構成する重要な論点である。

　本章の構成としては、まず、民事訴訟における判断プロセスと認定すべき事実を押さえ（II）、続いて、民事訴訟における真実発見・真実解明の意味を考える（III）。次に、事実認定の基本型とその手法の性質を検討したうえで（IV）、事実認定のルールに言及し（V）、最後に、その要旨をまとめる（VI）。

II　民事訴訟の判断のプロセスと事実認定

1　民事訴訟における判断のプロセス

　民事訴訟における判断のプロセスについて、当事者の主張から判決言渡しに至るまでを図式的に記せば、次のとおりである。

　第1に、裁判官は、当事者（原・被告）双方の主張と反論を読み解くことにより、紛争の全体像を把握するとともに、両者の攻撃防御の構造を要件事実論的思考・事案分析的思考に基づいて認識する。

　紛争の全体像の把握とは、社会的文脈のなかで、そのケースがいかなる背景をもっており、実質的にどのような利害が対立しているか、規範およびその基礎となる価値判断の対立はどのようなものかを理解することである。そのケースの類型を認識するとともに、個別性についても認識することが重要である。

要件事実的思考とは、「原告が請求権を発生させるに足りる要件事実を過不足なく主張しているか」、「被告がその請求を認諾せず、事実を争う場合に、積極否認をしているか、抗弁を主張する場合に、抗弁を構成する要件事実を過不足なく主張しているか」などを吟味する思考枠組みである[1]。この思考枠組みにより、攻撃防御の構造を認識することができる。訴訟物・請求原因事実・抗弁事実の選択、主張事実を証明するための証拠方法の選択は、訴訟代理人である弁護士が行うことになるが、その際に、指標となるのが要件事実（論）である。弁護士は、事実を知る当事者（依頼者）と、事実認定・法律判断をする裁判所との中間にいる。弁護士は、依頼者から事情を聴取して、事案に最も適合的な法的構成をし、裁判所に審判の対象を提示していく必要がある（処分権主義・弁論主義）。依頼者の語る事実は、生の社会的事実であるが、弁護士が事情聴取を行う際には、常に要件事実を意識することが必要不可欠である（事情聴取時の事項選別機能）。とりわけ、原告がその権利を主張するにあたっては、原告訴訟代理人たる弁護士としては、原告に主張証明責任のある事実（請求原因としての要件事実）を主張すれば足りるが、逆に、この要件事実を一つでも欠落させるときは、原告の請求は主張自体失当として棄却されることになる。

　第2に、裁判官は、規範適用において意味のある事実についての主張の不一致である争点を明確にし、それを立証命題の形で、自ら認識するとともに、当事者にも了解させる。これが争点整理である[2]。

　第3に、裁判官は、争点に照準を合わせて、証拠調べを実施し、その結果を検討して得られた認識と事実の存否を決する基準である証明度とを対比して、心証形成（実体形成）をする[3]。

　第4に、裁判官は、認定した事実に法規を適用する。法適用の前提として、

---

1) 要件事実的分析については、手続裁量論65頁、要件事実論の議論状況については、加藤新太郎「要件事実論の再生」ジュリ1288号50頁（2005）、同「要件事実論の到達点」新堂幸司監修・髙橋宏志＝加藤新太郎編『実務民事訴訟講座〔第3期〕⑤証明責任・要件事実論』21頁（日本評論社・2012）。

2) 争点整理については、加藤新太郎「争点整理手続の整備」塚原朋一ほか編『新民事訴訟法の理論と実務(上)』207頁（ぎょうせい・1997）、同「民事訴訟における争点整理」同編『民事訴訟審理』133頁（判例タイムズ社・2000）、同「争点整理手続の構造と実務」伊藤眞＝上野泰男＝加藤哲夫編『栂善夫先生・遠藤賢治先生古稀祝賀　民事手続における法と実践』247頁（成文堂・2014）、村田渉「争点整理手続」大江忠＝加藤新太郎＝山本和彦編『手続裁量とその規律』97頁（有斐閣・2005）など参照。

3) 証明度については、本書第3章および同章中に引用の文献参照。

法解釈が重要であることはいうまでもない。

　第5に、裁判官は、認定した事実に法適用をした結果として導かれた判断を点検する。それが、法の目的とするところ（趣旨）にかなうか、当事者の公平に合致するか等、具体的妥当性を再考するのである。いわゆる「事件のスジ」からの検討である。

　裁判官の心証形成において「事件のスジ」が、どのような意味を有するかは、それ自体一個の重要論点である。この点については、①「当該事件についての最も包括的な法的価値判断の観点」とする見解もみられるが、筆者は、②「要件事実的思考・事案分析的思考に対するバランス感覚・実質的考慮に基く紛争全体像点検・事案統合的思考」と理解してきた。紛争全体像点検・事案統合的思考は回顧的なものであるが、事実認定においては、「事件のスジ」をそのように捉えるのが相当であろうと解されるからである。これに対して、主張と反論を認識することから裁判官が形成する「事件の見通し」は、予測的・直観的なものであるが、これにも「事件のスジ」が関係していることを示唆する見解もみられる。

4）「事件のスジ」の観点から検討を加えてみて、形式論理の適用による結論のおかしさを回避する方法としては、釈明の活用、法解釈上の工夫（例えば、法人格否認の法理、損害に関する割合的認定論、利息制限法違反の超過利息支払いの返還請求）、一般条項の活用などがある。この点につき、手続裁量論66頁。

5）伊藤滋夫『事実認定の基礎―裁判官による事実判断の構造』264頁（有斐閣・1996）。

6）手続裁量論65頁。

7）加藤新太郎編『民事事実認定と立証活動Ⅱ』156頁〔須藤典明発言〕（判例タイムズ社・2009）。「事件の見通し」は、当事者双方の主張と反論を対比して読み解く過程で、裁判官の経験から予測的・直観的なものとして形成されるが、主張事実を経験則との関連から意識下で吟味しているのではないかと考えられる。

8）「事件のスジ」に関する文献としては、そのほかに、村松俊夫「裁判官と法」『民事裁判の理論と実務』33頁（有信堂・1967）、加藤新太郎（司会）「〈座談会〉裁判官の判断におけるスジとスワリ」民事事実認定421頁、松村良之＝太田勝造＝岡本浩一「裁判官の判断におけるスジとスワリ(1)～(13)（未完）」判タ911号89頁、912号65頁、916号58頁、919号74頁、921号74頁（1996）、923号97頁、925号106頁、927号84頁、937号78頁、941号92頁、946号69頁（1997）、967号115頁（1998）、1004号97頁（1999）、同「裁判官の判断構造」法社会学49号198頁（1997）、田中豊「判例形成と『筋』または『落着き』」小島武司先生古稀祝賀　民事司法の法理と政策(上)629頁（商事法務・2008）などがある。

9）棚瀬孝雄教授は、「競合的な規律が未分化に一個の紛争の中に重合して存在している場合、どこかでこの法の限界を超えて適切な解決を図っていこうとする衝動が存在するのは当然のことである」とされ、「日本の裁判において、『事件のスジ』とか『スワリのよい判決』と言われるのも、競合的な規律を無視して法を貫徹していくことへのためらいがあるからであろう」とされる。この点

第6に、裁判官は、その心証を言語化し、文章として記述する。これが、判決書きであり、自らの思考の論理展開を確認するとともに、当事者に結論を提示する形式にまとめるものである。

　第7に、裁判官は、判決の言渡しを行う。これは、当該ケースについて結論を提示し、具体的規範を対外的に宣明するものである。

　以上のプロセスにおける第3のステップが事実認定である。それは、第1、第2のステップを前提にしていることに留意すべきである。

　そこで、続いて、認定すべき事実、実体的真実の発見は民事訴訟の目的・理念と考えられるかという問題、さらには、事実認定の基本型についてみていくことにしよう。

2　認定すべき事実

　認定すべき事実は、当事者間に争いがあり、規範適用に意味のある主要事実（要件事実を具体化した事実、請求を理由づける事実）である。間接事実、補助事実、事情も主要事実を認定するための資料として、それぞれ一定の意義がある。[10]

　売買契約に基づく代金支払請求を例にとって説明すると、法律要件要素＝要件事実は、「財産権移転の約束」と「代金支払いの約束」（民法555条）である。

　主要事実とは、これに該当する具体的事実、例えば、「平成○年○月○日、原告（売主）と被告（買主）との間で、絵画を目的物として売買契約の申込と承諾があった（契約書が作成された）」という事実である。

　間接事実とは、主要事実の存在を推認させるような事実である。民事訴訟規則53条1項にいう「請求を理由づける事実に関連する事実」は、間接事実のことである。例えば、被告が主要事実を争った場合に原告が主張することになる、「買主の売買に至る動機、売買を締結する合理性・必然性をうかがわせる事由、目的物引渡しのための段取り」などが、これに当たる。

　補助事実とは、証拠の証拠能力および証拠価値に関する事実であり、広い意

　　につき、同「関係的契約論と法秩序観」同編『契約法理と契約慣行』73頁、75頁注(96)（弘文堂・1999）。
10) 加藤新太郎「主要事実と間接事実の区別」『民事訴訟法の争点〔第3版〕』182頁（有斐閣・1998）、村田渉「主要事実と間接事実の区別」『民事訴訟法の争点〔新・法律学の争点シリーズ4〕』158頁（有斐閣・2009）、本間義信「主要事実と間接事実の区別」『鈴木正裕先生古稀祝賀　民事訴訟法の史的展開』407頁（有斐閣・2002）参照。

味での間接事実である。例えば、「契約成立に立ち会ったと証言する証人が原告と縁戚であること」、「契約書の印章が被告本人のものではないこと」などが、これに当たる。

事情とは、事件の由来・経過・来歴など、事件をより理解しやすくするための背景となる事実である。例えば、「原告・被告が過去に複数回売買を行っており、従来は債務の履行が円滑にされてきたが、被告の資金繰りの急な悪化により本件売買契約の成立を争っていること」などが、これに当たる。

3　推論の構造
(1)　推論の構造を踏まえた訴訟活動の必要

事実認定には、直接認定型と間接推認型がある（Ⅳ1参照）。

間接推認型においては、間接事実、補助事実、事情は、これらを区別することに意味があるのではなく、これらが主要事実の存在をどのような理由で推認させることになるかという内実を押さえ、これを主張証明することが必要となる。推論の構造を理解したうえでの訴訟活動が要請されるのである。

例えば、書面のない金銭消費貸借契約の存否が争点である場合を考えてみよう。この場合には、①当事者の関係、②貸借の経緯、③借主の懐具合、④借主が金銭を借りる必要性・目的、⑤貸主の資金調達方法などの項目がポイントとなる。

これを、事実にパラフレイズすれば、①当事者の関係には、当事者が友人同士であるか、親戚であるか、貸主が業者であるかなどがある。貸主が貸金業者であれば、書面なしに金を貸すとは考えられないが、親戚・友人であればあり得る。ただ、どの程度の人間関係（親疎）であったかがポイントになる。そのこととの関係で、②貸借の経緯は、過去にも同様の金銭の貸し借りがあったか、今回限りのものかという点が問題になる。過去に書面なしでの金銭貸借をしたことがあれば、今回も同様のことがあるかもしれないと考えられる。③借主の懐具合は、貸主が消費貸借があったと主張する時期の前後で借主の金遣いに変化があったかという点が問題となる。その時期の前後に借主の金遣いに変化がなければ、消費貸借契約はなかったという方向に考えられるが、生活費の補填のために借りたのであれば、そのようにはいえない。そこで、④借主が金銭を借りる必要性・目的の意味が出てくる。その場合には、貸借時に当事者間にど

のようなやりとりがあったかが重要となる。さらに、⑤の項目として、貸主がどのように資金を調達したのか、例えば、自分の預貯金を払い戻して貸したのか、他人から融通して貸したのか、手持ち金を貸したのかという点が問われる。通常、この順序で貸借の存在を認めやすい。もっとも、他人から融通して貸したという場合、第三者が信用できなければ、手持ち金を貸したという場合と変わらないといえる。また、貸した金額にもよるであろう。

このように事実は、単独でも評価されるが、それだけでなく、他の事実との関連において評価されるのである。したがって、推論の構造を理解したうえで主張・立証が必要されることは当然であるが、裁判官も、この点について自覚的に事実認定していくことが求められるのである。

（２）　事実の評価の相対性

さらに、一定の間接事実がどのような方向に推論できるかが問題となる場合もある。

例えば、父親Xと同居している息子AがX名義の土地の登記済証、Xの実印・印鑑証明書を持参して、代理人としてYから金銭を借り入れて土地に抵当権を設定した場合において、XはAに対してそのような代理権を授与していなかったとして、抵当権設定登記抹消登記請求をしたときは、どのように考えるのが相当であろうか。

貸主Yは、「①X・Y間の本人契約として有効（Aは使者）、②代理人契約として有効（Aに代理権授与あり）、③民法109条（代理権授与の表示による表見代理）及び同110条（権限外の行為の表見代理）の重複適用に基づき、X本人に責任あり」といった構成で訴訟活動を行うことが考えられる。③の構成においては、「貸主Yが息子Aについて父親Xの代理人たる権限があると信ずべき正当な理由がある」ことが必要となる。

③の構成において、Aが「Xを代理している」とYに告げていた場合には、YがAに代理権があると信ずべき正当な理由の評価根拠事実として、「AがX名義の土地の登記済証、Xの実印・印鑑証明書を持参して、Yに示したこと」の意義は大きい。表見代理の成否の判断において、YがAに代理権があると信ずべき正当な理由あったという方向でのプラス評価がされる。これに加えて、「AはXと同居しており親子である」という事実があると、その評価はどのようになるであろうか。経験則上、「息子であれば、父親の代理の依頼を受けや

すい」と考えられる。そうすると、「AがXと親子である」という事実からは、代理権授与があっても不自然ではないといえるから、YがAに代理権があると信ずべき正当な理由があったという方向でプラス評価が重なることになると考えられる。

これに対して、「AがXと同居している」という事実は、「同居していれば、X名義の土地の登記済証、Xの実印・印鑑証明書を勝手に持ち出すことも容易である」ことが経験則であるから、そのように推認される可能性がある。すなわち、Yとしては簡単にAに代理権があると信じてはならず、Xに確認してみる必要があったのではないかとも考えられる。そうすると、YがAに代理権があると信ずべき正当な理由があったというにはマイナスの評価となる。

このように、「同居で親子」という事実に適用される複数の経験則は、相反する方向で作用し得るのである。

以上のような事実の評価の相対性という観点からも、推論の構造についての認識は必要不可欠なのである。

III 民事訴訟と真実解明

1 民事訴訟目的論と真実発見・真実解明
（1） 学説の諸相

そもそも実体的真実の発見は、民事訴訟の目的ないし理念になるものであろうか。この論点については、近時、争いがみられるところである。

消極説としては、第1に、実体的真実発見・真実解明を訴訟の目標とするのは「結果志向」であるとし、これを否定し、手続過程にこそ重点を置くべきであるとする「過程志向」の訴訟観を提示する、いわゆる「手続保障における第三の波説」がある。この見解は、「①当事者主義の手続原則の下にある民事訴訟においては、実体的真実解明は、そもそも手続構造にそぐわない、②積極説は、手続過程において紛争主体（当事者）が果たしている役割及び手続それ自体が持っている価値を正当に位置づけることができない、③権利や法は、はじめから所与のものとして静止的に存在するものではない、④積極説は、手続過程における当事者相互間の役割よりも裁判官の主導的役割を強調しがちであるが、そうした思考形態は疑問である、⑤実体的真実にかえて、訴訟的真実・訴

訟内真実・形式的真実といってみても、事柄の本質は同じである」と考えるものである。すなわち、実践的には、真実を追究しようとするあまり、当事者間の自主的な紛争解決の動きを阻害することを懐疑的に捉えているわけである。

第2に、民事訴訟においては、裁判官が認識できた事実は訴訟的真実にすぎないという見方を前提として、当事者の提出した証拠方法と交互尋問で引き出した証拠調べの結果の範囲内でのみ事実認定をするのであるから、民事訴訟が必ずしも実体的真実発見・真実解明を目的としているといえるかは疑問であるとする見解もみられる。

これに対して、積極説は、民事訴訟においても、実体的真実発見・真実解明が制度目的とされるべきであると説く。その論拠としては、第1説は、実体法の適正な適用を可能とするためであるが、それは実体法の趣旨、すなわち、法主体にとっては権利保護、社会全体にとっては私法秩序の維持を実現するためのものであると考える。

第2説は、裁判を受ける権利（憲法32条）が実質的に保障されるため、当事者は争点となっている事実について、収集できる最大限の証拠に基づいて、できる限り真実に近い事実認定がされることを期待するし、民事訴訟制度を支える納税者も、納得できる裁判という観点から、実体的真実発見・真実解明を期待することを論拠とする。

さらに、中間説として、裁判の正当性の核心をなすものは手続保障にあるとしつつ、民事訴訟における実体的真実の発見は、当事者主義的な一定の制度的枠組みのなかで所定の手続に従って行われなければならないとする見解もみられる。この見解は、判決内容の正当性は、道徳的正しさだけでなく、事実認識

---

11) 井上治典「民事訴訟の役割」『民事手続論』12頁（有斐閣・1993）。なお、佐藤彰一「立証責任における行為責任の台頭と客観的立証責任概念の意義」立命館法学165＝166号582頁（1982）、特に、598頁以下も参照。
12) 村松俊夫「弁論主義」『民事裁判の理論と実務』104頁注(8)（有信堂・1967）。
13) 条解民訴1360頁〔竹下守夫〕。
14) 伊藤眞「訴訟における人間」芦部信喜編『岩波講座基本法学(1)』222頁（岩波書店・1988）、伊藤民訴23頁。なお、弁論主義であるからといって、争点事実について真実解明に真剣にならないのは、当事者の求める所を与えず、期待に背くことであるとする見解として、兼子一「民事訴訟の出発点に立返って」『民事法研究(1)』491頁（酒井書店・1954）。また、ニュアンスの差はあるが、訴訟当事者の真実解明志向ないし期待の尊重という点で同旨の見解として、竜嵜喜助「民事訴訟の言語と闘争」『三ケ月章先生古稀祝賀　民事手続法学の革新(上)』66頁（有斐閣・1990）。
15) 田中成明「現代裁判の役割とその正統性」『法的空間』273頁（東京大学出版会・1993）。

の正しさをもその意味として含んでいると理解されるべきであり、正確な事実認定は、裁判の正当性の基礎づけないし識別にとって不可欠の要素であるとする。中間説は、正確な事実認定＝真実発見・真実解明を民事訴訟の目的・理念とはいわないまでも、審理の目的には据える立場であるといえよう。

（２） 検討と私見

学説の分布は、以上にみたとおりであるが、これらをどのように考えるべきか。

まず、実体法の趣旨の理解として、権利保護・私法秩序の維持を第一義とすることは異論のないところと思われるが、これを現実化しようとする場合、真実とはいえない対象に法適用することは無意味であり、およそ正当性をもち得ない。したがって、当事者が実体的真実発見・真実解明を期待することは至極当然であるし、訴訟制度設営のスポンサーである納税者たる国民（潜在的当事者）にとって納得できる裁判という観点からも、実体的真実解明は根拠づけられる。そのようなことから、実体的真実解明は、民事訴訟においても目標とされなければならない制度目的・制度理念であると考える[16]。その理由は、既に述べたとおり、積極説の説くところと同様に考えるが、第１説と第２説の論拠とするところは併存し得るものと考えてよいであろう。

これに対して、消極説は、手続過程を重視するあまり、実体的正義を省みず、正当性確保という点でも十分でなく、したがって、当事者の期待にも添うことのできない民事訴訟目的論に陥ってしまっているように思われる。第三の波説の意図する手続保障の重要性、当事者の自律性・主体性の確保の意義については理解できるが、制度目的の設定、制度理念の構築においてバランスを欠いていると考えられるのである[17]。

---

16) 加藤新太郎「真実義務と弁護士の役割」『弁護士役割論〔新版〕』271頁（弘文堂・2000）。高橋宏志教授は、①井上説の説くような危惧（真実を追究しようとするあまり当事者間の自主的な紛争解決の動きを阻害すること）があるとしても、真実を民事訴訟の目標から積極的に外すことが正当化されるものではない、②事実が本来いかにあったかを踏まえたうえでの法的解決が落ち着きのよい解決であることは少なくない、③過度の強調は慎むべきであるが、証拠法（ひいては民訴法）の理念真実解明（適正）を掲げておくべきであろうと説かれる。この点につき、重点講義(下)26頁。
17) 注釈民訴(4)44頁〔加藤新太郎〕。なお、「手続保障の第三の波」説に対する私見については、手続裁量論110頁参照。

2　事実認定論と真実解明

　民事訴訟の制度目的・制度理念が実体的真実の発見であると位置づけた場合、事実認定プロセスにおいて、それはどのように作動することになるのであろうか。

　この場合の実体的真実とは、訴訟外に客観的なものとして存在する真実をいう。このことから、論者によっては、確固不動の存在である所与の真実を発見するのが事実認定であると捉える立場（静態的訴訟観）があるものと想定し、そうではなく、訴訟手続というルールのなかで提出された主張と証拠のみにより事実認定をし、それが真実（相対的真実）であるとする立場（動態的訴訟観）と対比したうえで、後者の優位性を説くものがある。[18]

　また、事実認定過程についての考え方を二つの理念型に分ける見解もみられる。この見解は、①事実認定を訴訟外の客観的真実を発見する過程であり、真実に反する認定は誤判であるとする考え方（真実説）、②認定事実が真実であるか否かは度外視して、提出された証拠のうち、確かな根拠を欠いたり、前後矛盾があったり、明白な事実に反するなど信用できない証拠を排斥し、信用できる証拠には証明力に応じた評価を加えたうえで、証拠の内容と争いない事実の全部を無理なく説明できるような合理的ストーリー（仮説）を再構成する過程であるとする考え方（合理説）とに分類する。[19]

　そこで、改めて事実認定プロセスを考えてみると、これは、弁論主義原則の下、訴訟法規による一定の制約の範囲内で、裁判官が、提出された主張と証拠を虚心坦懐に受け止め、経験則を駆使し、洞察力を働かせて、争点事実（要証事実）について、その真偽を判定していくという作業の過程であるということができる。それは、論者が、動態的訴訟観と呼び、合理説と名付けるプロセスとほとんど異なるところがない。逆にいえば、論者が静態的訴訟観と呼ぶものは、「提出された主張と証拠のみにより事実認定をする」手続ではないものを意味するということであろうか。また、論者が真実説と名付ける立場は、合理説が叙述するような作業と評価をしないという立場を想定しているのであろう

---

18) 松本伸也「陳述書の活用─訴訟代理人の立場での問題点と改善への期待」上谷清＝加藤新太郎編『新民事訴訟法施行三年の総括と将来の展望』277頁（西神田編集室・2002）。
19) 西野喜一「裁判に関する国家賠償」村重慶一編『現代民事裁判の課題⑩』233頁以下（新日本法規・1991）〔同『裁判の過程』125頁（判例タイムズ社・1996）所収〕。

か。しかし、「そのような事実認定でよい」または「そのような事実認定がよい」とする考え方ないし立場をとる研究者や法律実務家は、おそらく、わが国では、どこにも存在しないであろう。そうすると、これらの見解は、考え方の整理としては有益ではある（その有益さの度合いは留保する）が、それ以上のものではないということになる。

　すなわち、事実認定のプロセスにおいて、実体的真実発見・真実解明の要請とは、民事訴訟手続の所与の制約のなかで、裁判官が、経験則を駆使し、洞察力を働かせて、訴訟外にある客観的な真実に接近しようという目標的命題として作動するのである。上記の見解のように、静態的訴訟観ないし真実説のような形で、発現することはないのである[20]。

　以上の考察によれば、民事訴訟の制度目的・制度理念である実体的真実発見・真実解明の要請は、事実認定方法論においては、裁判官に対して、所与の手続的制約を与件としつつ、訴訟外にある客観的な真実に可能な限り接近すべきであるという目標的な規範命題として作動するものと解するのが相当である。

IV　事実認定の基本型とその手法の性質

1　事実認定の基本型

　民事事実認定は、当事者の攻撃防御の構造を要件事実的思考に基づき把握したうえで、規範適用において意味のある事実に関する不一致である争点を認識し、当該争点を立証命題（要証命題）として押さえ、証拠調べの結果および弁論の全趣旨から得られた心証と事実の存否の基準である証明度とを対比して行うものである。主要事実の存否を証明する証拠を直接証拠といい、間接事実の存否を証明する証拠を間接証拠という。

　事実認定の基本型を図式的にまとめて示せば、次のようなものである[21]。

　第1に、直接証拠があり、それが証拠価値を有すると考えられ、格別の反証

---

20) 松本伸也弁護士は、「静態的訴訟観」は、「弁護士の能力によって訴訟の結論が左右されてはならない価値観」と親和性があると主張される（同・前掲注18) 277頁）が、この価値観なるものは、論者の「規範的観点において実体的正義を重視する度合い」によって、その採否が決定されるものである。いずれにしても、松本弁護士は、現実にはどこにも存在しない「静態的訴訟観」を批判・攻撃していることになる。
21) 注釈民訴(4)49頁〔加藤〕参照。

がなければ、その証拠から導かれる立証命題たる事実は認定される（直接認定型）。

　第2に、直接証拠があったとしても、それ自体証拠価値が乏しいものであったり、反証が奏功すれば、直接証拠から導かれる立証命題たる事実は認定されない（直接認定の反証型）。

　第3に、直接証拠がなくとも、間接事実が存在し、それが経験則上立証命題の存在を推認することができるものであれば、当該立証命題たる事実は認定される（間接推認型）。

　第4に、間接事実が存在しても、それと両立する別の間接事実が認められ、経験則上立証命題の存在の推認が妨げられる場合は、立証命題たる事実は認定されない（間接推認の反証型）。

　事実認定の基本型は、要証事実が、主要事実・間接事実・補助事実にいずれの場合にも妥当するものである。もっとも、これはプロトタイプであり、実際のケースでは、このような単純な操作ですむものは少ない。実際には、例えば、直接証拠が存在するものの証拠価値に議論の余地があり、重要な間接事実も認められるが、その推論の方向には両方向あるというケースも少なくない。このようなケースでは、要証事実ごとに個別的に証拠評価をして事実認定しつつ、併せて、全体の流れをみて総合的な評価・調整をしていくことになるが、解きほぐせば、複雑なものも基本型に還元されることを忘れてはならない。

2　事実認定手法の性質

　民事訴訟手続は、要件事実に該当する主要事実を具体的に認定し、これを小前提とし、法規を大前提とする三段論法により、訴訟物たる権利・法律関係の存否を判断するという構造をもつ。ここまでは、通説的な理解であるといえる。[22]

----

22) 三段論法的演繹（包摂モデル）により一切の法的問題の正しい解決が得られるかについては、疑問が呈されている。例えば、法的三段論法モデルの有する論理学的な問題点を指摘するものとして、髙橋文彦「法的三段階モデルの問題点」『法的思考と論理』63頁（成文堂・2013）。また、ハード・ケースについては、法的三段論法による演繹的正当化と大前提に相当する規範的命題の正当化の作業が必要とされるが、後者をクリアするためには多くの問題があることについて、亀本洋「法的議論における実践的理性の役割と限界」『法的思考』14頁、15頁（有斐閣・2006）。本文では、この点に立ち入ることなく、通説的立場で叙述している。なお、田中成明教授は、判決の正当化においては、正確な事実認定に基づいて事実の的確な法的分析・構成が行われ、適用されるべき法規範の選択とその意味内容の解釈が適正に行われ、小前提と大前提とがきちんと確定さ

これに続いて、通説的な立場からは、主要事実を認定するためには、間接事実を小前提とし、経験則を大前提とする三段論法により、事実判断をしなければならず、この間接事実の認定も、同様に、別の間接事実を小前提とし、経験則を大前提とする三段論法により、事実判断をすることになるとする[23]。これは、間接事実から主要事実を推認する認定手法は、演繹であるという立場にほかならない。この演繹的推論の特徴は、推論の正しい方法があり、その方法に従ってさえいれば、必ず正しい答えに到達することにある。その意味で、演繹的推論の研究は、人間が物事を考える際の特徴そのものを、余計な知識の影響なしに取り出すものであり、思考研究の中心的な役割を果たしてきたといわれる[24]。

　しかし、間接事実から主要事実を推認する事実認定は、帰納であるとする反対説もある[25]。この説は、裁判官が事実認定を行う場合、用いる経験則を外に定立しておいて、これを事実に当てはめて判断するような三段論法的推論をしているものではなく、経験則は、ある事実関係について通常人の備えている一般的知識または判断能力であるという。

　帰納的推論とは、個々の特殊事例から普遍的知識を導く推論であり、より日常的な事態においては、事例の観察に基づいて、一般化を行い、それを新しい状況に適用することであるといわれる。そして、帰納的推論には、演繹的推論以外の推論、例えば、確率推論、類推、因果推論などが含まれる[26]。

　また、ベイジアン・アプローチにより事実認定を構想する立場からは、大前提とする経験則の蓋然性に高低がある以上、事実認定は三段論法的推論とはならないはずであるとする批判もみられる[27]。すなわち、事実認定のベイズ論的構成によれば、事実認定は、経験則の客観的蓋然性に基礎を置く証明主題の主観的蓋然性が、証拠等の情報の集積に従い確率論であるベイズの定理に従って変

　　れ正当化される過程が決定的に重要であり、それは、形式論理的な真偽を評価できる演繹的推論の適用が可能となる以前の段階であるとされる（同『現代法理学』457頁（有斐閣・2011））が、そのとおりであろう。
23) 岩松三郎「経験則論」『民事裁判の研究』149頁（弘文堂・1961）。
24) 高橋和弘＝服部雅史「演繹的推論」市川伸一編『認知心理学4　思考』15頁（東京大学出版会・1996）。
25) 齋藤朔郎『事実認定論』79頁（有斐閣・1954）。
26) 楠見孝「帰納的推論と批判的思考」市川編・前掲注24) 38頁。
27) 加藤新太郎（司会）「座談会　民事事実認定の客観化と合理化」民事事実認定259頁〔三木浩一発言〕。

動していく蓋然性証明であるとされる[28]。

　この論点の整理は困難であるが、さしあたり、ベイズ論的構成については、論者も自認するように、蓋然性計算による事実認定が実践的意義を有するのは、客観的蓋然性が明確にされている経験則（例えば、指紋・血液型による血縁関係、平均余命等の統計的資料のあるもの）が適用される場合と、専門家鑑定で蓋然性数値が有意義に決定される場合とに限定されることを確認しておきたい[29]。

　筆者は、当面する問題である「間接事実から直接事実を推認する方法は、演繹的推論か帰納的推論か」について、厳密にいえば、演繹的推論・三段論法的推論をしているというのは不適切であるかもしれないが、思考経済のため、これに準じた思考をしているものと解したことがある[30]。さらに、田尾桃二判事は、実践的には直観的・総合的な推理をしている（帰納的推論）としても、事実認定を点検する場合には、三段論法的に考えてみる（演繹的推論で吟味する）ことが有益であると指摘されるが[31]、この指摘は相当であろう[32]。このことを計算過程との類比でいえば、直観的判断・帰納的推論は暗算であり、演繹的推論・三段論法的推論は筆算（検算）とみることができるように思われる（これも比喩にすぎないが）。

V　事実認定のルール

　事実認定のプロセスは、自由心証主義（民訴法247条）がカバーする。自由心証主義により、証拠価値の有無および強弱の判断および間接事実から直接事実を推認する経験則および推認を阻害する経験則の取捨選択は、裁判官のフリーハンドに任せられ、その自由な判断に委ねられる[33]。事実認定の基本型を自由心

---

28) 太田勝造『裁判における証明論の基礎―事実認定と証明責任のベイズ論的再構成』84頁（弘文堂・1982）。
29) 太田・前掲注28) 104頁。
30) 民事事実認定261頁〔加藤新太郎発言〕。
31) 田尾桃二「民事事実認定論の基本構造」民事事実認定42頁。
32) 民事訴訟の結論を導く理由は、判決書において法的三段論法によって説示することが必要であることを考えれば明らかであろう。このことは、裁判の正統性・正当性を基礎づける論理性の要請に由来する。裁判官は、事案に適合的かつ説得的な構成と文章により、論理的（追証可能）な判決書を作成することが求められているのである。その限りで、裁判実務においては、結論の正当化としての法的三段論法は、なお有効であり続けている。
33) 民事事実認定における経験則に関する基本文献については、本書第1章V 4参照。

証主義との関係で説明を加えると、次のとおりである。
 ①証拠価値の有無・大小の判断は、裁判官のフリーハンドに任せられる。
 ②間接事実から直接事実を推認する経験則および推認を阻害する経験則の取捨選択も裁判官の自由な判断に委ねられる。
 ③裁判官の自由な判断・フリーハンドといっても、恣意的な判断が許されるわけではなく、合理的かつ論理的な推論が要請される（自由心証主義の内在的制約）。
 ④法定証拠法則の定め（証拠評価にかかる法則を法律上明定したもの）などの例外的場合がある。

 しかし、裁判官に自由な判断を保障する自由心証主義にも、次のような内在的制約がある。[34]

 第1に、裁判官が事実認定に当たり証拠原因とすることのできるものは、適法に提出された資料、訴訟手続において現れた証拠調べの結果および弁論の全趣旨[35]に限られる。事実認定の客観性担保の要請から、裁判官が私的経験によって知っている事実や特殊な知識を証拠原因とすることはできない。

 第2に、裁判官は、論理法則および経験則に従わなければならない。

 ここで論理法則（論理則）とは、一般に承認されている概念構成・判断・推論などをするに当たっての思考の原則をいう。

 また経験則とは、個別的経験から帰納的に得られた事物の概念や事実関係についての法則的命題をいう。経験則にもいろいろなレベルのものがあり、常識に属するものから、高度な特殊専門的知識に至るものまで多様である。経験則には、必然的といえる絶対確実なもの（例えば、自然科学法則）、高度の蓋然性があるもの、単なる蓋然性があるもの、社会事象として可能性を有する程度のもの（例えば、金に困っていたなら借金をしたであろうという世間知）など、その内在する蓋然性に強弱があることにも留意する必要がある。[36]また、個々の訴訟における証明の状況全般のなかで当該経験則の蓋然性が決まってくるといわれ

---

34) 注釈民訴(4)61頁〔加藤〕。
35) 判例は、弁論の全趣旨とは、当事者の主張の内容・態度、訴訟の情勢から当然すべき主張・証拠の提出を怠ったこと、当初争わなかった事実を後になって争ったこと、裁判所・相手方の問いに対して釈明を避けたことなど、口頭弁論における一切の積極・消極の事柄を指すとする。大判昭和3・10・20民集7巻815頁。
36) 注釈民訴(4)61頁〔加藤〕。

ることもあるが、経験則の蓋然性は、その定義からも明らかなように、客観的に定まったものである。したがって、証明の状況全般のなかで経験則の蓋然性が決まるというのは正確ではなく、同一の経験則を適用した場合であっても、反証の有無・積極性などの証明活動をも評価するために、その結果として、心証に差異が生じることがあるというべきであろう。さらに、科学的知識の普及などによって、一般的経験則と特殊専門的経験則との境界は移動し得るものでもある。

　第3に、裁判官は、自由心証主義の内在的制約を担保し、事実認定が論理法則および経験則に則ってされていることを制度的に保障するために、判決書において当事者の主張事実と認定した事実およびその理由を付することが要求されている。

　以上のとおり、事実認定に当たっては、経験則に基づいた推論が駆使されなければならない。論理法則および経験則に従うことにより、はじめてその事実認定は客観的・合理的で追証可能なものになり、事実認定に対する当事者の納得形成が期待されることになる。裁判官は、このように追証可能で、経験則にかなった論理的整合性ある事実認定を目指すべきである。そのためには、要証事実に関する推論の構造を意識しつつ、証拠を吟味していくことが必要となるのである。

VI　むすび

　本章の要旨を以下の五点にまとめておくことにしよう。
　第1に、実体的真実発見・真実解明は、民事訴訟の制度目的・制度理念である。その論拠は、権利保護・私法秩序の維持を図ろうとしている実体法を適用する前提として、真実に近い事実認定でなければ意味が乏しいこと、これに対する当事者の期待、納税者（潜在的当事者）の納得という観点などに求められる。

---

37) 中野貞一郎「過失の『一応の推定』について」『過失の推認〔増補版〕』46頁（弘文堂・1978）、野崎幸雄「因果関係論・総論」西原道雄＝沢井裕編『現代損害賠償法講座(5)』104頁（日本評論社・1973）。
38) 本間義信「訴訟における経験則の機能」新堂幸司編集代表『講座民事訴訟⑤　証拠』66頁（弘文堂・1983）。

第2に、実体的真実発見・真実解明の要請は、事実認定方法論においては、裁判官に対して、所与の手続的制約のなかで、訴訟外にある客観的な真実に接近すべきであるという目標的な規範命題として作動する。

　第3に、民事事実認定には基本型とルールがある。民事事実認定は、民事訴訟の制度理念である真実解明を目標としつつ、争点として認識された要証事実が証明できるかにつき、民事訴訟法原則のもと、証拠を適切に評価し、推論の構造を自覚して、弁論の全趣旨をも加味して、論理的かつ経験則適合的に自由な心証を形成していくことが基本である。

　第4に、間接事実から主要事実を推認する事実認定手法の性質については、演繹的推論と帰納的推論の両説があり、演繹説が多数であるが、なお流動的である。

　第5に、民事事実認定における直観的判断・帰納的推論は、いわば暗算であり、演繹的推論・三段論法的推論は、筆算（検算）である。

　このように民事事実認定論は、知識体系として存在している。そして、民事事実認定こそ、裁判官のもつ自由な精神空間においてなされる目的的な知的営為にほかならない。その基本構造を理解したうえで、自覚的な事実認定の実践を繰り返すことにより、スキルアップを図っていくことが必要である。

　民事事実認定の基本構造を理解することは、たとえるならば、ピアノを上手く弾きたいと思う初心者がピアノ演奏法を学ぶことに似ている。それを知らなければ次のステップに進めないが、それを知っているだけでは上手なピアノ演奏はおよそ不可能である。上達するためには、毎日倦むことなく練習をしなければならない。民事事実認定も同様であり、意識的な訓練が有効であり、その意味で経験がものをいう。もちろん漫然と経験を重ねるだけでなく、構造理解に立って経験を積み、そこから暗黙知を獲得していくことが必要なのである。[39]

---

39) 加藤新太郎「民事事実認定の構造と判例」判例・民事事実認定5頁。

第3章 証明度論

Ⅰ　はじめに

1　民事訴訟における証明と事実認定

　民事訴訟において権利実現を図るためには、請求権を基礎づける要件事実の主張をし、争点となる事実について証明しなければならない。訴訟当事者は、裁判官による訴訟運営のもと、争点整理手続のなかで、争点を立証命題の形で押さえたうえで、証拠調べ手続において証拠により争いのある事実を証明していく。ここに、証明とは、「争いのある事実を証拠によって明らかにすること」をいう。弁論主義の下では、証明は、原則として訴訟当事者の訴訟活動である。このプロセスにおいては、当事者としては、争いのある事実について、一定の証拠方法により的確に証明していくことが課題となる。

　訴訟当事者の証明活動は、裁判官の事実認定に結実する。事実認定は、「当事者間に争いのある事実を証拠によって確定すること」である。このプロセスにおいては、裁判官としては、証拠調べの結果得られた心証と事実の存否を決する基準である証明度とを対比することにより事実認定をしていくことが課題となる。すなわち、証明度とは、「事実に関する争点について、どの程度の証明があれば、裁判官が一定の事実があったという心証を形成して事実認定してよいかを決する基準」である。この点に関して、新堂幸司教授は、一定の証明度に達したときには証明ありとしてよいという証明点Aから、さらにこれ以上の証明度を求めることなく証明ありとしなければならない証明点Bに至る領域をもった基準が必要であるとされ、これを証明度基準領域と呼ぶ[2]。新堂説は、

---

1) 手続裁量論127頁、春日偉知郎『民事証拠法研究―証拠の収集・提出と証明責任』17頁（有斐閣・1991）、伊藤滋夫『事実認定の基礎―裁判官による事実判断の構造』154頁（有斐閣・1996）。なお、太田勝造『法律〔社会科学の理論とモデル7〕』59頁（東京大学出版会・2000）は、証明度は、「証明主題たる事実命題の真偽の決定の心証度分岐点である」と定義する。
2) 新堂民訴570頁。証明度基準領域という捉え方に、賛成するものとして、重点講義(下)44頁。

心証の程度に幅があることはもちろんであるが、証明度についても幅があること、すなわち、要証事実の存否についての蓋然性の認識には、「証明ありとしてよい」というミニマムレベルから、「証明ありとしなければならない」というマキシマムレベルまでの幅があることを指摘するものであり、裁判官による事実認識という営為の理解として正当なものを含むと解される。もっとも、事実認定論においては、「証明ありとしてよい」というレベルを超えているかどうか（原則的証明度に達しているか）が重要なのであり、これが議論の焦点となるべき証明度ということになる。

これに対して、心証とは、「裁判官の内心に形成される事実の存否についての認識」である。そして、心証が一定の段階（レベル）に達してはじめて事実の存否についての認定がされることになる。

2　本章の意図と構成

わが国の通説・判例においては、民事訴訟において事実の存在を認定するためには、「裁判官の確信が必要である」と説明されてきた[3]。これを「確信テーゼ」と呼ぶことにする。

本章は、民事訴訟の事実認定における確信と証明度をテーマとして、「確信テーゼ」に着目し、学説史をたどったうえで、証明度の理論的基礎ないし訴訟政策的基礎について解明することを目的とする。証明度論は、事実認定本質論と事実認定方法論とにかかわる問題である。

本章の構成としては、まず、「確信テーゼ」の形成について、学説および判例の展開をみたうえで（II）、「確信テーゼ」の見直しを主張する学説を整理する（III）。そして、「確信テーゼ」の要否のほか、証明度の決め方およびあり方について所要の検討を加え、理論と実務の到達点を確認し（IV）、最後に、新たな課題について言及する（V）。

---

[3]「確信」を国語辞典で引くと、「固く信じて疑わないこと」（『広辞苑』、『大辞林』）、「確かにそうである（そうなるに違いない）と信じていること」（『新明解国語辞典』）とある。

Ⅱ　確信テーゼの形成

1　学説（戦前）

　代表的な体系書および注釈書をもとにして、民事訴訟における証明に関する学説の系譜をたどることにする。

　松岡義正博士は、『民事証拠論』において、「証明は裁判官をしてある真実の真否に付き完全なる確信を有せしむるに至る作用なり。但しその事実が過去の事実なるときは高度の蓋然を以て足れりとするを当然なりとす」と論じ、『新民事訴訟法注釈　第五巻』において、「自由心証の原則とは、証拠の判断は之を裁判官の学識及び経験に依拠する自由の確信に一任するもの」であり、「自由なる心証は、吾人の実際生活上用いられる程度の確信なり（疑惑を沈黙せしむる程度の確信にして、之を除去せしむる程度の確信に非ず）。数理上疑惑を除去し、若くは反対の可能を除去する程度の確信は、民事訴訟に於ける証拠の要求するところに非ず」と説く。松岡『民事証拠論』の記述は、当時のドイツの支配的見解であった学説・判例の導入であるといわれている。

　松岡『民事証拠論』以降は、次のように、裁判所に確信を得させることが証明であるとする理解が広がっていく。

　細野長良博士は、その著書『民事訴訟法要義　第三巻』において、「証明は、ある事実の真実なりや否やに付き裁判所に確信を得せしむることを目的とするものなり」、「疎明は、裁判所をしてある事実の真実なりや否やに付き確信を得せしむることを目的とするものにあらずして、多分然るべしと言うが如き一応の心証を得せしむることを目的とす」と記述する。

　中島弘道大審院判事は、『日本民事訴訟法　第二編乃至第五編』において、「証明は事実の真否に付確信（反証を容るる余地なき絶対的心証）を得せしむる

4）　松岡義正『民事証拠論』23頁（巖松堂書店・1925）。
5）　松岡義正『新民事訴訟法注釈　第五巻』1045頁、1048頁（清水書店・1935）（引用は、〔3版〕1938年による）。
6）　太田勝造『裁判における証明論の基礎―事実認定と証明責任のベイズ論的再構成』13頁（弘文堂・1982）、松本博之「民事証拠法の領域における武器平等の原則」竹下守夫編集代表『講座新民事訴訟法Ⅱ』22頁（弘文堂・1999）。
7）　細野長良『民事訴訟法要義　第三巻』340頁、341頁（巖松堂書店・1932）（引用は、〔7版〕1938年による）。

ものなるに反し、疎明は反証あらば覆るべきやも計り難き程度の心証（蓋然的心証）ないし真実なるべしという程度の（すなわち、推測）の心証を得せしむるもの」であり、「両者の間には、裁判官に生ぜしむる心証の程度に差異あるものとす」と説明する。[8]

兼子一博士は、『民事訴訟法概論』において、「裁判を為すには事実関係に付いて確信を得て始めて之を基礎とするのが原則で、ある事項に付いて当事者が裁判官に確信を得しめるが為の努力又は之に基づいて裁判所が確信を得た状態を証明と称する」と論述する。[9]

これらによれば、戦前は、ドイツの学説・判例の説くところに従って、「民事訴訟における証明は裁判官に確信を得させることである」という理解が一般的であり、異論はみられないという状況にあったといえる。すなわち、学説においては、古くから「確信テーゼ」が形成されていたとみることができる。

2　学説（戦後）

民事訴訟における証明は、裁判官に確信を得させるというものであるという説明は、戦後まもなく出版された体系書である河本喜與之『新訂民事訴訟法提要』、野間繁『民事訴訟法学概説』においても、繰り返されている。[10]

兼子一博士は、実務において最もよく参照された注釈書の一つである『条解民事訴訟法（上）』の中で、「自由心証主義は、事実の認定、即ち個別的にいえば裁判の基礎として必要な特定の事実の存否（当事者の事実主張の真偽）を、良心と分別と経験のある裁判官のもつ確信に期待するのである。この確信を得た場合に、その事実は証明されたというのである。その確信の程度は、単にその事実がありそうだとか、当事者の主張が確からしいというのでは足りない（これは疎明について認められる程度である）。しかし又反対の事実を認められる可能性が全然ないという程絶対的な確信に達しなければ、その事実を認定できないというわけではない。要は社会の常識人が、日常生活の上で疑いを抱かずに、

II　確信テーゼの形成

---

8) 中島弘道『日本民事訴訟法　第二編乃至第五編』1369頁、1306頁（松華堂書店・1934）（引用は、〔再版〕1935年による）。
9) 兼子一『民事訴訟法概論』276頁（岩波書店・1938）（引用は、〔6刷〕1942年による）。
10) 河本喜與之『新訂民事訴訟法提要』246頁、247頁（法文社・1950）、野間繁『民事訴訟法学概説』246頁（巌松堂出版・1950）など。

その判断に信頼して行動する程度のものを予定しているのである」[11]と叙述する。確信の内容、程度についても言及しているが、説明の基本的な構造としては、例えば、戦前の松岡義正博士の注釈書における理解（「吾人の実際生活上用いられる程度の確信」＝「疑惑を沈黙せしむる程度の確信」）と異なるものではない。

その後の体系書でも、同旨の説明が続き、例えば、三ケ月章博士は、『民事訴訟法〔法律学全集〕』において、「証明とはある事項について裁判官が確信を得た状態をいう」[12]と説く。これに対して、新堂幸司教授は、『民事訴訟法』において、「証明とは、裁判の基礎として明らかにすべき事項について裁判官が確信を抱いてよい状態、またはこの状態に達するように証拠を提出する当事者の努力をいう」と論述し、「裁判官が確信を抱いてよい状態」とやや客観的な表現をしていることが注目される[13]。

このように、疎明が一応確からしいという程度の蓋然性の心証で足りるのに対して、証明には「社会の一般人が日常生活の上で安んじてこれに頼って行動する程度」である高度の蓋然性に加えて裁判官の「確信」が心証として要求されるという見解が、通説となっていったのである[14]。

次に、現行民事訴訟法の代表的な体系書は、民事訴訟における証明をどのように説明しているかについて、みてみることにしよう。

---

[11] 兼子一『条解民事訴訟法（上）』457頁（弘文堂・1955）。同「経験則と自由心証」『民事法研究II巻』185頁（酒井書店・1954）も参照。これに対して、三木浩一教授は、「社会の常識人が、日常生活の上で疑いを抱かずに、その判断に信頼して行動する程度のもの」は、「市民生活における通常人の日常生活上の行動原理」を基準にするものであるが、裁判官の判断は当事者間の紛争に第三者として白黒をつけるためのものであるから、市民生活上の行動原理を基準とする発想自体に問題があると批判する。この点につき、同「民事訴訟における証明度」『民事訴訟における手続運営の理論』454頁（有斐閣・2013）〔初出は、慶應義塾大学法学研究83巻1号56頁（2010）〕。三木説は、証明度につき優越的蓋然性説をとられ、通説である高度の蓋然性＝原則的証明度説に対する批判の一つとして述べられるが、民事訴訟の解釈論において裁判官の行動原理と市民生活上の行動原理とを対比させる思考は興味深く、他の場面にも応用可能であろう。しかし、裁判結果の当事者の納得に最も深くかかわる証明および証明度について、「市民生活上の行動原理」基準を排斥することは相当とは思われない。

[12] 三ケ月章『民事訴訟法〔法律学全集〕』381頁（有斐閣・1959）。

[13] 新堂幸司『民事訴訟法〔第2版補正版〕』338頁（弘文堂・1990）。

[14] 兼子一『新修民事訴訟法体系』253頁（酒井書店・1965）、兼子一＝松浦馨＝新堂幸司＝竹下守夫『条解民事訴訟法』507頁〔竹下〕（弘文堂・1986）など。通説は証拠の優越説であるという理解を示す見解として、野崎幸雄「因果関係・総論」西原道雄＝沢井裕編『現代損害賠償法講座(5)』124頁（日本評論社・1973）があるが、オーソドックスな理解ではない。この点について、納谷廣美「因果関係をめぐる訴訟上の諸問題」法律論叢〔百周年記念論集〕262頁（1980）、手続裁量論130頁参照。

新堂幸司教授は、「証明とは、裁判の基礎として認定すべき事項の存否について、裁判官が真実であると確信する程度に、五官によって感得しうる証拠などによって裏付けられた状態」をいい、「人が日常生活上の決定や行動の基礎とすることをためらわない程度に真実であることの蓋然性が認められれば、確信を抱いてよく、証明があったとすべきである」と説明する。[15]「一般人が日常生活上で信頼して行動する程度」という基準は、戦前の松岡説に端を発し、戦後、兼子説で整理され、この時期の新堂説に至っていることが分かる。これは、法が社会生活を規律するものであることを考慮した、証明度の実質的な決定根拠とみることができる。[16]

　伊藤眞教授は、「ある事実の存在または不存在が証明の対象となる場合に、裁判官は、当該事項に関して確信に至る程度の心証を形成することが要求される」とする。[17]

　高橋宏志教授は、証明の必要について、「相手側が本証である場合は、厳密には、裁判官の心証が証明度（裁判官が確信し事実認定してよいという心証の程度、度合い）を越え確信を持ったときにのみ証明の必要が生じ、かつ、この場合の証明の必要は、裁判官の心証を証明度以下に戻せば、すなわち真偽不明に持ち込めば、消滅する」と述べる。[18]

　林屋礼二教授は、「ある事実を主張する当事者としては、証拠によって、裁判官に、その事実の存在についての確信をあたえる行為をしていくことが必要」であるが、「裁判官に確信をあたえるということ（証明）は、真実であることの高度の蓋然性があることで、満足しなければならない」とする。[19]

　松本博之教授は、「証明とは、争いある具体的な事実主張が真実であるとの

---

15) 新堂幸司『新民事訴訟法』456頁（弘文堂・1998）。もっとも、現在の新堂説においては、「証明とは、裁判の基礎として認定すべき事実について、それが存在したことの確からしさ（蓋然性）が、証拠や経験則などによって裏付けられた状態」をいい、「この状態に達したかどうかは裁判官によって判断されるので、証拠を提出して裁判官に働きかける当事者の行為（立証活動）を指して証明ということもある」と叙述する。すなわち、「裁判官が確信を抱いてよい状態」との表現をしておられない点に留意すべきである。この点につき、新堂民訴567頁。
16) 太田・前掲注6) 15頁。
17) 伊藤眞『民事訴訟法〔補訂版〕』282頁（有斐閣・2000）。なお、現在の伊藤教授の基本書の叙述にも変更はない。この点につき、伊藤民訴329頁。
18) 高橋宏志『重点講義民事訴訟法〔新版〕』446頁（有斐閣・2000）。なお、現在の高橋教授の基本書の叙述にも変更はない。この点につき、重点講義(上)527頁。
19) 林屋礼二『新民事訴訟法概要』290頁（有斐閣・2000）。

確信を裁判官に得させるべき手続（当事者および裁判所の活動）をいう」とする[20]。

このように、現行民事訴訟法のもとにおいても、通説は、証明について、いったん形成された「確信テーゼ」を前提とする理解を示している[21]。すなわち、民事訴訟において証明できたとするためには、裁判官が、当該事実について、「社会の一般人が日常生活の上で安んじてこれに頼って行動する程度」である高度の蓋然性を認識することに加えて、「確信」することが心証として要求されるというのである。

戦前から現在まで、わが国の多くの学説が「確信テーゼ」を採用している背景には、戦前のドイツにおける判例が主観的確信理論をとっていること、それを受けた通説も、一般的証明度は「高度の蓋然性」ないし「確実性に境を接する蓋然性」を必要とすると解していること、があるものと推測される[22]。「確信テーゼ」は連綿として続いているのである。

3　判例理論

判例上、訴訟上の証明の意義に関するリーディング・ケースは、刑事事件に関して、「訴訟上の証明は、いわゆる歴史的証明であり、歴史的証明は『真実の高度の蓋然性』をもって満足する」ものであり、「通常人なら誰でも疑いを差し挟まない程度に真実らしいと『確信』を得ることで証明できたとするものである」としたケースである[23]。歴史的証明に対する概念としては、自然科学で用いる実験に基づく論理的証明があり、これは、「真実」そのものを目標とす

---

[20] 松本博之＝上野泰男『民事訴訟法〔第7版〕』396頁〔松本〕（弘文堂・2012）。
[21] 上田徹一郎『民事訴訟法〔第2版〕』336頁（法学書院・1997）、中野貞一郎＝松浦馨＝鈴木正裕編『新民事訴訟法講義〔補訂版〕』248頁〔春日偉知郎〕（有斐閣・2000）などの記述も同旨である。これに対して、河野正憲『民事訴訟法』452頁（有斐閣・2009）は、証明には事実の存否について高度の蓋然性が必要であるとしつつ、あえて「確信」という語は用いていない。これが、確信テーゼの要否について意識した記述か否かは明らかではないが、その説明ぶりは、他の体系書と異なっている点に留意すべきであろう。なお、新堂教授も、現在は「確信」という語を用いていないことにつき注15）参照。
[22] ドイツにおける民事訴訟の証明および証明度の議論につき、春日・前掲注1）50頁、ディーター・ライポルト〔春日偉知郎訳〕「民事訴訟における証明度と証明責任」判タ562号39頁（1985）参照。
[23] 最判昭和23・8・5刑集2巻9号1123頁。その後の刑事関連判例としては、最判昭和48・12・13判時725号104頁（「反対事実の存在の可能性を許さないほどの確実性」）、最決昭和54・11・8刑集33巻7号695頁（「合理的な疑いをさしはさむ余地のない程度の証明」）、最決昭和57・5・25判時1046号15頁（「合理的な疑いを超える確実なもの」）などがみられる。

る。論理的証明は、当時の科学水準においては反証をいれる余地はないものであるが、歴史的証明は、通常、反証の余地が残されているものである。

　民事訴訟における要証事実の証明および証明度についてのリーディング・ケースは、周知のとおり、ルンバール事件判決＝最判昭和50・10・24民集29巻9号1417頁である。[24]

　ルンバール事件は、次のような事実関係のものであった。

①患者甲は、3歳の幼児であり、重篤な化膿性髄膜炎に罹患していた。

②甲は入院治療を受けており、病状が次第に軽快していた段階において、医師が治療としてルンバール（腰椎穿刺による髄液採取とペニシリンの髄腔内注入）を実施した。

③その後、甲は、嘔吐・痙攣の発作等を起こし、これに続き右半身痙攣性不全麻痺・知能障害および運動障害等の病変を生じた。

　このような事実関係を前提として、患者側は、「ルンバールの施術→甲の脳出血→本件発作・病変」という因果関係を主張したのに対し、医療側は、「甲の化膿性髄膜炎の再燃→本件発作・病変」という因果関係を主張して反論した。

　ルンバール事件には、因果関係を判定するための事実として、次のものがみられた。

---

24) 評釈等として、石田穰「判批」法協93巻12号125頁（1976）、中村直「判批」民商81巻2号122頁（1979）、森島昭夫「判批」判評209号16頁〔判時813号130頁〕（1976）、川井健＝春日偉知郎「判批」判タ330号81頁（1976）、桜井節夫「判批」昭和50年重要判例解説〔ジュリ625号〕63頁（1976）、野村好弘「判批」医事判例百選128頁（1976）、野田寛「判批」医療過誤判例百選118頁（1989）、中村哲「判批」医療過誤判例百選〔第2版〕48頁（1996）、竜嵜喜助「判批」民事訴訟法判例百選〔第2版〕182頁（1982）、鈴木俊光「判批」民事訴訟法判例百選Ⅱ242頁（1992）、同「判批」民事訴訟法判例百選Ⅱ〔新法対応補正版〕254頁（1998）、新美育文「判批」民法判例百選Ⅱ〔第2版〕170頁（1982）、同「判批」民法判例百選Ⅱ〔第3版〕166頁（1989）、同「判批」民法判例百選Ⅱ〔第4版〕168頁（1996）、池田粂男「判批」北海学園大学法学研究12巻2号121頁（1976）、吉戒修一「判批」法律のひろば29巻1号6頁（1976）、牧山市治「解説」最判解説昭和50年度〔47〕事件471頁（1979）、笠井正俊「判批」民事訴訟法判例百選〔第3版〕134頁（2003）、伊藤眞「判批」判例・民事事実認定11頁、上原敏夫「判批」民事訴訟法判例百選〔第4版〕122頁（2010）、近藤隆司「判批」小林秀之編『判例講義民事訴訟法〔第2版〕』186頁（悠々社・2010）など。また、松山昇平「ルンバール事件の再検討」『門口正人判事退官記念・新しい時代の民事司法』539頁（商事法務・2011）も参照。

　ルンバール事件判決以降の下級審裁判例については、本間義信「証明責任(一)」民商92巻6号82頁以下（1985）参照。その中にも、民事訴訟一般の証明度は、「証拠の優越」または「明白で説得的な証明」で足りるとするもの（東京高判昭和59・12・25判時1144号146頁）もみられないわけではないが、主流ではない。なお、田尾桃二「民事事実認定論の基本構造」民事事実認定52頁参照。

（ⅰ）甲は、ルンバール施術後15分ないし20分を経て突然、本件発作を起こした。
（ⅱ）医師は、学会の出席に間に合わせるため、甲の昼食後20分以内にルンバールを施術した。
（ⅲ）医師は、一度で穿刺に成功せず、何度かやり直して終了までに約30分を要した。
（ⅳ）甲は、もともと血管が脆弱で出血性傾向があった。
（ⅴ）医師は、泣き叫ぶ甲の身体を押さえつけてルンバールを施術した。
（ⅵ）臨床医所見と脳波所見を総合すると、甲の脳の異常部分が脳実質の左部にあったと判断される。
（ⅶ）本件発作後の髄液所見でもルンバール施術前より好転している。
（ⅷ）当時化膿性髄膜炎の再燃するような事情も認められなかった。

ルンバール事件判決は、因果関係の証明について「訴訟上の因果関係の立証は、一点の疑義も許されない自然科学的証明ではなく、経験則に照らして全証拠を総合検討し、特定の事実が特定の結果発生を招来した関係を是認しうる『高度の蓋然性』を証明することであり、その判定は、通常人が疑を差し挟まない程度に真実性の『確信』を持ちうるものであることを必要とし、かつ、それで足りるものである」と判示した。そして、以上の事実のうち、（ⅰ）から（ⅴ）により、「ルンバールの施術→甲の脳出血」の因果関係を肯定し、（ⅵ）から（ⅷ）により、「ルンバールの施術→甲の脳出血→本件発作・病変」の因果関係につき、特段の事情のない限り、これを否定するのは、経験則に反すると判断したのである。

ルンバール事件判決の理路を定式化すると、次のようになる。

【A】訴訟上の因果関係の立証は、一点の疑義も許されない自然科学的証明ではない。

【B】因果関係の立証は、経験則に照らして全証拠を総合検討し、要証事実である「特定の事実が特定の結果発生を招来した関係」を是認しうる「高度の蓋然性」を証明することである。

【C】因果関係の証明に関する判定の必要十分条件は、通常人が疑いを差し挟まない程度に真実性の「確信」をもちうるものであることである。

そして、現在も、いわゆる長崎原爆訴訟上告事件判決＝最判平成12・7・18

判時1724号29頁にみられるように、「原子爆弾被爆者の医療等に関する法律8条1項に基づく認定の要件であるいわゆる放射線起因性は、原子爆弾の放射線と被爆者の現に医療を要する負傷または疾病ないし治癒能力低下との間に通常の因果関係があることを意味し、認定拒否処分の取消訴訟において、被処分者は、右因果関係について高度の蓋然性を立証することを要する」とし、「その判定は、通常人が疑いを差し挟まない程度に真実性の確信を持ち得るものであることを必要とすると解すべきである」としている。

こうした判例をどのように理解するかについては、後述する（Ⅳ1）が、「確信」というタームが使用されている点では、「確信テーゼ」はなお維持されているということができる。

4　刑事訴訟法の体系書の記述

以上のとおり、民事訴訟における証明については、高度の蓋然性および「確信テーゼ」が通説・判例となっているが、刑事訴訟法においては、どのように説明されているのであろうか。

この点について、刑事訴訟法の代表的な体系書のなかには、刑事訴訟における証明度に関する論述に当たり、民事訴訟における証明度と対比して論じられている。そして、それが、次に述べるとおり正確とはいえないという興味深い状況がみられる。

例えば、平野龍一博士は、「犯罪事実については、検察官が、その存在を、合理的な疑をいれない程度に証明しない限り、その事実は存在しないものと認めなければならない」とし、「どの程度に達すれば合理的な疑をいれない程度と言えるか」については、「おそらく『道徳的な確実さ』すなわち、裁判官が、良心に従って、まちがいないと信じたとき、というのが、最も妥当な説明であろう」とする。そして、このことは、「民事訴訟では、『証拠の優越』で足り、せいぜい『明白で納得的な証明』しか要求されないのと著しい対照をなす」と論述する。

---

25) 評釈等として、太田匡彦「判批」ジュリ1202号34頁（2001）、西田和弘「判批」判評508号16頁（判時1743号178頁）（2001）、東孝行「判批」民商124巻6号78頁（2001）、加藤新太郎「判批」NBL721号75頁（2001）、同「判批」判例・民事事実認定16頁。
26) 平野龍一『刑事訴訟法』187頁、189頁注(3)（有斐閣・1958）。

また、田宮裕博士は、「犯罪事実を認定するためには、『合理的な疑いをこえる程度の確信』（英米法の用語例）が必要である。これは、合理的な疑念の入りこむすきのない最高度の心証を意味し、『確実ということに限りなく接近した蓋然性』（大陸法の用語例）といいかえてもよい」とする。そして、これに続けて、「民事訴訟では、一般に『証拠の優越』の程度の心証でよいとされる」とする。その理由については、「刑事訴訟では、刑罰の賦科という人権にかかわる重大な問題なので、右のように高度の心証が要求される」のに対して、民事訴訟では「財産や身分に関する権利義務が問題なので、判決の基準は日常生活の行動の基礎とすることをためらわない程度に真実であれば足りると考えられ」るものと説明する[27]。

　さらに、田口守一教授も、「今日では、［刑事訴訟における―筆者注］証明の程度として、『合理的な疑いを超える』証明が必要であるとされている」。もっとも、「同じ法律学でも、民事訴訟における証明の程度は『証拠の優越』で足りるとされる」と記述している[28]。その理由についての言及はない。

　これらに対し、民事訴訟の証明度との比較をしていないものもみられる。例えば、石丸俊彦教授（元裁判官）は、「刑事裁判における証明は、論理的証明ではなく、歴史的証明であり、歴史的証明とは、『真実の高度の蓋然性』（ドイツ法的、積極累積法による表現）をもって足りる。それは、また『合理的な疑いをさしはさむ余地のない程度の証明』（英米法的、消極消去法による表現）であるとされている」と述べる[29]。

　以上の点については、どのように受け止めるべきであろうか。

　こうした説明ぶりのなかに、刑事訴訟と民事訴訟との性格の差異を強調したいという意図があることはうかがうことができる。すなわち、刑罰権の行使にかかわる刑事訴訟と私権の実現にかかわる民事訴訟とはその重大性が異なるという点である。さらに、わが国の刑事訴訟法が継受したアメリカ法の視点が抜[30]

---

27) 田宮裕『刑事訴訟法〔新版〕』295頁（有斐閣・1996）。
28) 田口守一『刑事訴訟法』256頁、258頁（弘文堂・1996）。
29) 石丸俊彦『刑事訴訟法』307頁、308頁（成文堂・1992）。団藤重光『新刑事訴訟法綱要〔7訂版〕』211頁（創文社・1967）、松尾浩也編『刑事訴訟法II』170頁〔松尾〕、311頁〔松本時夫〕（有斐閣・1992）も民事訴訟における証明度との比較については言及していない。
30) アメリカ法においては、刑事訴訟では、「合理的な疑いの余地のない証明」が要求される。これに対して、民事訴訟では、原則として、「証拠の優越」の証明で足りるが、例外的に、詐欺、不当威

き難いものとしてあるのかもしれない。

しかしながら、わが国の民事訴訟における証明度に関する通説的理解も判例理論も、「証拠の優越」の考え方をとってはいないのであるから、上記の体系書の記述は、現状の説明としては誤りであるというほかない。正確な解説が求められるテキストという性格からして、問題のある記述であるといえよう。

もっとも、松尾浩也教授は、その体系書において、「民事訴訟についても、判例は〔刑事訴訟における証明度と―筆者注〕類似の表現をしているが、その実質には差異があると思われる」とし、民事訴訟法の学説の説明からして、「刑事訴訟の場合より緩和した基準がとられている」と論述する。この説明は、民事訴訟における証明度と刑事訴訟のそれに関する議論状況について、誤解を生じさせるおそれの少ない比較的正確なものということができるであろう。

III 確信テーゼの見直し

1 総　説

学説の一部には、民事訴訟上の証明および証明度について、「確信テーゼ」を見直す方向での議論が台頭している。

第1に、証明度の引下げを図ろうとする学説がある。例えば、証拠の優越説、段階的証明度を肯定する説がこれである。

第2に、近時は、民事訴訟の事実認定にベイズ決定理論を導入しまたは心証を量的に把握して結論に結び付けようとする学説も現れている。これらも、「確信テーゼ」を克服することになる、より根源的な議論であるといえる。

圧、滅失した証書や遺言書の内容、口頭の贈与や契約の特定履行などについては、中間的な「明白かつ説得的な証明」が要求される。この点について、小林秀之『新版　アメリカ民事訴訟法』210頁（弘文堂・1996）、浅香吉幹『アメリカ民事手続法』135頁（弘文堂・2000）。なお、ドイツ刑事訴訟（法）における裁判官の心証について考察するものとして、内山安夫「刑事訴訟における心証概念に関する一考察」『福田平・大塚仁博士古稀祝賀　刑事法学の総合的検討(上)』633頁（有斐閣・1993）。

31) 松尾浩也『刑事訴訟法(下)〔新版補正版〕』33頁（弘文堂・1997）。

2　証明度の引下げを図ろうとする学説

(1)　証拠の優越説

まず、民事訴訟の証明度は証拠の優越をもって足りるとするのが、「証拠の優越説[32]」である。例えば、石井良三判事は、「民事訴訟法上の真実が当事者間における相対的な真実であって、民事裁判の理念からしても実体的真実発見主義が必ずしも妥当なものではないとすれば、真実性の証明の基準となるものは、……証拠上いずれの側の証明度が優越しているかという証拠優越の原則でなければならないことになる。対世的な見地から客観的にこれをみればいわゆる真偽不明の事実でも、当事者間の紛争を当事者間の相対的な関係で解決するためにその基礎となすべき事実の真否を定めるという、ごく局限された相対的な立場からすれば、真偽の比重によってその真否を定めることが許されてよいし、そうすることがかえって当事者間の衡平をはかる所以でもあるからである[33]」と主張している。

(2)　蓋然性説

また、一定の事件類型の民事訴訟の証明および証明度について、段階的証明度を肯定する説も登場している。これは、証拠が偏在する公害・薬害訴訟など特定の領域では、証明は高度の蓋然性でなく一定の蓋然性で足りるとする、「蓋然性説[34]」である。もっとも、これはあくまでも、特定領域における民事訴訟の証明度を問題とするものである。

(3)　優越的蓋然性説

そこで、近時、より一般的に、民事訴訟において証明責任を負う当事者と相手方とが弁論主義のもとで最善を尽くして立証活動を行うという手続的正義を実現し、裁判所が可及的に事件の実相に即した事実認定を行うべき実体的真実発見の要請を調和させるために、相当の蓋然性をもって証明度とすべきである

---

32) 加藤一郎『公害法の生成と展開』29頁（岩波書店・1968）、石田穣『証拠法の再構成』143頁（東京大学出版会・1980）、石井良三「民事裁判における事実証明」『民事法廷覚え書』163頁（一粒社・1962）、村上博巳「民事裁判における証明度」『民事裁判における証明責任』8頁（判例タイムズ社・1980）、遠藤直哉『ロースクール教育論』50頁、90頁（信山社・2000）など。なお、太田・前掲注6）99頁も参照。
33) 石井・前掲注32）176頁。この説は、英米の証拠優越原則をその論拠としている。
34) 徳本鎭『企業の不法行為責任の研究』130頁（一粒社・1974）、沢井裕『公害の私法的研究』239頁（一粒社・1969）。

とする「優越的蓋然性説」が提唱されている[35]。これは、伊藤眞教授が説くところである。優越的蓋然性説は、民事訴訟における証拠収集手段に制約が存在することなどを考慮すると、高度の蓋然性を証明度とすることは、かえって真実から乖離する事実認定を強いる結果になり、また、証明責任を負わない当事者の反証活動を充実させ、適正な事実認定を実現するうえでも、証明責任を負う当事者の事実主張が相当の蓋然性をもって認められる場合には、必ずしも疑問の余地がないとはいえないときであっても、当該事実を認定して差し支えないという。

優越的蓋然性説は、新堂幸司教授や三木浩一教授らの有力な賛同者を獲得しつつある。例えば、新堂教授は、①民事訴訟は刑事訴訟におけるほどの高度の蓋然性を要求する必要が基本的になく、証拠収集手段が制約されているから高度の蓋然性を求めると、証明責任を負う側にとって負担が重く不公平であること、②高度の蓋然性を求めれば求めるほど誤判率が高まること、③優越的蓋然性説の方が証明度基準として使い勝手がよいこと、④立証活動の活性化を図ることができることなどを理由に、優越的蓋然性説に賛同しておられる[36]。

(4) 多段階的証明度説

さらに、近時は、民事訴訟上の証明および証明度について、段階的証明度を肯定する説も登場している。その一つが、民事訴訟では、原則として、刑事訴訟で要求される「合理的な疑いをいれない証明」よりも低度の蓋然性である「明白かつ説得的な証明」が要求されるが、例外的に、一応の推定などにより証明度の軽減が図られる一定の事件類型については「証拠の優越」で足りるとする見解もみられる[37]。これは、小林秀之教授の説くところであり、アメリカ法

Ⅲ　確信テーゼの見直し

─────────────────────────

35) 伊藤眞「証明、証明度および証明責任」法教254号33頁 (2001)、同「証明度をめぐる諸問題─手続的正義と実体的真実の調和を求めて」判タ1098号4頁 (2002)。

36) 新堂民訴571頁。そのほかにも、三木・前掲注11) 428頁以下、田村陽子「民事訴訟における証明度論再考」立命館法学327=328号517頁 (2010) が、優越的蓋然性説に賛同する。なお、須藤典明「実務からみた新民事訴訟法10年と今後の課題」民訴雑誌55号11頁 (2009)。もっとも、優越的蓋然性説の論者においても、伊藤教授は、相当程度の蓋然性とし、新堂教授は、五分を超えた蓋然性でよいとするように、蓋然性がどの程度優越していることを要するかについては一致していない。

37) 小林秀之『新証拠法』76頁 (弘文堂・1998)〔同『新証拠法〔第2版〕』76頁 (弘文堂・2003) も同旨〕。もっとも、小林説にいう「明白かつ説得的な証明」は、基本的にはなお高度な蓋然性であり、「合理的な疑いをいれない証明」よりも低い証明度であることを強調することに主眼があると思われるから、通説との差異はそれほどはないかもしれない。なお、アメリカ法における「証拠

における段階的証明度の考え方を基礎において発想されたものである。

　また、証明度は、実体法上および訴訟法上の多様な考量により決定されるが、最大公約数的な値を原則的証明度と認め、これが規準として機能するものであるところ、高度の蓋然性を基本とししつも、多段階的であってしかるべきであるとする見解も登場している。春日偉知郎教授の説くところである。春日教授によれば、同じく民事訴訟であっても、契約関係訴訟と不法行為訴訟では、具体的事案に応じて証明度に差異を認めることが適切な場合があるという。この見解は、ドイツにおける、証明度は事例群に応じて多段階のものであるとするベンダー説を参考にしている。ベンダー説は、証明度は、真実であるという確信99.8％以上、高度の蓋然性75％以上、優越的蓋然性50％以上、低度の蓋然性25％以上であるべきであり、表見証明の事例群は高度の蓋然性の、損害額・消極的事実・逸失利益の証明の事例群は優越的蓋然性の、立証責任の転換が問題となる事例群は低度の蓋然性の証明度が妥当するというものである。

　上記の二つの多段階的証明度説が、アメリカ法とドイツ法ないしそこでの議論を参酌して展開されていることは興味深いところである。ただ、小林説については、一応の推定を証明度の軽減とする点において疑問がある。すなわち、一応の推定も事実上の推定であり、原則的証明度には変わりはないと解されるからである。また、春日説においては、事例群と証明度との対応関係の全容を示しきることが課題であるといえよう。

3　確信テーゼを克服しようとする学説

（1）　確率的心証論

　「確信テーゼ」を克服しようとするものとしては、まず、裁判官の心証は量的に測定し得るものであるという前提に立ち、その心証割合を直截に判断内容

の優越」原則の理論的・実際的意義については、ケビィン・M・クラーモント〔三木浩一訳〕「民事訴訟の証明度における日米比較」大村雅彦＝三木浩一編『アメリカ民事訴訟法の理論』139頁（商事法務・2006）参照。

38) 春日偉知郎『民事訴訟における事実認定と事案解明』「点描」『民事証拠法論』241頁（商事法務・2009）。ベンダー説については、ロルフ・ベンダー〔森勇＝豊田博昭訳〕「証明度」ペーター・アーレンス編〔小島武司編訳〕『西独民事訴訟法の現在』264頁（中央大学出版会・1988）。なお、ドイツにおいては、少数説であるが、ベンダーのほかにも、ゴットヴァルト、ムズィーラク、フーバーらも段階的証明度説をとる。この点につき、春日・前掲注1）55頁。

に反映させようとする倉田卓次判事の説がある[39]。これは、確率的心証論といわれる。確率的心証論は、元来損害のうち逸失利益の算定について合理性をより追求しようとしたものである。

その基礎にある発想は、心証の量的把握の前提として、損害が金銭の算定という可分的契機を含む点に着目し、確率に応じて心証の分量的修正を試み、損害額についての心証度を証明度にまで高めようというところにある。例えば、損害賠償請求における因果関係の存在について、70％の心証を得た場合には、高度の蓋然性までは達していないから原則的証明度では認定できないことになるが、確率的心証論では、これをそのまま生かして70％の相当因果関係があると認定していこうとするものである[40]。

(2) ベイズ決定理論援用説

次に、事実認定についてベイズ決定理論を導入して説明しようとする太田勝造教授の説がある[41]。太田教授は、①経験則の蓋然性は相対頻度の極限である客観的蓋然性であり、証明主題の蓋然性は主観的蓋然性（特定的一回的事象の真実性の評価）であること、②事実認定・心証形成とは経験則の客観的蓋然性に基礎を置く証明主題の主観的蓋然性が、証拠等の情報の集積に従い確率論であるベイズの定理に従って変動していく蓋然性証明であることを説く。

この説は、「確信テーゼ」ないし証明度を主観的確信として説明する見解に対して、証明主題の高い蓋然性と審理結果の高い蓋然性（解明度）とを混同するばかりでなく、法的価値判断による証明度の変動や心理的・情緒的要素を自

---

39) 倉田卓次「逸失利益算定法への一疑問」『民事交通訴訟の課題』200頁（日本評論社・1970）、同「確率的心証論と認定の悉無律」『民事実務と証明論』288頁（日本評論社・1987）。この説は、心証の度合いを事実認定に直結させることから、「心証度による割合的認定説」とも呼ばれる。
　確率的心証論の考え方に基づき、損害賠償請求訴訟において心証度による因果関係の割合的認定をした裁判例に、死傷等の結果の原因として交通事故とともに被害者の持病や潜在的体質的素因が競合していることが問題となったケースで、事故と結果の因果関係に関し、「肯定の証拠と否定の証拠とが並び存するのであるが、当裁判所は、これらを総合した上で相当因果関係の存在を70パーセント肯定する」とした東京地判昭和45・6・29判時615号38頁があり、その後、東京地判昭和47・7・17判タ282号235頁、水戸地判昭和50・12・8判タ336号312頁、宮崎地判昭和58・9・26交通民集16巻5号1273頁が続いた。また、貸金返還請求訴訟において残債務額の認定について心証度による割合的認定の手法を用いた裁判例として、東京地判昭和49・7・18判時764号62頁がみられる。いずれも下級審裁判例であり、一般的なものとはなっていない。
40) 確率的心証論およびこれを支持する説、批判する説を検討し評価を加えるものとして、手続裁量論141頁以下、伊藤（滋）・前掲注1）192頁以下。
41) 太田・前掲注6）118頁、同・前掲注1）76頁。

由心証のなかに混入するものであると批判している。

　太田説は、事実認定過程の客観化・合理化の方向を目指すものであり、その方向性には賛同することができる。すなわち、事実認定を確率論の適用であるとする立場をとることによって第三者が事後的に結果を追証することが可能かつ容易となり、その意味においては事実認定の客観化の要請にかなうものであるから、その理論的試みの意義は少なくない。しかし、現実には、多くのケースにおいて個々の証拠方法の証拠力＝蓋然性は明確とはいえない。そのため、太田教授も自認するように、蓋然性計算による事実認定が実践的意義を有するのは、客観的蓋然性が明確にされている経験則が適用される場合（例えば、指紋・血液型による血縁関係、平均余命等の統計的資料のあるもの）や、専門家鑑定で蓋然性数値が有意義に決定される場合に限られる。[42] その意味で、実際的有用性の観点からは、限界があるというべきであろう。[43]

IV 「確信と証明度」の現状と課題

1 確信テーゼの要否

(1) 見解の諸相

　判例・通説において、民事訴訟の証明を構成するという「高度の蓋然性」と「主観的確信」との関係をどのように解すべきか。これは、まさしく「確信テーゼ」の要否の問題である。

　第1に、二要件説が考えられる。すなわち、民事訴訟において証明ありというためには、「高度の蓋然性」および「主観的確信」の二要件が必要であるとする見解である。[44]

　第2に、確信＝判断基準説も考えられよう。これは、必ずしも証明には「高度の蓋然性」と「主観的確信」の二要件が必要というのではなく、客観的な「高度の蓋然性」の判定基準として「主観的確信」を位置づけるべきであると

---

42) 太田・前掲注6) 104頁。
43) 手続裁量論132頁、注釈民訴(4)58頁〔加藤〕参照。なお、近時の研究をもとにしたベイズ・モデルの到達点と問題点については、橋本聡「英米における事実認定理論の現状」新堂幸司監修・高橋宏志＝加藤新太郎編『民事実務訴訟講座〔第3期〕④民事証拠法』305頁（日本評論社・2012）参照。
44) 手続裁量論128頁、132頁参照。

する見解である。⁴⁵⁾

　第3に、確信＝レトリック説もみられる。これは、確信は、説明のための概念であって、実践的概念としてはそれほど意味のないレトリック（修辞）にすぎないと解する見解である。⁴⁶⁾

(2) 検　討

　確信＝判断基準説は、判例の表現ぶりからみて、十分成り立つ考え方である。そして、これは、高度の蓋然性の存在と主観的確信とが常に一致することを前提としている。確かに、多くのケースでは、そのようにみてよいであろう。しかし、客観的には高度の蓋然性がある場合であるのに、慎重な裁判官がなお疑いを抱くことがあり得るし、逆に、客観的には蓋然性は低い場合であるのに、何らかの理由で裁判官が事実の存在を確信することも想定され得る。⁴⁷⁾したがって、確信＝判断基準説の前提は、実際には充たされないことがあるから、これを採用することはできない。

　そうすると、「高度の蓋然性」と「主観的確信」とは、別のものであると捉える二要件説に分がありそうである。証明に客観的要件と主観的要件とを具備すべきであると考えることは、バランス感覚と論理性を併せもつようにも思われる。しかしながら、証明に裁判官の主観的確信を要求するとしても、それは根拠のない確信ではなく、論理法則・経験則に規定された合理的な確信でなければならない。⁴⁸⁾そうであるとすれば、それは、要証事実についての「高度の蓋然性の認識」といい換えることができる心理状態（心証）といってよいのではなかろうか。裁判官がある事実の存否の判断において高度の蓋然性が存在するという心証を抱くことは、そのような認識を形成することと同義であるから、「確信」という主観的要件をことさら証明度の説明に繰り込む必要はないと考えられる。したがって、確信＝レトリック説が相当であると解される。⁴⁹⁾

　もっとも、裁判官の良心に基づく裁判（事実認定および法適用）という憲法原理的要請から、「主観的確信」が必要であるとする見解もみられる。⁵⁰⁾この見

---

45) 太田・前掲注6) 12頁。
46) 手続裁量論132頁。
47) 太田・前掲注6) 12頁。
48) 中野貞一郎「過失の『一応の推定』について」『過失の推認〔増補版〕』51頁（弘文堂・1987）。
49) 手続裁量論133頁、注釈民訴(4)52頁〔加藤〕。
50) 民事事実認定264頁〔田尾桃二発言〕。

解に対して反論することは、なかなか難しい。確かに、事実認定および心証形成は裁判官の主体的な判断作用であるから、その限りで主観的な要因が入り込むことは免れ難いが、先にも述べたように、論理法則・経験則を無視した恣意的な事実認定および心証形成は、自由心証主義の名のもとにおいても、およそ支持される余地はない。すなわち、事実認定および心証形成は、経験則に裏打ちされた合理的なものであることが必要であろう。その意味で、事実認定の合理化・客観化の要請は必然的なものと考えられ[51]、主観性はできる限り薄めていくことが求められているように思われる。合議体で審理する場合には、裁判官三人の合議体のうち二人までが確信したというときに、残りの一人は確信していなくても、当該事実を証明ありとして事実認定して差し支えないのである。これは、一種の確信の擬制であり、確信とはいっても、主観性は薄くなっていることも援用することができるであろう[52]。私見においても、確信は、レトリックではあるものの、「事実認定における裁判官の主体性を認知し、表現している」という象徴的な意味があったと考えているが[53]、その程度の位置づけが相当ではあるまいか。この点に関連し、伊藤眞教授は、高度の蓋然性と確信とは、同一の基準について、前者は心証の程度を客観的側面から表現し、後者は事実認定の主体たる裁判官の心証という主観的側面から表現したものであり、本質的には同一の意味内容をもっていると説明されるが[54]、私見と同様の理解に立つものと解してよいであろう。

すなわち、第1に、確信は、論理法則・経験則に規定された合理的な確信でなければならないという理論的観点から、第2に、事実認定の合理化・客観化の要請という訴訟政策的観点から、二要件説は採用すべきではないと解したい。

以上によれば、訴訟上の証明および証明度とは、「高度の蓋然性の存在を立証して、裁判官にそのような認識を得させた状態」と解することが相当である[55]。

----

51) 事実認定過程が客観的かつ合理的なものになっていれば、当事者による吟味や控訴審における追証も容易になり、実務的にも望ましいところである。そのような問題関心から、学説において、事実認定過程・心証形成過程の客観化・合理化を進めるべく、その基礎として事実認定の構造分析と理論化を試みるものが増加している。この点について、太田・前掲注6）95頁、春日・前掲注1）62頁、小林・前掲注37）70頁、三木・前掲注11）368頁、民事事実認定181頁参照。
52) 新堂幸司「民事訴訟の目的論からなにを学ぶか」『民事訴訟制度の役割』263頁（有斐閣・1993）。
53) 手続裁量論133頁、注釈民訴(4)52頁〔加藤〕。
54) 伊藤・前掲注24）「判批」判例・民事事実認定12頁。
55) 手続裁量論133頁、注釈民訴(4)52頁〔加藤〕。なお、同旨とみられる見解として、野崎・前掲注14）

このように解することによって、判例・通説により連綿と継続してきた「確信テーゼ」の相対的軽量化を図ることができるのである。

2 証明度の決め方

(1) 学説の動向

このようにして、「確信テーゼ」から解き放たれた段階において、「証明度はどのように決められるべきか」という問題は、より一層意味をもつ。

これについては、①実体法によって決定されるとする実体法説と、②訴訟法原則および訴訟政策的観点から決定されるとする訴訟法説とがみられる。

①実体法説は、証明度は、事実認定が誤り（誤判）であった場合に原告・被告が被る損失効用（社会的リスク）によって決まるものであり、その効用の評価は、適用規範の趣旨・目的という実体法上の価値判断にかかるものと主張する[56]。これは、証明度は、実体法の問題であり、実体法の解釈によって決まるという立場であり、同じ権利の成否を決定する法律要件のようにみえても、それぞれの要件ごとに誤判のもたらす社会的リスクは異なり得るのであるから、その比較により証明度を決定すべきであるという。そしてこのように、法律要件・法律効果ごとに証明度を設定していくことは、規範理論としてのベイズ意思決定論によって正当化されるとする[57]。

②訴訟法説は、証明度は、事実認定できるか否かの基準であり、裁判の客観的妥当性や法的安定性確保の要請、実体的真実発見の要請など訴訟手続上追求すべき価値を考慮したうえで、訴訟法上の問題として捉えられるべきものであると主張する。また、証明度が、訴訟法に属するものであることの実定法の根拠は、自由心証主義（民訴法247条）に求められ、その解釈問題の一つとして証明度が決定されると解すべきであるとする[58]。

110頁。主観的確信不要説に賛成する見解として、中西正「自由心証主義」『民事訴訟法の争点〔新争点〕』174頁（有斐閣・2009）、伊藤・前掲注24)「判批」判例・民事事実認定12頁、萩沢達彦「自由心証主義の意義と機能」新堂幸司監修・高橋宏志＝加藤新太郎編『実務民事訴訟講座〔第3期〕④民事証拠法』32頁（日本評論社・2012）。重点講義(下)40頁は、裁判官の事実認定は、客観的ないし間主観的なものと考えるべきであろうとするが、これも主観的確信不要説に分類してよいであろう。

56) 太田・前掲注1) 147頁以下。
57) 太田・前掲注1) 98頁。
58) 手続裁量論98頁、春日・前掲注1) 18頁。もっとも、春日説では、民事訴訟法247条の解釈から直

(2) 判例の立場

　判例は、訴訟法説に立っていると解される。

　この点について、最判平成12・7・18判時1724号29頁を例にとって検討してみることにしよう。

　このケースは、長崎に投下された原子爆弾の被爆者が、原子爆弾被爆者の医療等に関する法律（「原爆医療法」と略称）8条1項に基づき、右半身不全片麻痺および頭部外傷が原子爆弾の傷害作用に起因する旨の認定申請をしたのに対し、厚生大臣がこれを却下したので、却下処分の取消訴訟を提起したものである。

　原審である福岡高判平成9・11・7判タ984号103頁は、放射線起因性の認定判断につき、次のような判示をして、原告の請求を認容した。

【A】 放射線起因性の証明の程度を論ずるには、原子爆弾による被害の甚大性、原爆後障害症の特殊性、法の目的、性格等を考慮すべきである。

【B】 証明の程度は、物理的・医学的観点からする「高度の蓋然性」でなくてもよい。

【C】 被爆者の被爆時の状況、その後の病歴、現症状等を参酌し、被爆者の負傷・疾病が原子爆弾の傷害作用に起因することについての「相当程度の蓋然性」があれば足りる。

　このような判断は、①訴訟上の証明の程度（証明度）につき、「高度の蓋然性」を要しない（証明度軽減）とする見解、②原爆医療法8条1項の実体要件の内容（解釈）として、因果関係があることは必要でなく、因果関係がありそうであるという程度で足りるとする見解の、いずれからも導くことができる。

　上告審判決は、①、②いずれの見解に依拠したものかは明らかでないところから、いずれにしても原判決の認定判断に誤りがあるとした[59]。その判示は、次のとおりである。

【1】 行政処分の要件として因果関係の存在が必要とされる場合に、その拒否処分の取消訴訟において被処分者がすべき因果関係の立証の程度は、特別の

ちに証明度が決せられるものではないとするが、本文で述べたとおり、訴訟法原則および裁判の客観的妥当性、法的安定性確保、実体的真実発見などの訴訟政策的観点からされる自由心証主義の解釈問題と位置づけるべきであろう。

59) 加藤・前掲注25)「判批」NBL721号76頁。

定めがない限り、通常の民事訴訟における場合と異なるものではない。そして、訴訟上の因果関係の立証は、高度の蓋然性を証明することであり、その判定は、通常人が疑いを差し挟まない程度に真実性の確信をもち得るものであることを必要とすると解すべきであるから、原爆医療法8条1項の認定の要件とされている放射線起因性についても、要証事実につき「相当の蓋然性」さえ立証すれば足りるとすることはできない。そうすると、原審が訴訟上の問題である因果関係の立証の程度につき、実体法の目的等を根拠として上記の原則と異なる判断をしたとするなら、原爆医療法および民事訴訟法の解釈を誤るものである。

【2】 実体法が、要証事実自体を因果関係の厳格な存在を必要としないものと定めていることがある。原審の判断も、原子爆弾被爆者に対する特別措置に関する法律の関連法規である原爆医療法8条1項の放射線起因性の要件について同様の解釈をすべきであるという趣旨に解されないではない。しかし、原爆医療法は、放射線と疾病ないし治癒能力低下との間に通常の因果関係があることを要件として定めたものと解すべきである。そうすると、原審の判断は、実体要件に係るものであるとしても、法の解釈を誤るものである。

このように、判例は、証明度は民事訴訟法の問題であり、したがって、その決定も民事訴訟法によることになると解しているのである。

実体法説が述べ、平成12年最判も明らかにするとおり、立法上または法解釈として、ある要件の証明度につき実質的な軽減を図ることは可能であろう。しかし、一般的な立論としては、証明度は、訴訟法の問題として捉えるのが相当であると解される。[60)]

3 証明度のあり方

証明度に関する最大の論点は、第1に、「原則的証明度として、高度の蓋然性、優越的蓋然性、証拠の優越のいずれが相当か」、第2に、「原則的証明度と段階的証明度のいずれが相当か」であろう。

証明度は、規範概念であるから、いずれの立場をとるかは、解釈論の問題である。私見は、通説と同じく、高度の蓋然性をもって原則的証明度を考える見

---

60) 手続裁量論138頁。

解[61]をとる。その実質的根拠は、訴訟手続に内在する客観的妥当性確保、法的安定性確保、実体的真実発見など、訴訟政策の要請にある[62]。

第1に、民事訴訟は、刑事訴訟と比較すると相対的に当事者の証拠(本証・反証とも)収集能力が低いといえるから、優越的蓋然性説では、事実認定が偶然の要素に大きく左右され、振幅の大きなものとなる。このような結果は妥当ではなく、法的安定性の観点からも問題があり、裁判利用者の真実発見の期待に沿うものともいえない。そこで、証明度として要求される事実の蓋然性の程度は、高度なものであることが必要である。

第2に、権利実現を図ろうとする当事者は、現状の均衡を覆そうとするものであるが、民事訴訟制度は、自力救済を禁止していることから明らかなように、現状の保護が図られることに価値を置いていると解される。そこで、現状の均衡を覆そうとする当事者に対して、より大きな負担を課することが当事者の衡平にかない合理的であり、法的安定性の確保にも有益である[63]。

第3に、証明は判決につながり、判決は公権力による強制的な権利実現がオーソライズされる債務名義となるものである。刑事罰の行使という公権力による強制を甘受しなければならない刑事訴訟とは、その程度は異なるにしても同様の構造があり、同様の機能が付与されている。そこで、証明度として要求さ

・・

61) 手続裁量論133頁ないし135頁。重点講義(下)42頁も、これに賛成する。
62) その論拠としては、①証拠法則が発達している英米と異なり、その前提のないわが国で証拠優越の原則を認めることにより事実認定が放恣に流れる危険性が多分にあるとする見解(中野・前掲注48)62頁)、②心証は裁判官の個性の働く主観的なものであるから、証明度を低く設定することは、裁判の客観的妥当性を確保できない危険性がより大きいとする見解(山木戸克己「自由心証と挙証責任」『民事訴訟法論集』28頁(有斐閣・1990))、③心証度のレベルを低く設定することは、民事裁判制度に対する国民の信頼を害するという危惧につながるとする見解(納谷・前掲注14)262頁)、④優越的蓋然性説により追証可能性が高くなることはないし、実体法上の請求権基礎の氾濫が生じるうえ、国民の法感情が害されるというマイナスがあるとする見解(松本・前掲注6)24頁参照)、⑤優越的蓋然性説は、証明を疎明に近づけるものであり、従来から認められてきた証明と疎明との関係を損なうことになるとする見解(春日・前掲注1)55頁)を援用することができよう。もっとも、⑤については、優越的蓋然性説からは、証明と疎明との差異は、証明度ではなく、解明度(審理結果の確実性=事実の存否についての心証の確実性)ないし立証活動の方法の差異にあると反論されることになろう。この点につき、伊藤・前掲注35)法教40頁、三木・前掲注11)464頁参照。なお、解明度については、本章補論Ⅰ1参照。
63) ハンス・プリュッティング〔渡辺武文=中野貞一郎訳〕「西ドイツにおける証拠法、とくに証明責任論の現状」判タ553号26頁(1985)。もっとも、自力救済の禁止は、国家制度としての裁判の利用を推進させることと表裏をなすものであり、必ずしも、現状の保護を目的とするものとはいえないとする見解もあるかもしれない。

れる事実の蓋然性の程度は、基本的に高度のものであることが必要である。

第4に、裁判の客観的妥当性および法的安定性の確保という観点からは、事件の類型に応じて証明度に段階を設けるのではなく、原則的証明度を要求することが妥当である。もっとも、次項4で述べるように、証拠偏在型訴訟については、一定の要件のもとにおいて証明度の軽減を図ることが考えられてよい。

ところで、高度の蓋然性＝原則的証明度説のなかには、「権利の確定・実現による実体的正義の保障という訴訟目的の観点からは、真実にできるだけ近い事実認定が重要」であることを根拠とする見解もみられる。[64]

これに対しては、「(いわば真空状態で証明問題を考える限りでは) 証明度を上げれば上げるほど、真実からは遠ざかる」、「高度の蓋然性を求めれば求めるほど誤判率は高まる」という批判がみられる。[65]証明度を高くすることにより権利実現のハードルは高くなるという面があり、また、証明できなかったことは実体的に真実ではなかったことと同義ではないから、この批判は一面当たっているところがある。しかし、それも程度問題であり、逆に、証明度を下げたとしたら、実際問題として真実に近づくという論証も困難なのではなかろうか。なぜなら、わが国の民事訴訟実務において、訴訟当事者による証明のための証拠の確保・収集がどのようなものとなっているかという現実問題が背後に控えているからである。また、請求認容判決は債務名義となり強制執行されるが、その場合に、誤判である確率がより少ない方が、訴訟政策的には望ましいといえよう。[66]

わが国は、取引においてさえ契約当事者が訴訟を前提として書面を作成しておくという慣行が乏しいという風土である。そして、訴訟当事者の証拠収集手段は、民事訴訟手続上かなりの改善をみてはいるが、必ずしもなお十分に保障されているとはいえない実情にある。そのような与件のもとでの民事訴訟の事実認定としては、偶然の事情により証拠の優越が充たされている（しかし、真

---

64) 松本・前掲注6) 24頁。
65) 萩原金美「民事証明論覚え書」民訴雑誌44号11頁 (1998)、同「証明、証明度および証明責任」『民事司法・訴訟の現在課題』172頁（判例タイムズ社・2000)、民事事実認定277頁〔太田勝造発言〕、新堂民訴572頁。
66) 重点講義(下)42頁。もっとも、原則的証明度説（高度の蓋然性説）においては、真実は請求認容とされるべきであるのに棄却される判決が出る可能性は高まるが、刑事訴訟における無罪判決と同様、それはやむを得ないと割り切ることになる。民事事実認定17頁〔田尾桃二・加藤新太郎各発言〕。

実とは相違する）場合に、高度の蓋然性説によって的確な事実認定をする方が、優越的蓋然性説によって振幅の多い事実認定をするよりも、弊害がより少ないのではなかろうか[67]。そして、それが結果として、民事訴訟における真実発見の要請に応えることになるように思われる。

　これに対して、先にみたように、当事者の証拠収集手段が不十分であることから、高度の蓋然性を要求することは証明責任を負う側の負担が重く不公平であることを根拠として、優越的蓋然性が望ましいとする見解もみられる[68]。しかしながら、例えば、アメリカ合衆国においては、ディスカバリーにより証拠収集・情報開示を保障したうえで優越的蓋然性説を採用しているのに対して、わが国における実情は前述のとおりである。訴訟政策的観点からは、前述した弊害が現実のものとなるリスクを考えると、この見解は、その前提において問題があると考えざるを得ないのである。

　もっとも、判例・通説のいう高度の蓋然性の内実を高く設定しすぎるような実務が散見されないわけではないが、これは相当とはいえない[69]。優越的蓋然性説は、実践的には、このような傾向に警鐘を鳴らす意義があるとはいえるであろう。

4　証明度の軽減の可否

（1）　問題の所在と学説の状況

　原則的証明度と段階的証明度のいずれが相当かについては、裁判の客観的妥当性・法的安定性を確保するという観点からは、事件の類型に応じて証明度に段階を設けるのではなく、原則的証明度を設定することが相当である。

　もっとも、原則的証明度を維持する立場に立つ場合でも、「現実にみられる証拠の偏在や事柄の性質に起因する証明困難を克服するため、例外的に、証明度を軽減することが許されるか」という論点は、検討されるべきである。

　現代型訴訟に代表される当事者対等が実質的に維持されていない証拠偏在型

---

[67] この点について、三木浩一教授は、原則的証明度説（高度の蓋然性説）は、訴訟当事者や一般人に裁判官が丁寧かつ慎重な事実認定を行うという印象を与えるが、それは見せかけのイメージにすぎないと批判する。同・前掲注11）455頁。
[68] 新堂民訴571頁。
[69] 例えば、前掲2（2）最判平成12・7・18につき、加藤・前掲注25）「判批」判例・民事事実認定20頁参照。

の訴訟のなかには、証明度を軽減しなければ、かえって当事者の実質的公平および実体的正義に反する結果を招来するケースがあることは、現実の問題として認めざるを得ない。したがって、理論的にも訴訟政策的にも、例外的に、原則的証明度を軽減することにより立証者の負担を軽減する余地を肯定すべきであろう。

そのような観点から、学説には、例外的に、原則的証明度の軽減を許容するものがあらわれている。既にみた、公害・薬害訴訟など特定の領域の事件につき要証事実の証明は一定の蓋然性で足りるとする蓋然性説もその一つであるが、より汎用性ある議論のいくつかをみておこう。

第1説として、現代の科学技術水準・紛争基盤たる社会経済構造からみて、誰が立証したとしても一定限度以上の確実性の心証を裁判官に得させることが構造的に不可能な場合（例えば、父死亡後の認知請求における父子関係の存在、医療訴訟・環境・公害訴訟における過失・因果関係、独禁法違反の損害賠償請求における損害の発生などの証明）については、実体法の趣旨を実現するために、原則的な証明度を軽減することが許されるとする見解がある。この見解は、大阪国際空港事件最高裁判決（最大判昭和56・12・16民集35巻10号1369頁）[70]が、航空機の騒音等と損害との間の因果関係を認めるに当たり、「本件のような航空機騒音の特質及びこれが人体に及ぼす影響の特殊性並びにこれに関する科学的解明が未だ十分に進んでいない状況にかんがみるときは、原審が、その挙示する証拠に基づき、……疾患ないし身体障害につき右騒音等がその原因の一つとなっている可能性があるとした認定判断は、必ずしも経験則に違反する不合理な認定判断として排斥されるべきものとはいえず……」と説示している点を捉えて、科学技術の水準を考慮して証明度の軽減が図られたという理解をしている。

第2説として、証明度は実体法の解釈によって決定されるという前提に立ち、証明度の軽減は、証明困難なために、高い原則的証明度では不当な判決をもたらすときに、実体法の規範目的・趣旨を考慮して行われるべきであるとする見解もみられる。[71]

第3説として、自由心証主義が前提とする実体的真実追求の理念を考えると、

───────────────────
70) 条解民訴136頁〔竹下守夫〕。
71) 太田・前掲注6) 214頁。

例外的にせよ原則的証明度の軽減は安易に行われてはならないが、これを許容するためには、必要性、相当性、補充性が必要であるとし、それらを具体化した、「①事実の証明が事柄の性質上困難であること（必要性、相当性）、②証明困難である結果、実体法の規範目的・趣旨に照らして著しい不正義が生じること（必要性、補充性）、③原則的証明度と等価値の立証が可能な代替手法が想定できないこと（補充性）」という要件を構想する見解もみられる。[72]

　原則的証明度と等価値の立証が可能な代替手法としては、例えば、疫学的証明、統計学的証明などがある。

　疫学的証明とは、環境・公害訴訟における因果関係などの立証手法である。[73]疫学的証明は、実務上、公害事件から薬害事件（スモン訴訟等）、食品公害事件（カネミ油症訴訟等）、労災事件（クロム労災訴訟等）などにも拡大してきている。疫学的証明は、疫学における疾病の原因究明の手法を利用して、公害・薬害訴訟において被告側の原因行為と原告側の疾病被害との因果関係を証明しようとするものであるが、これは、因果関係の証明について原則的証明度を軽減しているのではなく、経験則および疫学的・統計学的裏付けがある。すなわち、疫学的証明は、「①ある因子が疾病の発生の一定期間前に作用するものであること、②その因子の作用する程度が著しいほどその疾病の罹患率が高まること、③その因子の分布・消長と疾患の発生・程度との相関が矛盾なく説明されること、④その因子が原因として作用するメカニズムが生物学的に矛盾なく説明されること」という四条件（疫学四条件）の充たされる場合に、その因子と疾病との間の因果関係を認めてよいとする考え方である。[74]疫学的証明は、病理学

・・・

72) 手続裁量論145頁。なお、「費用・時間という観点も含めて、事柄の性質からくる立証の困難が本質的に避けがたい場合であって、かつ、当該事案に関係する法律制度の趣旨・適用又は類推すべき実体法規の趣旨などをも考慮に入れて総合的に考えた結果、当該事案において証明が不十分であるという理由で当該当事者を敗訴させることが、当事者間の公平に著しく反すると判断される場合」に限り、証明度の引下げを認めるという見解として、伊藤・前掲注１）188頁がある。重点講義(下)43頁も、証明度を高度の蓋然性と高めに設定することは、いかなる場合にもその証明度を墨守することではなく、合理的な理由があれば、証明度の引下げ（軽減）はあり得てよいとして、証明度軽減許容説に賛成する。
73) 吉田克己「疫学的因果関係論と法的因果関係論」ジュリ440号104頁（1969）、新美育文「疫学的手法による因果関係の証明(上)(下)」ジュリ866号74頁、871号89頁（1986）、西田隆裕「証明と疎明」門口正人編集代表『民事証拠法大系(2)』34頁（青林書院・2004）。富山地判昭和46・6・30下民集22巻5＝6号別冊1頁、東京地判昭和53・8・3判時899号48頁。
74) 疫学的証明において、非特異的疾患の場合には、他原因の否定がカギとなることを指摘するもの

的・生物学的経験則（①、④）と空間的・時間的広がりを前提とした統計学的分析（②、③）を基礎としており、要証命題の内容と性質から、この方法によって高度の蓋然性の認識が可能であるのであり、原則的証明度が軽減されているのではない。このような疫学による因果関係の証明は、論理法則・経験法則による蓋然性の判断にほかならず、事実上の推定の手法を用いて、B型肝炎ウイルスに感染した患者が乳幼児期に受けた集団予防接種等とウイルス感染との間の因果関係を肯定した最判平成18・6・16民集60巻5号1997頁の判断と、基本的に同質のものである。

統計学的証明は、一定の信頼できる統計およびそれを基礎とした事象を認識・証明する手法である。実務では、例えば、死亡被害者の逸失利益の算定に当たって生命表による平均余命を利用することなど、従来からみられたものである。また、独占禁止法に違反した価格協定と損害との因果関係や損害額の立証が問題となった鶴岡灯油訴訟（最判平成元・12・8民集43巻11号1259頁）のような類型の訴訟について、原告に負担可能な一定の回帰分析を内容とする統計学的証明方法なしには、裁判官に高度の蓋然性の認識を形成させることは困難であるとして、統計学的手法の有用性が提唱されている[75]。こうした統計学的証明も、原則的証明度を軽減するものではない。

以上の学説が原則的証明度を軽減する理論的および訴訟政策的根拠は、実体的正義および手続的正義の要請である。

(2) 検　討

当事者が、原則的証明度を念頭に置いて立証活動を展開することは法的安定性を確保するためにも必要であるから、例外的に、原則的証明度の軽減をする場合においても、その要件が明確であることが要請される。その意味では、証明困難性は客観的であることを要し、当事者の怠惰や不熱心な証拠収集態度に起因するような要因によって事実の証明が困難であったとしても、原則的証明度は維持されるべきであろう。

また、要証事実が、科学的因果法則により証明されるべきものか、統計学的

として、賀集唱「損害賠償訴訟における因果関係の証明」新堂幸司編集代表『講座民事訴訟⑤証拠』218頁（弘文堂・1983）。

[75] 伊藤民訴302頁、伊藤眞「独占禁止法違反損害賠償訴訟(上)(下)」ジュリ963号54頁、965号53頁（1990）。

経験則により証明されるべきものか、例外のある一般的経験則により証明されるべきものかなどによっても、証明困難の性質と度合いは異なる。したがって、現在の科学技術水準の限界から科学的因果法則そのものが不明であることやデータ不足であることに由来する証明の困難性については、第1説が説くように、現実には証明の期待可能性はない。しかし、要証事実がそのようなものでなくても当事者が立証に不熱心であれば、証明の期待可能性は乏しい。そうしたケースを可及的に排除するという観点からは、第3説のように「事実の証明が、事柄の性質上困難であること」を要件とすることは不可欠であろう。

　証明度の軽減は例外であるから、証明困難である結果生じる不正義が「著しい」ことを要件とするのも相当であろう。

　さらに、第1説の例示する、父死亡後の認知請求における父子関係の存在、医療事故・環境・公害訴訟における過失・因果関係などは、原則的証明度と等価値の立証が可能な代替手法（疫学的証明、統計学的証明など）が想定されることもあると考えられるが、そのような場合には、証明度の軽減を認めるべきではないとしており、その限りでは、第3説と同様である。

　このようにみてくると、第2説と第3説は、具体性ある命題として提示するか（第2説）、要件化した命題として提示するか（第3説）という違いはあるが、その内容はほぼ同じと解してよいであろう。なお、証明度の軽減は、民事訴訟法248条をどのように理解するか、同条の類推解釈の可否・範囲の問題ともかかわるものであることにも留意すべきであろう。[76]

---

76) 本章第10章Ⅲ2（3）参照。なお、筆者は、証明度軽減の下限については、証拠の優越レベルとすべきであるが、必要性・相当性・補充性が顕著である特殊例外的ケースについては、それ以下でもよいと考えたことがある。この点につき、手続裁量論147頁。これは、証拠の優越にも達しないレベルのものについても救済しようとした、水俣病東京訴訟第一審判決（東京地判平成4・2・7判タ782号65頁）の論旨に正当性を付与するための理論化という意図によるものであった。しかし、「多少の違和感がないではない」との指摘（重点講義(下)43頁）、「そこまで軽減することには疑問を感じる」（伊藤・前掲注1）192頁）旨の批判を受けた。確かに、証拠の優越にも達しないレベルのものを特殊例外的にせよ証明ありとすることは、証明および証明度の概念に抵触することになろう。そこで、従前の見解を改めることにする。

V　むすび——証明度論の課題

1　本章の論旨

本章の論旨は、次のとおり、整理することができる。

第1に、民事訴訟における証明度に関する「確信テーゼ」は、戦前のドイツ法の解釈にその淵源をもち、わが国でも判例・通説において連綿と続いてきた。

第2に、「確信テーゼ」における基準としては、社会生活の規律ルールであることが考慮されてきた。

第3に、「確信テーゼ」の主観性は薄くなってきており、高度の蓋然性の認識をもって民事訴訟における証明度とする見解が有力になっている。確信は事実認定における裁判官の主体性を認知し、表現するための象徴的な概念ではあるが、それ以上に、実践的意義をもたないレトリック（修辞）とみるべきである。

第4に、したがって、わが国の民事訴訟における証明度としては、高度の蓋然性＝原則的証明度説が相当であるが、例外的に、一定の（必要性、相当性、補充性）要件のもとに証明度の軽減が認められてよい場合がある。

2　証明度論の新たな課題

最後に、判例上、証明度に関して、新たな課題がいくつも生まれてきている民事実務の現状を明らかにして、「むすび」としたい。

第1に、証明度の軽減にかかわるケースをみてみよう。

証明度を軽減した下級審裁判例としては、水俣病東京訴訟第一審判決である東京地判平成4・2・7判タ782号65頁のほか、いわゆる原爆被爆者訴訟（医療給付認定申請却下処分の取消訴訟）である広島地判昭和48・4・19判時700号89頁（相当程度の蓋然性）、その控訴審判決である広島高判昭和54・5・16判時944号40頁（相当程度の蓋然性）、広島地判昭和51・7・27判時823号17頁（医学的にみて首肯し得ない限り起因性あり）、京都地判平成10・12・11判時1708号71

---

77)　その評釈として、加藤新太郎「判批」ジュリ1013号131頁（1992）。なお、手続裁量論153頁以下参照。

頁（原子爆弾の放射線以外のものを原因とする可能性より相対的に高いことを証明すれば足りる）、前掲福岡高判平成 9・11・7（本書54頁参照）などがみられる。これらの裁判例は、実体法の規範目的・趣旨、事実の証明が事柄の性質上困難であることを考慮して、証明度の軽減を許容していたとみてよいであろう。

　しかし、長崎原爆訴訟上告事件判決（前掲最判平成12・7・18）は、「実体要件の内容とされていないものの証明については原則的証明度を維持する」という姿勢を示した。そこで、平成12年最判は、他の事案への影響を考えて、近時の証明度を軽減する傾向に歯止めをかけようとしたとみる見解がある[78]。確かに、証明度軽減を許容すると、実践的には、事実認定がルーズになりやすいというリスクはないわけではない。しかしながら、本判決が、汎用的かつ論理必然的な証明度軽減否定説を打ち出した（証明度軽減の可否の論議に終止符を打った）ものとみるべきか否かについては、なお検討の余地があるように思われる。なぜなら、本判決は、放射線起因性の有無に関して、原審の認定判断を是認し得ないものではないとしているからである。すなわち、当該ケースにおいては原則的証明度（高度の蓋然性）ありとするには問題があるとしても、結論的には消極的支持というべき評価がされ、却下処分の取消しが確定しているのである。ここから、平成12年最判は、①高度の蓋然性を要求する一方で、実際の場面では、証明度の引下げを許容しているものではないか、あるいは、②そもそも裁判実務における「高度の蓋然性」適用のハードルが高いことを示唆するものではないか、といった疑問が生じる[79]。この点に関してどのように理解していくかは大きな問題であるが、要証事実の蓋然性の程度についての認識形成のあり方を反省する契機となるものであり、また、原則的証明度の弾力化の可否というテーマにもつながるものであるといえよう[80]。

　第 2 に、最判平成12・9・22民集54巻 7 号2574頁[81]は、「医師が過失により医

---

78) 西田・前掲注25)「判批」19頁。本章補論 II 参照。
79) 太田（匡）・前掲注25)「判批」36頁。松本＝上野・前掲注20) 415頁は、平成12年最判は、実質的には、証明度の引下げを認めたものと解すべきであるとする。
80) 加藤・前掲注25)「判批」NBL721号79頁。
81) 評釈等として、稲垣喬「判批」民商123巻 6 号98頁（2001）、大塚直「判批」ジュリ1199号 9 頁（2001）、窪田充見「判批」ジュリ1202号69頁（2001）、鎌田薫「判批」判例セレクト23頁（2001）、澤野和博「判批」名経法学10号187頁（2001）、加藤新太郎「判批」平成12年度民事主要判例解説114頁（2001）。

療水準にかなった医療を行わなかったことと患者の死亡との間の因果関係の存在は証明されないけれども、右医療が行われていたならば患者がその死亡の時点においてなお生存していた相当程度の可能性の存在が証明される場合には、医師は、患者が右可能性を侵害されたことによって被った損害を賠償すべき不法行為責任を負う」と判示した。

そこで、こうしたケースにおける、「患者がその死亡の時点においてなお生存していた相当程度の可能性」の証明度いかんが問題となる。すなわち、①原則どおり、「高度の蓋然性」をもって証明すると解すべきか（このように考えても、生存の可能性の証明であるから立証負担は大幅に軽減される）、②証明度を軽減して、事実的因果関係の証明は「相当程度の蓋然性」でよいと解すべきかという問題が生じるのである。[82]

第3に、最判平成12・4・11民集54巻4号1368頁は、「特許に無効理由が存在することが明らかであるときは、その特許権に基づく差止め、損害賠償等の請求は、特段の事情がない限り、権利の濫用に当たり許されない」と判示した。[83]

そこで、「特許に無効理由が存在することが明らかである」という要証事実として、①「無効理由が存在すること」と「それが明らかであること」（明白性）とに分解されるものと解すべきか、②無効であること（無効理由が存在すること）の証明度を高くする趣旨であると解すべきかという問題が生じるのである。[84]

このように証明度にかかわる新しい裁判例が現れ、証明度に関して、新たな課題が次々と生まれてきている。証明度論は、事実認定の構造と作動の解明という目的のための、まさしく、アルファでありオメガであると思う。

― ―

82) 加藤・前掲注81)「判批」115頁。
83) 評釈等として、高部眞紀子「解説」ジュリ1188号76頁（2000）、辰巳直彦「判批」民商124巻1号98頁（2001）、田村善之「判批」知財管理50巻12号1847頁（2000）、吉田和彦「判批」NBL712号75頁（2001）、牧野利秋「判批」法の支配122号33頁（2001）。
84) 牧野・前掲注83)「判批」39頁は、通常の事実認定と同じく、無効理由に該当する事実につき確信をもてる心証が形成されれば、明白性の要件は充たされるとする。本文の①の考え方であるといえようが、この見解によれば、明白性は、実質的には証明負担を重くするものではなく、レトリック（修辞）に近いものということになろう。

第3章
補論Ⅰ　解明度、信頼度、証明度の変容

　証明度論に関連して、解明度、信頼度、証明度の変容について、補充的に論じておくことにする。

Ⅰ　解明度

1　解明度の意義

　証明度に対して、「解明度」という概念が提唱されている[1]。解明度は、「新たな証拠で証明主題の蓋然性がさらに変動することのない程度」という形で定性的に定義される。証明度が、事実認定をするために到達すべき心証の程度（証明主題の蓋然性）を意味するのに対して、解明度は、今後新たな証拠調べをしたとしても心証が変わることがないという確実性の程度である。解明度は、当初は、「審理結果の確実性」ともいい換えられるとされた。この見解は、心証を、証明度（証明主題の蓋然性）と解明度（審理結果の確実性）との両面から捉えるところに、事実認定論としての意義がある。

　解明度論は、民事訴訟法243条1項にいう「訴訟が裁判をするのに熟したとき」（裁判への成熟性）の解釈論でもある。すなわち、「訴訟が裁判をするのに熟した」とは、事実審理の面では、解明度が十分に高まった状態であり、具体的には、証拠調べにおける審理結果の確実性が高まって、それ以上証拠調べをしても情報状態が向上しなくなった状態であると説明するのである[2]。その意味では、解明度論は、どの程度の審理結果の確実性が達せられれば、裁判官は判断に熟すとして（成熟性要件を肯定して）その争点の審理を打ち切ることができるのかという判断基準を示すことを意図したものである[3]。

1）太田勝造『裁判における証明論の基礎―事実認定と証明責任のベイズ論的再構成』108頁以下（弘文堂・1982）、同「『訴訟カ裁判ヲ為スニ熟スルトキ』について」新堂幸司編『特別講義民事訴訟法』437頁（有斐閣・1988）、同『法律』102頁（東京大学出版会・2000）。
2）太田・前掲注1）『裁判における証明論の基礎』114頁。
3）その意味において、解明度論は、裁判官が審理を続行するか否かについて、真偽不明の状態にあ

太田勝造教授の解明度論は、このような意図のもとに、さらに修正が加えられ、次のように整理されている。[4]

　第1に、解明度（裁判における情報状態）は、「①審理結果の確実性（事実の存否についての心証の確実性）、②法律構成の検討・争点形成（事実主張）の不十分さ」を包括する概念であり、裁判への成熟性の中心的内容である。そして、法律構成・争点形成のレベルで必要とされる解明度は、訴訟に必要な時間的・物質的な費用と争われる利益の重大性の比較衡量によって決せられる。例えば、少額の訴訟で、何年も審理をし、高額な費用をかけて証拠を調達することは不要であり、低い解明度で事実判断をして差し支えない。

　第2に、裁判への成熟性には、裁判所の獲得した情報状態だけでなく、当事者の手続保障の充足という要素を折り込むべきである。そして、手続保障の考慮から、訴訟の情報状態は十分でも当事者の訴訟追行の意欲と利益の観点から審理を続けるべき場合、逆に、訴訟の情報状態は不十分でも当事者の責任として審理を打ち切るべき場合があるとする。

2　解明度論の評価

　修正された解明度論は、裁判の成熟性要件について、情報状態としての成熟と手続保障の充足としての成熟との両面から考えるべきであるとするものであり、審理の状況に基づく判決（民訴法244条）を採用した現行法のもとにおいては、有益であると考えられる。[5]

　もっとも、修正された解明度論は、事実認定論プロパーのものというよりは、審理に関する議論という側面が少なくない。

　それでは、事実認定論の観点からすると、証明度とは別に解明度という概念を構想する意義はどこにあるということができるか。[6]

　り証明責任によって判断するか、さらに証拠を収集して審理を続行するかの判断は、裁判官の自由心証に委ねられているところ、そうした場面における裁判官の恣意と偏向を防ぐための保障として位置づけることができよう。この点について、萩澤達彦「自由心証主義の意義と機能」新堂幸司監修・高橋宏志＝加藤新太郎編『実務民事訴訟講座〔第3期〕④民事証拠法』37頁（日本評論社・2012）。

4）太田・前掲注1）『特別講義民事訴訟法』438頁、443頁。
5）加藤新太郎「不熱心訴訟追行に対する措置②―審理の状況に基づく判決」三宅省三＝塩崎勤＝小林秀之編集代表『新民事訴訟法大系(3)』313頁（青林書院・1997）。
6）解明度とほぼ同旨のものとして、審理実施必要度という概念がある。すなわち、証拠調べ・事実

この点については、第1に、解明度が尽くされていれば、証明があったとみなすことができるという意味で、解明度は証明度を補完する機能を有するという見解がみられる。

　第2に、証明度と解明度は、理論上は区別されるが、裁判官が新たな証拠調べをすれば心証が変動する可能性がある（解明度が低い）と考えるときは、事実の存否が高度の蓋然性をもって証明されたという心証をとることはないであろう（証明度も低い）から、実践的には、解明度は証明度のなかに溶解されているという見解もみられる。裁判官が、現在与えられている証拠だけで要証事実を認定することがためらわれるときには、証明度に達していないからであることも、解明度が足りずさらに別の証拠を見たいと考えていることによることもあろうから、裁判官の主観のなかでは両者は混然となっている場合も多いのではないかとの指摘も、同旨と解される。

　そうすると、裁判の成熟性要件の審理に関する議論としての解明度は一定の意義があるといえるが、審理結果の確実性（事実の存否についての心証の確実性）としての解明度は、実践的な意味合いにおいては、それほど証明度との異同を見出し難いということになろう。より正確に表現すると、自己の心証について、要証事実が存在する蓋然性の程度を高度であると認識することができた場合において、間主観的観点から吟味・点検するときに、その認識が覆る可能性（覆るはずがないという確実性）を意識することは意味がないとはいえない（その限りで、解明度が証明度に溶解されているとはいえない部分はある）。しかし、要証事実が存在する蓋然性の程度を高度であると認識することができていない心証の場合には、その確実性を吟味・点検することは想定しにくいから、その意味で、事実認定論としての解明度論には限界があるというべきであろう。

　審理を尽くした度合いを「尽証度」といい、どれだけの尽証度が審理の終結に必要であるのか（審理を実施する必要があるか）の基準を、審理実施必要度という。審理をどの程度の時間と費用をかけて行うべきかという問題である。この点につき、伊藤滋夫『事実認定の基礎―裁判官による事実判断の構造』165～170頁（有斐閣・1996）。審理実施必要度についても、審理結果の確実性としての解明度と同様の議論が妥当しよう。

7) 春日偉知郎「『民事裁判における事実認定と事案解明』点描」『民事証拠法論―民事裁判における事案解明』242頁（商事法務・2009）。もっとも、一定の場合に、後述の「信頼度」の考え方が必要になるとする。後掲注15)参照。
8) 条解民訴1364頁〔竹下守夫〕。
9) 重点講義(下)43頁。

II 信頼度

1 信頼度の意義

　裁判官の心証の程度を表すものとして、心証度や証明点という用語が使われることが少なくない。しかし、心証度や証明点は、裁判官の心証の程度をピンポイントで補足しようという趣がある[10]。心証形成に対する信頼性の程度として、統計学にいう区間推定をもとに「信頼度」という概念を提唱する見解がみられる[11]。三木浩一教授の提唱にかかる見解であり、心証を、①要証事実の存否に関する推定の程度である心証度または証明点と、②推定の結果に対する信頼の程度である信頼度とに分けて説明するものである。

　信頼度は、その意味で、証明度のような心証の基準を画する概念ではなく、裁判官が自己の心証についてもつ状態の信頼性を指すが、通常は、証拠調べが十分されていれば（有益な情報が得られていればいるほど）信頼度が高いということになる。信頼度という概念を用いることの効用は、事実の確率と心証の確率が一致しない理由は、確率的証明のみに基づいて形成された心証は別の情報によって覆る可能性が高いという意味において、心証の信頼度が低いからであると説明できる点にあるとされる[12]。

　このように、信頼度は、自己の推定の結果形成された心証に対する信頼の程度を表す概念であり、心理的概念である。このことは、①証拠を調べ尽くしても信頼度を満たさない場合があることを意味するとともに、②一つの証拠に基づく推論でも信頼度を満たす場合があることを意味する。つまり、単一の証拠に基づく推論の心証度（主観確率）が証明度を超え、かつその心証が信頼度を満たしていない場合があり得ることを意味する[13]。

---

10) 証明度をピンポイントで捉えるのでなく、証明度基準領域として構成する見解もある。これは、原則的証明度である要証事実の存否についての高度の蓋然性の認識には、「証明ありとしてよい」というミニマムレベルの証明点Ａから、「証明ありとしなければならない」というマキシマムレベルの証明点Ｂまでの幅があるという考え方である。この点につき、新堂民訴570頁。

11) 三木浩一「確率的証明と訴訟上の心証形成」『民事訴訟における手続運営の理論』368頁（有斐閣・2013）〔初出は、『慶應義塾大学法学部法律学科開設百周年記念論文集［法律学科篇］』631頁（慶應通信・1990）〕、同「民事訴訟における証明度」前掲書457頁〔初出は、慶應義塾大学法学研究83巻１号56頁（2010）〕。

12) 三木・前掲注11) 405頁。

13) 三木・前掲注11) 409頁。

また、信頼度は、心証の確実性を意味する。すなわち、心証度における確実性ないし不確実性とは、心証における「ゆらぎ」の幅であり、その幅が小さいときは、心証の程度についての信頼性は高いということになる。[14]

2　信頼度の効用

　信頼度に対しては、解明度は、事実認定の領域においてではなく、審理の充足度の問題として捉えられる結果、解明度は達成したが、裁判官としてなお自己の心証に確信がもてない場合があり得るから、その状態を克服するために、信頼度の概念が有用であるとする見解がみられる。[15] この指摘は、具体的に、自己の心証について、要証事実が存在する蓋然性の程度を高度であると認識することができた場合において、間主観的観点から吟味・点検するときに、その認識が覆る可能性（覆るはずがないという確実性）、すなわち、心証のゆらぎとしての信頼度を意識することが有益であるとの趣旨とすれば、同感である。しかし、要証事実が存在する蓋然性の程度を高度であると認識することができていない心証の場合には、心証のゆらぎもない状態であろうから、その意味では信頼度の効用には限界があるように思われる。

　また、信頼度は純然たる心理学的概念であり、外在的な証拠の量とは関係せず、その限りで、解明度とは異なることを指摘する見解がある。[16] これは、そのとおりであろう。[17]

III　証明度の変容

1　総　　説

　証明度は、実体法上の事実であると訴訟法上の事実であるとで変わりはなく、主要事実はもとより、間接事実や補助事実であっても本証である以上は一律に

----

14) 三木・前掲注11) 459頁。
15) 春日・前掲注7) 242頁。
16) 例えば、証拠調べの可能な証拠を調べ尽くしたがなお高度の蓋然性の認識が形成できない場合、調べ尽くしたのであるから解明度は高いが、一方、信頼できないのであるから信頼度は低いということになる。この点につき、重点講義(下)44頁。
17) 三木・前掲注11) 462頁。なお、解明度と信頼度につき、加藤新太郎ほか「座談会　民事事実認定の客観化と合理化」民事事実認定279頁参照。

定まるものであり、事実認定の基本型でみたように、直接認定型あるいは間接推認型のいずれであるかにより異なることはないと解するのが通説である[18]。

これに対して、段階的証明度肯定説もみられるが、裁判の客観的妥当性・法的安定性を確保するという観点から問題があることは、本論で考察したとおりである。さらに、段階的証明度肯定説のなかには、一応の推定について証明度の軽減とみる見解がある[19]。しかし、一応の推定は、経験則を基礎とした事実上の推定であり、原則的証明度は変わらないとみるべきものであるから、議論の前提において疑問がある[20]。

2　原則的証明度より高い証明度の要否

通説的な理解を前提としながら、なお一定の場合には、原則的証明度より高い証明度が必要であるとする見解もみられる。

これには、第1に、形式的証拠力の根拠となる補助事実（文書の成立の真正、証人・検証物の同一性など）は、当該証拠資料が実質的証拠力をもち得る、いわば絶対的条件であるから、100％ではないにしても、それに近い極めて高い証明度（主要事実のそれよりも高い証明度）を必要とするという見解がある[21]。確かに、補助事実はその証拠力評価の機能が主要事実とは異なる面があり、形式的証拠力が否定されてしまうと実質的証拠力は無になってしまうことは、そのとおりであろう。しかし、事実認定の構造の基本形は間接事実も補助事実も同一であるし、高度の蓋然性の認識には幅があることを考えれば、形式的証拠力の根拠となる補助事実の証明度を例外とすべきではないと解する。判例も同旨であり、例えば、相手方が不知と応答した第三者作成の文書については、特段の立証がなくても、弁論の全趣旨により成立の真正を認めることができるとしたケースがみられる（最判昭和27・10・21民集6巻9号841頁）。

第2に、一つの間接事実から主要事実を推認する場合には、経験則が100％

---

18) 賀集唱「事実上の推定における心証の程度」民訴雑誌14号48頁（1968）、中野貞一郎「過失の『一応の推定』について」『過失の推認〔増補版〕』43頁（弘文堂・1987）、新堂民訴567頁、617頁、重点講義(下)38頁、注釈民訴(4)〔加藤新太郎〕、条解民訴1364頁〔竹下〕。
19) 小林秀之『新証拠法〔第2版〕』76頁（弘文堂・2003）。
20) 注釈民訴(4)53頁〔加藤〕。
21) 倉田卓次「交通事故訴訟における事実の証明度」『民事交通訴訟の課題』149頁（日本評論社・1970）、条解民訴1364頁〔竹下〕。

の確実性をもたない以上、原則的証明度より高い証明度が必要であるとする見解がある[22]。しかし、これは、推認の根拠となる経験則の選択の適否の問題（より根本的には推論の難易の問題）に還元されるものであり、証明度の問題とすること自体が相当とは解されない。

第3に、判例上、原則的証明度より高い証明度が要求される場合があるとする見解もみられる[23]。その例として、民法772条の嫡出の推定が敗れる場合が挙げられている。すなわち、「子が離婚による婚姻解消の日から300日以内に生まれたときでも、夫婦が離婚の届出をする約2年半前から別居して全く交渉を絶ち、夫婦の実体を失っていたような場合」には、民法772条2項を適用すべきでない（最判昭和44・5・29民集23巻6号1064頁）とされるが、推定されない嫡出子の基準として、科学的・客観的にみて妻が夫の子を懐妊しないことが明白であることを要求すると、これは、原則的証明度より高い証明度を課していることになるという。下級審裁判例にも、「客観的かつ明白に父子関係を否定できるとして民法772条の推定を排除するためには、何人も疑いを差し挟まないような信頼に足りる科学的証拠による立証が必要であり、供述証拠等による推認を要する場合には、その証明が確信に至る程度であっても推定は排除されない」と判示するもの（東京高判平成7・1・30家月51巻4号67頁）がみられる。しかし、前掲最判昭和44・5・29は、いわゆる外観説を採用したものであり、外観の証明度を高くする意図はないように解される。一定の外観（夫婦の別居、没交渉等）があれば、父子関係は存在しないことになるが、この推論を明白というかどうかはレトリックの問題であり、実質的に高い証明度を課しているわけではない。前掲東京高判平成7・1・30は、科学的証拠による立証が必要であるとして証拠方法を制限するが、これは、自由心証主義（民訴法247条）との関係で問題を生じ、「供述証拠等による推認を要する場合には、その証明が確信に至る程度であっても推定は排除されない」と解することには疑問がある。推定されない嫡出子の基準をいかに考えるかは、民法772条の解釈の問題であるが、そこでの要証事実の証明度をあえて高くする必然性はないように思われる。

---

22) 石井良三「民事裁判における事実証明」『民事法廷覚え書』192頁（一粒社・1962）、条解民訴1364頁〔竹下〕、伊藤・前掲注6）181頁。
23) 重点講義(下)43頁、松本博之＝上野㟢男『民事訴訟法〔第7版〕』413頁〔松本〕（弘文堂・2012）。

3 当事者の争い方による証明度の変容

　当事者の事実についての争い方ないし争いの態様・程度により、証明度に変容があると解すべきか。例えば、当事者がある事実について、理由付きの否認をする場合と単に不知と応答する場合とでは、求められる証明度に違いが出るといえるか。

　実務においては、理由付きの否認をする場合には、書証・人証をもって本証・反証について慎重な証拠調べを実施することになるのに対して、単に不知と応答する場合には、陳述書により（場合によれば、弁論の全趣旨により）本証ありとする（反証もされないであろう）のが大方の取扱いであろう[24]。このような実務的対応は、証明度が当事者の争い方ないし争いの態様・程度により変容するというのではなく、単に不知と応答する場合は高度の蓋然性の立証が容易であるからにすぎないと解すべきであろう。すなわち、経験豊かな裁判官の有する、「この程度の争い方であるから、この程度の証拠で認定できる（認定してよい）」という実務的センスは、証明の難易の差異によって説明されるべきものであって、証明度の変容をもたらすようなものではないのである[25]。

---

24) 前掲最判昭和27・10・21、手続裁量論171頁。
25) 手続裁量論137頁、注釈民訴(4)53頁〔加藤〕。

第3章 補論Ⅱ 長崎原爆訴訟上告審判決

Ⅰ　はじめに

　最判平成12・7・18判時1724号29頁・判タ1041号141頁は、「原爆被爆者医療給付認定には、いわゆる放射線起因性（原子爆弾被爆者の医療等に関する法律8条1項に基づく認定の要件）が必要であり、同認定申請却下処分の取消請求訴訟において、被処分者は、原子爆弾の放射線と被爆者の現に医療を要する負傷または疾病ないし治癒能力低下との間の因果関係について高度の蓋然性を立証することを要し、その判定は、通常人が疑いを差し挟まない程度に真実性の確信をもち得るものであることを必要とする」旨、判示した。[1]

　証明度とは、証明の有無（事実の存否）を決する基準である。本判決は、証明度に関して、ルンバール事件判決（最判昭和50・10・24民集29巻9号1417頁）と同様に、要証事実を認定するには「高度の蓋然性」の証明を要し、原則的証明度が必要である旨を明示している。民事事実認定における証明度に関する重要判例である。

　本判決は、民事事実認定論の観点からは、実務上、一般に理解されている高度の蓋然性よりも低いレベルであっても、原則的証明度をクリアしているとみる余地があることを示唆する点に意義がある。そこで、本論を補う趣旨で、本判決の含意について考察しておきたい。

Ⅱ　事案の概要

1　事案の内容

　長崎に投下された原子爆弾の被爆者であるXは、原子爆弾被爆者の医療等に

1）評釈等として、太田匡彦「判批」ジュリ1202号34頁（2001）、西田和弘「判批」判評508号16頁

関する法律（以下、「原爆医療法」または「法」と略称する）8条1項に基づき、右半身不全片麻痺および頭部外傷が原子爆弾の傷害作用に起因する旨の認定の申請をした。しかし、同申請に対し、Y（厚生大臣）がこれを却下した。そこで、Xは、却下処分の取消訴訟を提起した。

本件の争点は、次のとおりであった。
①原爆医療法8条1項に基づく認定の要件である「放射線起因性」の意義はどのようなものか。
②原爆医療法8条1項に基づく認定申請に対する拒否処分の取消訴訟において、被処分者に要求される、放射線と被爆者の現に医療を要する負傷または疾病ないし治癒能力低下との間の因果関係の証明度は、どのレベルのものが必要か。

一審（〔1〕長崎地判平成5・5・26判タ816号258頁）、原審（〔2〕福岡高判平成9・11・7判タ984号103頁）は、Xの請求を認容した。そこで、Yが上告した。本判決は、判旨のとおり判示して、上告を棄却した。

2 本判決の判旨

「二 ……法8条1項に基づく認定をするには、被爆者が現に医療を要する状態にあること（要医療性）のほか、現に医療を要する負傷又は疾病が原子爆弾の放射線に起因するものであるか、又は右負傷又は疾病が放射線以外の原子爆弾の傷害作用に起因するものであって、その者の治ゆ能力が原子爆弾の放射線の影響を受けているため右状態にあること（放射線起因性）を要すると解される。原審は、右認定は放射線起因性を具備していることの証明があった場合に初めてされるものであるが、原子爆弾による被害の甚大性、原爆後障害症の特殊性、法の目的、性格等を考慮すると、認定要件のうち放射線起因性の証明の程度については、物理的、医学的観点から『高度の蓋然性』の程度にまで証明されなくても、被爆者の被爆時の状況、その後の病歴、現症状等を参酌し、被爆者の負傷又は疾病が原子爆弾の傷害作用に起因することについての『相当程度の蓋然性』の証明があれば足りると解すべきであると判断した。

しかしながら、行政処分の要件として因果関係の存在が必要とされる場合に、

（判時1743号178頁）(2001)、東孝行「判批」民商124巻6号78頁(2001)、加藤新太郎「判批」NBL721号75頁(2001)、同「判批」判例・民事事実認定16頁。

その拒否処分の取消訴訟において被処分者がすべき因果関係の立証の程度は、特別の定めがない限り、通常の民事訴訟における場合と異なるものではない。そして、訴訟上の因果関係の立証は、一点の疑義も許されない自然科学的証明ではないが、経験則に照らして全証拠を総合検討し、特定の事実が特定の結果発生を招来した関係を是認し得る高度の蓋然性を証明することであり、その判定は、通常人が疑いを差し挟まない程度に真実性の確信を持ち得るものであることを必要とすると解すべきであるから、法8条1項の認定の要件とされている放射線起因性についても、要証事実につき『相当の蓋然性』さえ立証すれば足りるとすることはできない。……そうすると、原審の前記判断は、訴訟法上の問題である因果関係の立証の程度につき、実体法の目的等を根拠として右の原則と異なる判断をしたものであるとするなら、法及び民訴法の解釈を誤るものといわざるを得ない。

　もっとも、実体法が要証事実自体を因果関係の厳格な存在を必要としないものと定めていることがある。……原審の前記判断も、特措法［原子爆弾被爆者に対する特別措置に関する法律―筆者注］の関連法規である法8条1項の放射線起因性の要件についても同様の解釈をすべきであるという趣旨に解されないではない。……法7条1項は、放射線と負傷又は疾病ないしは治ゆ能力低下との間に通常の因果関係があることを要件として定めたものと解すべきである。……そうすると、原審の前記判断は、実体要件に係るものであるとしても、法の解釈を誤るものといわなければならない。」

　本判決は、以上のとおり判示して、結論としては、「本件において放射線起因性が認められるとする原審の認定判断は、是認し得ないものではないから、原審の訴訟上の立証の程度に関する前記法令違反は、判決の結論に影響を及ぼすことが明らかであるとはいえない」とした。

III　考　察

1　本判決の意義

　本件一審判決〔1〕は、「治癒能力に放射線が影響した可能性は否定できない」として放射線起因性を認定し、「Xの現在の疾病は、原子爆弾の爆風の傷害作用によるものであり、かつ、Xの治癒能力が原子爆弾の放射線の影響を受

けているために現に医療を要する状態にある」と結論づけている。これは、放射線起因性について、蓋然性ではなく、可能性で認定していることになるから、明らかに原則的証明度を軽減していることになる。

　これに対して、控訴審判決〔2〕の放射線起因性についての認定判断は、次のような構造をもつ。

　【A】　放射線起因性の証明の程度を論ずるには、原子爆弾による被害の甚大性、原爆後障害症の特殊性、法の目的・性格等を考慮すべきである。

　【B】　証明の程度は、物理的・医学的観点からする「高度の蓋然性」でなくてもよい。

　【C】　被爆者の被爆時の状況、その後の病歴、現症状等を参酌し、被爆者の負傷・疾病が原子爆弾の傷害作用に起因することについての「相当程度の蓋然性」があれば足りる。

　〔2〕判決のような判断は、①訴訟上の証明の程度（証明度）につき、「高度の蓋然性」を要しないとする見解（証明度軽減許容説）、②法8条1項の実体要件の解釈として、因果関係があることは必要でなく、因果関係がありそうであるという程度で足りるとする見解の、いずれからも導くことが可能である。〔2〕判決は、①、②いずれの見解に依拠したものかは必ずしも明らかでないが、本判決は、いずれにしても認定判断に誤りがあるとした。これは、2(2)でみるように、この論点に関して下級審裁判例が、これまで示してきた傾向とは異なるものである。

2　裁判例の動向

(1)　判例理論と実務

　訴訟上の証明の意義に関するリーディング・ケースは、刑事事件に関して、「訴訟上の証明は、……いわゆる歴史的証明」であり、「歴史的証明は『真実の高度な蓋然性』をもって満足する」ものであり、「通常人なら誰でも疑を差し挟まない程度に真実らしいとの確信を得ることで証明できたとするものである」とした、〔3〕最判昭和23・8・5刑集2巻9号1123頁である。

　民事訴訟における要証事実の証明および証明度についてのリーディング・ケースは、周知のとおり、〔4〕最判昭和50・10・24民集29巻9号1417頁（ルンバール事件判決）である。これは、「訴訟上の因果関係の立証は、一点の疑義も

許されない自然科学的証明ではなく、経験則に照らして全証拠を総合検討し、特定の事実が特定の結果発生を招来した関係を是認しうる高度の蓋然性を証明することであり、その判定は、通常人が疑を差し挟まない程度に真実性の確信を持ちうるものであることを必要とし、かつ、それで足りるものである」と判示した。本判決も、明示してはいないが、もとより〔4〕に依拠している。

（2）　従来の裁判例の動向

　原爆被爆者医療給付認定申請却下処分の取消訴訟においては、法8条1項の放射線起因性の認定要件および証明度が論点となるが、この点に関して、従来は、〔1〕〔2〕のほか、次のような裁判例がみられた。

　〔5〕　広島地判昭和48・4・19判時700号89頁＝相当程度の蓋然性。

　〔6〕　広島地判昭和51・7・27判時823号17頁＝医学的にみて首肯し得ない限り起因性あり。

　〔7〕　広島高判昭和54・5・16判時944号40頁（〔5〕の控訴審判決）＝相当程度の蓋然性（上告なく確定）。

　〔8〕　京都地判平成10・12・11判時1708号71頁＝原爆の放射線以外のものを原因とする可能性より相対的に高いことを証明すれば足りる。

　これらによれば、従来の裁判例は、法8条1項の放射線起因性の証明度を軽減する傾向にあったとみてよいであろう。これに対して、本判決をどのように位置づけるかについては、次項3で検討・整理する。

3　検　　討

（1）　本判決の射程

　従来の原爆被爆者医療給付認定申請却下処分の取消訴訟に関する裁判例は、実体法の規範目的・趣旨、事実の証明が事柄の性質上困難であることを考慮して、証明度の軽減を許容していたと解される。この点は、本論でみた、太田勝造説（証明度は実体法の解釈によって決定されるという前提に立ち、証明度の軽減は、証明困難なために高い原則的証明度では不当な判決をもたらすときに、実体法の規範目的・趣旨を考慮して行われるべきであるとする見解）[2]と親和的であるといえる。

2）太田勝造『裁判における証明論の基礎』214頁（弘文堂・1982）。

これに対して、本判決は、原則的証明度である「高度の蓋然性」を維持している。もっとも、行政処分取消訴訟に関する関連判例として、〔9〕最判平成4・10・29民集46巻7号1174頁があることに留意したい。〔9〕は、「行政処分取消訴訟においては、処分をした行政庁の判断に不合理な点があることの主張立証責任は、原告が負うのが原則であるが、本件では、資料をすべて行政庁の側が保持している点を考慮すると、被告（行政庁）の側において、その判断に不合理な点がないことを相当の根拠・資料に基づき主張立証する必要があり、こうした主張立証を尽くさない場合には、被告のした判断に不合理な点があることが事実上推認される」と判示する。こうした取り扱いをすることも、証拠偏在型の訴訟における立証負担の軽減となることは明らかである。本判決は、明示的に、この点には言及はしていないが、一般論として、事実上の推認もできることを前提としつつ、原則的証明度を維持すべきであることを判示したものと理解すべきであろう。[3]

Ⅲ 考察

（2）証明度の軽減

原爆被爆者医療給付認定申請却下処分の取消訴訟には、①証拠の偏在があり、②被爆と被害の関係に未解明の部分が多く、③原爆症認定例の行政による蓄積がみられ、④被爆者の高齢化が進んでおり、⑤被爆者の症状、状況等の個別性が認められ、⑥原爆医療法に国家補償的性格があり、⑦原告の健康状態の悪化している状況における訴訟遂行という特色がある。[4] このことは、一定の要件（例えば、「①事実の証明が事柄の性質上困難であること（必要性、相当性）、②証明困難である結果、実体法の規範目的・趣旨に照らして著しい不正義が生じること（必要性、補充性）、③原則的証明度と等価値の立証が可能な代替手法が想定できないこと（補充性）」という要件）のもとに証明度の軽減を図ることを許容している学説の立場からは、証明度の軽減を肯定してもよいケースであるといえる。[5] しかし、それにもかかわらず、本判決は、証明度の軽減という手法を採用しなかったのである。

そこで、本判決は、証明度軽減許容説との関連を、果たしてどのように考えているのかが問題となる。この点については、他の事案への影響を考えて、近

3）太田（匡）・前掲注1）「判批」35頁。
4）西田・前掲注1）「判批」18頁。
5）本章Ⅳ4（Ⅰ）参照。

時の証明度を軽減する傾向に歯止めをかけようとしたとみる見解がある[6]。確かに、証明度の軽減を許容すると、実践的には、事実認定がルーズになるという危惧があり、そうした見方には理由がないわけではない。しかしながら、本判決については、後述するように別の理解も可能であり、証明度軽減の可否の論議に終止符を打ったものとみるべきではないように思われる。

4　本判決の読み解き

（１）　本判決の意義と影響

原爆被爆者医療給付認定申請却下処分の取消訴訟ケースとして、本判決が、放射線起因性の有無に関して、原審の認定判断を是認し得ないものではないとしている点は重要である。すなわち、原則的証明度（高度の蓋然性）ありとするには問題があるとしても、結論的には消極的支持というべき評価がされ、原爆被爆者医療給付認定申請却下処分の取消しが確定したのである。

本判決以後の裁判例には、本判決と同旨の判示をする〔10〕大阪高判平成12・11・7判時1739号45頁（〔8〕の控訴審判決）があらわれており、いわゆる被爆者訴訟の判断にダイレクトに影響している。また、原爆医療法7条、8条は、「原子爆弾被爆者に対する援護に関する法律」10条、11条に引き継がれているから、本判決の射程は、それらの解釈にも及ぶといえる。

（２）　事実認定論への示唆

本判決を、実践的な事実認定論のうえで、どのように受け止めるべきであろうか。

本判決の理路を整理すると、次のようになる。

（ⅰ）　原則的証明度は、高度の蓋然性を証明することであり、相当程度の蓋然性では足りない。

（ⅱ）　実体要件の内容とされていない以上、要証事実の証明については原則的証明度を維持する。

（ⅲ）　原審は、放射線被爆の人体に及ぼす影響（確定的影響）に関する閾値理論と放射線の線量評価システムのDS86とを機械的に適用し、Xの症状の放射線起因性について消極の認定をしている。しかし、DS86も未解明

6）西田・前掲注1）「判批」19頁。

な部分を含む推定値であり、閾値理論とDS86との機械的適用では十分に説明できない事実があり、このことを考慮しつつ、本件においては、物理的打撃のみでは説明しきれないほどのXの脳損傷拡大や脱毛の事実をもとに考えると、Xの上記症状につき放射線起因性があるとの認定を導くことも可能であり、経験則上許されないものとはいえない。

（ⅰ）および（ⅱ）が規範論であり、（ⅲ）が実際の証明度についての規範の適用論である。（ⅲ）は、原審の認定した間接事実について、経験則に照らして評価し、推論をしているものである。そこで、本判決の受け止め方の第1として、要証事実（因果関係の有無＝放射線起因性）の証明の程度と間接事実の証明の程度とが異なることを明示したものとする見解[7]が出てくる。確かに、要証事実の証明度についての原審の理論には法令違反があるというのであるから、間接事実の証明度についても原審が「相当程度の蓋然性」ありとして認定しているとすれば、これも法令違反になるというべきである。したがって、本判決が（ⅲ）のように間接事実を積み上げて要証事実を推認している点について、上記見解のように理解することは可能である。ただ、その先の問題として、本判決が、間接事実に基づく推認の結果、「本件では、高度の蓋然性があるとしてよい」と判断しているとみるべきか否かは、なお議論の余地がある。

そして、本判決は、「本件では、高度の蓋然性があるとしてよい」とは判断していないと解すると、本判決の受け止め方の第2のように、建前としての高度の蓋然性基準は、実質としての優越的蓋然性基準によって置き換えられたとみる見解[8]につながる。また、第3に、本判決は、高度の蓋然性を要求する一方で、実際の場面では、証明度の引下げを許容しているものではないかとする見解[9]も、同旨とみてよいであろう。

しかし、本判決は、（ⅰ）の規範を（ⅲ）のような形で適用した結果、「本件では、高度の蓋然性があるとしてよい」としたとみるべきものと解する。実践的な事実認定論から問題とすべきは、まさしく、「証明＝事実の蓋然性が高度であることの内実はどのようなものであるか」、「高度の蓋然性のハードルをど

Ⅲ 考察

---

7) 東・前掲注1)「判批」82頁。
8) 伊藤眞『法律学への誘い〔補訂版〕』201頁（有斐閣・2005）。
9) 太田・前掲注1)「判批」36頁。松本博之＝上野㤗男『民事訴訟法〔第7版〕』415頁〔松本〕（弘文堂・2012）も、本判決は、実質的には、証明度の引下げを認めたものと解すべきであるとする。

の程度のものと考えるべきか」である。そのようにみていくと、本判決は、判例・通説のいう「高度の蓋然性」の内実につき、原判決が当てはめにおいてハードルを高く設定しすぎていることを示唆するものと解される。これが、本判決の第4の受け止め方であり、筆者は、このような理解が相当であると考える。したがって、実務的には、本判決を学ぶことによって、要証事実の蓋然性の程度についての認識形成のあり方を反省することが必要になるように思われる。[10)11)]

---

10) 加藤・前掲注1)「判批」NBL721号79頁。
11) なお、本判決について、放射線起因性が認められるか否かは基本的には事実認定の問題であるから、原判決につき法律審である最高裁として介入するような違法はないと判断したものとする見解もみられる。この見解によると、本判決は、高度の蓋然性があったとは断定できないが、高度の蓋然性がないのに放射線起因性を認めたと断定することもできないと判断したことになる。この点につき、コンメ民訴Ⅳ7頁参照。

第4章　文書の成立の真正

I　はじめに

　民事訴訟の審理において的確な争点整理を終えた後は、事実に関する争点に決着を付けるための証拠調べ段階を迎えることになる。そこでの二本柱は、書証と人証である。わが国の民事訴訟実務においては、まず、書証の対象である文書が提出され、その成立が争われた場合に、証人尋問ないし当事者本人尋問の申請がされ、その取調べに入るというのが通常のプラクティスとなっている。

　書証は、文書を証拠方法とし、裁判官がこれを閲読することにより、それに記載された意味内容を証拠資料とする証拠調べである[1]。文書とは、文字その他の記号の組合せによって思想的意味を表現している有形物であると定義される[2]。存在形態としては、通常、「書かれてある状態」にあり、それを閲読することは時間をあまりかけずにすることができるから、争点解明に適切なものであれば最良の証拠といえる。とりわけ、その文書によって売買・手形行為・遺言などの法律行為のされる処分証書は、重要である。その意味で、書証は、民事訴訟における証拠調べの大黒柱ということができるであろう。

---

1) 兼子一『新修民事訴訟法体系』247頁（酒井書店・1964）、三ケ月章『民事訴訟法〔双書・第3版〕』473頁（弘文堂・1992）、新堂民訴646頁、伊藤民訴396頁、岩松三郎＝兼子一編『法律実務講座民事訴訟編(4)』252頁（有斐閣・1961）、コンメ民訴Ⅳ348頁、349頁、条解民訴1176頁〔松浦馨＝加藤新太郎〕、齋藤秀夫ほか編『注解民事訴訟法(8)〔第2版〕』96頁〔齋藤＝宮本聖司〕（第一法規・1993）。

2) 前掲注1)の各文献。

3) 手続裁量論213頁〔初出は、加藤新太郎「新種証拠と証拠調べの方式」新堂幸司編集代表『講座民事訴訟⑤　証拠』224頁（弘文堂・1983）〕。私見は、文書について、存在形態として、文字または記号を用いることのより見読可能な状態にあること、機能目的として、一定の思想的意味（情報）を保存し伝達するものであるという二つの要素からなるものと解している。この点に賛同する見解として、注釈民訴(7)2頁〔吉村徳重〕、森宏司「私文書の真正推定再考」『田原睦夫先生古稀・最高裁判事退官記念論文集　現代民事法の実務と理論(下)』1087頁（金融財政事情研究会・2013）。

本章では、証拠調べにおいて重要な位置を占める「書証の対象である文書」[4]の成立の真正をめぐる若干の問題を、判例から汲み上げて検討することを目的とする。このテーマに関しては、いくつかの総合判例研究が発表されており[5]、まさに事実認定方法論のコアである。

　本章の構成としては、論点の優先順位を考慮して、まず、文書成立の真正の意義について押さえたうえで（II）、これに関連して、挙証者が作成者であると主張した者と異なる者が作成した文書の意味内容を証拠資料とすることの可否について検討する（III）。さらに、文書の成立の真正について、民事訴訟法228条4項に定める「推定」の性質およびいわゆる二段の推定の意義を明らかにし、判例にあらわれたところから、実務的なガイドラインを考察し（IV）、最後に、これらの検討結果を要約する（V）。

II　文書の成立の真正の意義

1　学説の諸相

（1）　通　　説

　通説は、「文書が真正に成立した」とは「挙証者がその文書の作成者である

---

[4]　「書証の対象である文書」というのが正確であるが、実務上は、文書それ自体も「書証」と称する慣行がある。すなわち、「書証」は、本来の証拠調べの意味とその証拠方法である文書とを意味するものとして使われることがある。これは誤用であるとして戒める見解（倉田卓次「書証実務の反省」『民事実務と証明論』161頁（日本評論社・1987））もあるが、検証物たる文書と区別するための慣用語となっていると説明する見解（河野信夫「文書の真否」鈴木忠一＝三ケ月章監修『新・実務民事訴訟講座2』205頁（注1）（日本評論社・1981））や、現在の実務では書証を本来の意味で使う必要のある場面はほとんどないので、逐一区別しなくとも格別の支障はないとする見解（伊藤滋夫「書証に関する二、三の問題(上)」判タ752号16頁（1991））もみられる。慣用として許容できるものとみるか、許すべからざる誤用とみるかが、これらの態度決定の分岐となっていたが、現在では、民事訴訟規則にも実務上の慣用が及んでいる。すなわち、民事訴訟規則55条2項などでは「書証の写し」というタームを用いているが、これは、「証拠となるべき文書」の意味で「書証」の語が用いられているものである。

[5]　総合判例研究として、田中和夫「書証の証拠力」田中（和）＝兼子一＝田中淳一『総合判例研究叢書民事訴訟法5』99頁（有斐閣・1961）、坂原正夫「私文書の検真と真正の推定(一)～(五・完)」民商97巻2号66頁、3号79頁（1987）、4号60頁、5号48頁、6号77頁（1988）、森宏司「私文書の真正の推定とその動揺」判タ563号26頁（1985）〔藤原弘道＝山口和男編『民事判例実務研究5』437頁（判例タイムズ社・1994）に所収〕、信濃孝一「印影と私文書の真正の推定」判時1242号12頁（1987）、井上泰人「文書の真正な成立と署名代理形式で作成された処分証書の取扱いに関する一試論」判タ939号21頁（1997）、瀧澤泉＝小久保孝雄＝村上正敏＝飯塚宏＝手嶋あさみ『民事訴訟における事実認定』司法研究報告書59輯1号92頁（法曹会・2007）などがみられる。

と主張した者の意思に基づいて作成されたこと」をいうものと解している[6]。書証は、文書の意味内容を証拠資料とするものであるから、その作成名義人の意思によって作成されたものでなければ、意味内容を議論する前提を欠くことになるという理由による。

　特定の作成名義人の意思によって作成されれば足りるから、自ら直接筆をとることは必要なく、他者の代筆であってもよい。文書が真正に成立している場合、その文書には形式的証拠力があるという[7]。文書が真正に成立してはじめて、要証事実との関係で証拠価値（実質的証拠力、証明力ともいう）が認められるか否かという判断に入ることになるのであり、文書の成立を認めたとしても、その記載内容が真実であることを認めたことにはならない[8]。

　以上のように、通説は、「文書が真正に成立した」というためには、「①文書作成者の特定、②挙証者による作成者の主張、③作成者の意思に基づくこと」が要件として必要であるとしている。すなわち、挙証者が作成者であると主張した者と異なる者が作成した文書では、その成立の真正を欠くことになると解しているのである[9]。

・・

6) 兼子・前掲注1) 276頁、新堂民訴648頁、伊藤民訴400頁、岩松＝兼子編・前掲注1) 261頁、コンメ民訴Ⅳ357頁、条解民訴1179頁〔松浦＝加藤〕、齋藤ほか編・前掲注1) 104頁〔齋藤＝宮本〕、206頁〔小室直夫＝宮本聖司〕、谷口安平＝井上治典編『新・判例コンメンタール民事訴訟法5』231頁〔田中豊〕（三省堂・1994）、河野・前掲注4) 203頁など多数。

7) 通説は、文書の成立の真正と形式的証拠力の概念を、同一の意味に解している。これに対して、両者は同一ではないが、形式的証拠力を認めてよい文書の成立は常に真正であるとする見解として、伊藤（滋）・前掲注4) 17頁〔伊藤（滋）説について、実質的証拠力がゼロでない＝形式的証拠力があるとするものと理解したうえで、これに賛成する見解として、注釈民訴(7)159頁〔太田勝造〕〕。また、日本法は、私文書につき、ドイツ民事訴訟法416条のような法定証拠規定をもたないから、文書の形式的証拠力が問題になることはないとする見解として、松本博之『民事自白法』99頁（弘文堂・1994）。

8) 後掲の判例〔1〕は、このことを明らかにしている。
　通説においては、処分証書は、形式的証拠力が確定され、その記載内容が作成者の意思（法律行為）であることが明らかにされれば、作成者が文書の記載内容どおりの法律行為をしたことが直接証明されたことになる（岩松＝兼子編・前掲注1) 269頁）、または、作成者が法律行為をしたことが認められる可能性が高い（コンメ民訴Ⅳ500頁）、と説明される（反対説として、松本・前掲注7) 100頁）。この点については、実体法上法律行為につき表示主義をとる建前のもとでは、意思表示に際しての行為能力の有無、意思の欠缺の有無、意思表示の解釈などは別問題として残るとしても、通説的な理解でよいのではないかと思われる。

9) コンメ民訴Ⅳ502頁、兼子一＝松浦馨＝新堂幸司＝竹下守夫『条解民事訴訟法』1043頁〔松浦〕（弘文堂・1986）は、通説が文書の成立の真正につき、「挙証者が作成者であると主張した者と異なる者が作成した文書であってはならない」とする点に関して、結論を異にしているが、これについては、後述（Ⅲ1(3)）する。

Ⅱ　文書の成立の真正の意義

(2) 作成者確定説

　通説の理解に対して、「文書が真正に成立した」というためには、挙証者が作成者であると主張した者がその文書の作成者であることは必要でなく、その文書の作成者が裁判所によって確定されることで足りるとする見解がみられる[10]。

　この説は、文書は、作成者の確定によって文書の内容となる思想が誰のものか判明することが、その文書を証拠として利用するための最小限度の要請であると考える。作成者が確定すれば、その作成経緯等を審理して文書の実質的証拠力を判断することができるのであるから、形式的証拠力の問題としては、挙証者が作成者であると主張した者がその文書の作成者であることまでは要求されてはおらず、また、要求すべきでもないとする。そして、このように解することによって、民事訴訟における実体的真実発見の要請にも沿うことができるというのである。

(3) 伊藤滋夫説

　さらに、文書の成立の真正とは、文書が特定の者によって、または、要証事実との関係で文書の意味内容を証拠資料とするために必要とされる特定の範囲内の者によって、作成されたことが確定されることをいうとする見解もみられる[11]。すなわち、この立場では、通説が要求する意味での「①文書作成者の特定、②挙証者による作成者の主張」は不要であるとされる。

　この説は、書証としての文書の形式的証拠力を認めるためには、文書作成者の特定が必要であるが、要証事実といかなる関係に立つかによってその特定の程度・内容が決まるという認識のもとに、通常は氏名の特定またはこれに準ずる方法によるが、それ以外には、要証事実との関係で必要とされるその者の立場が明らかになるときに、文書作成者の特定ができたと解する。また、挙証者による作成者の主張が必要とされるのは、当事者主義の要請に基づくもので、「文書の真正」概念のなかに「挙証者による作成者の主張」が属性として存在するとみるのは不当であると考えるのである。

---

10) 磯崎良誉「文書の形式的証拠力」判タ87号101頁（1959）、池田良兼「文書の真正についての一考察」司法研修所『創立15周年記念論集(下)』331頁（1963）。上村明広「判批」判例評論148号23頁（判時627号129頁）（1971）。
11) 伊藤・前掲注4）17頁。なお、伊藤説に賛成する見解として、注釈民訴(7)162頁〔太田〕。

2 判例の立場

文書の成立の真正にかかわる判例としては、以下の二つがある。

判例〔1〕は、傍論ではあるが、文書の成立に関する認否の意義を明らかにしており、判例〔2〕は証書真否確認の訴えに関するもので、文書の成立の真正の意義を明らかにしている。

〔1〕最判昭和25・2・28民集4巻2号75頁

「書証の成立を認めるということはただ其書証の作成名義人が真実作成したもので偽造のものではないということを認めるだけで、その書証に書いてあることが客観的に真実であるという事実を認めることではない。」

〔2〕最判昭和27・11・20民集6巻10号1004頁

「民訴法225条〔現行法134条―筆者注〕に定めている証書の真否を確定するための確認の訴は、書面の成立が真正であるか、否か、換言すればある書面がその作成者と主張せられるものにより作成せられたものであるか或は作成名義を偽わられて作成せられたものであるか、すなわち偽造又は変造であるかを確定する訴訟であるから、本件のように書面の記載内容が実質的に客観的事実に合致するか否かを確定する確認の訴は、同条において許されていない。」

判例〔2〕について、「文書の真正とは偽造でないこと」という趣旨を示したものにすぎないとする見解がみられる。しかし、判例〔2〕は、「ある書面がその作成者と主張せられるものにより作成せられたもの」であることが、すなわち「成立が真正である」ことであるという理解を前提にしていると解するのが相当のように思われる。

このように〔1〕、〔2〕の判例に用いられている措辞は、必ずしも適切とはいえないものの、これらにより、文書成立の真正についての通説的理解の原型が形成されたものとみてよいであろう。そして、こうした理解が、下級審の実務にも定着してきており、学説の状況からみて、将来においても変更されることはないと予測する学説に同調したい。

---

12) 伊藤・前掲注4）19頁。
13) 坂原・前掲注5）民商97巻2号78頁。

3 検　討
（1）　作成者確定説について

　作成者確定説の意図するところである実体的真実発見の要請は、民事訴訟においても目標とされるべき制度理念と解すべきであるから[14]、その限りで理解できないわけではない。

　しかしながら、挙証者が、A作成と主張して証拠申請した文書は、Aの意思に基づいて作成されたものであってはじめて要証事実との関連で一定の証拠価値を有するはずのものである。したがって、通説の立場では、「その文書はAが作成したものか否か」ということが立証テーマになるのであって、誰が作成したかを立証テーマとするものではない。このことは、当事者の立証活動をメリハリのあるものとする所以であって、訴訟政策として合理的であると考えられる。もっとも、そうした立証活動を行った結果、たまたま別人Bの作成であることが証拠上認定できるようになることはあり得るが、その場合において、当該文書がB作成であっても要証事実との関連で意義があるものであれば、当事者としては、主張を変更すればよいのであって、それは証拠における弁論主義を及ぼせるべき場面ではないかと思われる。したがって、作成者確定説には賛成できない。

　もっとも、この説と通説との間で差異が生じることになる、「挙証者が作成者であると主張する者と異なる者が作成した文書についてその意味内容を証拠資料とすることの可否」については、次節Ⅲでさらに検討する。

（2）　伊藤滋夫説について

　伊藤（滋）説の指摘は、示唆に富むものである。

　しかし、第1に、通説のいう文書作成者の特定も、常に特定の個人を挙げなければならないとするものではない。例えば、ある組織体名義の文書であれば、そのセクションの担当者という程度のものでよいとする点は、伊藤説の理解と必ずしも異なるものではないように思われる。

　第2に、通説が挙証者による作成者の主張を必要とするのは、当事者主義の要請ないし証拠に関する弁論主義を折り込んでいるからであるとする伊藤説の指摘は、そのとおりであろう。伊藤説は、文書の成立の真正について、証拠に

14）本書第2章Ⅲ参照。

関する弁論主義の要素を除いて純化し、定義し直した点に意義があるといえよう。そうであるとすれば、この点を押さえていさえすれば、通説的定義で支障はないように思われる。

(3) 小　括

以上に検討したとおり、文書の成立の真正については、「挙証者がその文書の作成者であると主張した者の意思に基づいて作成されたこと」であるとする、通説の理解に賛成したい。これは、判例の立場とも一致するものとみられるのである。

III　文書の作成者の認定と証拠資料としての適格性

1　問題の所在と学説の諸相

(1)　問題の所在

挙証者が作成者であると主張した者と異なる者が作成した文書について、その意味内容を証拠資料とすることは許されるか。例えば、挙証者が、ある文書の作成者は甲であると主張したが、他の証拠によってその文書の作成者が乙であることが判明した場合に、裁判所は、その文書は乙の思想内容を表示した書面であるとして、要証事実の認定資料とすることができるか。これが問題である。

(2)　消極説

文書成立の真正の意義について、通説は、上記の論点に関して、消極に解する[15]。

文書成立の真正について、「挙証者がその文書の作成者であると主張した者の意思に基づいて作成されたこと」と理解することの論理的帰結として、挙証者が作成者であると主張した者と異なる者が作成した文書は、成立の真正が認められず、形式的証拠力を欠くものとなるからである。そして、その実質的理由は、仮にこれを積極に解すると、裁判所が挙証者の意図を無視して当事者の期待した証拠資料以上のものを引き出して事実認定の用に供することになり、当事者主義・弁論主義に照らして疑問であるということにある。

---

15) 兼子・前掲注1) 267頁、岩松＝兼子編・前掲注1) 262頁、齋藤ほか編・前掲注1) 104頁〔齋藤＝宮本〕、河野・前掲注4) 203頁など。

（3） 積極説

しかし、文書成立の真正について通説の立場をとる学説のなかにも、上記の論点に関して、積極に解するものがある。

その第1は、報告文書については、その性質上、挙証者が作成者であると主張した者以外の者によって作成されたものであっても証拠価値を有する場合が否定されない以上、自由心証主義のもと、利用することのできる証拠方法を限定すべき理由はないとして、積極に解してよいとする見解である。[16]

その第2は、挙証者が作成者であると主張した者と異なる者が作成した文書も、その者の思想内容を表現する証拠資料として差し支えないし、文書の作成者が不明な場合であっても、検証物として証拠申立てをし得るときには検証の結果として証拠資料としてよいとし、このことは、証拠申立主義や弁論主義に反しないのみならず、かえって証拠共通の原則や訴訟経済の要請に合致するとみる見解である。[17]

他方、文書成立の真正の意義に関する作成者確定説の立場からは、挙証者が作成者であると主張した者と異なる者が作成した文書についてその意味内容を証拠資料とすることは、積極に解することになる。[18] むしろ、そのために文書の真正の定義を異にしているのである。

（4） 伊藤滋夫説──修正積極説

また、伊藤（滋）説は、上記の論点を場合分けして考える。[19]

すなわち、①最小限度必要な形で文書の作成者が主張された場合には、その作成者によって文書が作成されたことが認められなければ形式的証拠力がないから、挙証者が作成者であると主張した者と異なる者が作成した文書について、その意味内容を証拠資料とすることは起こり得ない。例えば、AとBとを作成名義人とする売買契約書であれば、AとBとによって作成されたものでなければ真正とはいえず、それが、CとDとによって作成されたことが認定されたとしても証拠資料とはなり得ない。この点は、通説と同様である。

これに対して、②例外的に、挙証者が作成者であると主張した者と異なる者

---

16) コンメ民訴IV502頁。
17) 兼子＝松浦＝新堂＝竹下・前掲注9）1043頁〔松浦〕。
18) 磯崎・前掲注10）101頁、池田・前掲注10）331頁、上村・前掲注10）24頁。
19) 伊藤滋夫「書証に関する二、三の問題㈡」判タ753号19頁（1991）。

が作成した文書としても形式的証拠力があると考えられるときには、これを証拠資料とすることが許されるとする。例えば、挙証者が、契約締結状況を直接目撃したとしてその状況を記載した文書（報告文書）の作成者はAであると主張した場合、あるいは、X会社の企業秘密を聴取した旨の記載がある文書の作成者はAであると主張した場合において、いずれも作成者がBと認定されたときには、認定されたBは、氏名によって特定された特定人であるから、要証事実との関係における立場を明らかにし得る蓋然性があるといえ、形式的証拠力があると解するのである。

2 判例の立場

(1) 判例の概観

判例には、「挙証者が作成者であると主張した者と異なる者が作成した文書についてその意味内容を証拠資料とすることは許されるか」という論点に関して、直接応えるものは見当たらない。関連するものとして、下級審裁判例であるが、このような場合に、文書の存在を証拠資料とすることを許容した判例〔3〕があり、私文書の存在それ自体が証拠資料となる場合にもその成立につき認定を要するか否かという論点を含んだ（この論点については消極に解した）判例〔4〕がみられる。

〔3〕東京地判昭和45・6・26判時615号46頁

「Y提出の乙第14号証（取締役会会議録）、同第15号証（特別管理人承認書）は、証人Eの証言によれば、X〔Aが代表取締役—筆者注〕とC銀行との間の右土地処分に際し、BよりEに交付された書面であって、いずれも右土地処分の趣旨について記載されているものであるが、後に説明するとおり、文書の作成者として表示されている（従って挙証者であるYが、同人らによって真正に作成されたものと主張している）Aほか4名ら不知の間に、Xの当時の事務員Fが起案し、おそらくBが右5名の印章を押捺して作成したものと推認されるので、右各文書は真正に成立したものとは認められない。しかしXとC銀行との間の右土地処分は、X側はBが、C銀行側はEが、それぞれ中心となってされたものであるから、右両名間において、土地処分時にその趣旨を記載して授受された文書と認められる以上、たとえ文書に作成者として表示されたものにより作成されたものでなくとも、右土地処分の趣旨を表現するものとして、その限りで証拠

として採用することができる。」

〔4〕最判昭和46・4・22判時629号60頁

「原審は、所論の甲第1号証ないし第3号証によって本件請負代金内金合計164万円がＸＹ間に授受されたことを直接認定したものではなく、これら甲号証の存在を証拠資料として他の証拠と共に、右甲号証がＸとＡまたはＢとの間に授受された文書であることを認定したものにすぎないことは、原判文上明らかである。したがって、原審は、右甲号証が作成者の意思を表現するものとしてその記載内容にそう事実を認定したのではないのであるから、原判決が右甲号証の成立を認める根拠を示さなかった点に違法の廉は存しない。」

(2) 学説による判例の理解

判例〔3〕について、積極説(前記1(3))の立場から、当該文書がＢの作成にかかるものであることを確定できたとすれば、その文書の成立の真正を認定できるから、そのような判断に基づいて、当該文書の形式的証拠力を肯定すべきであったとする見解がみられる[20]。

判例〔4〕については、文書を現実に作成した者に代理権があったか否かが争点となり、それが本人からみた場合に本人の文書として真正に成立したか否かの問題として発現したときには、その文書を真否の判断をせずに利用し得ることを示したものであるとする見解がある[21]。この見解は、さらに、このような限定された場合には、その文書について挙証者の主張と異なる者を文書作成者として裁判所が認定し、その者の思想内容を表現したものとしてその文書に形式的証拠力を付与することが考えられてもよいとする。

また、この判例〔4〕に関連して、挙証者が書証として提出した文書の成立の真正が立証できず、かえって第三者の偽造した文書であると認められたような場合には、当該偽造文書の存在自体をもって、文書の成立の真正を争う相手方に有利な判断資料とすることは妨げられないとする見解もある[22]。この見解は、書証として提出された文書の形式的証拠力が否定された場合には、①そうした文書の存在自体が一つの証拠となり得るし、②挙証者が作成者であると主張した作成者とは異なる第三者作成の文書として、その第三者の思想内容を表現す

---

20) 上村・前掲注10) 24頁。
21) 坂原・前掲注5) 民商97巻3号84頁。
22) 西村宏一「判批」続民事訴訟法判例百選164頁(1972)。

る書証として（相手方が改めて検証物または書証として証拠申請しなくとも）、その訴訟において利用できるとする。これは、書証の提出が必然的に検証物の提出を含むと解されることから、証拠共通の原則の作用として認められるとしたものである。

3 検　討
(1) 判例〔4〕の理解

判例〔4〕は、「挙証者が作成者であると主張した者と異なる者が作成した文書についてその意味内容を証拠資料とすることは許されるか否か」という論点について、直接応えるものではないが、少なくとも積極的に解してはいない。

しかし、〔4〕は、挙証者が作成者であると主張した者と異なる者が作成した文書について、当該文書の存在それ自体を証拠資料とすることは許容しているのである。そうすると、〔4〕は、「挙証者において提出した文書の作成者を甲と主張したが、実はそうではない文書について、挙証者が作成者であると主張した甲の意思（思想内容）を表現した証拠資料として使用するのではなく、文書の存在それ自体を要証事実と関連する一定の意味のある証拠資料として使用することは許容され、そのような場合には、成立の認定を要しない」という規範を提示したものとみるのが、相当と解される。

したがって、第1に、挙証者が作成者であると主張した者と異なる者が作成した文書についても、その意味内容を証拠資料とすることは許されないが、文書の存在それ自体を証拠資料とすることは、証拠共通の原則の精神に照らし許容される。

(2) 判例〔3〕の理解

〔3〕は、下級審裁判例であるから、先例拘束性は乏しい。しかし、実務が、この問題をどのように捉えているかをうかがう素材として考察することは可能であろう。そのような観点から、〔3〕をみると、「土地処分の趣旨を表現するもの」という措辞は、処分行為（法律行為）を認定しているかのような誤解を招きかねないが、問題となっている文書は、取締役会会議録および特別管理人承認書と題するものであり、「土地処分時にその趣旨を記載して授受された」報告文書である。すなわち、処分証書ではない。

このように理解してよいとすれば、報告文書について積極に解する見解、お

よび、報告文書（契約締結状況を目撃したとしてその状況を記載した文書など）について、例外的に、挙証者が作成者として主張する者と異なる者が作成した文書であってもその意味内容を証拠資料とすることは許されることがあるとする伊藤（滋）説とも、整合的である。すなわち、報告文書については、挙証者が作成者であると主張した者と異なる者が作成したものであるときには、文書は真正に成立してはいないことになるが、作成者がその事項を報告することができる一定の範囲の者（目撃者など）であれば、要証事実との関連で意味づけることが可能であり、認定された作成者と主張された作成者との間には定型的に事実上の同一性を肯定できるという理由で、証拠資料とすることにつき積極に解して差し支えないであろう[23]。

すなわち、第2に、挙証者により作成者と主張された者の意思に基づくものではないから、形式的な意味では文書成立の真正を欠くことにはなるが、作成者がその者に限定されなくとも要証事実との関連で意味のある文書である場合には、例外的に、主張された者以外の者の思想内容を表現するものとしてその記載内容を証拠資料とすることができると解してよい。

（3） 弁論主義との関係

以上に述べた場合のほかは、挙証者が作成者であると主張した者と異なる者が作成した文書についてその意味内容を証拠資料とすることは許されないと解する。その理由は、弁論主義の精神に反し、具体的には、不意打ちになる可能性があるからである。

そのように解することにより、当事者としては、文書成立の真正の立証について、その証明の成否に注意を払うことになる。また、裁判所としては、挙証側当事者に対して、ある文書の作成者の主張を維持するかどうか、相手方当事者に対して、証拠申請をするかどうか等の釈明をすることが必要になる場合もあると受け止めるべきであろう。これは、裁判所の手続裁量に期待される問題であるといえる[24]。

・・・

23） 伊藤・前掲注19）25頁注(1)は、文書の成立について通説のような定義をとりながら、こうした結論をとることは整合性に欠けるとする。しかし、文書成立の真正が認められない場合においても、私見のように解することにより、例外的に、証拠資料として適格性を有するものがあるという結論を導くことは、通説の立場からも、十分可能であると考える。なお、注釈民訴(7)163頁〔太田〕参照。
24） 手続裁量については、手続裁量論63頁、加藤新太郎「民事訴訟の運営における手続裁量」『新堂幸

IV　文書成立の真正の推定

1　民事訴訟法228条4項の性質
（1）　問題の所在

相手方が文書成立の真正を争う場合には、挙証者は、これを証明することが必要となる（民訴法228条1項）。この場合において、私文書に「本人又はその代理人の署名又は押印」があるときには、その文書は真正に成立したものと推定される（同228条4項）。この推定が働くためには、署名または押印が本人または代理人の意思に基づいてされたこと（署名・押印の真正）が証明されることが必要である。

民事訴訟法228条4項の「推定」の性質をいかに解するかについては、法定証拠法則説と法律上の事実推定説とに分かれており、前者が多数説である。

（2）　法定証拠法則説

法定証拠法則説は、民事訴訟法228条4項は、一種の法定証拠法則を定めたものであり、この推定は反証により覆すことができると解する。

法定証拠法則説の代表例である兼子説の説くところによれば、法律上の事実推定は、一定の要件事実（作成名義人の意思に基づく文書であるという事実）に代えて他の事実（文書に署名または押印があるという事実）を証明主題とするものであるところ、他の法規の要件と直接無関係な、どのような法条を適用するに当たっても問題となり得る事実について推定を設けている場合には（民訴228条4項は、これに該当する）、事実認定に際して裁判官の自由心証に対する一応の拘束としての法定証拠法則とみるべきであるとする[25]。

また、本人またはその代理人の署名または押印がある文書は、作成名義人の意思に基づくものである蓋然性が高いという経験則があり、これを法定したところに民事訴訟法228条4項の実質的根拠があると解される[26]。そこで、文書成

司先生古稀祝賀　民事訴訟法理論の新たな構築(上)』195頁（有斐閣・2001）のほか、本書290頁注15）に掲記のもの参照。

25) 兼子一「推定の本質及び効果について」『民事法研究(1)』310頁（酒井書店・1953）、同・前掲注1）277頁、岩松＝兼子編・前掲注1）264頁、河野・前掲注4）218頁、伊藤民訴400頁、コンメ民訴法IV514頁。

26) 注釈民訴(7)181頁〔太田〕参照。

立の真正について裁判官の心証を真偽不明の状態にもち込むような反証を展開することにより、この推定は覆滅するとしている。すなわち、文書の署名・押印が本人の意思に基づくものであることが証明されても、本人がその内容を了知して署名・押印したかどうか真偽不明の状態にすることにより推定を覆すことができるというのである。

（3） 法律上の事実推定説

これに対して、法律上の事実推定説は、法律上の推定は、証明主題の変更を本質とするものではなく、前提事実の証明を要件とする証明責任の特別規定であり、民事訴訟法228条4項は、文字どおり、法律上の推定を定めたものであると解する[27]。すなわち、署名または押印がある文書は本人の意思に基づくものである蓋然性が高いことからして、その推定を覆すには、反証ではなく本証でなくてはならないとするのである。その結果、前提事実である署名または押印の真正に対して反証を挙げて裁判官の心証を真偽不明の状態にするか、推定事実（文書全体の真正）が真実に反することを証明することを要することになる。そして、訴訟政策的にみても、これが当事者の公平に合致するというのである[28]。

（4） 実務的な理解

法定証拠法則説と法律上の事実推定説のいずれも、民事訴訟法228条4項は経験則を基礎としたものと解している。両説の違いは、第1に、法的性質にある。証拠法則は、一定の証拠方法（ここでは、署名または押印がある文書）に一定の証拠価値（文書成立の真正）を付与することを裁判官に命じまたは禁止する法規である（裁判官に対する事実確定命令）のに対して、法律上の推定は、証明主題の変更を本質とするものではなく、前提事実の証明を要件とする証明責任の特別規定である[29]。違いの第2は、推定を覆すために、法定証拠法則説では反証で足りるとしているのに対して、法律上の事実推定説では、本証でなければならない（証明責任が転換されることになる）としていることである[30]。

・・・

[27] 松本博之「変造手形に関する証明責任の分配と私文書の真正の推定」『証明責任の分配』164頁（有斐閣・1987）、坂原・前掲注5）民商97巻3号103頁、船越隆司「実定法秩序と証明責任(22)」判評417号13頁（判時1462号171頁）（1993）。
[28] 坂原・前掲注5）民商97巻3号103頁。
[29] 松本・前掲注27）164頁。
[30] 民事訴訟法228条4項が法定証拠法則であるとしても、反証によって文書全体の真正につき裁判官の心証を真偽不明の状態にもち込めば推定が覆滅すると解することは疑問であるとするのは、松本・前掲注27）164頁。松本説では、法定証拠法則は、本来、自由な心証による事実判断を排除し

条文の性質論争という趣の論争であり、両者の優劣を決するためには相当の検討を要するところ、詳細な論証は割愛するほかない。しかし、実務的な理解としては、民事訴訟法228条4項は、経験則の適用である事実上の推定を明文で示したものであり、この推定を覆すためには単なる反証では足りないと解するのが、一般的である。
　そうすると、法定証拠法則説と近い立場をとっていることになるが、その場合、次のような証明のメカニズムが妥当する。

> 【A】　挙証者は、推定を受けるための立証を試みるのが通常である。すなわち、前提事実である「署名または押印の真正」が証明できれば、推定事実である「文書成立の真正」が、経験則を法定した民事訴訟法228条4項によって推認され、推定事実の存在を証明できたことになる。
> 【B】　相手方は、次のような立証を試みることになる。
> 　第1に、前提事実に対する反証・推定を覆すための立証である。すなわち、前提事実に対する反証により、それを真偽不明とし、または前提事実の後に特段の事情が存在すること（例えば、文書作成後の変造等）を証明すれば、経験則が働き得ないから、推定されないかまたは推定は覆る。
> 　第2に、推定事実の不存在の立証である。すなわち、前提事実に対する反証・推定を覆すための立証によらなくとも、推定事実の不存在を証明できれば、反証活動として奏功したことになる。もっとも、法律上の事実推定説と異なり、これが常に必要とされるわけではない。
> 【C】　挙証者は、推定に頼らない立証を試みることもできる。すなわち、推定事実自体の存在を直接証明するわけである。この場合には、相手方のする反論・反証は、推定を覆すための立証と類似したものになることがある。

IV　文書成立の真正の推定

たところで成り立つものであって、単なる反証により推定が覆滅するようなものは法定証拠法則の名に値せず、仮に、法定証拠法則と解した場合であっても、反駁は本証でなければならないとされる。これに対して、注釈民訴(7)181頁〔太田〕は、法定証拠法則説が誤っているとしても、論理的に証明責任の転換しかあり得ないわけではないとして、民事訴訟法228条4項の「推定」とは、真正な署名・押印が認定されることを条件として必要とされる解明度と証明度をともに軽減することであるという。

2　二段の推定

　民事訴訟法228条4項にいう押印は、先に述べたように、本人またはその代理人の意思に基づいていることが必要である。その場合に、文書中の印影が本人または代理人の印章によったものであるときには、経験則上それは本人または代理人の意思に基づいて押印されたものであるという事実上の推定がされる。そうすると、これに加えて、民事訴訟法228条4項が働く結果、「印章と同一の印影→押印の推定→文書成立の真正の推定」というリーズニングがされることになる。これを「二段の推定」という。このことを明らかにしたものとして、判例〔5〕がある。[31]

　〔5〕最判昭和39・5・12民集18巻4号597頁

　「民訴326条［現行法228条4項―筆者注］に『本人又ハ其ノ代理人ノ署名又ハ捺印［現行法は押印―筆者注］アルトキ』というのは、該署名または捺印が、本人またはその代理人の意思に基づいて、真正に成立したときの謂であるが、文書中の印影が本人または代理人の印章によって顕出された事実が確定された場合には、反証がない限り、該印影は本人または代理人の意思に基づいて成立したものと推定するのが相当であり、右推定がなされる結果、当該文書は、民訴326条にいう『本人又ハ其ノ代理人ノ（中略）捺印アルトキ』の要件を充たし、その全体が真正に成立したものと推定されることとなるのである。」

3　二段の推定と反証

(1)　印章の共有・共用ケース

　そこで、次に問題となるのは、二段の推定における前段の推定（印章と同一の印影→押印の推定）に対する反証の問題である。[32] 以下では、反証が奏功して

---

31) 評釈として、三ケ月章「判批」民事訴訟法判例百選114頁（1965）〔同『判例民事訴訟法』283頁（弘文堂・1974）に所収〕、東民夫「判批」民商52巻1号90頁（1965）、伊東乾＝渡辺惺之「判批」法学研究39巻4号97頁（1965）、並木俊守「判批」手形研究9巻2号18頁（1965）、菅原郁夫「判批」民事訴訟法判例百選Ⅱ290頁（1992）、蕪山厳「解説」最判解民事篇昭和39年度【33】事件111頁（法曹会・1965）、坂井芳雄『裁判手形法〔再増補〕』265頁（一粒社・1988）、須藤典明「判批」判例・民事事実認定36頁など。なお、賀集唱「事実上の推定における心証の程度」民訴雑誌14号49頁以下（1968）も参照。また、二段の推定を採用した場合における事実認定上の問題点を指摘するものとして、注釈民訴(7)175頁、184頁〔太田〕参照。

32) 反証により事実上推定が覆される類型として、すでに、いくつかの分類が試みられている。例えば、①盗用型・冒用型に分類するものとして、森・前掲注5）33頁、②盗用型・委任違背型・保

事実上の推定が覆ったケースについてみることにする。[33]

判例〔6〕は、所得税修正申告書面の真否確認請求訴訟に関するもので、一つの印章を文書の作成名義人と第三者とが共有・共用していたケースである〔印章の共有・共用ケース〕。すなわち、「印章と同一の印影→押印の推定」がされる場合の印章は、当該名義人専用の印章であることを要するのである。[34]

〔6〕最判昭和50・6・12判時783号106頁

「私文書の作成名義人の印影が当該名義人の印章によって顕出されたものであるときは、反証のないかぎり、右印影は名義人の意思に基づいて顕出されたものと事実上推定されるところ(判例〔5〕ほか参照)、右にいう当該名義人の印章とは、印鑑登録をされている実印のみをさすものではないが、当該名義人の印章であることを要し、名義人が他の者と共有、共用している印章はこれに含まれないと解するのを相当とする。

これを本件についてみると、原審の適法に確定した事実によれば、『本件各修正申告書の上告人名下の印影を顕出した印章は、上告人ら親子の家庭で用いられている通常のいわゆる三文判であり、上告人のものと限ったものではない』というのであるから、右印章を本件各申告書の名義人である上告人の印章ということはできないのであって、その印影が上告人の意思に基づいて顕出されたものとたやすく推認することは許されないといわなければならない。」

管者冒用型・その他に分類するものとして、信濃・前掲注5)15頁。③また、印章の所在に着目して事実類型(本人保管型・第三者保管型・所在不明型)によって裁判例を分類するものとして、滝澤孝臣「手形署名の立証責任」村重慶一編『裁判実務大系2』332頁(青林書院・1984)がみられる。

[33] 坂原正夫教授は、文書成立が認められなかった(反証が奏功した)事例について、次のように整理しておられる。①他人に印章を預けた理由が合理的とされた事例、②印章の紛失が認められた事例、③印章が他人によって無断使用されることがあり得るとされた事例、④老人性痴呆(認知症)が理由とされた事例、⑤私文書それ自体に疑問があった事例(書面の記載方法が本人と異なるもの、書面の記載内容が客観的事実と一致しないもの、印影の位置が異常であるもの等)、⑥印鑑証明書の日付と私文書によって主張した事実が不合理であるとされた事例、⑦他の目的で交付された印鑑証明書が添付されていた事例、⑧自ら署名押印した証書の成立の真正が否定された事例、⑨従前に同じような例があるから、今回も文書成立の真正は認められないとされた事例、⑩従前に同じような例があるにしても、今回は前回と異なるから文書成立の真正は認められないとされた事例。この点につき、坂原・前掲注5)民商97巻6号100頁。

[34] 後藤勇『民事裁判における経験則』355頁(判例タイムズ社・1994)。なお、名義人専用の印章であれば、いわゆる三文判であっても二段の推定は働くことになるが、蓋然性は実印よりも低いと評価されることになろう。

(2) 印章預託ケース

　事実上の推定が覆る第2の類型として、本人が第三者に印章を預けていたケースがある。

　判例〔7〕は、文書の作成名義人が第三者に印章を預けていたケースである〔印章預託ケース〕。

　判例〔7〕では、Y会社が、Aから資金援助を受けていた等の事情により、会社印および代表者印をAに預託していたが、その趣旨は、Y会社の手形・小切手の濫発防止であり、Y会社が預託後に手形等を振り出す際には手形用紙にナンバーや伝票との刻印をすることになっていたところ、Aが預託された印章を利用してXに手形を振り出したため、XがY会社に対して手形金請求をした。

　〔7〕最判昭和47・10・12金法668号38頁

　「印影が本人の意思に基づいて顕出された旨の推定は、事実上の推定にとどまるから、原審が、Y会社が会社印および代表者印をAに預託するに至った経緯、右預託後、Y会社において右預託印章を使用して手形等を振り出す際の状況、ならびに［書証—筆者注］各記載にナンバーや刻印などのない事実を認定したうえ、これとあいまって、前示Y会社の会社印および代表者印の顕出に関する推定を破り、その真正の成立を否定したことは、原審の自由心証に属するものとして許されるところであり、右認定は、当裁判所としても、是認することができる。」

(3) 盗用ケース、フリーライダー・ケース

　文書の名義人本人の印章が第三者に盗難され、または無断持ち出しされ、本人の知らないうちにこれが使用されるケース〔盗用ケース〕は、推定が覆ることがある。その一例が、判例〔8〕である。

　判例〔8〕は、Xが、Yに対して、Aから裏書譲渡を受けて所持するY振出の約束手形金を請求した事案で、手形の成立の真正が争点となったものである。

　〔8〕大阪高判昭和40・12・15金法434号8頁

　「Yは従前本件手形のY名下の印影と同じ刻印の印章を所持しており、印箱に入れてY方の事務所に置いて日常の用に供していたが、昭和34年頃にそれが紛失したこと、その頃同業者で甲1号証の手形の受取人になっているAがたびたびY方へ出入りしていたこと、YはXから本件手形金の支払請求をうけたが振出のおぼえがなかったので、Aに詰問したところ同人はYに対して謝罪し何

とか自分の手で解決すると弁明していたことなどの事実を認めることができるのであって、これらの事実からすれば前記Y名下の印影はAがYの印章を勝手に押捺したものではないかとの疑をいれる十分の理由があるので、かかる事情の下では上叙の如き推定を用いる余地は全くないものといわねばならない。」

また、盗用ケースのバリエイションとして、第三者が文言の名義人本人と同居しており、その印章を自由に使用できる状況がある場合にも、推定は覆ることになる〔フリーライダー・ケース〕。判例〔9〕がこれである。

〔9〕最判昭和45・9・8裁判集民100号415頁

「印影の顕出の真正についての推定は事実上の推定にとどまるから、原判決が引用する第一審判決が、XとAと同居中でAの印章を自由に使用できる状況にあったとの事実を認定したうえ、甲1号証の1の記載内容自体についての疑点、作成の必要性の首肯しがたいこと等、A作成の文書であることが疑わしい事情を経験則上判断し、これとあいまって前示Aの印章顕出の推定を破り、その真正を否定したことは、原審の自由心証に属するものとして許されるところであり、右認定は、当裁判所としても是認しうるところである。」

(4) 不自然ケース

これらに対して、押捺した文書が作成されていること自体が不自然である場合にも、推定されないことがある〔不自然ケース〕。

判例〔10〕が、その例であり、推定を覆す事情があるのに私文書の成立を認めたことが違法とされた。これは、貸主Xによる借主の連帯保証人Y（借主の従兄弟）に対する貸金請求事件であり、争点は連帯保証契約の成否であった。原審は、金銭消費貸借契約書の連帯保証人欄のY名下の印影がYの印章によるものであることは争いがないから、署名部分の真正が事実上推定され、民事訴訟法228条4項（旧法326条）により文書の成立の真正が認められるとして、連帯保証契約の成立を認め、Xの請求を認容した。

〔10〕最判平成5・7・20瀧澤泉「最高裁民事破棄判決の実情(2)」判時1508号18頁

「Yは、……本件各契約書等が作成されたころは、原則として1年を通じて関東方面に出稼ぎをしており、秋田の自宅を離れているのが常態であったというのであるから、Y名下の印影が同人の意思に基づいて顕出された真正なものとすべき事実上の推定が破られると考えるのが自然である。もしこれを否定し

て、その印影の顕出がYの意思に基づくものとするには、第一次的には、右契約書等作成の時点……において、同人が現に在宅していたとの事実を確定する必要がある。

もとよりYとしては、自ら捺印しなくとも、留守を預かる妻Aに指示して捺印させることも可能であろうが、1年を通じて出稼ぎをしているYの生活状況に比して本件貸借（保証）の金額が相当の高額に上ることのほか、Yは従前からXとの取引にかかわったことがなく、またXから保証意思の確認を求められたことがないこと……等からすれば、Yが留守宅のAに指示して捺印させるというのは、本件の事実関係の下においては、極めて例外的な事情の存する場合に限られるものといわなければならない。

しかるに、……原判決の認定説示には、本件各契約書の作成当時、Yが秋田の自宅に在宅中であったか否か、また何らかの事情があってYが留守宅のAに捺印を指示したものであるのか否かの点については、何ら言及するところがない。」

「以上説示するところによれば、原審が前記諸事情につき何ら審理することなく、Yの印章による印影の顕出の一事のみによって、その成立の真正が事実上推定されるものとし、これによって本件各契約書等の成立の真否につき民訴法326条［現行法228条4項―筆者注］の適用を肯定したのは、同条の解釈・適用を誤り、審理不尽、理由不備の違法を冒したものというべく、右違法が判決に影響を及ぼすことは明らかである。」

4　文書の成立の真正についての審理

(1)　文書の成立の真正についての自白

文書の成立の真正は、挙証者が証明しなければならない。成立の真正の事実は、証明の対象となる事実である。挙証者は成立の真正について主張する必要があるが、書証の申出があった場合には、通常、成立の真正についての主張を包含していると解される。[35]

相手方が文書の成立の真正を認めて、その成立について争いがないときは、挙証者はその立証の負担を免れる。裁判所は、文書の成立の真正について当事

---
35) コンメ民訴Ⅳ504頁。

者間に争いがなければ、証拠に基づかなくてもその成立が真正であると扱うことができる。これを、実務上、「文書の成立の真正について自白が成立した」ということがある。

しかし、文書の成立の真正についての自白は、主要事実に関するものではなく、補助事実に関するものであるから、裁判所はこれに拘束されないとするのが判例・通説である。もっとも、文書の成立の真正は、確認の訴えの対象としても認められており、そこでは認諾することもできるから、一般の補助事実と異なり、裁判所に対する拘束力を認めることが相当であるという見解も有力である。いずれにしても、判例を前提とするならば、文書の成立について自白があっても、裁判所は得られた証拠によってその真正を否定することができるが、当事者間に争いがない限り、弁論の全趣旨に基づく自由心証の結果、成立の真正が認められるものと解することになろう。

以上のようなことから、現在の実務においては、逐一文書が提出されるごとに認否を採ることをせず、相手方が特に争わない限り、その立証を求めないという運用になっているが、相当であるといえよう。

(2) 手続保障への配慮

訴訟の帰趨を決するような重要な文書成立の真否について、これを争う側の当事者に対して反証提出の機会を与えることは、手続保障として必要である。

判例〔11〕は、従前は口頭契約であると主張されていた消費貸借契約に関して、控訴審の最終弁論期日においてはじめて提出された借用証書の成立につき相手方に反証提出の機会を与えることなく、これ以前にされた印影の同一性を肯定する相手方の陳述のみによって借用証書の成立の真正を認定することは、

---

36) 最判昭和52・4・15民集31巻3号371頁、最判昭和55・4・22判時968号53頁。学説については、竹下守夫「裁判上の自白」民商44巻3号447頁 (1961)、河野・前掲注4) 213頁、伊藤・前掲注19) 20頁、伊藤民訴310頁など。
37) 岩松 = 兼子編・前掲注1) 262頁、倉田・前掲注4) 185頁、兼子 = 松浦 = 新堂 = 竹下・前掲注9) 954頁〔松浦〕、松本博之 = 上野泰男『民事訴訟法〔第7版〕』292頁 (弘文堂・2012)、重点講義(下) 125頁。
38) 山本克己「間接事実についての自白」法教283号73頁 (2004)。当事者自身の作成名義の文書の認否は、自分の意思を表現するために作成したか否かを内容とするから、作成時期が古く作成者本人が全く記憶にないこともっもっともであるといった特別の場合を除き、不知の陳述は許されず、また、第三者作成の文書でも、その成立について容易に調査し得るのにこれを怠り、漫然と不知と認否する場合には、弁論の全趣旨によって成立の真正が認定されることがある (最判昭和27・10・21民集6巻9号841頁)。

審理不尽の違法があるとしたケースである。

〔11〕最判昭和45・10・30判時611号34頁

「このように、重要な書証について、その提出の経緯およびその他の証拠との対比からその真否を疑うべき事情が存するのであるから、原審としては、その成立を争うXにも反証提出の機会を与え、審理を尽くして右の疑問点を解明したうえで、その成立を判断すべきであったというべきである。しかるに原審は、Xに右の機会を十分に与えず、右疑問点について説示するところなく、前示のような経過のもとにたやすく真正に成立したものであると認めてこれを証拠として前示の事実を認定したのであって、ひっきょう、原判決には、甲第11号証の成立の真否に関し審理を尽くさなかった違法があるものといわなくてはならず、右違法が判決に影響を及ぼすことは明らかである。」

判例〔11〕は、文書成立の真正を認定することに疑問のあるケースの審理に関するものであった。これとは逆に、文書成立の真正を認定するのが相当なケースについてこれを認定しない場合には、推定を覆すだけの事実を押さえておかなければならない。例えば、「根保証契約書のX名義の印影がXの印章によって顕出されたことは当事者間に争いがなく、反証のない限りその印影は同人の意思に基づいて顕出されたものと事実上推定できる場合において、この推定を覆す事情を判示することなく根保証契約の成立を否定したことは、審理不尽・理由不備の違法があるとした事例」である判例〔12〕最判平成5・12・7（瀧澤泉「最高裁民事破棄判決の実情(3)」判時1510号14頁）は、このことを示唆するえるケースであるといえる。

V　むすび

本章は、判例に現れたところを素材として、文書の成立の真正をめぐる問題のいくつかについて考察を重ねてきた。その結論を、次の七点にまとめておこう。

第1に、文書の成立の真正については、「挙証者がその文書の作成者であると主張した者の意思に基づいて作成されたこと」をいうとする通説の理解が相当である。これは、判例・実務の立場とも一致する。

第2に、挙証者により作成者と主張された者の意思に基づくものではなく、

形式的には文書成立の真正を欠くことになる場合において、作成者がその者に限定されなくとも要証事実との関連で意味のある文書であるときには、例外的に、主張された者以外の者の思想内容を表示するものとしてその記載内容を証拠資料とすることができる。それ以外には、挙証者が作成者として主張する者と異なる者が作成した文書について、その意味内容を証拠資料とすることは許されないが、文書の存在それ自体を証拠資料とすることは許容される。

第3に、民事訴訟法228条4項の性質は、法定証拠法則と理解するのが相当である。署名または押印のある文書は、作成名義人の意思に基づくものであるという経験則を実質的根拠とするものである。

第4に、文書中の印影が本人または代理人の印章によったものであるときには、本人または代理人の意思に基づいて押印されたものと事実上の推定がされるが、これに民事訴訟法228条4項が働く結果、二段の推定が生じることになる。

第5に、二段の推定における前段の推定（印章と同一の印影→押印の推定）の基礎となる経験則が働かないという意味を有する反証が奏功した場合には、この推定が覆る。典型的な反証としては、①印章を共有・共用している事実、②印章を預託していた事実、③盗用されたという事実、④自由に印章を使用できる状況にあったという事実、⑤押捺した文書が作成されていること自体が不自然である事実の立証などがある。

第6に、文書の成立について自白があっても、裁判所は得られた証拠によってその真正を否定することができるが、当事者間に争いがない限り、弁論の全趣旨に基づき成立の真正を認めることが実務上少なくない。

第7に、文書成立の真否を争う当事者に対して反証提出の機会を付与することは手続保障として必要であり、これを欠くときは、審理不尽の違法があるとされることがある。

第4章 補論 陳述書

近時の民事訴訟実務における陳述書の重要性を考え、これを事実認定のあり方との関連において補充的に論じておくことにする。

I 陳述書の意義

陳述書は、当事者本人または証人となる第三者の見聞した事実に関する供述が記載された文書をいう。その性質は、報告文書である[1]。そもそも民事訴訟法は証拠方法を制限する定めをもたず、伝聞禁止法則もないから、原則として、陳述書の証拠能力は肯定される。したがって、実務上、書証として扱われる。

陳述書は、実務において、もともと離婚訴訟における夫婦間の長期間に及ぶことのある婚姻期間中の出来事や細かな言い分、労使関係訴訟における当事者間の長期間にわたるいきさつやその意味合い、計算関係が争点となるケースにおける会計帳簿と個々の伝票との関連性などの説明に用いられてきたものである。こうした事柄を人証で明らかにすることは時間ばかりを費やし、しかも分かり難さを免れないからである。一方、わが国が戦後採用した交互尋問制に対しては、学説により、アメリカ合衆国のように証拠開示が伴ってはじめて有効に機能するものであり、わが国ではこれを欠いているから構造的に上手く機能しないといった問題点が指摘されてきた[2]。こうした批判を受けつつ、1980年代以降、審理充実に向けたプラクティスのなかで、証人尋問および当事者本人尋問について、主尋問の内容の相当部分を当該証人・本人の作成・提出した陳述書をもって代え、焦点を絞った主尋問または反対尋問に限られた時間を充てる

---

1) 報告文書とは、作成者の認識・判断・感想などが記載されている文書をいう。例えば、領収書、商業帳簿、日記、手紙などが報告文書であるが、陳述書もその典型的なものである。
2) 木川統一郎「交互尋問制度の運用と将来」鈴木忠一＝三ケ月章監修『新・実務民事訴訟講座(2)』84頁、89頁（日本評論社・1981）、同「ラウンドテーブル方式の主張整理」『三ケ月章先生古稀祝賀・民事手続法学の革新(中)』311頁（有斐閣・1991）。

という手法が形成され、一般的になってきた。具体的には、陳述書の記載事項のうち、形式的争点事項（実質的には争いがない事項）については可能な限り主尋問を省略し、争いのない経過の部分（いわゆる道行の部分）については訴訟代理人が短く要約して確認的な誘導尋問をしたうえで、それに続く主要事実あるいは重要な間接事実（実質的争点事項）に重点を置いて主尋問をするという方法である。[3]

このような陳述書の利用は、陳述書に主尋問代替・補完的機能をもたせるものであり、尋問時間の合理的配分を図るうえで有用である。特に、経理関係の帳簿、医師のカルテ等専門的・技術的事項の説明、証人の経歴、事件の歴史的背景等については、陳述書の利用によって効率的な訴訟運営を図ることができることから、一定の評価がされた。近時は、さらに、陳述書における、争点整理機能、証拠開示的機能、事前準備促進機能、主張固定機能、調書作成補助機能などが着目されている。これらのうち、主要なものは、主尋問代替・補完的機能、争点整理機能であるが[4]、証拠開示的機能は前者に、事前準備促進機能と主張固定機能は後者に関連する。調書作成補助機能は、裁判所書記官にとっての事実上のものにすぎない。

II　陳述書利用消極論

陳述書利用のプラクティスに対する批判論ないし陳述書利用消極論をみておくことにしよう。

第1に、陳述書の利用は、直接主義・口頭主義違反であるとする批判が考えられる。しかし、文書を証拠方法とする場合における現在の判例理論は、訴訟提起後に作成した文書でも証拠能力はあり（大判昭和14・11・21民集18巻1545頁、最判昭和24・2・1民集3巻2号21頁）、その証拠価値の評価は自由心証の問題

---

3) 加藤新太郎編『民事事実認定と立証活動I』96頁（判例タイムズ社・2009）、同編『民事尋問技術〔第3版〕』21頁〔加藤〕（ぎょうせい・2011）。なお、証拠開示機能は、陳述書によって、当事者がどのような具体的事実を立証しようと考えているのかを明示させるものである。このタイプの陳述書を「事案提示型陳述書」と呼ぶことがある。この点について、篠原勝美ほか『民事訴訟の新しい審理方法に関する研究』司法研究報告48輯1号76頁（法曹会・1996）。
4) 重点講義(下)797頁は、陳述書につき、争点整理段階のものと、証拠調べ段階のものに分けて検討するが、その争点整理機能と主尋問代替・補完的機能に着目しているのである。

である（最判昭和32・7・9民集11巻7号1203頁）というものである。そして、陳述書がそれに該当する以上、規範論としては、これを違法なものということはできず、冒頭に述べたように、証拠能力は肯定される。より実質的にみても、現行法上、尋問に代わる書面（書面尋問ともいう）の提出が許容されていること（民訴205条）、書面に基づく陳述も裁判長の許可があれば許容される（同203条）こととの権衡からみても問題はないと解される[5]。

　第2に、実践的な観点からの批判として、陳述書により、本人・証人の守りが堅固になり、反対尋問が困難になるというものがみられる。確かに、そうしたことはあるかもしれない。しかし、陳述書には、主尋問で述べられる事項がその具体的根拠を伴って記載されており、むしろ、反論・反対尋問の手掛かりを与える面があるから、反対尋問技術を磨くことにより、対処すべきものであろう。

　第3に、裁判官の心証形成が困難ではないかとする批判もみられる。しかし、実質的争点事項に焦点を絞って主尋問および反対尋問を実施する方法を採用すれば、かえってメリハリの効いた尋問となるから、この批判は当たらない。

　第4に、陳述書利用消極論としては、例えば、①事件についての情報を詳細に記載した準備書面が提出されれば陳述書は不要になるとする見解[6]、②陳述書の主尋問代替・補完的機能や証拠開示機能に関し、当事者は充実した尋問事項書を提出することにより対応すべきであり、性格の曖昧な陳述書に依拠しなければならない十分な理由はないとする見解[7]などがみられる。しかし、①については、争点整理目的の陳述書は一部そのようにいえなくもないが、証拠開示的機能や主尋問代替・補完的機能を有する陳述書には、相応の意義がある。また、②については、陳述書が尋問時間の合理的配分を図るうえで有用であることを軽視するもののように思われる[8]。

　このように考察してくると、陳述書は尋問時間の合理的配分を図るうえで有用であるし、反対尋問の準備のためにも便利であるから、これを全廃する方向

----

5) 重点講義(下)799頁、加藤・前掲注3)『民事尋問技術』21頁。
6) 山本克己「人証の取調べの書面化」自由と正義46巻8号58頁（1995）、本間靖規「人証の取調べにおける直接主義と書面の利用」竹下守夫編集代表『講座新民事訴訟法Ⅱ』217頁（弘文堂・1999）。
7) 松本博之＝上野泰男『民事訴訟法〔第7版〕』462頁（弘文堂・2012）。
8) 加藤・前掲注3)『民事尋問技術』23頁。

で考えることは賢明とはいえない。現在の実務においては、陳述書を排斥するのではなく、陳述書を合目的的に利用する方法ないし運用が重要な課題であるといえよう。

III 陳述書の問題点と克服策

1 陳述書の汚染問題

　陳述書の問題点としては、陳述書の作成過程で作為の入る可能性があるということである。文書は、書かれた状態にあり、情報は書かれた時点で固定しているという点で、一般的に事実認定上のメリットを有するが、意図的に虚偽情報を折り込まれることがあるとすれば、大いに警戒を要する。もちろん、尋問に対する当事者・証人の答えにも作為の入る可能性はあるが、それは答え方のニュアンスや答える際の態度等で現れることがある。したがって、受け止める側も気付きやすいから、当事者らに一定の抑止力が働くし、奏功しないことも少なくない。これに対し、陳述書では、自己の立場を有利にすべく、全体を首尾一貫したものとして作文したり、曖昧な認識しかないのに断定的な記載をする誘惑は大きい。

　それでは、陳述書の有する事実認定上の点のマイナス面について、どのように対応することが相当であろうか。マイナス面を重視する立場からは、書証としての陳述書の利用をやめるという選択肢もあろう。例えば、争点整理目的の陳述書については、その法的性質を準備書面ないしそれを補足する文書であるとして、書証として扱うべきではないとする見解はこれである[9]。しかし、争点整理目的の陳述書を準備書面として扱うことは、当事者の意思に合致しないし、前述のとおり、民事訴訟法は証拠方法を制限する定めをもたないのであるから、これを書証として扱う実務を否定するまでのことはないであろう。

　もっとも、争点整理目的の陳述書は求めず、準備書面にしていくというプラクティスも十分考えられる。というのは、争点整理目的の陳述書は、弁護士が訴訟の準備を速やかに行うようインセンティブを付与するものとして構想された面があるからである。平成民事訴訟法施行以前は、弁護士は、実のある準備

---

9) 山本克己「陳述書問題について」判タ938号69頁（1997）、条解民訴1375頁〔竹下守夫〕。

書面をなかなか作成・提出しなかった。そこで、せめて陳述書を出して、争点整理に役立たせようというのが、争点整理目的の陳述書の由来であった。これに対して、現在では、弁論準備手続において争点整理をしていく過程で適時に適切な準備書面が提出されることが一般的になってきている。これは、弁護士が訴訟の準備を前倒しですることが一般化したことを意味する。したがって、現在の陳述書は、尋問を準備するための証拠開示機能、主尋問代替機能のものにシフトしてきている。そうであるとすれば、争点整理目的の陳述書の実務上の比重は相対的に低くなっていくから、目くじらを立てるまでのこともないということになろう。

しかし、そうであるとしても、陳述書に作為の入る、いわば汚染のリスクについては、一定の対応策を講じることが相当であろう。

2　陳述書の汚染への対応策

陳述書の汚染への対応策は、三つの方向が考えられる。

第1に、陳述書の記載情報が歪む可能性の是正を、訴訟代理人である弁護士の専門家倫理に担保させる方向である。弁護士職務基本規程75条は、「弁護士は、偽証若しくは虚偽の陳述をそそのかし、又は虚偽と知りながらその証拠を提出してはならない」と、その行為規範を定めている。陳述書は、訴訟代理人が本人の言い分を聴取して、整理作成することが通常であるから、訴訟代理人が倫理に則った対応をすることを期待することができる。

第2に、陳述書に作為が入る可能性があることによる事実の歪曲のリスクに注意し、実務上、その弊害を除去することのできるプラクティスを形成する方向である。この点に関し、①口頭主義の堅持、②信義誠実・公正原則の適用、③陳述書は後に尋問が行われることを前提とすること（反対尋問必須論）を基本原則とし、集中証拠調べの活性化のため、争点について十分な記載のある陳述書の提出が必要であるとして、主尋問代替・補完・反対準備機能の充実を提言し、自由心証主義の観点から、主尋問代替目的の陳述書については、相手方の反対尋問権を保障することを前提として証拠能力を認めることとすべきであ

---

10) 加藤編・前掲注3)『民事尋問技術』22頁、本書第8章Ⅴ参照。なお、重点講義(下)810頁は、証人の汚染は、陳述書だけの問題ではないと指摘するが、そのとおりである。情報の歪みを是正する制度的保障を構想することが要請されているのである。

るという見解がみられる[11]。具体的には、現在の判例理論は、(i)訴訟提起後に作成した文書でも証拠能力はある、(ii)その証拠価値の評価は自由心証の問題である、(iii)陳述書もそれに該当する、(iv)したがって、反対尋問によりテストされることで証拠価値が増減することは一般論としてあるとしても、反対尋問をしないからといって証拠として使えないわけではない、というものであるが、主尋問代替目的の陳述書については、重要な事実に関しては反対尋問権を十分確保し、精密な尋問をする運用で対応することが相当であろう[12]。

　第3に、裁判官が事実認定をする際に、陳述書の証拠評価について、陳述書に作為の入る可能性があることに留意して、より慎重に吟味・検討するように配慮する方向である。例えば、人証採用に至らない陳述書については、どのような証拠評価をするのが相当であろうか。これについては、裁判官が、反対尋問権を欠いたものであることを、当該陳述書の証拠価値判断の際に配慮することが相当であろう。実際にも、重要な争点事実について記載した陳述書の作成者が人証採用に至らず、反対尋問権が保障されないことは稀であり、通常は、このような陳述書のみにより重要な争点事実を認定することはしない。裁判官が、陳述書を重要な争点事実を認定するための証拠資料としたいと考える場合には、陳述書作成名義人について人証申出があれば、これを採用して反対尋問権を保障するような運用が相当である[13]。

IV　陳述書の作成

　本人尋問・証人尋問においては、陳述書を効果的に利用することが必要であるが、その前提として、どのように作成するのが相当であろうか[14]。

　第1に、誰が陳述書を作成するか。これは、本人・証人自身でも差し支えないが、訴訟代理人が本人・証人の言い分を聴取して、整理作成することが通常であろう。

---

11) 第二東京弁護士会民事訴訟改善研究委員会「陳述書に関する提言」判タ1181号31頁（2005）、条解民訴1375頁〔竹下〕。
12) 新堂民訴635頁、伊藤民訴388頁、中野貞一郎＝松浦馨＝鈴木正裕編『新民事訴訟法講義〔第2版補訂2版〕』318頁〔春日偉知郎〕（有斐閣・2008）。
13) コンメ民訴V97頁。
14) 加藤編・前掲注3）『民事事実認定と立証活動I』98頁〔内田実発言〕。

第2に、時系列で整理して、5W1Hを意識して事実を叙述していくことにより分かりやすい陳述書になる。これには、その本人、その証人でなければ盛り込めない事項が含まれていることが望ましい。読み手である裁判官が、迫力ある陳述書であると感じるのは、その本人、その証人でなければ語れない事情の披瀝がされている場合である。陳述書は、準備書面の構成に沿って事実を述べることが必要であるが、同時に、準備書面での主張事実を肉付けするものであることも要請される。骨だけで肉付けのない陳述書は、事実認定には役に立たない。したがって、例えば、準備書面を「です・ます調」にしただけの陳述書は、意味が乏しい。[15]

　第3に、実体験か、伝聞かを区分けし、事実か、意見かも明らかにするような書き方が望ましい。曖昧さを払拭し断定する陳述書は、その根拠となる別の証拠がなければ高い証拠価値は認められにくい。訴訟になるような出来事の経過であるから、経験則に反するような事柄もみられるであろうが、相応の説明をしておくことが必要であろう。優れた陳述書には、その事案の見方を決定づけるほどの効果を期待することができる。

　第4に、バイアスのかかった陳述書を作成することは避けるべきである。虚偽ではないが、事実とはニュアンスが違う記載のある陳述書、感情的な記載や思い入れ過剰な記載の多い陳述書は、反対尋問で攻められやすいからである。訴訟代理人としては、反対尋問において、「陳述書の記載内容はいささか大げさではないか、ニュアンスが違うのではないか」を訊いていくべきであろう。例えば、「被告の仕打ちがあんまりだと、悲しく思いました」という感情的な記載については、「どうしてあんまりだと思ったのか」、「被告の具体的な仕打ちとは何か」などと尋ねて、言い分が過剰であるという見方を提示する反対尋問をしていくことが考えられる。

　第5に、陳述書の分量は、そこで語る事柄の内容による。その関係で、大部になることもやむを得ない場合もあるが、論旨が錯綜しないようにしなければ

15）筆者の担当案件で、準備書面を「です・ます調」にしただけの陳述書が提出されたので、その趣旨を訴訟代理人に求釈明したところ、「私が事実を全然加工していないという証として評価してほしいと思います」と返答された経験がある。この訴訟代理人は、証拠方法としての陳述書の意義を正解していない。このような陳述書には、証拠開示機能はもちろんなく、証拠価値も乏しいものと評するほかない。加藤編・前掲注3）『民事事実認定と立証活動Ⅰ』101頁〔加藤新太郎発言〕。

ならない。長いばかりで、論旨が明らかでない陳述書は、裁判官に（相手方にも）要証事実は認め難いという印象を与える。実際、本人訴訟で大量かつ長文の陳述書が提出されることがあるが、その多くは、立証としての意味に乏しい。訴訟代理人として、本人から、自ら作成した大量かつ長文の陳述書を書証として提出してほしいとの依頼がされた場合には、その内容を吟味して再考を促すことが要請されることになろう。

V　陳述書の証拠評価

1　高い証拠評価のされる陳述書

　陳述書についても、人証における証拠評価と同様に、適格性、誠実性、自然性、合理性、整合性という観点から検討が加えられることになる[16]。それでは、効果的で、高い証拠評価を得る陳述書とは、どのようなものか。
　一言でいえば、その本人、その証人でなければ認識することができない事項が盛り込まれているものである。刑事訴訟の被疑者の自白については、秘密の暴露があることが、信用性判断にプラスに作用するという命題がある。陳述書も同様であって、そのような事項が盛り込まれていることが、信用性判断にプラスとなる。
　効果的な陳述書について具体例でみておこう[17]。
【ケース I】妻に対する不動産譲渡と詐害行為性
　夫が妻に不動産（居住している住宅・敷地）の持分譲渡をした後、破産した。この不動産は、もともと夫婦の共有であったが、夫の持分を譲渡して、妻の単独所有になった。そこで、夫の債権者からこの持分譲渡が詐害行為に当たると主張され、詐害行為取消訴訟が提起された。被告夫妻は、当該不動産は、妻が自分の父親から金銭の贈与を受けた固有財産を投入して購入したもので、世間体（夫の体面）を考えて、夫婦共有にしていた旨の反論をした。
　夫は映画会社の元代表取締役社長で、社長就任と同時に会社の債務の連帯保

---

16) 本書第4章II2参照。
17)【ケース I】は、筆者が経験したケースをモディファイしたものである。加藤新太郎「民事尋問技術―裁判官の耳を傾かせる尋問技術とは」日弁連研修叢書『現代法律実務の諸問題〔平成13年度研修版〕』314頁（第一法規・2002）。

証をしていた。自分が就任する前の代表者が借り入れた会社の借金を、歴代の社長の慣例として個人で保証をしたというケースである。夫は映画監督をしていたが、会社が左前になった時期に能力と人望を見込まれて労働組合の役員から、社長になった。その後、会社再建のために奮闘したが、過労のため健康を損ねて退任し、現在、自己資力はないという背景事情がある。

　妻の陳述書は、「主人は、親分肌で、スタッフにおごってやることが多く、家庭にあまり給与を入れてくれなかった。自分が実家から援助を受け、家計をやりくりしていた」として、どういう時期に、どういう形で援助を受けて、それによりどうなったかということの大筋を、古い家計簿にも言及しつつ、かなり正確に記載していた。そして、「主人には女性問題で苦労させられたけれども、監督としての才能はあると信じて、我慢して家計をやりくりしてきた。そのようなわけで、本件不動産は、自分が父親から贈与された金員を購入原資にしたもの」であり、持分譲渡がされても実質的には詐害行為には当たらないという趣旨が説得的に述べられていた。

　【ケース１】の陳述書は、一読して、「これは、なるほど妻が実家の父親からもらった金員を不動産購入に充てているのは間違いなさそうだ」と思わせるものがあった。本人でなければ認識することができず、感じることのできない事柄が、紋切り型ではなく、肉声で述べられていると受け止められるものであったのである。

　また、本書第8章Ⅳで取り上げる【ケース７】一審認定辻褄合わせケースにおける被告の陳述書は、「弁護士である被告が、原告から委任を受けた別訴において、真相と異なることを知りながら、紛らわしい証拠を提出することで証拠を歪め、事実認定を誤らせた」というものであった[18]。これは、自らが弁護士倫理に違反したことを具体的かつ赤裸々に語る内容であり、その信用性は高いと証拠評価される。

　このような陳述書が事実認定に効く、文字どおり効果的なものである。

2　高い証拠評価のされない陳述書

　これに対して、証拠評価の高くない、したがって、あまり効果的ではない陳

---

18) 本書第8章Ⅳ1。

述書も少なくない。そうしたサンプルも示しておくことにしよう。[19]

【ケース２】残念な陳述書

Ｘ（女性）からＹ（男性）に対して提起された婚約不履行による損害賠償請求訴訟において、Ｘは、Ｙから暴力を振るわれたことが決定的な破綻要因になったと主張した。Ｙは、言い争いをしたことは認めたが、Ｘが主張するような暴力を振るったことは否認した。ＸとＹとは遠距離恋愛をしており、交際期間も長かった。双方ともようやく決心して、Ｘは仕事を辞めて上京してきていたのにもかかわらず、一夜の喧嘩で、婚約解消に至ったという背景事情がある。そこで、「この一夜の出来事がどのようなものであったのか、果たして本当にＸが主張するようなＹの暴力があったのか」は、極めて重要な要証事実である。

Ｘの提出した陳述書は、「その暴力の内容は、男性がマンションの居室の中でテーブルをひっくり返した、テーブルの上に置いてあったＣＤや雑誌を投げつけられたというもので、自分は翌朝、愛想を尽かしてマンションから出ていきました」という内容であった。

裁判官は、この陳述書を読んで、Ｘの体験した出来事が迫真性を伴う形で裏付けられてはいないと感じた。言い争いはあったとみられるが、暴力行為があったかは明確でない。通り一遍の平板な記述で、語られるべき事項が欠けていたからである。

【ケース２】の陳述書では、何が欠けていたのか。

第１に、Ｙはテーブルをひっくり返すほど暴れたというが、ひっくり返したというテーブルは、どのくらいの大きさか、ひっくり返したときに何が載っていたか。テーブルの上に載っていた物があったとすれば、その周囲はひどい有様になったはずであるが、その惨状はどのようなものであったか。

第２に、Ｘは翌朝マンションから出ていったというが、ひっくり返したというテーブルはどうなったのか。誰かが片づけていたのか、そのままにしていたのか。

第３に、ＸはＹからＣＤや雑誌を投げつけられたというが、よけることができたのか、体に当たったのか。体に当たったとしたら、痛かったのか、怪我を

Ｖ　陳述書の証拠評価

――――――――――
19)【ケース２】は、筆者が経験したケースをモディファイしたものである。加藤編・前掲注3)『民事尋問技術』261頁。

したのか、怪我をするほどではなかったのか。

　第4に、Xが投げつけられたCDをよけたとしたら、壁に当たったのか、床に当たったのか。壁や床に当たったとしたら、傷が付いたのか、付かなかったのか。

　以上のような事項が、具体的に記載されていない陳述書は作文に等しい。

　もっとも、そうした細部について、本人尋問でXに直接語らせる戦術も想定され、それも効果的な場合がある。しかし、この案件では、陳述書を漫然となぞるような主尋問しかされなかった。

　このような場合には、Y側の訴訟代理人は、どのように対応していくことが相当か。

　まず、Yの言い分と突き合わせる形で、陳述書の真偽を点検すべきであろう。そうすることにより、①Xの言い分が全くの虚構である場合、②感情的な表現を上手く用いて誇張している場合、③具体的な記述を曖昧にして誇張している場合、④大筋はそのとおりであるがニュアンスが異なる場合、⑤ほぼそのとおりである場合のいずれであるかが判明する。

　さらに、Y側の訴訟代理人は、裁判官がしたように、陳述書の内容の具体性・迫真性の有無から、虚構や誇張の可能性を探るべきである。そうすれば、当然書かれていてよい具体的な事項に触れられていないことに気づく。そのうえで、反対尋問で、その点を突けば、陳述書の記載を繰り返そうとするXの供述の信用性に、大きなダメージを与えることになる可能性が高いといえよう。

第5章　人証の証拠評価

Ⅰ　はじめに

　法律実務家は、日常的に、「証人尋問、本人尋問の結果を、どのように評価して、事実認定をしていくか」という問題に当面している。裁判実務において、事実認定に占める人証の重要性は決して小さくはない[1]。どんなに証拠の少ない事件でも、要証事実について全く証拠がないということは稀である。少なくとも証言ないし当事者本人の供述が証拠資料として存在し、しかも、それぞれの立場から相反していることが多い。そこで、適正な事実認定をしていくためには、その信用性についての証拠評価・判断をすることが不可欠となる。

　ところで、証人や本人がある事実を法廷で証言・供述するまでには、認定の対象となる事実を認識し、記憶し、表現するという過程がある。しかし、通常人にとっては、認識・記憶・表現の各過程でこれを正確に行うことはなかなか困難である。このことは、ニュートラルな立場で善意かつ正直に質問に答えようとする証人であっても同様である。この点に関連して、次のエピソードをみておこう。

> 【エピソード1　Ａ裁判官の悩み】
> 　Ａ裁判官は、外務省に出向して、外務事務官として勤務していたときに、ある行政処分について上司から意見を尋ねられたことがあった。その後、関連する訴訟が提起され、Ａ裁判官は証人として申請された。行政処分後15、6年が経過しており、関係者数人のうち、一部は死亡し、一部は海外にいて、問題となる事柄を知っているのは、Ａ裁判官だけであるということから、証人申請がされたのである。

---

[1] 事故型争訟では、書証が事実認定上重要な意味をもつ契約型争訟と比較すると、人証の意味はより大きい。

A裁判官が尋問事項をみてみると、自分がその件に関与したこと、関係者の名前、そのとき尋ねられた事項は記憶しているが、さて、自分がどのような意見を述べたか、どのように処置されたかについては、責任をもってはっきり答えるほどの記憶がなく、どうしても思い出せない。

　A裁判官は、自分の証人としての答えが裁判所の判断に重要な影響を与えることを考えて当惑した。もし、証人として法廷に出た場合、事件の関係について正確なことを答えた後で、「自分自身がかつて述べた意見を十分記憶していない」と供述すれば、担当裁判官は、「どうしてそれが言えないのか」と怪しむであろう。しかし、自分の記憶は、その点について、実際に、曖昧模糊としているのである。A裁判官は、悩んだ。

【エピソード2　B裁判官の証人体験】

　B裁判官は、親戚の相続関係事件（相続人廃除事件）で証人になった経験がある。

　事件そのものに争いはなく、問う方も答える方も安心して問答できるはずのものであった。しかし、それにもかかわらず、B裁判官は質問に答えるときに相当の緊張を覚えたし、予期しない質問に心中あわてることもあった。陪席裁判官が側面から自分を凝視しているのを感じると、どこかに間違いがあったのではないかと不安を覚えることも体験したのである。

　この裁判官A・Bは、同一人物である。誰あろう、名著『裁判の書』を著した、三宅正太郎判事その人である。いずれのエピソードも、『裁判の書』の「人証」というエッセイのなかで披露されている[2]。

　三宅判事は、【エピソード1】の経験から、「一般の証人が無理な質問に内心いかに当惑しているかを考えざるをえない」と述べる。さらに、【エピソード2】の経験から、「我々の如きそのことに常に接している者にして左様であるから、初めて法廷に立った証人たちが、十分答えられないのはあたり前の話で、むしろその方が正直に証言をしているわけであり、もし澱みなき証言をするとすれば一応その真偽を疑っていいと思う」との教訓を引き出される[3]。戦前

2）三宅正太郎「人証」『裁判の書』219頁、220頁（牧野書店・1942）。
3）三宅・前掲注2）220頁、221頁。

の人証調べは、証人の中立性を強調し、裁判官の尋問により証言を引き出すという大陸法的な方式を基本とし、当事者及び訴訟代理人は法廷で尋問が行われるまでは証人との接触さえ慎しむべきものとされていたから、当事者の調査義務（民訴規85条）が定められ、訴訟代理人が証人予定者と面接・打ち合わせをして証人尋問に臨む（その前に、証人予定者が陳述書を提出していることもある）、現行の実務とは異なっている。したがって後者の教訓、「澱みなき証言は疑うべし、十分に答えられないのはかえって正直」は、現在では、一般化することはできないであろう。

　ところで、民事訴訟における人証には、①利害関係がなく、ニュートラルな立場で善意かつ正直に質問に答えようとする証人、②党派的な証人、③当事者本人がある。

　①の証人（予定者）であっても、【エピソード1】や【エピソード2】のような事柄があることに留意すべきであろう。

　これに対して、②の党派的な証人も、実際には少なくない。むしろ、それが主流であるといえよう。また、本来は党派的とはいえない証人であっても、証人尋問は、紛争が顕在化し、訴えが提起された後に法廷で行われるため、紛争に利害関係を有する者などの影響（はなはだしきは「汚染」）により虚偽の供述がされる可能性は否定できない。書証が、基本的には、紛争が生じる前に成立しているのと対照的である。

　さらに、③の当事者本人尋問の場合には、利害関係のない第三者の証言と比べて、供述に意図的な虚偽（作為）が混じる可能性があり、また、自己に不利な事実を隠す危険性も高い。思い込みも避けられない。加えて、意図的に虚偽の供述をしないまでも、意識せずして自分の行為を正当化する傾向があり、真実と異なる供述の入り込むことは稀でない。

　人証には、このような特色があるため、その信用性の評価・判断については、一定の吟味が必要かつ不可欠である。それでは、証人尋問・本人尋問の結果を、どのように評価して、事実認定をしていくか。

　他の動かない事実との関連、経験則に照らして真偽を判定するというのが、さしあたりの解答であるが、これだけでは、実務の指針とはなり得ない。そこ

I はじめに

4）岩松三郎＝兼子一編『法律実務講座民事訴訟編(4)』207頁（有斐閣・1961）。

で、人証を評価するうえで考慮すべき要素を考察することが有用となる。

かつて先行研究を踏まえて、人証を評価するための考慮要素に関する試論を明らかにしたことがある。本章は、人証の証拠評価の問題について、これを深める形で、実務的な観点から検討を加える。

その構成としては、まず、人証の証拠評価についての考慮要素を整理した後に五つのテストを提示し（II）、続いて契約型紛争（III）、事故型紛争（IV）、人事紛争（V）について、上記のテストに基づき人証の証拠評価のあり方に関して考察する。この種の議論は抽象的になりがちであるから、できる限り、具体的な議論をすることを心がけたい。そのために、筆者が経験・見聞したケースを素材に用いることにする。そして最後に、五つのテストの相対性などについて言及する（VI）。本章は、いうまでもなく、事実認定方法論のコアとなるテーマである。

II 人証の証拠評価についての考慮要素

1 事実認定上着目すべきファクター

それでは、人証の証拠価値（証明力）を判断していく場合に、どのようなファクターに着目すべきであろうか。先行研究のいくつかをみておくことにしよう。

まず、野村秀敏教授が、人証の証拠価値を評価する際のポイントとして挙げられているものは、次のとおりである。

①人証の真実把握能力

②人証の精神状態、認識力、記憶力

③供述の根拠（伝聞証拠か否か等）

④供述態度

5） 人証の証拠評価＝信用性の判断についての基本的文献としては、①鈴木重信「人証と証拠評価に関する問題について」『中村宗雄先生古稀祝賀記念　民事訴訟の法理』277頁（敬文堂・1965）、②同「証言の証明力の評価」自由と正義31巻5号58頁（1980）、③近藤完爾「証言の真偽判定の方法」『昭和53年度日弁連特別研修叢書』29頁（1979）、④同「証言の真偽について」『昭和54年度日弁連特別研修叢書』265頁（1980）、⑤野村秀敏「証言の証拠能力と証拠力（2・完）」民商98巻6号57頁（1988）、⑥伊藤滋夫『事実認定の基礎』45頁以下（有斐閣・1996）、⑦『民事事実認定』に所収の講演録〔田尾桃二、吉岡進、今中道信、後藤勇〕、⑧加藤新太郎編『民事事実認定と立証活動II』70頁（判例タイムズ社・2009）などがある。

6） 加藤新太郎編『民事尋問技術〔第3版〕』27頁〔加藤〕（ぎょうせい・2011）。

7） 野村・前掲注5）59頁、71頁。

⑤供述の形式内容（供述が首尾一貫しているか、矛盾はないか等）
⑥人証の善意と真実供述の熱意（当事者との利害関係等）
⑦尋問の方法・技術と供述との関係（誘導尋問か否か等）
⑧補助事実
⑨経験則、事件の筋、顕著な事実、弁論の全趣旨（供述がこれらと整合するか等）
⑩間接事実（供述との整合性等）
⑪相対立する供述または他の証拠方法（書証の記載との矛盾はないか等）
⑫基本的な点において同一内容の事実を供述する他の人証とのその他の部分における矛盾の有無
⑬供述当時の記憶の程度
⑭記憶違い・意味の取違え・認識力不足等による虚言混入の有無（想像を交えた不真実の供述ではないか等）
⑮供述内容の不自然性の有無
⑯原体験時および供述時における年齢
⑰歳月の経過
⑱他人による暗示の有無
⑲人証の発表能力（表現能力）

　また、心理学者であるU・ウンドイッチは、刑事事件における供述（主として、風俗犯罪事件における被害女児の供述）分析による真実に合致する供述の特徴を考察している。刑事事件についての分析であることから一定の修正を施す必要があるが、参考になる。ウンドイッチが挙げている点は、次のとおりである。[8]
①別途確認された事実と矛盾しないこと
②描写の写実性と現実親近性があること
③描写が具体性・直観性・独創性・個性透写の特徴を有すること
④一致性と首尾一貫性を有すること
⑤独特でかつ顕著な細目（創作では語り得ない事態）についての描写があること
⑥描写された出来事が、関係者の特殊生活事情と時間・空間的に密接に絡み合っていること
⑦供述者の計画能力や理解水準を超えた細目が語られていること

---
8) U・ウンドイッチ編著〔植村秀三訳〕『証言の心理』198頁（東京大学出版会・1973）。

⑧供述が、外的事象だけでなく、それによって惹起される心的現象をも彷彿させていること
⑨ある関係等が長期間続いているときに、描写のなかに、その関係の進展が反映していること
⑩供述の自発的訂正があること
⑪供述された行為が断片的な性質をもつこと
⑫供述が自己に不利なことの告白を含むこと
⑬語られる事件が基本的に恒常性を有すること

2　五つのテスト

　人証の証拠評価の基本は、様々な観点から証人・本人を観察し、証言内容、本人尋問の結果をテストすることに尽きる。人証の証拠評価の考慮要素は、先行研究に挙げられたものを、次のように整理・再構成した五つのテストによることが相当である。[9]

　第1に、人証の証拠評価に当たっては、供述者の信用性・信頼性と供述内容の信用性・信頼性に着目すべきである。

　第2に、供述者の信用性・信頼性に関しては、(1)その証人・本人が証拠方法として適格といえるか（観察力、記憶力、表現能力はどうか）、(2)その証人・本人が誠実（真摯）に供述しているかに留意すべきである。(1)が適格性テスト、(2)が誠実性テストである。

　第3に、供述内容の信用性・信頼性に関しては、(3)その供述内容が全体としてまたは特定部分につき自然であるといえるか、(4)その供述内容が全体としてまたは特定部分につき合理的であるといえるか、(5)その供述内容が主張または他の証拠との関連で整合的であるといえるかに留意すべきである。(3)が自然性テスト、(4)が合理性テスト、(5)が整合性テストである。

3　供述者の信用性・信頼性

　(1)適格性テストと(2)誠実性テストは、誰が供述するかという点に着目して、供述者そのものの信用性、信頼性を吟味するものである。

---

9) 加藤編・前掲注6) 28頁〔加藤〕。

(1)適格性テストは、証拠資料となるインフォメーションを法廷に伝えた供述者が、その適格性を備えているかという観点からのものである。(1)適格性テストでは、次の五点が考慮要素となる。
  ①供述者の真実を把握する能力、認識力、記憶力があるか。それらは、どの程度のものか。
  ②記憶違い、意味の取違え、認識力不足等による偏りはみられないか。
  ③供述者の表現能力はどのようなものか。
  ④供述者の記憶は、歳月の経過にもかかわらず、保持されているか。
    ➡契約の成立が争点となる場合、例えば、その場に同席した第三者（証人）に、その場の部屋の構造やどのようなソファにどういう向きで座っていたかなどの位置関係まで質問することがあるが、それらが特異で印象的なものでない限り、細部の記憶を保持していないのが通常であろう。
  ⑤供述者の供述時のコンディションはどうか。
    ➡供述者が極端にあがっていたり、前日に眠れなかったというような事情は、それを織り込んだ評価が必要な場合がある。
次に、(2)誠実性テストは、証人・本人が真実を述べようとする主観的な誠実さを有しているかという観点からのもので、次の五つの点が考慮要素となる。
  ⑥供述者と事件ないし当事者との間に利害関係があるか。
  ⑦供述者に真実を供述する善意・熱意があるか。
  ⑧供述態度は真摯なものか。
  ⑨供述態度に動揺はないか。
  ⑩供述者の人柄は信頼できそうか。

4 供述内容の信用性・信頼性

(3)自然性テストは、供述内容に関する吟味をするものであり、次の三点が考慮要素となる。
  ⑪供述内容の流れは自然か。
  ⑫供述内容は、経験則に合致しているか。
  ⑬供述内容は、弁論の全趣旨に照らして矛盾しないか。
(4)合理性テストは、次の二点を考慮要素とする。
  ⑭供述内容の根拠はどのようなものか。

➡︎供述の根拠が、直接体験したことによりその事象を認識したものか、伝聞と自己の体験を合わせて認識したものか、伝聞のみによるのか、という観点である[10]。一般的には、この順番で、証拠価値は低くなる。

⑮供述内容は首尾一貫しているか。

(3)この自然性テスト、(4)合理性テストは、供述内容の根拠がリーズナブルで、自然であり、それ自体、首尾一貫しているかどうかをみるものである。訴訟に登場するケースの中には、よくみられる出来事ないし経過ではないからこそ争いになっているものも少なくない。そうしたケースでは、流れは不自然であっても、相応の必然性・特異性があるところを提示することができれば、供述内容の信用性・信頼性を獲得することができる。

(5)整合性テストは、次の五点が考慮要素となる。

⑯顕著な事実等と矛盾しないか。

⑰確実に認定できる事実と矛盾しないか。

⑱間接事実と整合的に説明することができるか。

⑲書証の記載との間で矛盾はないか。

⑳他の証言等との間で矛盾はないか。

(5)整合性テストは、顕著な事実や確実に認定できる事実(動かぬ事実)と矛盾しないか、間接事実との関係もうまく説明できるか、書証や他の証言とも矛盾がないかに留意する。全体の証拠の中で、その人証を評価するという視点である。

以上の五つのテストは、実務的(実用的)な視角から整理したものであるが、いささか抽象的である。そこで、以下では、人証評価の五つのテストを具体的なケースに適用して、これらのテストの有用性を検証してみることにしよう。取り上げるケースは、契約型紛争、事故型紛争、人事紛争である。

III 契約型紛争

1 【ケース1】変額保険のパンフレット不交付主張ケース

(1) ケースの概要

---

[10] 司法研修所編『10訂 民事判決起案の手引』64頁(法曹会・2006)。

原告Ｘらは、相続税対策として、Y_2銀行から一時払保険料を借り入れ、Y_1生命保険会社との間で３口の変額保険契約を締結した。Ｘらは、各変額保険契約締結の際、Y_1の担当者Ａ（変額保険の販売資格のある外交員）から変額保険の仕組み、リスク等について十分な説明を受けておらず、「絶対損をしない良い保険」と勧誘されたと主張した。そして、Ｘらは、①Y_1に対し、保険契約の錯誤無効・詐欺取消しに基づく払込保険金の不当利得返還請求、②Y_2に対し、払込保険料を調達するための金銭消費貸借契約の錯誤無効に基づく債務不存在確認請求をした。

　主要な争点は、「ＡがＸらに対して、どのような説明をしたか」であるが、Ｘらは、「Ａは、そもそも変額保険のパンフレットや設計書の交付すらしなかった」とも主張した。パンフレット・設計書が顧客に交付されていたとしても、なお担当者の説明の適否（説明義務違反の過失）を問題にすることはできるとはいえ、パンフレット・設計書不交付の事実が認定されれば、Ａの説明が不十分かつおざなりなものであったという事実を推認するための大きなポイントになる。その意味で、重要な間接事実である。そこで、この点も事実上の争点とされた。

　このケースでは、Y_1は、変額保険の販売資格のある外交員Ａだけでなく、販売資格のない外交員Ｂ（女性）も勧誘に当たらせていた。

（２）　対立する供述

　ＸらとＢは、次のように供述した。

①Ｘらは、本件変額保険契約のパンフレット・設計書を交付されていない。

②したがって、Ｘらは本件保険の仕組み、リスク等についての説明を受けていない。

③ただ、相続税対策に適したＸらに相応しい保険であり、Y_2から融資を受けることにすれば、現実の経済的負担は何も生じないという説明を受けて、Ｘらは本件保険に加入した。

これに対して、Ａは、次のように供述した。

④ＡはＸらに対し、本件変額保険契約のパンフレット・設計書を交付した。

⑤本件保険の仕組み、リスクその他必要な説明をした。

　両者が正反対の供述をしており、いずれを信用するかという人証の証拠評価で事実認定の勝敗が決せられる場面が生まれたのである。

(3) 人証の評価

　（ア）供述者の信用性・信頼性　　Bは第三者的な証人であるから、BがX側に加勢していることは、一般的には、X側に有利に働く。そこで、Bについて、供述者の信用性・信頼性をチェックする適格性テスト、誠実性テストをしてみることにしよう。

　Bは生命保険会社の外交員をしている女性であるから、適格性テストはクリアする。

　誠実性テストのうち、Bと事件ないし当事者との利害関係があるか、真実を供述する善意・熱意があるか（誠実性テスト⑥、⑦）をみると、次のようなことがいえる。

(i)　BはY_1の外交員であった者であるから、あえてY_1に不利な証言をしている部分は信用してしかるべきである。

(ii)　しかし、Bは夫がX_2と同級生であることなどから、X側と親しい関係にあることがうかがわれる。

　そこで、Bの誠実性は相殺され、さらに、供述内容の信用性・信頼性について検討していくことが必要になる。

　（イ）供述内容の信用性・信頼性　　そこで、自然性テスト（⑪供述内容の流れは自然か、⑫経験則に合致しているか、⑬弁論の全趣旨に照らして矛盾していないか）、合理性テスト（⑮供述は首尾一貫しているか）、整合性テスト（⑰確実に認定できる事実と矛盾しないか、⑱間接事実と整合的に説明することができるか）をしてみよう。

(iii)　保険加入の勧誘に当たり、外交員が顧客にパンフレットを交付し、設計書を作成することは一般的な方法であり、経験則といえるところ、Aは「最初に作成し交付した設計書と銀行からの融資可能額が決まってから再度作成した設計書があり、後者を持参した際、前者を引き取ってきた」と供述していて、その内容は自然である。

➡ここでは、自然性テスト⑪、⑫をしている。

(iv)　X_1は、「パンフレットを持参するよう要求したが、Aはパンフレットが在庫切れであると言って持ってこなかった」と供述するが、販売中の保険商品のパンフレットが在庫切れになるという事態は考えにくい。仮に、その営業所で在庫切れになっていたとしても、顧客から要求されれば必ず後

日持参するように思われる。これは、経験則といえるかどうかは別として、通常の事態の経過であろう。そう考えると、X_1の供述は不自然である。

→ここでは、自然性テスト⑪、⑫と合理性テスト⑮を行っている。

(v) X_2は、「Aの口頭の説明により納得できたので、パンフレットのことは気にならなくなった」と供述する。しかし、X_2は信用金庫に2年間勤務した経験があるうえ、本件融資に際して自己所有の不動産を担保に供することになっており、その担保がどのようになるか気がかりな状況にあったのであるから、パンフレット等を見ることなく保険契約の締結を納得したというのは不自然である。

→ここでも、自然性テスト⑪、⑫と合理性テスト⑮を行っている。

(vi) Bは、Xらにパンフレットを交付したことは否定するが、反対尋問において、「X_1の妻に最初に会った際、同人にパンフレットを交付したかどうかは覚えていないが、見せたことはある」と証言した。しかし、生命保険会社の外交員が保険加入の勧誘において顧客に見せたパンフレットを回収するのは不自然である。また、主尋問において、「Xらにパンフレットを交付したことはない」と答えながら、反対尋問において、「X_1の妻にパンフレットを交付したかどうかは覚えていない」と答えたことは、「X_1の妻にパンフレットを交付したであろう」と心証を形成することになり、その限りで、前者の供述も実質的には崩れていると評価できる。

→ここでは、自然性テスト⑪、⑫、⑬をしているが、反対尋問の結果の評価を織り込んでいる。

(vii) AがXらにパンフレット・設計書を交付しないことがあるとすれば、その記載内容が口頭で説明した内容と異なっているために、後日に証拠を残さないようにしたという理由が考えられる。しかし、当時の保険料の運用実績は順調であったから、Aはそのようなことを画策する必要はなかったと思われる。また、本件保険契約申込書作成時には、「ご契約のしおり定款・約款」が交付されているから、パンフレットを交付しなかったとみることは、事柄の推移として整合的とも思えない。

→ここでは、自然性テスト⑫と整合性テスト⑰、⑱をしている。

(viii) 相続税対策として、所有不動産に担保を設定して、保険金合計3億7000万円、保険料合計1億円余という高額な保険に加入するに当たっては、X

ら家族間で十分な話し合いがされたはずであり、その際、パンフレット・設計書などの資料が何もないまま検討したというのは合理性を欠き、想定することが困難である。

➡ここでも、自然性テスト⑪、⑫、合理性テスト⑮をしている。

　裁判所は、本件供述内容の信用性・信頼性について、六つの論拠（(iii)ないし(viii)）をもって、相反する供述のうち、Ａの方が信用できるという評価をした。したがって、「Ａは、勧誘時に、変額保険のパンフレット・設計書を交付した」という事実認定がされることになる。必ずしも、人証を数多く繰り出した側に軍配があがるわけではないのである。施した証拠評価のテストの中身をみると、本件については、経験則に合致するかという観点および供述内容に合理性があるかという観点からの検討が有用であったといえよう。

　本件の判決では、さらに、Ａのした説明内容についての事実も、Ａの証言が信用され、Ｘらの請求は棄却された[11]。Ｘらが供述しＢが証言したパンフレット・設計書不交付の事実が認められなかったのは、Ｘらの尋問結果およびＢの証言内容の信用性に疑問があると評価されたためであるが、その反面において、Ａの証言内容は相対的に信用できると判断されたことになる。そうすると、勧誘時における説明内容に関しても、Ａの証言内容の方が信用できるという評価になることは、やむを得ないところであろう。

2　【ケース２】証拠後出しケース

（１）　ケースの概要[12]

　幼稚園の園長を務めるＡ（当時75歳の女性）が、Ｙ証券会社の担当者Ｂにより保有する株式・投資信託を無断で売却されたとして、Ｙに対して損害賠償請求訴訟を提起した。

　このケースでは、株式等の売却金で別の投資信託が買われており、提訴の時点では、その投資信託は売却金を超える価値を有していた。Ａは、自己名義になっている投資信託を売れば、従前の株式等を持ち続けていた状態よりも利益

---

11) 東京地判平成11・2・23判タ1029号206頁〔変額保険の勧誘に際し、生命保険会社担当者の説明義務違反はなかったとして、保険契約等の錯誤無効、詐欺取消、損害賠償請求のいずれも認められなかった事例〕。
12) 【ケース２】は、筆者が経験した案件に基づくものである。

を得られた。しかし、それにもかかわらず、Aは、あくまで株式等の売却は自分の意思に基づかない無断売買であり、株式等の売却時の時価相当額の損害を被ったと主張したのである。

株式等の売却と別の投資信託の購入があったことにしておいた方が、金銭的には得であるのに、あえて弁護士に委任し、その報酬を支払ってまで提訴しようというのであるから、本件は、経済的利益を問題とする通常の商業訴訟ではなく、当事者としてスジを通したいという人格訴訟である。

しかし、大手の証券会社であれば、顧客との取引には関係書類が作成され、社内の正規の手続を経るのが通常であり、何よりも、担当者個人が独断で刑事事件にもなり得るリスクを冒すことは想定しにくい。Yにとっても、本件は、経済的利害の問題ではなく、「無断売却などするはずがないし、現にしていない」という言い分を何としても裁判所に認めてもらわなければ自らの存立基盤にかかわる人格訴訟になっていたということができる。

Aは、提訴し本人尋問に応じた後死亡し、息子Xが訴訟を承継した。

（2） 一審判決

本件では、「株式等の売却と別の投資信託の購入」に関する注文書が残っており、注文書の日時欄には、「平成〇年1月7日15時20分」との記載があった。また、①注文書の記載によれば、Aの役職名は園長であるのに、「副園長」となっていた。②筆跡に関する私鑑定では、口座開設時の申込書と本件注文書との筆跡は異なる可能性があると報告されている。①と②は、無断売買ではないかと推認される事情であるが、②の筆跡鑑定は、一般にそれほど重きを置かれない。

この取引では不足金が生じ、Aの顧客口座のある銀行支店からYに振り込まれていた。不足金をYに振り込むことは、A自身も、またBやその意を受けた協力者にもできた。③無断売買であるなら、Bは不足金を発生させないように仕組むとも思われるから、不足金発生という事実は、無断売買ではないとする方向に働く。しかし、本件当時の株価動向によれば、不足金の発生をBが予測できなかった可能性もあるから、決定的なものとはいえない。

本件では、取引・取引残高報告書がA宛てに送られてきていたが、A側は速やかにYに抗議をしなかった。④無断売買であるなら、速やかにYに抗議をするのが経験則であるが、取引・取引残高報告書の確認が遅れることはないとは

いえないから、これも決定的なものとはいえない。

Bには、当時、別の投資信託を販売する強い動機があった。⑤このことは、無断売買であるとする方向に働く事実であるが、発覚したときのリスクは甚大であるから、これも決定的なものとはいえない。

そうすると、本件注文書は、いつ、誰が、どこで作成したものかが、最大のポイントになる。AとBとが、法廷で対決し、次のとおり述べた。

担当者Bは、「平成○年1月7日15時20分にAが自宅で記入したもの」と証言した。

Aは、「同日同時刻には幼稚園の園長室において来客甲と会っていたから、自宅で注文書に記入することは不可能である」と供述した（Yは、自宅は幼稚園と近接しており、Aが一時自宅に帰っていた可能性があると反論した）。

Aの本尋問の結果（供述）とBの証言の、いずれを信用すべきであろうか。

一審判決は、自然性テスト（⑪供述内容の流れは自然か、⑫経験則に合致しているか、⑬弁論の全趣旨に照らして矛盾していないか）、合理性テスト（⑮供述は首尾一貫しているか）、整合性テスト（⑰確実に認定できる事実と矛盾しないか、⑱間接事実と整合的に説明することができるか）を施し、Aの本人尋問の結果の方が、Bの証言よりも信用性が高いと評価した。

その理由は、次のとおりであった。

第1に、甲の証言・陳述書、甲のメール、幼稚園の日誌の記載、幼稚園教諭の陳述書などの関係証拠には、同日同時刻にAが幼稚園の園長室にいたことを裏付けるものがあること（逆に、同日同時刻にBがAの自宅を訪問した客観的な裏付け証拠がないこと）。

第2に、BはAとの間で具体的な訪問時間を約束していなかったのにもかかわらず、Aが、職員会議が続行中に、来客甲を残して帰宅することは不自然であること。

第3に、Bの証言は、①営業日誌、運転日報など、同日同時刻にBがAの自宅を訪問したことを客観的に裏付ける証拠がなく、②Bの説明に変遷がみられることから、信用できないこと。

一審判決は、以上のような事実と評価を総合し、本件取引はAの意思に基づかない無断売買であるとして、Xの請求を認容した。

（3） 控訴審における経過と顛末

　Yは、控訴し、控訴審の第二回口頭弁論期日において、新たに、平成〇年1月7日当日の営業日誌、運転日報を証拠として提出した。一審判決が、同日同時刻にBがAを訪問したことにつき客観的な裏付け証拠がないと指摘したことを、リカバーするものである。とりわけ、契約当日の運転日報には、当日の午前11時20分と午後3時20分の二回にわたってAの自宅を訪問した旨の記載があり、一気に形勢を逆転する最重要証拠とみられた。

　しかし、それではどうして、これほど重要な契約当日の営業日誌、運転日報が一審で提出されなかったのか。しかも、一審では、弁論準備手続に付されて争点および証拠の整理がされているのであるから、最良証拠である契約当日の運転日報等を提出しないのは不自然である。

　そこで、控訴審裁判官は、控訴審段階でこれらの証拠が提出されたことの理由を求釈明した。Yの訴訟代理人は、これに対し、依頼者である証券会社の内部資料は証拠提出を極力控えたいというYの方針に従ったため、一審では提出しなかったと説明した。

　確かに、一般論として、会社の内部資料を証拠とすることを控えたいという意向は分からないではない。しかし、まさしく当日の取引の成否が争点となっている案件で、枢要な証拠の提出を控えるのは本末転倒というべきである。しかも、一審段階でも、当日以外の日の運転日報は証拠として提出されていたのであるから、その点からも、Y訴訟代理人の説明は納得し難い。控訴審裁判官は、そのように告げて、一審判決を前提とする和解を勧告した。[13]

　このような経過により、本件では、Aの本尋問の結果（供述）の証拠評価とBの証言の証拠評価については、控訴審でも維持された。

3　【ケース3】　金融商品取引における説明の適否

（1）　ケースの概要

　X（当時70歳の女性。4億5000万円を超える現金・自宅および賃貸用の不動産を所有）は、平成18年4月、A証券会社が販売するB社発行のノックイン型投資信託（ノックインフォワード型日経平均リンク債券）を、Y銀行の媒介により1

---

[13] 本件は、和解手続の途中で、Yが控訴を取り下げて終了した。

億円で購入した。

この金融商品は、約定の観測期間（3年）内にノックイン事由（日経平均株価が当初価格の50％を下回ること）が発生しない場合には、原資（購入金額）が保証され、満期において発行額（額面額）が償還される。これに対し、ノックイン事由が発生した場合には、満期における償還額は日経平均株価に連動し、その結果、観測期間最終日の日経平均株価が当初価格を上回るか下回るかにより、満期における償還額が発行額（額面額）を上下することになり、クーポン（利率）は、ノックイン価格が当初価格に対して占めるパーセンテージと連動し、そのパーセンテージが大きくなるほどクーポンの利率も大きくなる（ノックイン事由発生の可能性も大きくなる）が、他の要素も大きく影響するので、利率の予測は容易とはいえないという属性を有する。

Xが本件債券を購入した後、約定の観測期間中である平成20年10月に、いわゆるリーマンショックの影響もあって日経平均株価が約定のノックイン価格（8470円）を下回り、かつ、観測期間最終日の日経平均株価終値も当初価格（1万6940円）を大きく下回ったため、満期償還日（平成21年5月18日）における本件債券の償還金額は5579万円余となった。そこで、Xは、本件金融商品の販売に当たりA・Yの担当者が共同して不実告知を行い、適合性原則違反および説明義務違反の不法行為を行ったとして、A・Yに対して損害賠償請求訴訟を提起した。

このケースでは、Y銀行の従業員が顧客Xに対し、金融商品である仕組債の購入勧誘をした場合における、適合性原則違反・説明義務違反の有無が争点となった。

(2) 一審判決

一審判決は、Yに対する請求を認容した。その理由は、「本件における顧客Xにノックイン型投資信託の購入を勧誘した銀行の従業員の行為が、適合性の原則に著しく逸脱した証券取引の勧誘であり、かつ、説明義務違反も認められるから、Y銀行は、従業員の使用者としてXの被った損害を賠償する責任を免れない」（過失相殺なし）とするものであった。

XのAに対する請求については、勧誘時に担当者は同席していなかったとの

---

14) 東京地判平成22・9・30金判1369号44頁。

事実認定をして、請求を棄却した。
　これに対して、Yが控訴した（Aについては確定）。
（3）　控訴審における人証の証拠評価
　控訴審判決[15]は、原判決を取り消し、Xの請求を棄却した。
　すなわち、控訴審判決は、「①銀行の従業員が顧客にノックイン型投資信託の購入勧誘をするに当たり、顧客（70歳・女性）が、その資産額、資産形成の経緯、日常の経済的状況等から富裕層に属し、過去にも他銀行から元本割れリスクのある投資信託を1億円分購入し、その後も元本割れリスクがある円定期預金をした経験を有する者であるときには、適合性原則には反しない。②銀行の従業員が顧客にノックイン型投資信託の購入勧誘をする場合には、顧客の自己決定権を保障するため、投資商品であり預金ではないこと、ノックイン事由発生の可能性、元本割れの可能性のほか、満期まで保有することを原則とする商品であり、原則として途中解約はできないことの説明義務があるが、判示の事実関係の下においては、銀行の従業員に説明義務違反はない」旨、判示した。一審判決と控訴審判決とでは、事実認定が変わっているが、それは、人証の証拠評価を異にしているからである。
　説明義務違反は、説明がされたか否かという事実の争いを前提とするから、Xの本人尋問の結果とY銀行従業員の証言の信用性評価がポイントになる。この点に関する供述・証言は、次のとおりであった。
　【A】Xは、「担当者は、本件仕組債は『3年の定期預金と同じようなもの』と説明した」と主張していたが、本人尋問では、「担当者から『定期預金と言われた』」旨、供述した。
　【B】さらに、Xは、商品概要説明書・パンフレットなどの書証については、内容はもとより、交付されたかどうかもほとんど記憶がないと供述した。
　【C】Y銀行従業員は、「本件債券は投資商品であり預金ではないこと、ノックイン事由発生の可能性があること、元本割れの可能性もあること、満期まで保有することを原則とする商品であり、原則として途中解約はできないこと」などを説明したと証言した。
　Xの本人尋問の結果、Y銀行の従業員の証言は、それぞれどのように証拠評

---
[15] 東京高判平成23・11・9判時2136号38頁・判タ1368号171頁。

価すべきであろうか。

　第1に、【A】部分は、Xの本人尋問の結果の証拠評価において、大変重要である。Y銀行の担当者が、勧誘した仕組債について、「3年の定期預金と同じようなもの」と説明したのは、安全性の比喩であると解される。そのような比喩が適切かどうかという問題は残るが、「定期預金と同じようなもの」と述べる蓋然性はあるであろう。したがって、Xは訴状で主張していたとおり、「Y銀行の担当者が『3年の定期預金と同じようなもの』と説明した」と供述すれば、そのように事実認定された可能性は十分あったように思われる。しかし、Xの法廷での供述は、「担当者から『定期預金と言われた』」というものであった。「定期預金と同じようなもの」と「定期預金」とでは、その意味合いは全く異なる。Y銀行の担当者が「定期預金」といったとすれば、それは虚偽であり、詐欺的な欺罔行為である。銀行担当者が、当該金融商品についてこのような虚偽事実を告げる蓋然性は低いといえる。商品概要説明書やパンフレットを見れば、当該金融商品が「定期預金」でないことは一目瞭然だからである。その場を凌いでも、顧客が家族等に相談すれば、嘘が発覚してしまうことは明らかであり、経験則上、銀行員がそのようなリスクの高い勧誘をすることは不自然でもある。このようにみると、Xの供述内容は、それ自体、自然性テストにおける経験則との関係（⑪）、弁論の全趣旨との関係（⑫）で、信用性・信頼性が低いと評価される。

　第2に、【B】部分は、Xの証言の誠実性を疑わせるものである。誠実性テストにおける「真実を供述する善意・熱意があるか」（⑦）の項目に疑問符が付く。「商品概要説明書やパンフレットを見れば、当該金融商品が定期預金でないことは分かりませんでしたか」という反対尋問の手前のところで、どのような資料を交付されたかについて、ほとんど記憶がないと答えるのは、しらを切っているように評価されてもやむを得ない。

　第3に、【C】は、Y銀行従業員の学歴・能力から判断して、証言に不自然な点はなく、関係証拠との整合性がみられたとしても当然である。その立場からして、Y銀行および自己に不利なことはいわないものと考えられるが、その点を考慮しても、相対的に信用性ありと評価されてよいであろう。したがって、自然性テストの⑪、⑫、整合性テストの⑲をクリアしているといえる。

　以上のとおり、Xの本人尋問の結果は信用性が乏しいと評価され、Y銀行従

業員の証言は相対的に信用性ありと評価されることになる。

IV 事故型紛争

1 【ケース4】京阪電車置石列車脱線転覆事件

(1) ケースの概要

中学生らのレール上に石を置くといういたずら行為により発生した電車の脱線転覆事故について、鉄道会社Xは、自らは直接置石をしなかったYに対して、不法行為に基づく損害賠償請求をした。なお、Yと共に本件置石に関与したA、B、CおよびDとXとの間では、示談が成立しており、Yとその親（法定代理人）だけが責任を争って示談をしていないという事情がある。

Xは、本件事故は、①Yら5名の共謀による電車軌道のレール上への置石行為が原因であるとして、主位的に共同不法行為による損害賠償を求め、②予備的に、YにはDの置石行為を阻止または排除すべき注意義務の違反があったとして、不法行為に基づく損害賠償を求めた。

(2) 一審判決

一審判決は、次のとおり事実認定し、Xの請求を認容した。[16]

① 昭和55年2月20日午後8時59分ころ、大阪府枚方市天之川町の京阪電鉄本線（枚方市駅・御殿山駅間）において、X所有の軌道上を進行してきた淀屋橋駅発京都三条駅行急行電車（7両編成、乗客約1000名）が、レール上に置かれていた拳大の石を踏み、前部2両が脱線転覆した。その結果、車両の1両目が民家の庭先に突っ込んで全損し、2両目が横転大破したが、その際、民家が損壊するとともに、乗客104名が負傷した。

② 事故現場付近の軌道は複線で、軌道敷に隣接して一般道路（本件道路）があり、この間に高さ約1.2mの金網を張った柵が設置されている。道路に近い方が京都方面行の軌道、遠い方が大阪方面行の軌道である。

③ 当日の午後8時40分ころ、本件道路上において、Yは友人Aらと雑談中、電車軌道のレール上に物を置くことに話が及び、各自の経験を話すなどして興じていた。そのうち、C次いでBが金網柵を乗り越えて軌道敷内に入

---

[16] 大阪地判昭和59・1・31判時1109号115頁。

り、レール上にガムを置くなどし、続いてDが同様に軌道敷内に入り、軌道敷から拳大の石を拾って、京都行軌道および大阪行軌道の各レール上に1個ずつ置いた。このうち、京都行軌道上の置石（本件置石）が事故の原因となった。

④Yは、Aと共に、軌道敷内には入らずに本件道路上にいたが、B、CおよびDが軌道敷内に入り、かつ、Dが少なくとも大阪行軌道上に置石行為をするのを見ていた。

⑤大阪行軌道上の置石はCによって取り除かれたが、京都行軌道上の置石は放置されたため、本件事故が発生した。

⑥Yは、軌道敷内に入っている者の様子を概略承知しており、かつ、軌道敷内への侵入が人に見られないよう、「車が来たぞ」等とAと共に注意を与えたりした。

⑦Yは、他の少年と同様、電車が石を跳ね飛ばすのを見たいと思っていた。しかし、石が大きすぎる場合には、あるいは電車脱線の危険もあると考え、Dが大阪行の軌道上にやや大きな石を置いたのに対して、「あれはやめろ」と言い、Cがこれを排除した。

〔結論〕　Yら5名は、列車が火花を立てて石を跳ね飛ばすのを見たいとの特段の雰囲気と意図のもとに本件置石をしたものであるから、Yは単なる傍観者ではなく、Dの置石行為を容認、放置すべきでない注意義務があったとして、共同不法行為の成立を認めた。

（3）　控訴審判決

これに対し、控訴審判決は、以下の事実を認定し、一審判決を破棄し、Xの請求を棄却した。[17]

①Yは京都行軌道上にDが本件置石をするのを認識していたとは認められない。

②Yには本件置石について事前の認識すらなかったから、YがDと本件置石行為を共謀したとか、その行為を助勢したとか、あるいはこれを容認して利用する意思があったとはいえない。

〔結論〕　YやAら4名の言動および認識の程度からすると、YにおいてDが軌

17）　大阪高判昭和59・12・25判時1158号210頁。

道上に置石行為をするかもしれないことを予見すべきであったとはいえ、本件置石行為を阻止ないし排除すべき義務があったともいえない。

(4) 最高裁判決

最高裁は、次のとおり判示して、控訴審判決を破棄し、大阪高裁に差し戻した[18]。

「およそ列車が往来する電車軌道のレール上に物を置く行為は、多かれ少なかれ通過列車に対する危険を内包するものであり、ことに当該物が拳大の石である場合には、それを踏む通過列車を脱線転覆させ、ひいては不特定多数の乗客等の生命、身体及び財産並びに車両等に損害を加えるという重大な事故を惹起させる蓋然性が高いといわなければならない。このように重大な事故を生ぜしめる蓋然性の高い置石行為がされた場合には、その実行行為者と右行為をするにつき共同の認識ないし共謀がない者であっても、この者が、仲間の関係にある実行行為者と共に事前に右行為の動機となった話合いをしたのみでなく、これに引き続いてされた実行行為の現場において、右行為を現に知り、事故の発生についても予見可能であったといえるときには、右の者は、実行行為と関連する自己の右のような先行行為に基づく義務として、当該置石の存否を点検確認し、これがあるときにはその除去等事故回避のための措置を講ずることが可能である限り、その措置を講じて事故の発生を未然に防止すべき義務を負うものというべきであり、これを尽くさなかったため事故が発生したときは、右事故により生じた損害を賠償すべき責任を負うものというべきである。」

本件では、Yは、「本件事故発生の19分前ころから、中学校の友人である本件グループの雑談に加わり、各自の経験談をまじえ、電車軌道のレール上に物を置くという、重大事故の発生の危険を内包する行為をすることの話に興じていたばかりでなく、本件事故の発生時まで本件道路上にいて、Dら3名が順次金網柵を乗り越えて軌道敷内に入り、そのうちDが軌道敷から拳大の石を拾ってレール上に置くのを見ており、少なくとも同人が大阪行軌道のレール上にその石を置いたのを事前に現認していたというのである。そうすると、Yは、置

---

18) 最判昭和62・1・22民集41巻1号17頁。評釈等として、篠原勝美「解説」最判解民事篇昭和62年度15頁（1990）、中井美雄「判批」判評364号50頁（判時1306号204頁）（1989）、神田孝夫「判批」ジュリ910号85頁（1988）、浦川道太郎「判批」『判例セレクト'85〜'00』200頁（2002）、池田真朗「解説」法学セミナー395号100頁（1987）、田井義信「解説」法学セミナー399号43頁（1988）など。

石行為をすることそれ自体についてＤと共同の認識ないし共謀がなく、また、本件事故の原因となった本件置石について事前の認識がなかったとしても、Ｄが大阪行軌道のレール上に拳大の石を置くのを現認した時点において、同人が同一機会において大阪行軌道よりも本件道路に近い京都行軌道のレール上にも拳大の本件置石を置くこと及び通過列車がこれを踏み本件事故が発生することを予見することができたと認めうる余地が十分にあるというべきであり、これが認められ、かつまた、Ｙにおいて本件置石の存否を点検確認し、その除去等事故回避のための措置を講ずることが可能であったといえるときには、その措置を講じて本件事故の発生を未然に防止すべき義務を負うものというべきである。」

（５）　まとめ

　本件では、一審と控訴審とで、「Ｙが本件置石を認識していたか否か」についての事実認定が正反対になり（一審判決はこれを肯定し、控訴審判決はこれを否定した）、その結果、Ｙの不法行為責任の判断も異なる結果となった。一審と控訴審の判断が分かれた理由は、電車軌道のレール上に石が置かれたことの認識について、不法行為責任を問われているＹ本人の供述の信用性の判断が分かれたためである。

　これに対し、本判決は、Ｙが本件置石を事前には認識していなかったとの控訴審の事実認定を前提にしながらも、結論的には、控訴審とは逆にＹの不法行為責任を認める余地のある旨判示して、本件を大阪高裁に差し戻した（差戻後、和解成立）[19]。

（６）　一審と控訴審の事実認定の異同

　　（ア）一審の事実認定　　一審は、Ｙは、Ｄが京都行軌道上にした本件置石を認識していたとの事実を認定した。厳密にいえば、一審は、１（２）⑥のとおり、Ｙは軌道敷内に入っている者の様子を概略承知していた旨の認定をしており、本件置石の存在をＹが認識していたかどうかについて、明示的に認定し

---

19) 上告審は法律審であるが、原審の結論が不相当で、それが原審の事実認定の不都合に由来すると考えられるような場合には、その一つの対処の手法として、控訴審の事実認定を前提としつつ、法律問題として捉え直し、一定の規範を定立することで不相当な結論を回避することがある。本判決もその例に該当し、これを法律問題として捉え直し、先行行為に基づく作為義務違反（不作為）による不法行為という規範を定立することで、結果的に、不相当な結論を回避したものといえよう。

ているわけではない。しかし、Yの責任を判断する判示部分に、「Dが、京都方面行軌道上に拳大の石1個を置いたのを……Yも……容認、放置して列車の通過を待っていた」としており、この点を含めて「概略承知していた」と認定したとみてよい。

　（イ）　控訴審の事実認定　　これに対し、控訴審は、YがDの本件置石行為を認識していたとの事実を認めなかった。その理由は、次のとおりである。

① Yの検察官に対する供述調書（昭和55年9月22日作成）およびYの家庭裁判所での審判期日（昭和56年3月11日）の調書におけるYの供述部分には、Yは、「Dが大阪行軌道上及び京都行軌道上に置石をしたのを見た」旨、その石の大きさまで明確に供述したことが記載されている。

② しかし、本件事故時に近接した昭和55年2月21日作成の司法警察員に対するYの供述調書では、Yは、「大阪行軌道上の置石は事前に知ったが、京都行軌道上の置石は接近してきた京都行電車のライトによって初めて見た」旨供述したことが記載されている。

③ その他のYの司法警察員に対する供述調書によれば、Yは、「最初にCが京都行軌道上に1個の置石をし、次いでDが大阪行と京都行の各軌道上に各1個の置石をし、大阪行軌道上の置石はCが取り除いたが京都行軌道上の置石は2個あった」旨の供述に終始している。しかし、これは事実に反するし、「Cは置石をしていない」との他の者の供述とも異なり、また、Yの一審および控訴審の供述からYが司法警察員の取調べに迎合した供述をしたことがうかがわれることを合わせ考えると、Yの司法警察員に対する供述は直ちに信用できない。

④ Y以外の者は、例えば、DとBが、「大阪行及び京都行の各軌道上に1個ずつ置石した」旨供述しているのに対し、Cは、「大阪行軌道上の置石には気づいてこれを取り除いたが、京都行軌道上の本件置石には気づかなかった」旨供述し、Aも、「大阪行軌道上の置石は見たが京都行軌道上の本件置石については京都行の本件列車が接近してくる直前まで気づかなかった」旨供述している。

⑤ 本件事故発生は2月20日の午後9時前であり、付近の照明設備の関係から、遠くの大阪行軌道上の置石は見えても、近くの京都行軌道上の置石が見え難いこともあり得ないことではない（ただし、控訴審でも、付近の照明設備

の状況については明らかになっていない)。

⑥本件置石の認識の有無についてのYの供述は変遷しており、いずれが真実を述べているのかは容易に判断ができず、前記①ないし⑤に照らすと、Yが置石を事前に認識したとの供述のみが真実を述べているとも断じ難く、これを認識しなかったとの供述も信用できないとはいえないから、結局のところ、YがDのした京都行軌道上の本件置石を事前に認識していたと認めるに足る証拠はない。

(ウ) Yの供述の変遷　Yの供述は、「Dのした本件置石の存在を認識していたか否か」という点で変遷している。Yの供述の変遷は、次のとおりである。

①本件事故時に近接した昭和55年2月21日に作成された司法警察員に対する供述調書では、「本件置石を事前に認識していなかった」旨供述。

②その他の司法警察員に対する供述調書では、「Cが京都行軌道上に1個、Dが大阪行・京都行軌道上にそれぞれ1個の置石をした(京都行軌道上に2個の置石があったことになる)」旨供述(Y以外の者は、Cは置石をしていない旨の供述をしている)。

③昭和55年9月22日に作成された検察官に対する供述調書および家庭裁判所の昭和56年3月11日の審判期日の調書では、「Dが本件置石をしたのを見た」旨供述。

④本件一審および控訴審のY本人尋問では、「本件置石を認識していなかった」旨供述。[20]

(エ) コメント　Yの不法行為責任の有無を判断するうえでは、「Dのした本件置石の存在を認識していたか」について、Yのこれを肯定する供述(②、③)と否定する供述(①、④)のいずれを採用するか、相反する供述の信用性をどのように判断するのかが大きなポイントになる。この点に関する判断の差

---

[20] 本件では、Yは一審でも控訴審でも、その本人尋問において「本件置石を認識していなかった」と供述しているが、一審と控訴審とで相違する供述をした場合には、どのように評価するのが相当かという問題が生じる。これは、自由心証主義(民訴法247条)が妥当する領域であるから、裁判官の自由な評価に委ねられる。裁判例にも、①同一証人が一審と控訴審とで相違する証言をした場合に、そのいずれを採用するかは事実審裁判官の自由心証に委ねられるとするもの(大判昭和5・9・13新聞3180号13頁)、②一審において排斥された証拠でも、控訴審において証拠価値があるものとして採用し事実認定の資料にすることができる(大判昭和8・9・20新聞3613号12頁)とするものがみられる。

が、一審と控訴審とで結論を異にした最大の原因である。

一審判決では、本件置石を事前に認識していなかったとの上記①および④の供述は上記③の供述に照らして信用できないとするのみで、それ以上の明示の説明はされていない。

(7) Yの供述の信用性の検討

控訴審は、変遷するYの供述につき、Yが置石を事前に認識したとの供述が真実ということもできないし、認識しなかったとの供述が信用できないとすることもできないとして、結局、Yが本件置石を事前に認識していたと認めるに足る証拠はないとしている。

Yの供述は、(6)(ウ)の①ないし④でみたとおり変遷している。控訴審は、このうち、本件置石の認識を認めた②の供述（Cが京都行軌道上に1個の置石をし、次いでDが大阪行と京都行の各軌道上にそれぞれ1個の置石をし、大阪行軌道上の置石はCが取り除いたが京都行軌道上の置石は2個あった旨の供述）については、(i)京都行軌道上の置石は1個であったという事実に反すること、(ii)「Cは置石をしていない」との他の少年の供述と異なること、(iii)Yの一審および控訴審の本人尋問の結果からYが司法警察員の取調べに迎合する供述をしたことがうかがわれることを合わせ考え、信用できないとする。また、本件置石に気づかなかったとの①および④の供述については、(iv)Y以外の者も本件置石に気づかなかった旨供述しており、(v)本件事故の発生時刻を考えると、付近の照明設備との関係から本件置石が見え難いこともあり得ないではないとして、その信用性を否定できないという。

これらの証拠評価（判断）について、検討してみよう。本件のように、刑事記録（少年事件記録）が提出され、そこに供述者に不利益な内容の供述がされているような場合については、その取調べ状況に関する吟味が必要となる。

第1に、②の供述については、整合性テストにおける考慮要素である、「確実に認定できる事実と矛盾しないか」(⑰)、「他の証言との間で矛盾はないか」(⑳)との関係から、Yが本件置石を認識していたとの供述の信用性を否定する方向に働き得る。しかし、控訴審が指摘する、「司法警察員の取り調べに迎合した」という推測は、一般的な可能性としては成立し得るが、司法警察員が一定の方向に誘導しようとするのであれば、他の者の供述と矛盾する方向に誘導することは考えられないから、通常は、他の者の供述と一致すると思われる。

そのように考えると、他の者の供述と異なる②の供述がされていることは、逆に、「司法警察員の取り調べに迎合する供述をした」との推測に疑問を抱かせるものともなる。また、Yは少年審判の審判廷において、「本件置石を事前に認識していた」旨の供述をしているが、取調官の影響が及びにくい少年審判の場において自己に不利な供述をしていることにつき、相応の考慮を払う必要があるように思われる。

第2に、①および④の供述については、午後9時前という時刻からして本件置石が見え難い可能性はあるとしても、現場の照明設備の状況等について何ら証拠がない以上、これも推測の域を出ないものであり、理由づけとしては弱い。三つのテストとの関連でいえば、本件事故現場の照明設備の状況等についてしかるべき証拠により認定したうえで、客観的事実と矛盾しないかどうか、整合性テスト（同テスト⑰）を行い、裏付けをとるべきであったと思われる。

第3に、不法行為責任を追及されているというYの利害関係に照らすと、誠実性テストにおいては、「本件置石を認識していなかった」とのYの供述の信用性を否定する方向に働くであろう。そして、控訴審は、③の供述（特に、審判期日において、「Dが本件置石をするのを見た」旨供述している点）については、必ずしも十分な検討を加えていないが、前述したように、取調官の影響が及びにくいと考えられる少年審判において、Yが自己に不利な本件置石を認識していた旨の供述をしていることは、看過できない重要性を有するとみてよいであろう。一審は、このような点を検討したうえで、Yが本件置石の存在を事前に認識していたとの事実を認定したものと推察される。

結局のところ、(i) 控訴審のように京都行軌道上の置石は1個であったとの事実と矛盾するという点（整合性テスト）を重視するか、上記のような誠実性テストを重視するか、(ii) 当事者の供述の変遷と供述のされた場面・状況について、その相互関連も含めてどのような評価をしていくかというスタンスの差異等から、一審と控訴審とで供述の信用性の判断が分かれたものといえるであろう。

以上、検討を加えてきたが、人証の信用性を判断するに当たり、どの要素を重視するかはケースバイケースであり、一義的に説明することは難しい。実際にも、本件のように一審と控訴審とで判断が分かれることも少なくないことが、信用性判断の難しさを物語っている。結局、総合的に判断するしかないことに

なるが、ケースの個別性の洞察と経験則に照らしての事象の評価・判定が基本になるものと思われる。実践的には、本文中で触れた五つのテストなどを活用することにより、供述の信用性をケースの特性を洞察しつつ、経験則に照らして総合的・多角的に吟味していく必要がある。[21]

2 【ケース5】忘年会カラオケ膝蹴り事件

(1) ケースの概要[22]

Y_1会社の従業員Xは、忘年会の三次会でカラオケ店に行った際、上司であるY_2から顔面を膝で蹴られ、頭部・顔面打撲傷、歯の欠損の被害を受けた。Xは、このように主張して、Yらに対して損害賠償請求をした。

これに対して、Y_2は、この出来事の状況は次のとおりであったと認否・反論した。Y_2がカラオケで歌いはじめると、泥酔したXが、じゃれつくような仕草でY_2の腰のあたりにタックルしたり、足を蹴ったりして絡んできた。そこで、歌い終わった後、Y_2がふざけてXを蹴り返すまねをしようとしたところ、頭を下げて低い姿勢になっていたXの下顎付近に膝が当たったものである。このように、外形的な事実として、「Y_2の膝がXの顔面に当たった」ことは当事者間に争いはない。

争点は、「どのような状況においてY_2の膝がXの顔面に当たったのか」というものであった。その具体的な状況いかんにより、「①Y_2がXに膝蹴りをしたのか、②XがY_2の膝にぶつかってきたのか」のいずれかの事実と評価されることになる。①であれば、互いに酔余のこととはいえ、Y_2の行為は不法行為を構成することになるのに対し、②であれば、Y_2の責任が生じる余地はない。

(2) 人証の結果の比較

Xは、「Y_2から顔面を膝で蹴られ、頭部・顔面打撲傷、歯の欠損の被害を受けた」旨の供述をした。外科および歯科医師の各診断書により、Xが負傷したことの裏付け証拠はある。したがって、書証の記載との間で矛盾はない（整合性テスト⑲）。しかし、Xは、どうしてそのようなことになったのかについて、酔っていたため記憶がないとし、説得的な状況説明ができなかった。つまり、

---

21) 【ケース4】は、加藤新太郎＝加藤聡「レール置石の認識―京阪電車置石列車脱線転覆事件」判例・民事事実認定227頁に依拠している。
22) 【ケース5】は、筆者が経験したケースをモディファイしたものである。

供述内容の流れは必ずしも自然とはいえず（自然性テスト⑪）、首尾一貫しているともいい難い（合理性テスト⑮）。

　Y₂は、被告本人尋問において、「Xがじゃれつくように絡んできていて、歌い終わった後もタックルしようと向かってきたので、自分をガードするために足を上げたところ、足の膝の部分がXの顔面下顎付近に当たった」旨の供述をした。

　しかし、主張レベルでは、Y₂は、「ふざけてXを蹴り返すまねをしようとしたところ、頭を下げて低い姿勢になっていたXの下顎付近に膝が当たった」と反論していた。すなわち、「ふざけてXを蹴り返すまねをしようとした」行為が、「自分をガードするために足を上げた」に変わっている。これならば、自分を防衛する行為とみられ、Xが負傷したとしても違法性を欠くということになる。

　Y₂の陳述書をみると、そこでは、「Xがじゃれつくような感じで腰の辺りにタックルしたり、ふくらはぎの辺りを蹴ったりしてきました。Xは結構強い力で蹴ってきたので、私はカラオケを歌いながら『いてて』などと言って冗談交じりに対応していました。カラオケを歌い終わったとき、振り返りざまに後ろにいたXを蹴り返すまねをしようとしたところ、ちょうど私にタックルしようとしていたのか頭を下げて低い姿勢になって向かってきたXの下顎に、私の膝の辺りが当たってしまいました」と記載されている。この内容は、準備書面における反論と同旨である。

　Y₂の本人尋問の結果は、弁論の全趣旨に照らして問題がありそうである（自然性テスト⑬）。少なくとも、Y₂自身が作成した陳述書の記載とは整合的ではないと評価されよう（整合性テスト⑲）。そうすると、Y₂の供述の信用性は乏しいといわざるを得ない。

　Y₂の言い分が変遷したのは、自己の行為を正当化したいと考え、意図的にその旨の供述をしたのか、無意識に記憶を自己に有利に変容させたのかは明らかでないが、いずれかであろう。したがって、このケースにおけるY₂の行為については、「自分をガードするために足を上げた」という事実を認定することはできない。それでは、「Xを蹴り返すまねをした」という事実を認定することができるか。この点については、さらに他の証拠の評価も含めて検討を要することになろう。

V 人事紛争

1 【ケース6】養子縁組無効確認請求訴訟

(1) ケースの概要

原告Xの主張は、次のとおりである。

①昭和60年に、Xと韓国人女性Yとの間の養子縁組届けが、Xの知らないうちに提出されていた。

②Xが、戸籍上、Yを養子にしたことになっていることを知ったのは、昭和62年に、Xがある刑事事件の容疑を受けて警察に取り調べられた時のことである。取調べを受けた警察官から、その旨聞かされたのである。

③Xが記憶をたどってみると、昭和60年ころ、知人Aと会社を設立しようとしたことがあり、その手続に必要であるということで、Aに実印を預けたことがあった。しかし、その会社は設立されなかった。

④Xとしては、Aが預けられたXの印鑑を悪用して、Xの知らないうちにYとの間の養子縁組届けをしたのではないかと推測している。

⑤Xは、Aと連絡をとろうとして、その行方を追ったが、見つからなかった。

⑥Xは、弁護士Bに相談し、法律扶助を受けて、Bに調査を依頼した。Bが法務省入国管理局登録課に照会したところ、「Yは昭和60年11月に入国し、翌61年10月に出国していること」が判明した。

⑦現在、YもAもその所在は不明である。

⑧そこで、Xは、Bに委任して、養子縁組無効確認請求訴訟（公示送達事件）を提起するに至った。

(2) 原告本人尋問の顛末とその評価

Xは、その本人尋問において、主張事実のとおり供述した。その評価をしていくことにしよう。

①は、「Xが知らないうちに」なのかどうかは別にして、戸籍謄本により、X・Y間で養子縁組がされていることは認定できる。

②は、裏付けはないが、Xが本件養子縁組を知ったという事情であり、それほど意味のあるものではない。

⑥および⑦は認定することができ、⑧は裁判所に顕著な事実である。

上記の供述の流れにおいて、重要な主張事実は③である。なぜなら、これが事実であれば、Xならずとも、④の「Aが預けられたXの印鑑を悪用し、Xの知らないうちに養子縁組届けをした」事実を推認することができるからである。
　このケースでは、養子縁組届けが送付嘱託により取り寄せられ、書証として提出されていた。裁判官は、この署名欄の筆跡と宣誓書のXの筆跡とを比較し、似ているようでもあり、似ていないようでもあると感じていた。
　裁判官は、補充尋問において、③の主張事実の信用性を確認するため、次のような質問をした。

> 裁判官：Aと会社を設立するという話があり、実印を預けたということですが、どのような会社を作ろうとしていたのですか。
> X　　：Aに任せていたので、よく分かりません。
> 裁判官：実印を預けたというのですが、印鑑証明書も付けたのですか。
> X　　：そのとおりです。
> 裁判官：印鑑証明付きで実印を預けておいて、作る会社がどのようなものか分からないというのはおかしいのではないですか。
> X　　：……。
> 裁判官：会社の資金の手当てはどうするのですか。
> X　　：Aがすることになっていました。
> 裁判官：あなたは出資するのですか。
> X　　：いいえ、しませんでした。
> 裁判官：報酬についての取り決めはあったのですか。
> X　　：会社の利益が上がるようになったら、出るという話でした。
> 裁判官：それは、あなたが何をすることに対する報酬なのですか。
> X　　：……Aからは名前を貸してくれといわれたので、それに対する報酬です。
> 〔ここで、裁判官は、しどろもどろになっているXに対し、さらに揺さぶりをかけようと考えた。〕
> 裁判官：（養子縁組届けを示して）この養子縁組届けの養親の署名欄の字は、あなたの宣誓書の字に似ているが、あなたの字ではないのですか。

> X　　　：違います。
> 裁判官：よく見てください。これは、あなたの字にしか見えませんよ。
> 　　　　裁判所に来てそんな嘘を言うのは駄目ですよ。
> X　　　：ウーン……。

　最後の質問にXがした「ウーン」という対応は、嘘をついていますというのと同義と判断し得る。実際、この後、Xは逡巡した挙句、養子縁組届けの養親の署名欄も自分の字であると認めた。そして、「Aから知り合いの韓国人女性を入国させ滞在させたいので、3ヶ月ほど戸籍を貸してくれと頼まれ、養子縁組届けに自分で署名した」という話を始めた。

　このケースの顛末はどのようになったか。裁判所を騙そうとした原告の不誠実な態度は見過ごすことはできないと考えて、クリーンハンドの原則の精神から、主張事実が認定できないとして請求棄却することも可能であろう。ただ、その場合には、実体を反映しない入国・滞在のために作られた戸籍をそのまま残すことになる。これも相当とはいえない。本件では、そのように考えて、本人尋問により明らかにされた事実をもって、請求原因を改めて主張し直すこととされた。

(3)　人証の証拠評価のポイント

　ここでのXの供述の証拠評価においては、次のような点がポイントとなった。

　第1に、誠実性テストでは、本人であることから、事件との利害関係（⑥）は濃厚であり、相応のチェックが必要である。Xの供述態度は緊張しており、警戒的であり、これを真摯な態度とみるか（⑧）には問題がないではないし、その人柄もやや胡散臭く信頼性に欠ける（⑩）。さらに、補充尋問では、動揺を隠すことができなかった（⑨）。

　第2に、自然性テストでは、供述内容は経験則上疑問がある（⑫）。すなわち、この状況で考えるべき経験則は、(i)「第三者が勝手に養子縁組届けをする事態は犯罪行為であり、よほどのことでなければ実行されない」、(ii)「会社設立のため、他人に実印を預けた場合、預けた本人が、それがどのような会社であるかを説明できないのは不自然である」というものであるが、Xは、これらの点を説明しきれなかった。

　第3に、整合性テストでは、書証として提出されている養子縁組届けの養親

の署名欄の筆跡と宣誓書の筆跡との類似性に着目された（⑲）。これも、供述態度との相関で評価が増幅されるものであり、裁判官は、筆跡の同一性に必ずしも確信があったわけではないが、あえて踏み込んで質問を重ね、Xに真相を述べさせるに至ったのである。

　本件は、裁判官の補充尋問において、原告が真実を明らかにしたというケースである[23]。もとより、人証の証拠評価は、弁論が終結してから開始すればよいものではなく、審理の過程で不断に行わなければならないのである。

2　【ケース7】離婚請求訴訟における婚姻中の暴力
（1）　ケースの概要[24]

　ある夫婦の離婚訴訟（夫から本訴請求、妻から反訴請求）において、夫婦関係は破綻していて離婚それ自体はやむを得ないが、破綻の原因がどちらにあるか、争いとなった。

　妻は、夫からたびたび暴力行為を受け、怪我をしたこともあり、婚姻破綻は夫の責任であると主張した。

　例えば、○月○日夫の実家に立ち寄った帰りに、妻が自動車に乗ろうとした際、実家での態度に立腹した夫から顔面を殴打され、怪我をしたため医者にかかったと主張した。夫は、○月○日に妻が怪我をしたことはあったが、それは夫の実家の階段を踏み外して、腰を打ったものだと反論した。

（2）　人証とその証拠評価

　妻は、本人尋問でも、「夫から顔面を殴打され、怪我をしたため医者にかかった」旨供述し、○月○日に受診した旨の医師の証明書も証拠として提出した（診断書でなく、証明書であったのは、受診日当日ではなく後日作成してもらったことによる）。

　夫は、本人尋問でも、妻の言い分を否定し、「妻が怪我をしたことはあったが、それは夫の実家の階段を踏み外して、腰を打ったもの」という供述をした。さらに、夫の両親が、「嫁が階段を踏み外したのを目撃したので間違いない」

---

23)　加藤新太郎「民事尋問技術」日弁連研修叢書『現代法律実務の諸問題〔平成13年度研修版〕』310頁、311頁（第一法規・2002）。
24)　【ケース7】は、筆者が経験した案件に基づくものである（本書第7章Ⅲ2の【ケース5】と同じ）。加藤編・前掲注6）29頁〔加藤〕。

という旨の陳述書を証拠として提出した。

これに対して、妻は、夫もその両親も夫に有利になるよう嘘をつく動機があるから、信用性が乏しいと指摘した。

証拠評価において、「夫も両親も夫に有利になるよう嘘をつく動機があること」は信用性を検討する際に必要なことであるが、同様に、「妻も自分に有利になるよう嘘をつく動機がある」ことを見逃すべきではない。また、暴力を受けて怪我をした事実がないのに、あえてそれがあったと主張し、供述することは、裁判所を騙そうとするものであり、経験則上、そこまでする当事者は相対的には少ないと考えられる。しかし、そうした当事者が散見されることも事実である。

そこで、関係証拠を十分に吟味・検討する必要がある。

本件のは、医師の証明書を読み解くことにより、夫の言い分に分があり、その供述に信用性があると評価され、妻が主張した〇月〇日における夫の暴力行為の事実は認められなかったのである。[25] 本件では、自然性テスト⑫および整合性テスト⑲の項目が夫・妻双方の供述の証拠評価にかかわっている。

【ケース7】は、人事紛争ではあるが、争点の性質から、事故型紛争との類似性もあるということができる。

Ⅵ　むすび

1　人証評価の五つのテストの基礎にある経験則

人証の証拠評価も自由心証によるのが原則である。[26] 提唱した人証評価の五つのテスト（適格性、誠実性、自然性、合理性、整合性）も、自由心証をより有効に発揮するためのツールにすぎない。それらのテストの有用性は、七つのケースにおいて、不十分ながら、論証できたように思う。

証拠評価において経験則の活用は必要不可欠であり、そのことの重要性は強調しすぎるということはない。自然性テストの⑫に、「供述内容は、経験則に

---

[25] 本件において、医師の証明書をどのように読み解いたかについては、本書第7章Ⅲの【ケース5】の解説を参照。
[26] 自由心証主義については、春日偉知郎「自由心証主義」『民事証拠法研究』41頁（有斐閣・1991）、手続裁量論161頁、本書第6章など参照。

合致しているか」という項目があるが、本節では、経験則は、五つのテストを実施する際の基礎とすべきものであることについて、具体的なケースを参照して、触れておくことにしたい。

【ケース8】多弁な本人尋問の評価

事案は、自動車の寄託契約の善管注意義務に基づく損害賠償事件である[27]。

暴力団の幹部である原告Ｘが、ガソリンスタンドに外車（メルセデス・ベンツ）を鍵をつけたまま置いて立ち去った（原告が暴力団の幹部であることは争いがない）。ガソリンスタンド従業員は、やむなくこの車両を事務所脇のスペースに移動させたが、その後、翌未明に別人が取りに来たので、従業員は車両を引き渡した。しかし、この者はＸの意を受けた者ではなく、窃盗犯であり、ガソリンスタンドは、寄託契約上、車両を盗まれたことに対する賠償責任があるというのが請求原因である。

Ｘ本人尋問の際の補充尋問において、裁判官とＸとの間で、次のような問答がされた。

> 裁判官：これほどの高級外車で、あなたのような職業の人のものを盗むのは、極めてリスクが大きいと思いますが、こういう盗難車はどこに行ってしまうものなのですか。
> Ｘ　　：日本国内では、それは確かに乗ったら危ないですわな。日本人なら、手を出すことは普通はしないでしょう。
> 裁判官：それでは、外国にでも持って行くのでしょうか。
> Ｘ　　：そうではないでしょうか。実は、この間、自分の知り合いが香港に行って、自分の車と似た車を見たというのがいます。

このケースは、外形的事実から、経験則上、Ｘと車両を取りに来た者とは意思を通じているのではないかという疑いがもたれる。しかし、高級外車を専門に狙って盗み、海外に売り飛ばす窃盗グループもあるというから、虚心に証拠を評価することが必要である。その意味では、この種のケースでは、Ｘ本人尋問における供述が信用できるかどうかが一つのポイントになる。

そこで、Ｘの供述をみると、「香港に行った知り合いがＸ車と似た車を見た」

---

[27] 東京地判平成12・9・26判タ1054号217頁。本書第9章Ⅲの【ケースⅠ】の事案である。

というのは、あまりにも偶然にすぎ、その可能性は絶無ではないにしても、経験則上、極めて蓋然性が低いと解される。むしろ、補充尋問に対して、Xが裁判官の疑問に応えるべく、本件のような事柄も起こるのであると弁解をしようとし、口が滑ったという類のものとみるべきであろう。裁判官が、さらに続けて「どのような知り合いか」、「X車が盗まれたことをなぜ知っているのか」、「香港でX車と似た外車を見たのはいつか」、「どうしてX車と似ていると思ったのか」、「その知人から、その話を聞いたのは、いつ、どのような機会なのか」と尋問すれば、Xがどのような返答をしたかは興味深いところである。しばらくは、調子に乗って口から出まかせを続けるであろうが、どこかで詰るのではなかろうか。一つ嘘をつく証人・本人は、それを糊塗するため、弁解的かつ多弁になりがちであるが、それも経験則ということができよう。[28]

2　五つのテストの相対性ないし限界

　これら五つのテストの相対性ないし限界についても言及しておきたい。
　誠実性テスト⑥は、事件や当事者との利害関係を挙げている。これは、例えば、当事者と証人とが親戚であれば、その供述・証言の信用性は慎重にチェックすべきであることを意味するが、信用できる場合に、これを事実認定に使うことは何ら問題ない。[29]
　誠実性テスト⑨に関連して、証人・本人の雰囲気や態度と信用性との関係について考えてみよう。反対尋問をする場合の指標として、例えば、証人・本人が反対尋問で顔色を変えたり、いいよどんだりしたら、さらに踏み込んだ尋問をすべきであるといわれることがある。養子縁組無効確認請求訴訟の【ケース6】が、まさにそうであった（公示送達事件であるため、裁判官が補充尋問をしたが）。
　それでは、これらをどのように証拠評価に結びつけるのが相当か。供述中の挙措動作・雰囲気を、裁判官が認識した補助事実として、証拠評価に用いることは問題ない。最前まで自信ありげに供述していた証人・本人が、反対尋問の一つに意気消沈してうろたえる様子をみせれば、これは何か弱みがありそうで

Ⅵ　むすび

------

[28] 加藤新太郎編『民事事実認定と立証活動Ⅰ』112頁〔加藤発言〕（判例タイムズ社・2009）。
[29] 最判昭和23・9・18民集2巻10号246頁。これは、当事者の義父の証言を採用したことは実験則（経験則）に反しないとされたケースである。

あると評価してよいであろう。誠実性テスト⑨は、このような考え方に基づいている。しかし、これを一般化することは、警戒を要するように思われる。まじめな証人が、初めての法廷に緊張するあまり、一見混乱した印象を与える場合もあるからである。[30]

　また、証人・本人が弱みを毛ほどもみせずに、終始一貫整然と対応をした場合であっても、それだけで証言・供述を信用してよいかとなると、一概にそうともいえない。このように、証人・本人の雰囲気、態度と信用性との関係は、ケースバイケースであり、個別性が強いのである。

　そもそも、訓練により自信に満ちた応答をすることはできるのであろうか。この点に関連して、次のエピソードは興味深い。

【エピソード3　C弁護士の体験】
　C弁護士は、司法制度改革に関するシンポジウムのパネリストとして登壇を依頼された。シンポジウムの司会は著名な評論家T氏である。T氏は、マスコミによく登場し、舌鋒鋭く相手を追及することで定評がある。
　C弁護士は、シンポジウムで発言する内容を準備するとともに、T氏に追及された場合の対応を考えることにした。そこで、T氏の著作を何冊か読み、その論旨の組み立ての傾向を把握しようとしたが、かねて抱いていた印象よりも柔軟であり、必ずしも固定的な傾向を読み取ることはできなかった。
　テレビ番組では、T氏は、かなり的確に論点をつく。明らかにそれほどよく勉強しているとはみえないのにもかかわらず、論者の弱いところをうまくつくという印象を受ける。C弁護士は、その秘訣に迫るべく、T氏の出演するテレビ番組をすべて、注意深く視聴した。その結果、T氏は、相手の声のトーンが落ちたり、いいよどんだりすると、そこを追及し、相手が怯むとさらにそこをつくということを発見した。
　C弁護士は、それならば、「自信を持って、怯まないように話をすればよい」と考え、シンポジウムまでの間、怯むことなく自信に満ちた話

30) 司法研修所編・前掲注10) 65頁。

> し方を意識的にする訓練をした。「普通の声のトーンで落ち着いたゆっくりした口調で話すと、思慮深い印象を与えること、少し高めの声のトーンで早口で話すと、頭の回転が速い印象を与えること」なども分かり、シンポジウム当日も、これを使い分けようと作戦を立てた。
>
> シンポジウム当日は、どうであったか。T氏は体調不良のため、司会をキャンセルした。C弁護士は、マスターした怯むことのない話しぶりを披露して、誰からも予想外の突っ込んだ質問をされることなく、所期の目的を達することができた。

C弁護士の経験からすると、一定の訓練をすることにより、質問に対して自信をもった答え方ができるようになることが分かる。また、このような訓練をしなくとも、平然と理路整然とした虚偽の証言をする鉄面皮の証人もいるであろう。[31]

合理性テスト⑭では、供述内容の根拠が、供述者の直接体験である方が伝聞のみであるよりも信用性が高いと考えている。伝聞証拠は、反対尋問によっては供述内容の真偽を吟味することができないので、一般論としては、もとより妥当するが、だからといって、伝聞証拠を証拠資料として使えないことを意味するものではない。[32]

整合性テスト⑲では、書証の記載との矛盾の有無を審査することを提言している。あまりにも当然のことであるが、その前提として、書証の証拠評価が適切にされていなければ、このテストは意味をなさないのである。[33]

民事訴訟における適正な事実認定を追求することは、法律実務家にとって永遠の課題である。以上のように、適格性、誠実性、自然性、合理性、整合性の各テストは、個別的なケースについて画一的に適用すべきものではないが、適正な事実認定のためのチェックリストとして用いることはできよう。

----

31) 司法研修所編・前掲注10）65頁。
32) 最判昭和27・12・5民集6巻11号1117頁。これは、他の証人の証言を排斥し、証人の伝聞による証言を採用したことは採証の法則には反しないとされたケースである。この評釈として、松下淳一「伝聞証拠と自由心証主義」判例・民事事実認定81頁、菊井維大「判批」判例解説民事篇昭和27年度72事件、田中和夫「判批」民商36巻3号441頁（1957）、河正慶「判批」法学研究（慶應義塾大学法学研究会）60巻11号126頁（1987）など。
33) 書証の証拠評価については、加藤・前掲注28) 2頁、64頁参照。

第6章 自由心証主義論

I はじめに

　本章は、民事事実認定における自由心証主義の意義と機能について考察する。自由心証主義は、事実認定本質論、過程論、方法論、基盤論にかかわる主題である。また、自由心証主義の制度目的は、実体的真実に合致した事実認定をすることに求められるから[1]、適切な自由心証主義の理解を前提として、初めて民事事実認定を語ることができるといっても過言ではない。

　本章では、自由心証主義の意義（Ⅱ）、民事訴訟原則との関係（Ⅲ）、自由心証主義の内容（Ⅳ）、自由心証主義の適用範囲（Ⅴ）、弁論の全趣旨（Ⅵ）、証拠調べの結果（Ⅶ）の順に考察を進める。証拠法則を意識しつつ、自由心証主義の範囲と限界を検討し、事実認定のためのルールを明らかにする意図を有する。

Ⅱ 自由心証主義（総論）

1 自由心証主義の意義

　自由心証主義とは、裁判所が判決の基礎となる事実を認定するに当たり、当該審理にあらわれた一切の資料（証拠調べの結果のみならず、弁論の全趣旨を含んだもの）に基づいて、裁判官が自由な判断により心証形成を行うことを承認する原則である。すなわち、裁判所は、当事者間に争いのある事実の真否を認定しなければならないが、その場合に、斟酌すべき証拠方法を限定せず、また、証拠力（証拠能力・証拠価値＝証明力）についても何も定めず、裁判官の自由な判断に基づいて、証拠の採否と証拠力を判断することができるというのが、自由心証主義である。

---

1) 本書第2章Ⅲ参照。

法定証拠主義は、自由心証主義と対になる思想である。すなわち、法定証拠主義は、証拠方法と証拠の証拠力についてあらかじめ法定し、裁判官の事実認定における判断を拘束しようとする。例えば、契約の成立は必ず書証により証明しなければならないといった「証拠方法の制限」や、ある事実を認定するには一定数の証人の一致した証言を必要とするといった「証拠価値の法定」などの証拠法則を法律で定め、裁判官の行う事実認定を拘束するものである。法定証拠主義は、ゲルマン法に端を発し、中世イタリア法を経て、ドイツ普通法に継受されたものといわれるが、わが国の古代に行われた盟神探湯もその例である。例えば、ゲルマン法では、一定数の宣誓補助者が宣誓すれば、その事実を真実であると認定しなければならないとしていたが、当時の素朴な小社会を考えれば、真実発見につきその社会に適合する合理性があり、裁判官の専断の弊を救っていた面がある。このように、法定証拠主義は、裁判の形式的公正を維持し、裁判官の恣意的な事実認定を排することを目的としたものである。法定証拠主義においては、どんな裁判官でも、同じ条件のもとにおいては、同様の心証を形成するという保証があり、裁判官の資質・能力が不十分または不揃いであるときには、無責任かつ独断的・恣意的判断を抑制することができる。また、裁判官の心証を客観化し、第三者が裁判官の心証形成過程を検証することができる点はメリットでもあり、歴史的にみて法定証拠主義が長らえることができたのは、この点に由来するという見解もみられる。

　しかし、①社会経済生活が発展し複雑化するにつれて、このような数少ない形式的かつ素朴な証拠規定では、多種多様で複雑な法的紛争に的確に対応することが困難になり、実体的真実発見の足枷にしかならなくなった。他方、②近代的裁判官制度の確立により、裁判官に対する信頼が増してきた。そこで、③裁判官に全幅の信頼を置いて、その能力と知見に実体的真実の発見を期待する自由心証主義が台頭し、フランス民事訴訟法で採用されるに至ったのである。こうした自由心証主義の合理性のゆえに、それ以降の民事訴訟法は、いずれもこれにならうことになった。

　このようなことから、わが民事訴訟法も、自由心証主義を採用している。裁

Ⅱ　自由心証主義（総論）

2）小林秀之『新証拠法〔第2版〕』37頁（弘文堂・2003）。
3）春日偉知郎「自由心証主義」『民事証拠法研究』41頁（有斐閣・1991）、条解民訴1360頁〔竹下守夫〕、新堂民訴594頁、伊藤民訴346頁、注釈民訴(4)43頁〔加藤新太郎〕。

判は、これを論理的に分析すれば、法規を大前提とし、事実を小前提とし、法規を事実に適用して結論を導く作用であるが、このうち、事実の認定に関する原則が自由心証主義である。当事者間に争いがない事実は自白であり、裁判所はその事実に拘束されるから、自由心証主義が妥当するのは、当事者間に争いのある事実に限られる。

2　証拠法則からの解放とその例外

(1)　総　説

わが民事訴訟法には、自由心証主義原則に、多少の例外がみられるほか、証拠方法、証拠力（証拠能力、証拠価値＝証明力）等に特別の定めはない。したがって、裁判官は、自由心証主義のもと、事実認定に当たり、原則として証拠法則から解放されるのである。

自由心証主義の例外としては、法定証拠法則（証拠評価にかかる法則を法律上明定したもの）として、①特定の事実の証明について証拠方法が制限される場合、②同じく、特定の事実の証明について経験則が法定されている場合（経験則の法定）がある。そのほかに、③解釈論として、特定の証拠方法について証拠能力が制限される場合などがみられる。

(2)　法定証拠法則

法定証拠法則のうち、証拠方法の制限として、第1に、要証事実の性質により合目的的観点から利用できる証拠方法を制限するものがある。このように特定の事実の証明について証拠方法が制限される場合としては、例えば、①口頭弁論調書の方式の遵守についての証明は調書のみに限定していること（民訴法160条3項）がある。

第2に、手続目的から利用できる証拠方法を制限するものがある。例えば、②疎明のための証拠方法は即時に取り調べることができるものに限られること（同188条）、③手形訴訟において本案に関する要証事実の証明は書証に限られること（同352条1項）、④少額訴訟において証拠調べは即時に取り調べることができる証拠方法に限られること（同371条）などが、その例である。

法定代理権または訴訟代理権の証明については書面が必要であること（民訴規15条・23条1項）も、証拠方法の制限の例として挙げられることが多い[4]。しかし、訴訟代理権を行使するに当たり、代理権の存在と範囲を書面によって証

明しなければならないと定めるのは、行為規範であり、事後的に代理権の有無が問題となったときには、証拠方法は書面に限られない。すなわち、評価規範としては証拠方法が書面に限定されることはないので、証拠方法の制限の例として挙げるのは正確とはいえない。[5]

　法定証拠法則のうち、経験則の法定として、⑤文書の真正の成立についての推定規定（同228条2項・4項・5項）がある[6]。もっとも、相手方当事者は、反証により、この推定を覆すことができるから、自由心証主義を完全に排除するものではない。[7]

(3)　解釈上の証拠法則

　解釈上、証拠方法それ自体の利用が制限される場合には、それは、証拠能力の制限にほかならない[8]。例えば、違法収集証拠は、これを証拠方法として用いると違法行為を助長しかねず、民事訴訟の公正さを損なうことにもなるので、解釈上、一定の限度でその証拠能力が否定される。証拠能力の有無の判定は、裁判における真実発見・手続の公正・法秩序の統一性・証拠の違法収集誘発防止という諸要請を調整するという観点から、当該証拠の重要性・必要性・審判の対象・収集行為の態様および被侵害利益の性質などの要素を、総合的に利益考量して行う。また、反対尋問を経ない供述・証言は、反対尋問を経ないことにつきやむを得ない事由がない場合には、証拠能力が否定される。

　これに対して、人証の代わりに作成された文書、訴訟提起後に作成された文書、陳述書、私的鑑定報告書は、原則として、書証としての証拠能力は否定されない。

　判例法理により証拠法則が定立される場合もある。例えば、最判平成24・9・13民集66巻9号3263頁は、定期建物賃貸借契約の締結に当たり、契約書とは別個独立の説明書面（借地借家法38条の2項所定書面）の作成・交付を要すると判示している。これを民事訴訟の審理（証拠調べ）の場面に投影すると、「定期建物賃貸借において必要とされる事前説明の証明には、契約書と別個独

4）条解民訴1373頁〔竹下〕、注釈民訴(4)43頁〔加藤〕。
5）重点講義(下)39頁。
6）本書第4章IV参照。
7）注釈民訴(4)72頁〔加藤〕。
8）特定の証拠方法について、解釈上、証拠能力が制限される場合につき、本書第13章III参照。

立の書面をもってすることが必要である」ということになる。このように解すると、同判決は、一種の証拠法則を定立したことになる。[9]

　また、判例上、「子が離婚による婚姻解消の日から300日以内に生まれたときでも、夫婦が離婚の届出をする約2年半前から別居して全く交渉を絶ち、夫婦の実体を失っていたような場合」には、民法772条2項を適用すべきでない（最判昭和44・5・29民集23巻6号1064頁）として、いわゆる外観説が採用されている。このことを前提として、「客観的かつ明白に父子関係を否定できるとして民法772条の推定を排除するためには、何人も疑いを差し挟まないような信頼に足りる科学的証拠による立証が必要であり、供述証拠等による推認を要する場合には、その証明が確信に至る程度であっても推定は排除されない」と判示する下級審裁判例（東京高判平成7・1・30家月51巻4号67頁）がみられる。これは、民法772条の解釈上、推定されない嫡出子の基準として、科学的・客観的にみて妻が夫の子を懐妊しないことが明白であることを要求し、父子関係のないことにつき、科学的証拠による立証が必要であり、人証ではその証明が確信に至る程度であっても推定は排除されないとして、証拠方法を制限している。これも、一種の証拠法則を定立したことになる。[10]

3　自由心証主義の制度的基盤

　自由心証主義は、近代的裁判官制度が確立し、裁判官層に対する一定の信頼が醸成されたことが契機の一つになっている。その意味で、自由心証主義の制度的基盤の第1には、近代的裁判官制度の確立を挙げなければならない。すなわち、自由心証主義は、裁判官に全幅の信頼を置いて、多種多様な社会的紛争についての真実を発見することを期待するものであり、したがって、裁判官は良心的で思慮に富んだ良識のある人物であることが要請されるのである。具体的には、厳格な任用資格のある裁判官（裁判所法41条～44条）が、公正に任用され（同39条・40条・45条）、独立して執務すること（裁判官の独立。憲法76条3項、78条）が保障されていることが、自由心証主義を支える制度的基盤となる。[11]

----

9) 加藤新太郎「判批」金判1417号12頁（2013）。
10) 本書第3章補論ⅠⅢ2参照。しかし、上記東京高判平成7・1・30は、自由心証主義（民訴法247条）との関係では疑問がある。
11) 条解民訴1360頁〔竹下〕、萩澤達彦「自由心証主義の意義と機能」新堂幸司監修・高橋宏志＝加藤

自由心証主義の制度的基盤の第2として、公開主義・口頭主義・直接主義などの審理方式の原則を挙げられよう。公開主義は、法廷の審理が公開されていることそれ自体により、当事者が虚偽の主張立証をすることを抑制させる効用、裁判官の恣意的な事実認定を抑制させる効用が期待されている。口頭主義・直接主義は、口頭弁論および証拠調べが裁判官の面前で行われるため、裁判官は直接に心証を形成し、疑問があれば直ちにその場において口頭で質問する形で釈明することができるから、主張の真意の把握や争点の確認・解明に適している。特に直接主義には、裁判官の自由な心証形成過程のなかで、的確な証拠価値の評価とこれに基づく誤りのない事実認定を可能にする基盤であるということができる。直接主義は、口頭弁論のみならず、弁論準備期日などの争点整理段階でも、その機能を発揮することが期待される。

Ⅲ 民事訴訟原則との関係

1 弁論主義原則との関係

自由心証主義と弁論主義とが交錯すると、次のような現象があらわれる。

第1に、裁判官が証拠調べの結果、ある事実についての心証を得たとしても、当事者がその事実（主要事実）を主張していなければ、裁判官はこれを認定することができない。

第2に、裁判上の自白が成立すれば、裁判官がこれとは別の心証を得たとしても、事実認定は自白された事実に拘束される。

これは、弁論主義原則により自由心証主義がその意義を損われるようにもみ

新太郎編『実務民事訴訟法講座〔第3期〕④民事証拠法』29頁（日本評論社・2012）。なお、裁判官に対する信頼が自由心証主義を促進したという説明につき懐疑的な見方をする見解として、萩原金美『訴訟における主張・証明の法理』390頁（信山社・2002）。これに対して、高橋宏志教授は、歴史認識そのものと法解釈学における教義学的理解・説明とは多少の異同を常に伴うものとコメントされる。重点講義(下)39頁。

12) 条解民訴1360頁〔竹下〕、春日・前掲注3）41頁。
13) 具体的には、当事者としては、十分な準備をして弁論準備期日・口頭弁論期日に臨み、裁判官からの問いかけに対する口頭による議論を厭わないことが必要不可欠である。この点につき、藤原弘道「弁論主義は黄昏か」『民事裁判と証明』18頁（有信堂高文社・2001）、加藤新太郎「争点整理手続の構造と実務」『栂善夫先生・遠藤賢治先生古稀祝賀・民事手続における法と実践』247頁（成文堂・2014）、林道晴「口頭主義による争点整理と決定手続」『田原睦夫先生古稀・最高裁判事退官記念 現代民事法の実務と理論(下)』995頁（金融財政事情研究会・2013）など参照。

える現象である。こうした自由心証主義と弁論主義との関係は、どのようなものと捉えることが相当であろうか。この点については、①弁論主義は、自由心証主義・法定証拠主義の対立に先行するものであり、当事者の事実主張の不一致である争点のみが証拠による事実認定を必要とするのであるから、弁論主義は自由心証主義を制限するものではないとする多数説[14]のほか、②自由心証主義の適用領域自体が弁論主義によって画されるという意味では、弁論主義による事実上の制約があるとする有力説[15]もみられる。多数説は、訴訟法原則としての階層論で説明しているのに対し、有力説は、平面的な妥当領域論で説明するものであって、実質的な対立とみるべきものではなく、その限りで実益のある議論ではない[16]。実務的に、訴訟法原則における階層構造に由来する不合理性を克服するためには、釈明を活用することになろう[17]。

2 証拠共通の原則との関係

(1) 証拠共通の原則

　自由心証主義と弁論主義との関係の応用問題として、証拠共通の原則、共同訴訟人間の証拠共通の原則に関する問題がある。

　証拠共通の原則とは、証拠調べの結果を、事実認定において証拠申請した当事者の有利にも不利にも利用することが許されるというものである。証拠共通の原則について、判例（最判昭和23・12・21民集2巻14号491頁、最判昭和28・5・14民集7巻5号565頁）・通説は、弁論主義は証拠方法提出の権限・責任が当事者にあるとの原則であり、証拠提出により当事者の責任は果たされるのであって、証拠調べの結果をどのように評価するかは自由心証主義の問題に属し、弁論主義の範囲外にあると説明する。これに対して、古くは、弁論主義のもとでは、当事者双方はそれぞれ主張した事実について原則として証明責任を負担

---

14) 三ケ月章『民事訴訟法〔法律学全集〕』397頁（有斐閣・1959）、新堂民訴596頁、中野貞一郎＝松浦馨＝鈴木正裕編『新民事訴訟法講義〔第2版補訂2版〕』355頁〔青山善充〕（有斐閣・2008）。
15) 小林・前掲注2）48頁。
16) 注釈民訴(4)45頁〔加藤〕。
17) 釈明については、加藤新太郎「釈明の構造と実務」『青山善充先生古稀祝賀　民事手続法学の新たな地平』461頁（有斐閣・2009）、同「釈明」大江忠＝加藤新太郎＝山本和彦編『手続裁量とその規律』123頁（有斐閣・2005）、同「民事訴訟における釈明」同編『民事訴訟審理』227頁（判例タイムズ社・2000）および「釈明の構造と実務」注4掲記の文献参照。

するが、裁判所が証拠調べをした場合、証拠調べの結果を証拠の申出をした当事者の立証趣旨以外に及ぼし、他の事実の存否を認定するための証拠原因とすることはできないという見解があった。さらに、近時も、手続保障における「第三の波」説に基づき、当事者間の責任分担のあり方として、争点については、原則として立証責任を負う当事者が証拠を挙げて立証を試みるべきであり、その提出証拠を相手方の主張事実の立証に使うことは不当であるとする見解がみられる[18]。井上治典教授の提唱されるこの説では、証拠調べを申し出た当事者がその証拠では主張事実の立証が不十分であるという限度においてのみ、証拠共通の原則を許容することになる。

　果たして、どのように考えるのが相当であろうか。思うに、当事者のいずれが提出した証拠かを考慮したうえで、裁判所が心証形成しなければならないとすることは、実際的とはいえない。これを具体的にみると、井上説においては、ある証拠が提出者の主張事実（例えば、請求原因事実）だけでなく、相手方の主張事実（例えば、抗弁事実）をも証明するものである場合（例えば、請求原因事実を証明するための文書として契約書が提出されているが、同書面から抗弁事実である履行期の定めのあることも判明する場合）であっても、その証拠は提出者の利益に限って証拠原因とされることになるが、その結果の妥当性は疑問である。井上説からは、証拠を提出した当事者に不利益な心証を形成した場合には、相手方に当該証拠を援用させるよう釈明すれば足りると反論される余地があるが、それも迂遠であろう。何より、自由心証主義と弁論主義との関係も、上記のとおり説明できるのであるから、証拠共通の原則を肯定する通説・実務が相当である[19]。

　なお、証拠共通の原則のコロラリーとして、証拠調べ開始後は、相手方当事者の有利に働く可能性もあるから、相手方の同意がなければ証拠申出の撤回はできず、また、証拠調べ終了後は証拠申出を撤回できないと解されている（最判昭和32・6・25民集11巻6号1143頁）。

---

18) 井上治典「手続保障の第三の波」『民事手続論』51頁（有斐閣・1993）。
19) 注釈民訴(4)47頁〔加藤〕、三ケ月・前掲注14）398頁、注解民訴(4)350頁、新堂民訴596頁、伊藤民訴611頁、中野＝松浦＝鈴木編・前掲注14）355頁〔青山〕、大竹たかし「証拠共通」門口正人編集代表『民事証拠法大系(2)』3頁（青林書院・2004）参照。

(2) 共同訴訟人間の証拠共通の原則

　共同訴訟人間の証拠共通の原則とは、通常共同訴訟において、共同訴訟人の1人が提出した証拠方法または相手方から共同訴訟人の1人に対して提出された証拠方法が他の共同訴訟人の共通の争点に関して証拠として利用されるというものである。通説・判例[20]（大判大正10・9・28民録27輯1646頁、大判昭和10・4・30民集14巻1175頁、最判昭和45・1・23判時589号50頁）は、①共同訴訟人の1人が提出した特定の証拠に基づいて、ある事実について裁判所の心証が形成されているときに、同一の事実が問題となっているにもかかわらず、その心証を他の共同訴訟人について用いないのは、裁判所の自由心証を制約する結果となること、②共通の争点に関して共同訴訟人間で事実認定が区々になるのは不自然であることを考慮し、これを避けるために、通常共同訴訟についても証拠共通の原則を認める。①については、自由心証主義との関係では、「認定すべき事実が1個であれば、形成されるべき心証も1個である」という心証形成の原理論に反して不都合であるという説明も可能であろう[21]。また、多数当事者間に事実上心証が共通に形成されることがあるということと、自由心証主義から導かれる本来の証拠共通の原則とは無関係であるとの見解もみられ[22]、通説では、②のような実践的要請を論拠にして、共同訴訟人間の証拠共通の原則の正当性を基礎づけている。しかし、自由心証主義は、通常共同訴訟の共同訴訟人間における共通の争点について自然な心証に収斂していくことも内容としているから、②は実践的要請にとどまらないと解することもできるであろう[23]。

　なお、弁論主義と矛盾することなく共同訴訟人間に証拠共通の原則を肯定するためには、共同訴訟人の1人から証拠申請がされたときは、他の共同訴訟人のためにも証拠申請があったと擬制すること等が必要であるとする見解もみられるが[24]、これは、共同訴訟人に手続保障が必要なことを示唆するものである。これに対して、より明確に、共同訴訟人に手続保障があることを共同訴訟人間に証拠共通の原則を肯定する条件として位置づける見解もある。すなわち、共

---

20) 井関浩「共同訴訟人間の証拠共通の原則」鈴木忠一＝三ケ月章監修『実務民事訴訟講座(1)』257頁（日本評論社・1969）、新堂民訴596頁、伊藤民訴611頁、大竹・前掲注19) 4頁。
21) 注釈民訴(4)47頁〔加藤〕。
22) 三ケ月・前掲注14) 398頁。
23) 注釈民訴(4)48頁〔加藤〕。
24) 新堂幸司「共同訴訟人の孤立化に対する反省」『訴訟物と争点効(下)』59頁（有斐閣・1991）。

同訴訟人の1人が申請した証人につき他の共同訴訟人に対して尋問の機会を付与するなどの手続保障がされている場合に限り、証拠共通を肯定するものである[25]。弁論主義原則のもとにおいては、不意打ち防止・防御権の実質的保障は実践的課題でもあるから、実務的には、上記のような見解をとらないまでも、裁判所の釈明や当事者の援用などにより、共同訴訟における手続保障が図られているように見受けられる。

3　証明責任原則との関係

　証明責任について、通説は、要証事実の真偽不明（ノン・リケット）を解決する法理であると解する。これに対して、実体法の規定は、その要件事実につき証明があった場合に適用されるのであって、証明されない場合には適用されないことを当然の前提としている以上、証明されたか、あるいはされていないかのみが問題であって、ノン・リケットあるいは事実の存否不明という事態を想定する必要はないとして、証明責任は、要証事実の証明にかかわる法理であるとする、少数説もみられる[26]。この見解は、学説においては、ドイツの客観的証明責任論の影響のもとに証明責任論は真偽不明を解決する法理として捉える説明をしてきたが、わが国の実務においては、旧旧民事訴訟法217条という真偽不明を認めない自由心証主義の規定の精神が生き続けてきた、という認識を基礎にしている。

　証明責任を要証事実の存否不明を解決する法理であると捉えるか、要証事実の証明にかかわる法理であると捉えるかにより、自由心証主義と証明責任との関係の理解も異なるものになる。通説の理解は、「自由心証の領域が尽きたところから証明責任の支配が始まる」という標語に象徴される。通説によれば、裁判官の心証としては、証拠調べの結果等から、①要証事実につき高度の蓋然性ありと認識できる心証、②要証事実につき高度の蓋然性ありとは認識できない心証、③要証事実につき高度の蓋然性ありという認識ができるとも、できな

25）中野＝松浦＝鈴木編・前掲注14）541頁〔井上治典＝松浦馨〕。
26）並木茂「民事訴訟における主張と証明の法理(上)(下)」判タ645号4頁、646号4頁（1987）。なお、末川博「一応の推定と自由なる心証」『不法行為並に権利濫用の研究』42頁（岩波書店・1933）、倉田卓次監修『要件事実の証明責任〔債権総論〕』4頁以下参照（西神田編集室・1986）、坂本慶一『新要件事実論』89頁（悠々社・2011）。

いともいえない心証という三類型があるが、法規不適性原則または証明責任規範の適用によって、③の場合について法規不適用とすることになると説明される。すなわち、証明責任は、自由心証の領域が尽きた段階である③の場合の裁判官の心証を法規不適用とすべしと命じることによって解決する法理にほかならない。このことから、裁判官としては、争点事実について、強いて①または②の認定をしなければならないと考えるべきではないことが、規範として導かれる。これを受けて、裁判官の心構えとしても、要証事実の存否不明は、裁判官の不明や努力不足を意味するものではなく、強いて①または②のいずれかに認定できたという技巧を用いるべきではないと説かれる。[27]

これに対して、証明責任を要証事実の証明にかかわる法理であると解する立場においては、自由心証の領域以外に裁判官の心証を解決する領域を考える余地はない。[28] すなわち、この立場によれば、民事訴訟法247条に基づき、裁判官は自由心証によって要証事実を真実と認めるか、真実と認めないか、いずれかの心証を形成すれば足り、存否不明という心証を形成する必要はない（存否不明という心証を形成すべきではない）と解することになるのである。

わが国における民事訴訟法の変遷と自由心証主義の系譜については、法制史的な観点から少数説の当否を検討することが必要であろう。しかし、裁判官の心証の捉え方として、少数説のように、上記①または②以外の心証状態はない（あるべきではない）とするのは、実態の理解として無理があるように思われる。上記の①ないし③の心証状態が観念できる以上、これを所与の前提として規律する通説の理解が相当であろう。[29]

IV　自由心証主義の内容

1　証拠評価のフリーハンド

自由心証主義は、証拠調べの結果および弁論の全趣旨により構成される証拠資料のなかから一定の証拠方法の証明力（証拠価値）を評価することについて、

---

27) 兼子一「推定の本質及び効果について」『民事法研究(1)』302頁（酒井書店・1953）、条解民訴1378頁〔竹下〕。
28) 並木茂「証明責任の意義と機能」三ケ月章＝青山善充編『民事訴訟法の争点〔新版〕』248頁（有斐閣・1988）。
29) 注釈民訴(4)49頁〔加藤〕、条解民訴1378頁〔竹下〕。

裁判官のフリーハンドに任せ、それらを基礎とした事実認定を許容することを内容とする[30]。

第1に、裁判官は、証拠原因（心証形成に役立つ証拠資料）を、証拠調べの結果および弁論の全趣旨のなかから自由に取捨選択することができる。この反面において、裁判官は証拠原因を証拠調べの結果および弁論の全趣旨のなかにはない、私的な経験により知っている事実（私知）や特殊な専門的知識を証拠原因とすることはできない。これは、事実認定の客観性担保の要請に由来する[31]。

第2に、裁判官の行う事実認定は、証拠原因の選択を含めて、証拠法則から解放され、その自由な判断に委ねられる。

民事事実認定は、証拠法則から解放され、裁判官の自由な判断に委ねられるのであるから、同一事件で刑事判決があっても、その事実認定・判断に拘束されることはない[32]。例えば、刑事判決で特定の債権が認定されていても、民事判決でその不存在を認定することは差し支えない（最判昭和25・2・28民集4巻2号75頁）。また、刑事判決で過失を否定されても、民事判決で過失を否定しなければならないものではない（最判昭和34・11・26民集13巻12号1573頁）。

さらに、死者の活動年齢期の認定について、必ずしも統計による生命表の有限平均年齢の数値に拘束されない（最判昭和36・1・24民集15巻1号35頁）。会社の設立に際して、定款に記載された現物出資およびその履行がなされたか否かは、必ずしも、会社設立のために作成された書類のみによって認定しなければならないものではない（最判昭和29・11・26民集8巻11号2098頁）。こうした事例は、いずれも、自由心証主義により証拠法則から解放された判断を許容されることの結果である。

2　自由心証主義の内在的制約

自由心証主義は、当然のことながら、裁判官の恣意的な事実認定を許容するものではなく、次のような内在的制約がある[33]。

第1に、裁判官が事実認定に当たり証拠原因とすることができるものは、訴

---

30) 注釈民訴(4)49頁〔加藤〕。
31) 条解民訴1378頁〔竹下〕。
32) 条解民訴1361頁〔竹下〕、注釈民訴(4)50頁〔加藤〕、齋藤秀夫ほか編『注解民事訴訟法(4)〔第2版〕』358頁〔小室直人＝渡部吉隆＝齋藤〕（第一法規・1991）。
33) 条解民訴1367頁〔竹下〕、注釈民訴(4)61頁〔加藤〕。

訟手続のなかで適法に提出された資料および訴訟手続においてあらわれた状況、すなわち、証拠調べの結果および弁論の全趣旨に限られる。また、適法に実施された証拠調べの結果および弁論の全趣旨は、心証形成に際し、証拠原因とすることができるものかどうか、その証拠価値が検討されなければならない。

　第2に、裁判官は事実認定に当たり、論理法則および経験則に従わなければならない。論理法則および経験則に従うことにより、その事実認定が客観的かつ合理的で追証可能なものとなり、当事者は事実認定につき納得形成ができることになるのである。

　経験則とは、個別的経験から帰納的に得られた事物の概念や事実関係についての法則的命題をいう。[34] 論理法則とは、一般に承認・支持されている概念構成・判断・推論などをするに当たっての思考の原則をいう。

3　判決書の記載内容による担保
(1)　事実と理由

　このような自由心証主義の内在的制約を担保し、事実認定が論理法則および経験則に従って行われることを制度的に保障するために、判決書において、当事者の主張事実・認定事実およびその理由を記載しなければならない（民訴法253条1項2号・3号）。

　第1に、判決書には「事実」を記載しなければならない（同253条1項2号）。

　事実は、判決書の必要的記載事項であり、事実の記載においては、請求を明らかにし、「主文が正当であることを示すのに必要な主張」を摘示しなければならない（同253条2項）。主文が正当であることを示すのに必要な主張とは、主文が導かれる論理的過程を明らかにするために必要な事実主張をいう。必要的記載事項としての事実については、①間接事実は含まれず、主要事実に限られるとする見解、[35] ②争点となった重要な間接事実も含まれるとする見解[36] がみられる。規範論としては、①説が相当であるが、運用論としては、中心的な争点となった重要な間接事実は、自由心証主義の内在的制約を担保する趣旨から、

---

34) 経験則については、本書第7章参照。
35) 竹下守夫＝青山善充＝伊藤眞編『研究会新民事訴訟法』334～336頁〔柳田幸三・福田剛久・青山善充各発言〕（有斐閣・1999）。
36) 竹下＝青山＝伊藤編・前掲注35) 334～336頁〔竹下守夫・伊藤眞各発言〕。

審理の内容を反映した判決書として、これを記載するのが相当であろう。

第2に、判決書には「理由」を記載しなければならない（同253条1項3号）。

判決書の理由では、当事者の攻撃防御方法から明らかとなった争点について、法規を大前提とし、認定事実を小前提として推論・判断を行い最終的な請求の当否の判断である主文を導いた過程を明らかにする。この理由の記載により、事実認定が論理法則および経験則に従ったものであることを明らかにすることが、自由心証主義の内在的制約を担保することになる。

(2) 事実認定の理由

(ア) 総説　判決書には、認定した事実が、証拠資料との関係において、論理法則および経験則に従ったものであることが分かるような記載をすることが、規範的に求められる。これを分説すると、次のとおりである。[37]

第1に、事実認定の理由は、要証事実とそれを証明する具体的証拠との関連を明らかにすることが必要である。

第2に、証拠判断は、証拠評価が訴訟の勝敗を決するような場合には、証拠を採用する理由またはこれを排斥する理由を記載すべきである。具体的には、裁判所の心証形成の材料となった証拠（証拠原因）を掲記したうえで、要証事実について、どの証拠によって心証を得たかを具体的に明記する一方で、裁判所が信用（採用）しなかった証拠を挙げてその旨を明らかにするのが相当である。

第3に、事実認定の客観性・合理性を担保し、裁判の信頼を確保するために、証拠の取捨の理由について個別的・具体的に明示することが望ましい。しかし、事実認定に使用した証拠資料と排斥した証拠資料とを照らし合わせることにより、当該証拠資料に基づいて一定の事実を認定したことが、経験則上、社会事象として通常の事態と認められる場合には、認定事実と証拠資料との対応関係を示すことで足り、証拠の取捨の理由を示す必要はない（最判昭和25・2・28民集4巻2号75頁、最判昭和32・6・11民集11巻6号1030頁、最判昭和56・11・13判時1024号55頁など）。例えば、事実認定に用いた証人の供述中に認定事実に反

---

[37] 条解民訴1370頁〔竹下〕、注釈民訴(4) 67頁〔加藤〕、兼子一『新修民事訴訟法体系』254頁（酒井書店・1965）、岩松三郎＝兼子一編『法律実務講座民事訴訟編(4)』95頁（有斐閣・1961）、齋藤ほか編・前掲注32）368頁〔小室＝渡部＝齋藤〕、近藤完爾『心証形成過程の説示』81頁（判例タイムズ社・1985）。

する趣旨の供述部分がある場合において、供述内容と判文から、どの部分を採用し、どの部分を排斥したかが分かるときは、当該部分を証拠として採用しなかったことを判文上明示する必要はないとした（最判昭和37・3・23民集16巻3号594頁）がある。判例が、このような場合に、証拠の取捨の理由を示さなくてよいとしたのは、逐一示さないでも、その理由が当事者および上級裁判所におのずと明らかであるからである。

　第4に、これに対して、事実認定に使用した証拠資料と排斥した証拠資料とを照らし合わせることによっても、当該証拠資料に基づいて一定の事実を認定したことが、経験則上、社会事象として通常の事態とはいえない場合には、認定事実と証拠資料との対応関係を示すのみでは足りず、証拠の取捨の理由を示すことが必要となる。例えば、旧法下の判例によれば、不採用の証拠のうち、認定事実と矛盾するような書証については、特にそれを採用しなかった理由を明らかにする必要がある（最判昭和32・10・31民集11巻10号1779頁）。また、経験則上、通常信用すべき内容の証言を採用しない場合、その逆に通常信用することができない内容の証言を採用する場合などには、その理由が分かるような説明を記載すべきである（最判昭和31・10・23民集10巻10号1275頁、最判昭和34・7・2裁判集民37号5頁、最判昭和38・12・17裁判集民70号259頁）。いずれも、経験則や採証法則に違反するものではないことを明示するためである。

　なお、旧法下の判例には、認定した慣習が経験則に反するような場合には、特段の事情を説明しないと理由不備の違法となるとしたもの（最判昭和43・8・20民集22巻8号1677頁）がみられる。しかし、現行法では、最高裁に対する上告理由は憲法違反と絶対的上告理由のみとし、法令違反については、上告受理の申立てをして、最高裁が法令の解釈に関する重要な事項を含むものとしてこれを受理しない限り、上告審の審理の対象にならないとされた（民訴法312条1項・2項、318条）。そのため、絶対的上告理由である312条2項6号に定める「判決に理由を付せず、又は理由に食違いがあること」（理由不備、理由齟齬）につき、判断の理由が全く書かれておらず、書かれていても理由の体をなしていない場合（理由不備）や、理由の記載に前後矛盾があることが明らかな場合（理由の食違い）に限定して、厳格に解されている（最判平成11・6・29裁判集民193号411頁・判タ1009号93頁）。したがって、最高裁において旧法下で理由不備とされたものも、現行法下においては理由不備とはされない場合があることに

留意したい。

　現行法下においては、相反する2通の鑑定意見書の一方にも相当の合理性があるのに、双方を比較することなく、他方のみを主たる根拠として争点となっている医師の過失を否定する場合には、判決書にその理由を説示すべきであるとした判例（最判平成18・11・14判時1956号77頁）がみられる。

　　（イ）間接事実からの主要事実の推認　　間接事実から主要事実を推認する場合には、どのような説示をするのが相当か。

　第1に、どのような証拠からどのような間接事実を認定したか、どのような間接事実の組合せから主要事実を推認したかを説示をすることは不可欠である。

　第2に、当該推認が、経験則上、社会事象として通常の事態である場合には、どのような経験則に基づきそのような推認をするのかにつき、その理由を説示する必要はないが、そうでない場合には、推論の理由を説示すべきである（最判昭和36・8・8民集15巻7号2005頁）。

　第3に、一定の間接事実からその主要事実を推認することが、経験則上、社会事象として通常の事態であるのに推認しない場合には、その経験則を適用しない理由（特段の事情）を説示すべきである（最判昭和50・10・24民集29巻9号1417頁、最判昭和54・5・29判時933号128頁、最判平成18・3・3判時1928号149頁）。例えば、化膿性髄膜炎の患者である幼児が入院治療を受け、重篤状態から一貫して軽快していた段階で、医師が治療のためルンバールを実施した後、発作が突然起こり、右半身痙攣性不全麻痺・知能障害・運動障害等の病変が生じた場合において、当時化膿性髄膜炎の再燃するような事情が認められない事実関係のもとでは、経験則上、ルンバール施術と発作およびこれに続く病変との因果関係の存在を推認すべきであるところ、そうでない認定・判断をするときには、当該経験則を適用した推認をしない特段の事情を説示する必要がある（前掲最判昭和50・10・24）。

4　合議体による審判

　裁判官が合議体で審理する場合には、基本的に、構成裁判官の過半数により事実認定がされる。合議体により審判する場合において、どのレベルで合議・評決すべきであろうか。

　この点については、①当該証拠方法の証拠価値の有無についてのみ評決すべ

きであるとする見解[38]、②主要事実が認定できるかどうか、間接事実から主要事実を推認することができるかどうかについて評決すれば足りるとする見解[39]、③事実認定をする際の前提となる証拠取捨の理由や間接事実から主要事実を推認することの可否および理由などについて意見の相違があれば、その理由について評決すべきであるとする見解[40]などに分かれている。

合議体の判断として、証拠取捨や主要事実の推認の理由が定まらなければ推論過程が定まらず、合議体による審判の意義を失うことになるし、理由が曖昧であれば、自由心証主義の内在的制約である論理法則・経験則に従って心証が形成されたことも明らかにならない。そうすると、③説が相当であろう。

V 自由心証主義の適用範囲

1 原　　則

自由心証主義は、事実認定についての原則であり、裁判所が裁判するうえで認定しなければならないすべての事実に適用される。主要事実はもとより、間接事実や補助事実など、いずれのレベルにおいても適用される。それは、実体法上の事実であると、訴訟法上の事実であるとを問わない。したがって、職権調査事項にも、経験則の存否・内容の認定にも適用される。また、厳格な証明、自由な証明のいずれにも適用がある[41]。

法が疎明でも足りるとしている事実（民訴法35条1項、44条1項、91条2項〜4項、92条1項、157条の2但書、198条、403条1項各号など）については、裁判官としては、一応の蓋然性の認識、すなわち、一応確からしいとの認識、合理的な疑いを差し挟めないほどに高度ではないものの、おそらくはそうであろうという程度の認識を形成することが求められる。疎明は、迅速な判断を必要とする事項や手続問題・派生問題について認められるものであり、原則的証明度の例外であるが、疎明されたかどうかは、証明の場合と同様、裁判所の自由心

---

38) 岩松三郎「経験則論」『民事裁判の研究』171頁（弘文堂・1961）、最大判昭和26・8・1刑集5巻9号1684頁の沢田竹治郎・井上登・岩松三郎裁判官の少数意見。
39) 兼子・前掲注37) 254頁。
40) 条解民訴1371頁〔竹下〕、コンメ民訴Ⅴ88頁、注釈民訴(4)68頁〔加藤〕、近藤完爾『民事訴訟論考(3)』188頁（判例タイムズ社・1978）。
41) 条解民訴1371頁〔竹下〕、コンメ民訴Ⅴ88頁、注釈民訴(4)68頁〔加藤〕。

証による。

自由心証主義は、裁判官が事実認定をする必要がある場合に適用される。弁論主義のもとでは争いのない事実については証明を要しない（民訴法179条）が、これは、当初から裁判官の事実認定が排除されるものである。すなわち、自白を法定証拠とする趣旨ではなく、自由心証主義の例外ではない。[42]

2　自由心証主義と証拠契約

(1)　総　　説

証拠契約とは、広義では、①訴訟物たる権利関係の存否や内容を判断するうえで前提となる事実（判決の基礎となる事実）の確定方法に関する当事者間の合意をいい、狭義では、②訴訟上その証明のための証拠方法の提出に関する当事者間の合意をいう。①の例としては、一定の事実を認めて争わない旨を合意する自白契約、事実の確定を第三者の判断に委ねる旨を合意する仲裁鑑定契約、証明責任の分配の原則を変更する証明責任契約などがある。また、②の例としては、一定の証拠方法だけを提出する、または提出しない旨を約する証拠制限契約などがある。[43]

このような証拠契約がされると、心証形成に役立つ資料が制約されることになるため、これが自由心証主義に反しないかが問題となる。自由心証主義は近代的裁判制度の基本原則であって、強行法規であるから、当事者の合意によって制限することはできない。[44]もっとも、当事者が処分権を有する権利関係については弁論主義原則があり、証拠の提出・撤回などは当事者の自由であるから、自由心証主義に抵触しない範囲において証拠契約は有効であり、裁判所を拘束する。

(2)　証拠契約の諸相

自白契約については、主要事実の自白には裁判所に対する拘束力があるから、主要事実の自白契約は有効である。これに対して、間接事実の自白契約については、①間接事実の自白には裁判所に対する拘束力がないのに、その事実があ

---

42) 条解民訴1371頁〔竹下〕、コンメ民訴V 89頁、注釈民訴(4)68頁〔加藤〕。
43) 兼子・前掲注27) 282頁、新堂民訴601頁、伊藤民訴611頁、350頁、中野＝松浦＝鈴木編・前掲注14) 353頁、注釈民訴(4)76頁〔加藤〕、笠井正俊「当事者主義と職権主義」門口正人編集代表『民事証拠法大系(1)』14頁（青林書院・2007）。
44) 条解民訴1378頁〔竹下〕、注釈民訴(4)76頁〔加藤〕。

るものとして裁判官に主要事実の推認を強制することになるから、自由心証主義に反して無効であるとする見解と、②間接事実の自白にも裁判所に対する拘束力を認めることができるから、間接事実の自白契約も有効とする見解に分かれる。これは、間接事実の自白に拘束力を認めることの可否についての見解の対立に対応する。

仲裁鑑定契約については、主要事実の自白契約が認められる以上、主要事実の確定を第三者の判定に委ねることを排斥する理由はなく、有効と解される。

証明責任契約については、証明責任の分配が当事者間の公平などを考慮して定められるものであるから、当事者の意思による証明責任の分配の変更を許容してよく、有効と解される。

証拠制限契約については、弁論主義のもとでは、当事者に証拠の提出と撤回の自由が認められているから、当事者の提出できる証拠を一定のものに限定する合意は有効である。この合意に反する証拠申出がされた場合には、その取調べ前に相手方が異議を述べれば、裁判所は証拠能力なしとして申出を却下することになる。弁論準備手続において当事者間の協議により成立する証拠に関する合意は、この種の内容をもつものが多いであろう。裁判例にも、建物の増改築に必要な賃貸人の承諾の証明は書面によることを要する旨の証拠制限契約を有効としたものがみられる（東京地判昭和42・3・28判タ208号127頁）。

すでに提出され取り調べられた証拠方法を制限する証拠制限契約の効力については、争いがある。消極説は、裁判所においていったん形成された心証を消滅させようとするもので、自由心証主義に反し、無効とする。これは、証拠調べの終了後における証拠申出撤回を否定する通説・判例（最判昭和32・6・25

---

45) 兼子一＝松浦馨＝新堂幸司＝竹下守夫『条解民事訴訟法』1371頁〔竹下〕（弘文堂・1986）、条解民訴1027頁〔松浦馨＝加藤新太郎〕、三ケ月・前掲注14）404頁、中野＝松浦＝鈴木編・前掲注14）353頁、注釈民訴(4)76頁〔加藤〕、笠井・前掲注43）14頁。
46) 新堂民訴601頁。
47) 注釈民訴(4)76頁〔加藤〕。
48) 伊藤民訴611頁、350頁、笠井・前掲注43）16頁。
49) 伊藤民訴350頁、笠井・前掲注43）16頁。
50) 伊藤民訴611頁、350頁、内堀宏達「証拠能力と証拠価値」門口正人編集代表『民事証拠法大系(2)』80頁（青林書院・2004）、笠井・前掲注43）17頁。
51) 条解民訴1026頁〔松浦＝加藤〕。
52) 伊藤民訴350頁、条解民訴1026頁〔松浦＝加藤〕、内堀・前掲注50）80頁、笠井・前掲注43）18頁。
53) 岩松＝兼子編・前掲注37）167頁、三ケ月・前掲注14）420頁、齋藤ほか編・前掲注32）308頁〔小室＝渡部＝齋藤〕。

民集11巻6号1143頁)の論理的帰結ともいえる。これに対して、証拠調べの終了後においても相手方の同意を得れば証拠申出撤回ができるとする見解[54]からは、すでに提出され取り調べられた証拠方法を制限する証拠制限契約も有効と解することになろう。このような証拠制限契約は、実際上、あまり想定されない。[55] しかし立証活動は当事者の役割であり、その意思に委ねてよいと考えられるし、職業裁判官が特定の証拠を排除したうえで心証形成をすることは難しいことではないから、このような証拠制限契約の効力を否定するまでのことはないと解したい。

VI 弁論の全趣旨

1 弁論の全趣旨の意義

争いある事実を認定する資料は、原則として、口頭弁論の全趣旨と証拠調べの結果である。ここにいう弁論の全趣旨とは、証拠調べの結果である証拠資料以外の、その訴訟の審理にあらわれた一切の訴訟資料をいう[56]。これに対して、弁論の全趣旨について、「口頭弁論が終結された時点で一体としての口頭弁論を振り返り、そこから感得されるもの」とする見解もみられる[57]。この見解は、手続およびその展開全体を裁判官の心証形成の資料とすることを肯定するものであり、弁論の全趣旨を機能的に把握するものであり、通説的理解とも両立する[58]。

判例も、弁論の全趣旨とは、当事者の主張の内容・主張する際の態度、訴訟経過から当然すべき主張・証拠の提出を怠ったこと、当初は争わなかったことを後になって争ったこと、裁判所・相手方の問いに対して当事者が釈明に応じないことなど、口頭弁論における一切の積極・消極の事柄を指すとする(大判昭和3・10・20民集7巻815頁)。例えば、当事者の主張が矛盾しまたは合理的な

---

54) 中野貞一郎「判批」民商36巻6号136頁(1958)、飯原一乗「証拠申出と証拠決定」鈴木=三ケ月監修・前掲注20) 241頁。
55) 注釈民訴(4)77頁〔加藤〕。
56) 兼子・前掲注37) 215頁、三ケ月・前掲注14) 401頁、岩松=兼子編・前掲注37) 79頁、注釈民訴(4)77頁〔加藤〕、齋藤ほか編・前掲注32) 347頁〔小室直人=渡部吉隆=齋藤〕、新堂民訴597頁、伊藤民訴611頁349頁、条解民訴1379頁〔竹下〕。
57) 谷口安平『口述民事訴訟法』444頁(成文堂・1987)。
58) 手続裁量論164頁。

理由もなく変遷していること、当事者本人がした行為で直ちに認否ができるはずの事項について答弁・認否が遅れたことなど、当事者の訴訟における対応のほか、当事者照会に対して正当な理由なく回答拒絶をしたことも、口頭弁論で主張されることにより、弁論の全趣旨となる。なお、判例上、弁論の全趣旨が、裁判官の心証形成の資料の意味ではなく、「論点となっている法律判断の前提資料となる当該訴訟上確定した事実関係の総体」の意味で使用されていること（例えば、大判昭和8・4・18民集12巻689頁、大判昭和15・12・20民集19巻2215頁）もある。[59]

また、擬制自白における弁論の全趣旨（民訴法159条1項）は、当事者の訴訟行為の解釈の問題について、「弁論の一体性を踏まえた口頭弁論全体の態度」の意味で使われているものであり、裁判官の心証形成の資料の意味ではない。[60]

2 弁論の全趣旨の作用

弁論の全趣旨の作用は、裁判官が心証形成する対象となる、主張、立証、主張と立証との相互関係のすべてに作用する。

第1に、裁判官は、当事者の主張に関して、特定の主張部分につき合理性テスト（当該主張部分は経験則に合致しているかなど）を行い、これに加えて、主張の全体につき整合性テスト（主張全体に論理的な矛盾はないかなど）、主張それ自体につき自然性テスト（主張それ自体は事柄の性質に照らして自然か、提出時期は不自然ではないかなど）をする。その結果、合理的・整合的・自然的と判断することができなければ、その事実主張について求釈明などの運営をする。これは、弁論の全趣旨の作用の1つである。

また、当事者が従前の主張を撤回した場合は、撤回された主張自体は効力を失うが、主張を撤回した態度またはいったん主張をした事実は、撤回後の新たな主張および相手方の反論の当否の判断に際して、弁論の全趣旨として顧慮されることがある（大判昭和11・5・21新聞3993号12頁、大判昭和11・7・16新聞4022号10頁）。例えば、当初は相手方の主張を否認し、次に自白し、さらに否認したというように主張が変遷した場合には、特別の事情があれば別として、主張それ自体から信用しにくいという心証形成がされやすい。また、人事訴訟

59）条解民訴1381頁〔竹下〕。
60）手続裁量論165頁、条解民訴1379頁〔竹下〕。

においては、裁判上の自白に関する法則は適用がない（民訴法179条、人訴法19条1項）が、弁論の全趣旨として事実認定の資料とすることはできる（最判昭和41・1・21判時438号27頁）。さらに、以上のような弁論の内容のほか、裁判所が釈明処分として職権でした検証・鑑定・調査の嘱託（民訴法151条1項5号・6号）によって得られた資料は、証拠調べの結果ではないが、弁論の全趣旨として事実認定の資料とすることができる[61]。

第2に、裁判官は、当事者の立証に関して、①証拠価値の判断に当たり、証拠調べの結果につきそれ自体の客観性・合理性、他の証拠調べの結果との整合性をテストする。それ以外にも、②当然提出されるべき証拠方法の不提出や、証拠調べに協力的であったかなどの事情についても斟酌するが、この②が弁論の全趣旨となるのである。例えば、当事者の一方が重要な争点について本人尋問の対象とされながら期日に出頭せず、控訴審で訴訟代理人が辞任した後を含め一審・控訴審を通じて一度も期日に出頭しなかったことは、弁論の全趣旨として事実認定に斟酌することができる（大阪高判昭和59・10・5判タ546号142頁）。

第3に、裁判官は、主張と立証との相互の関連を心証形成に反映させることも可能である。例えば、一般的経験則に反するような、合理性を欠く事実主張は、なぜ本件ではそうであるのかにつき特段の事情の主張が必要であるだけでなく、その特段の事情の立証がされなければ認定が困難であるが、これも、弁論の全趣旨の内容である。

第4に、共同訴訟においても、弁論の全趣旨は活用される。例えば、共同訴訟のうち必要的共同訴訟においては、共同訴訟人の1人のした訴訟行為は全員の利益にならなければ効力を生じないが（民訴法40条1項）、弁論の全趣旨として事実認定に斟酌することができる。通常共同訴訟においては、共同訴訟人の1人のした訴訟行為は、有利不利を問わず、その本来の効力は他の共同訴訟人に及ばないが（同39条）、他の共同訴訟人との関係における弁論の全趣旨としては斟酌される。例えば、主債務者と保証人とが共同被告となっている場合に、主債務者が主債務の存在の事実を認めた自白の効力は、主債務の存在を争っている保証人には及ばないが、弁論の全趣旨として斟酌することはできる（大判大正10・9・28民録27輯1646頁参照）。もっとも、共同訴訟人の1人のした恣意

---

[61] 条解民訴1379頁〔竹下〕、注釈民訴(4)78頁〔加藤〕。

的な訴訟行為（真実に反する自白など）により他の共同訴訟人が不相当に不利益な影響を被ることは不都合であるから、慎重な配慮を要するという見解もみられる[62]。正当な指摘である。裁判官としては、実体的真実発見の観点から適切に心証形成すべき場面であるが、共同訴訟人の1人が自白したような場合には、他の共同訴訟人のしかるべき反証が必要になるであろう。

3　弁論の全趣旨の内実

(1)　弁論の全趣旨の前提

　弁論の全趣旨として証拠原因とすることができるのは、口頭主義・直接主義などの訴訟諸原則に則り、当該弁論に適法に顕出された資料に限られる。したがって、準備書面に記載された事実でも、口頭弁論で陳述されていなければ、弁論の全趣旨として顧慮することはできない。別件訴訟における主張も弁論の全趣旨になるといわれるが、別件訴訟でそのような主張がされている事実を、本件訴訟の口頭弁論において主張・立証されることが前提となる（大判大正10・10・20民録27輯1794頁参照）。

　当事者照会および提訴前の予告通知者等照会に対する回答義務に違反した行為は、それ自体には特別の制裁はないが、弁論において主張・立証されることにより、弁論の全趣旨となる[63]。

(2)　人証の証言・供述の態度

　証人尋問・本人尋問における供述態度（例えば、赤面する、汗を流す、過度に躊躇した物言い、おどおどした物言い、反対尋問をはぐらかしまともな応答をしないなどの態度）は、裁判官がその証言や本人尋問の結果を信用するか否かについて判断する際の有力な資料となる。これを弁論の全趣旨と解するか、あるいは証拠調べの結果と解するかについては、議論がある。

　学説は、①弁論の全趣旨に当たるとする見解[64]、②証拠調べの結果に含まれるとする見解[65]、③当該証明主題との関係では、その証拠価値の評価にかかわる補

---

62) 条解民訴1380頁〔竹下〕。
63) 伊藤民訴312頁。
64) 菊井維一＝村松俊夫『全訂民事訴訟法Ⅰ〔全訂版追補版〕』1008頁（日本評論社・1984）。岩松＝兼子編・前掲注37）82頁は、そのように解するのが通説であるという。
65) 菊井維一『民事訴訟法㊤』302頁（弘文堂・1958）、齋藤ほか編・前掲注32）360頁〔小室＝渡部＝齋藤〕。

助事実として証拠調べの結果に含まれるが、当事者本人等の態度が他の証明主題との関係でも意味を有する場合には（例えば、反対尋問をはぐらかしまともな応答をしない態度など）、弁論の全趣旨として斟酌されるとする見解⁶⁶⁾などに分かれる。弁論の全趣旨と解しても、証拠調べの結果と解しても、証拠原因になる点は変わらないから、この議論自体に実益があるわけではないが、③説が正確な説明であり、相当であろう⁶⁷⁾。

(3) 証拠調べに対する態度

第1に、証拠調べに非協力的な当事者の態度によって裁判官の受ける印象なども、弁論の全趣旨として斟酌されることがある。このことから、文書提出命令に応じないという証明妨害も弁論の全趣旨による不利益な評価であると説明するかのような見解⁶⁸⁾もみられる。証明妨害の効果と弁論の全趣旨による不利益な評価の間に連続性を認めることも考えられなくはないが、それぞれの根拠は別であるから、あえてそのような説明をする必要はないであろう⁶⁹⁾。

第2に、証明責任を負う当事者の立証がある程度功を奏するようにみえるのに、相手方が、裁判官の要証事実が存在するという心証形成を阻止するための反証を提出しないことも、弁論の全趣旨に入る⁷⁰⁾。

この点に関連して、「反証提出責任」を観念し、弁論の全趣旨により説明しようとする見解⁷¹⁾がみられる。これは、事実上の推定が成立する場合には、相手方に、自己の敗訴を防ぐための反証を提出する「行為責任としての反証提出責任」が発生し、経験則上、反証が必要であり困難でないときには、特段の事情がない限り、相手方は反証を提出するはずであるから、反証の不提出は、弁論の全趣旨としてマイナスに斟酌してよいとする「反証不提出の法則」があるというものである。

この見解に対しては、要証事実の証明について原則的証明度に達していない場合に相手方の反証不提出により裁判官の心証が原則的証明度に格上げされる

---

66) 条解民訴1380頁〔竹下〕、注釈民訴(4)79頁〔加藤〕。
67) 手続裁量論165頁、コンメ民訴Ⅴ105頁。
68) 春日偉知郎「自由心証主義」『民事証拠法論集』131頁（有斐閣・1995）。
69) 注釈民訴(4)79頁〔加藤〕、手続裁量論167頁。
70) 重点講義(上)569頁。
71) 山木戸克己「自由心証と挙証責任」『民事訴訟法論集』32頁（有斐閣・1990）。

という効果に疑問を呈する見解[72]、「反証が必要であり困難でないとき」という点が曖昧であると批判する見解[73]がみられる。思うに、弁論の全趣旨には、立証の内容に加えて、立証をするか、しないか、および立証の仕方も含めてよいであろうから、反証の不提出を、弁論の全趣旨としてマイナスに斟酌することはできると解される[74]。

4 弁論の全趣旨による事実認定

（１） 弁論の全趣旨のみによる事実認定の可否

弁論の全趣旨のみによって要証事実の認定ができるか。

この点について、かつては、民事訴訟法247条はドイツ民事訴訟法286条と同趣旨であり、常に証拠調べをして弁論の全趣旨と証拠調べの結果とを斟酌することを要する旨を定めたものと解し、弁論の全趣旨のみで事実認定をすることはできないとする見解もあった。しかし、現在では、弁論の全趣旨は、証拠調べの結果と同等の証拠原因であり、証拠調べの結果に対して補充的・補完的なものではないから、弁論の全趣旨のみで事実認定をすることはできると解されており[75]、相当であるといえよう。

（２） 弁論の全趣旨による事実認定の諸相

第１に、ある事実について、証拠調べをすることなく、弁論の全趣旨のみにより認定することは可能である。例えば、相手方が不知をもって答えた第三者作成の文書については、特段の立証がなくても、弁論の全趣旨により成立の真正を認めることができる（最判昭和27・10・21民集6巻9号841頁）。

これについては、①文書の成立の真正という補助事実の認定に関するケースであり、一般化することに疑問を呈する見解[76]、②判例が弁論の全趣旨のみにより事実認定しているのは、第三者作成文書の成立の真正（大判昭和5・6・27

---

72) 太田勝造『裁判における証明論の基礎』209頁（弘文堂・1982）、松本博之『証明責任の分配〔新版〕』14頁（信山社・1996）。
73) 重点講義(上)570頁、小林・前掲注2) 63頁。
74) 「反証提出責任」論は、弁論の全趣旨の機能的把握ということができよう。手続裁量論166頁、注釈民訴(4)80頁〔加藤〕。
75) 三ケ月・前掲注14) 400頁、注釈民訴(4)80頁〔加藤〕、齋藤ほか編・前掲注32) 362頁〔小室＝渡部＝齋藤〕、新堂民訴597頁、伊藤民訴349頁、条解民訴1380頁〔竹下〕。
76) 小林・前掲注2) 69頁注(28)。

民集9巻619頁、前掲最判昭和27・10・21)、挙証者である当事者作成文書の成立の真正(大判昭和10・7・9民集14巻1309頁)、自白撤回要件としての錯誤の有無(大判昭和3・10・20民集7巻815頁)、時機に後れた攻撃防御方法の要件の有無(大判昭和16・10・8民集20巻1269頁)に限っており、主要事実について許容していないのは実務上好ましいとする見解、③判例が弁論の全趣旨のみにより事実認定しているのは、②に掲げたもののほか、紛争の背景事情、紛争の経緯、別件訴訟の顛末などに及んでいるが、争点中心審理を原則とする現行法のもとにおいては、争点につき証拠調べをすることなく、弁論の全趣旨により事実認定をすることは例外的場合に限られるとする見解などがみられる。これらの見解の背景には、弁論の全趣旨が曖昧なものであることの認識と、事実認定が恣意に流れてしまいかねないという危惧がある。

弁論の全趣旨を利用した事実認定のガイドラインとしては、当事者の訴訟全体における攻撃防御方法の提出の仕方や事案の種類・性質などに照らし合目的的に弁論の全趣旨を利用することが相当であるから、この点の判断がされているのであれば、文書の成立の真正などの補助事実だけでなく、実質的な争点とはいえない主要事実についても、弁論の全趣旨のみにより認定することは差し支えない。もっとも、争点中心審理のもとでは、主要な争点については通常証拠調べを実施することになるから、その限りでは、この論点自体が観念的なものになってきているといえよう。

第2に、証拠調べの結果よりも、弁論の全趣旨を重視して事実認定することも可能である。例えば、訴訟関係からみて、当然もっと早期に提出されてしかるべき抗弁が弁論終結近くに提出された場合に、その抗弁を理由あらしめる証人の証言があっても、弁論の全趣旨により、これを理由なしとして排斥することができる。

これを敷衍すると、裁判官としては、①証人の証言内容につき証拠価値があると判断できる場合には、抗弁を認定すべきことは当然である。また、②証言

---

77) 菊井 = 村松・前掲注64) 1164頁。
78) 西野喜一『裁判の過程』46頁 (判例タイムズ社・1995)。
79) 条解民訴1380頁〔竹下〕。
80) 手続裁量論166頁、注釈民訴(4)83頁〔加藤〕。
81) 条解民訴1380頁〔竹下〕。もちろん、時機に後れた攻撃防御方法として扱うことも考えられる。

内容につき他の証拠調べの結果と比較検討したうえで証拠価値が低いと判断した場合には、証拠調べの結果により抗弁は認められないことになるのも当然である。これらに対し、③抗弁事実の内容から、もともと証明が困難なものとみられる場合に、一応抗弁に沿う証言がされ、それ自体は必ずしもその他の証拠調べの結果との関係で証拠価値が低いとまでは評価できないが、抗弁の提出時期を考慮すると全体として証明度に達しているとみることは相当ではないと心証を形成するケースもある。この③が、まさしく、証拠調べの結果よりも弁論の全趣旨を重視したものにほかならない。より正確に表現すれば、証拠調べの結果（証言内容）の証拠価値の判断過程において、弁論の全趣旨が斟酌されているのである[82]。すなわち、弁論の全趣旨には、証拠調べの結果の隙間を埋めるような充填機能がある[83]。

この点に関連して、証拠調べの結果よりも弁論の全趣旨を優先することは事実認定の客観性担保の観点から慎重でなければならないとする見解もあるが[84]、上記③のようなケースについては、弁論の全趣旨を優先することを許容してもよいであろう[85]。

5 弁論の全趣旨と判決理由

弁論の全趣旨を事実認定の資料とした場合には、その弁論の全趣旨が何を指すかを、判決理由中に明らかにすべきものであろうか。

旧法下の判例には、積極・消極、両方の立場がみられた。例えば、消極判例には、判決が証拠調べの結果と弁論の全趣旨とを総合して事実を認定している場合には、理由中に弁論の全趣旨が具体的に判示されていなくとも、記録の照合により自ずと明らかであれば、理由不備の違法はないとするもの（最判昭和36・4・7民集15巻4号694頁）がみられる。これに対して、積極判例として、弁論の全趣旨が何を指すか記録上不明なときには、理由不備の違法があるとするもの（大判大正12・8・2評論13巻民訴96頁）もみられた。

現行法では、最高裁に対する上告理由は憲法違反と絶対的上告理由に限定さ

---

82) 注釈民訴(4)81頁〔加藤〕。
83) 手続裁量論166頁、注釈民訴(4)83頁〔加藤〕。
84) 小林・前掲注2）60頁。
85) 注釈民訴(4)82頁〔加藤〕。

れ（民訴法312条1項・2項）、312条2項6号に定める「判決に理由を付せず、又は理由に食違いがあること」についても、判断の理由が全く書かれておらず、書かれていても理由の体をなしていない場合（理由不備）や、理由の記載に前後矛盾があることが明らかな場合（理由の食違い）に限定して、厳格に解されている（最判平成11・6・29裁判集民193号411頁・判タ1009号93頁）。したがって、最高裁において旧法下で理由不備とされたものも、現行法下においては理由不備とされないことがある。その点は、留保しなければならないが、現行法のもとにおいても、判例は、訴訟経過ないし一件記録からみて弁論の全趣旨が何を指すかが当事者および上級裁判所に明らかであれば、これを判決理由中に具体的に示す必要はないと解しているとみてよいであろう[86]。

　実務上は、証拠調べが十分にされる結果、弁論の全趣旨は直接の事実認定の資料として判決書にあらわれないのが通例である[87]ともいわれるが、弁論の全趣旨は多様であり、場合によっては曖昧なものでもあるから、その具体的内容を的確に示すことが困難なことも少なくない。他方で、事実認定の明晰性・明確性、さらには客観性の要請があり、判決理由はこれを担保するものでもある。

　判決理由中における弁論の全趣旨の具体化をどこまで原則とするかは、このような実際の困難さと事実認定の明晰性・明確性・客観性の要請とを、どのように調和させるかという問題でもある。この論点については、①判決書では弁論の全趣旨の具体的内容を示すのが原則（消極判決は例外）であるから、それが記載できない場合は、弁論の全趣旨を証拠原因にすべきでないとする見解[88]、②弁論の全趣旨の具体的内容を示すことが困難である場合であっても、訴訟経過ないし一件記録からみて弁論の全趣旨が何を指すかが当事者および上級裁判所に明らかになることはあるから、この場合も判例理論に従えば足りるとする見解[89]、③弁論の全趣旨は、当事者の主張・立証、裁判所の審理の尽きたところで説明できない部分を引き受けているのであり、判決の説明過程でも説明できないものはあるから、訴訟経過ないし一件記録からみて弁論の全趣旨が何を指

---

86) 条解民訴1380頁〔竹下〕、注釈民訴(4)82頁〔加藤〕、村松俊夫『民事裁判の諸問題』48頁（有信堂・1953）、齋藤秀夫「判批」判例解説民事篇昭和10年度80事件。
87) 岩松＝兼子編・前掲注37) 80頁。
88) 山本和彦「判批」民事訴訟法判例百選Ⅱ255頁（1998）。
89) 注釈民訴(4)83頁〔加藤〕。

すか特定できないとしても、これを事実認定に利用することは違法ではないとする見解[90]、④弁論の全趣旨の具体的内容を明示することは事実認定の客観性・合理性を担保し、裁判の信頼を確保するために望ましいが、弁論の全趣旨には、証拠調べの結果の隙間を埋める充填機能があることからして、その具体化が困難な場合においても事実認定に利用することは許容されるとする見解[91]などがみられる。事柄の実質を考慮すると③説のような説明ぶりも許容されると思うが、私見は、④説である。

VII　証拠調べの結果

1　証拠調べの結果の意義

　証拠原因となる証拠調べの結果とは、裁判所が適法な証拠調べを実施した結果として得られた証拠資料である。例えば、書証、人証の取調べの結果である証言または本人尋問の結果、鑑定の結果、検証の結果、調査嘱託の結果などである。証拠調の結果のみで事実を認定できることは、異論がないが、裁判官の心証形成からいえば、程度の差はあるが、常に弁論の全趣旨を心証の基礎としていると指摘されている[92]。

　適法になされた証拠調べの結果でなければならないから、当事者を呼び出さずに実施された証拠調べの結果は斟酌することができない。なお、受訴裁判所の心証形成の資料に供された証拠については、その証拠の申出を撤回することは許されない。したがって、口頭弁論期日において、当事者から鑑定結果が陳述され受訴裁判所の心証形成の資料に供された後は、鑑定の申出を撤回することはできない（最判昭和58・5・26判時1088号74頁・判タ504号90頁）。

　裁判所外において証拠調べが実施された場合（例えば、受命・受託裁判官により証拠調べが実施されたような場合）には、口頭弁論に上程された証拠のみが証拠原因となる。この点に関連して、①当事者が口頭弁論で証拠調べの結果を援用することが必要であり、かつ、援用するかどうかの自由を有するとする見解[93]

90）西野・前掲注78）74頁。
91）手続裁量論166頁、注釈民訴(4)83頁〔加藤〕。
92）菊井＝村松・前掲注64）1166頁。
93）岩松＝兼子編・前掲注37）195頁、齋藤ほか編・前掲注32）459頁〔小室＝渡部＝齋藤〕。

もみられるが、②裁判所外の証拠調べであっても、すでに証拠調べが完了しているから、当事者は証拠の申出を撤回する自由を有せず、受訴裁判所が証拠調べの結果を口頭弁論に顕出（上程）した以上、当事者の援用がなくとも当然に証拠資料となり、判決の基礎として採用できるという見解[94]が相当である。

2　証拠調べの結果に対する証拠評価

（1）　証拠評価の基本

　裁判所が適法な証拠調べを実施した結果として得られた証拠資料の証拠力は、裁判官の自由な評価に委ねられる。証拠力は、形式的証拠力、実質的証拠力（証拠価値）の双方を含む。一つの証拠の一部を信用することも含めて、証拠の取捨は、経験則に従うという内在的制約はあるが、裁判官のフリーハンドに委ねられる。これが自由心証主義の根幹である。[95]

　証言には、当事者本人や証人が意図的に虚偽を混入させることがあり得る。当事者は、第三者である証人と比較すると、自己に有利なことを述べる場合が多い。証言・本人の供述は、一審の方が事象が発生した時点により近接している。また、ある事象が発生した当時作成した文書にはその時点で固定されている。その意味では、一般的に、当事者本人より証人の方が、控訴審より一審の人証の方が、人証より書証の方が、証拠価値が高いということはできる。しかし、具体的事件についての証拠の価値判断は、まさに自由心証により、第三者の証言や書証を信用することなく、当事者本人尋問の結果によって事実を認定する、あるいは、控訴審の証言・本人の供述を信用し、一審での証言・本人の供述を信用することなく事実を認定するなど、すべて裁判官の自由心証に任せられる。したがって、公文書の証明力は高いのが通常であるが、合理的な理由があれば、他の証拠の証拠力に劣ると評価することも可能である（東京高判昭和39・11・30東高民時報15巻11号241頁）。また、未成年者の証言でも、信憑性が認められれば、証拠原因とすることができる（13歳の少年の証言につき最判昭和

94）注釈民訴(4)85頁〔加藤〕、伊藤民訴371頁、木村元昭「受命裁判官・受託裁判官による人証の取調べ」門口正人編集代表『民事証拠法大系(3)』163頁（青林書院・2003）、西村宏一「受命裁判官は一人に限るか」近藤完爾＝浅沼武編『民事法の諸問題(1)』193頁（判例タイムズ社・1965）、近藤完爾「直接主義復習」倉田卓次＝住吉博編『民事訴訟論考(2)』38頁（判例タイムズ社・1978）、三ケ月・前掲注14）376頁、飯原・前掲注54）240頁。

95）注釈民訴(4)85頁〔加藤〕。人証の証拠評価については、本書第5章参照。

40・10・21民集19巻7号1910頁、8歳の児童の証言につき最判昭和43・2・9判時510号38頁）。

（2）　証拠の一部の採用

裁判官は、一つの証拠の一部を信用し、これを採用して、他の一部を排斥することも可能である（大判明治36・12・23民録9輯1462頁）。これは、採用した部分と排斥した部分とが別個の事実に関するものであればあり得る（札幌高判昭和33・2・26訟月4巻6号805頁）。また、同一の証拠の一部によって原告に有利な事実を認定し、他の部分によって不利な事実を認定することも可能である（大判昭和5・9・12評論19巻民訴475頁）。

（3）　鑑定結果の証拠評価

鑑定結果は、通常特別な学識経験を有する専門家による判断の結果であるため、これを十分尊重しなければならないが、鑑定結果の証拠価値をどう評価するかは、書証または証言その他の証拠と同様に、裁判官の自由心証に委ねられる。

したがって、裁判官は鑑定意見に拘束されず、複数の鑑定結果のうちどれを採用するか（大判昭和7・3・7民集11巻285頁、大判昭和10・10・8評論24巻民訴454頁、大判昭和15・12・20民集19巻2283頁、大判昭和16・11・7評論31巻諸法48頁）についても、自由に判断することができる。さらに、鑑定書に十分な理由が示されず（大判昭和4・5・11評論19巻民訴103頁、最判昭和35・3・10民集14巻3号389頁、最判昭和35・4・21民集14巻6号930頁）、あるいは全く理由が示されていなくとも（大判大正5・5・6民録22輯904頁）、他の証拠ないし弁論の全趣旨とを総合して信用に足ると評価することができれば、その鑑定結果を採用することができるし、目的物を実見しないで行われた鑑定の結果の採否（最判昭和28・12・18民集7巻12号1446頁）なども、すべて裁判官の自由心証に任せられている。

鑑定結果（鑑定意見）の証拠評価の方法は、必ずしも一般化されてはいないが、①鑑定人の専門性・中立性の吟味、②鑑定意見それ自体の合理性の検討（鑑定意見の論理的完結性、推論の合理性、論拠の有無・強弱、説得力の大小などの総合的評価）、③他の証拠との関連ないし整合性の検討などは、必要かつ不可欠であると解される[96]。専門的知見を導入するのが鑑定の目的であるから、理由が十分とはいえないような場合には、容易に採用すべきではないであろう。

なお、鑑定結果が書面により報告される場合、その結論部分としての鑑定主文とこれを理由づける鑑定理由とは分けて示される。①法律上、鑑定意見となるのは、このうち鑑定主文のみであるとする見解もみられるが[97]、②主文・鑑定理由を含めた鑑定書の全体が鑑定意見として証拠資料となるとする見解が相当である[98]。したがって、自由心証主義のもとでは、合理的な理由がある限り、鑑定理由の一部を採用することも可能である。

---

96) 条解民訴1154頁〔松浦＝加藤〕、中野貞一郎「鑑定の現在問題」『民事手続の現在問題』160頁（判例タイムズ社・1989）、木川統一郎「民事鑑定における心証形成の構造、同「専門訴訟の判決理由の説得力」『民事鑑定の研究』2頁、197頁（判例タイムズ社・2003）参照。
97) 岩松＝兼子編・前掲注37) 318頁、野田宏「鑑定をめぐる実務上の二、三の問題」中野貞一郎編『科学裁判と鑑定』13頁（日本評論社・1988）、谷口安平＝福永有利編『注釈民事訴訟法(6)』468頁〔井上繁規〕（有斐閣・1995）。
98) 手続裁量論249頁、条解民訴1155頁〔松浦＝加藤〕、伊藤民訴394頁、松本博之＝上野泰男『民事訴訟法〔第7版〕』440頁（弘文堂・2012）、注釈民訴(4)86頁〔加藤〕、谷口＝福永編・前掲注97) 418頁〔太田勝造〕。

第7章 経験則論

I　はじめに

　本章では、民事訴訟の事実認定における経験則の機能を中心として、事実認定方法論について考察を加える。

　その構成としては、まず、民事訴訟の事実認定プロセスにおける経験則の意義と実践的な機能を考察する（II）。次に、経験則と推認・信用性の判断の具体例を観察したうえで（III）、経験則についての留意点として、その例外随伴性のほか、その体系化の問題にも触れ、経験則の証明の問題に及ぶ（IV）。最後に、本章の論旨を要約する（V）。

　本章のモチーフは、民事訴訟の事実認定方法論における経験則の機能と位置づけを明確にすることにある。このことは、事実認定の構造と作動のあり方を可視化するために不可欠であると考える。

II　経験則の意義と機能

1　経験則の意義と多様性

　経験則とは、個別的経験から帰納的に得られた事物の概念や事実関係についての法則的命題をいう。[1]

　経験則にはいろいろなレベルのものがあり、日常茶飯の常識に属するものから、高度な専門的特殊知識に至るまで多様である。すなわち、経験則には、①必然的といえる絶対確実なもの（例えば、自然科学法則）、②高度の蓋然性があるもの、③相当の蓋然性のあるもの、④一応の蓋然性があるもの、⑤社会事象として可能性がある程度のもの（例えば、金に困っていたなら借金をしたであ

---

[1] 経験則に関する文献については、本書第1章V 4参照。

ろうという世間知）など、その内在する蓋然性に強弱がみられる。また、一般的経験則と特殊専門的経験則との境界は相対的なものであり、移動し得るものでもある。

さらに、個々の訴訟における証明の状況全般のなかで当該経験則の蓋然性が決まってくるといわれることもあるが[2]、経験則の蓋然性は、その定義からも明らかなように、客観的に定まったものである。したがって、証明の状況全般のなかで経験則の蓋然性が決まるというのは正確ではなく、同一の経験則を適用した場合であっても、裁判官は反証の有無や反証の積極性などの証明活動をも加味して評価するために、その結果としての心証に差異が生じることがあるが、当該経験則の蓋然性自体が変動するわけではない[3]。

この点に関連して、倉田卓次判事の「心証補強則」の議論をみておくことにしよう[4]。倉田判事は、異なる前提事実が異なる経験則を利用しつつ同じ推定事実を指向する場合には、それぞれの経験則の確率が各50％以上であれば相互に強力に補強しあい、最後に得られる推定事実の心証を著しく高めるという。そして、このように補強的に働く経験則のなかには、当事者によって明示的に主張されていないものもあり、これを「心証補強則」と名付けられる。その「心証補強則」は、①弁論主義や証明責任分配の背後にある「自分が関係したことなら自分で証明できるはず、だから主張するはず、その逆も真」という人間性認識に由来する経験則、②論理学上の充足理由律に由来する「他の原因が考えられない以上、そう認めるよりなかろう」という思考を主要なものとして構成されるという。「心証補強則」は、事実認定方法論において、複数の経験則の働かせ方をメタ・レベルで説明するものとして受け止めることができよう。

2　経験則の機能

経験則は、法律行為の解釈の場面、抽象的概念（規範的要件）該当性判断の

2）中野貞一郎「過失の『一応の推定』について」『過失の推認〔増補版〕』46頁（弘文堂・1987）、野崎幸雄「因果関係論」有泉享監修・西沢道雄＝沢井裕編『現代損害賠償法講座５』104頁（日本評論社・1973）。
3）本間義信「訴訟における経験則の機能」新堂幸司編集代表『講座民事訴訟⑤　証拠』66頁（弘文堂・1983）。
4）倉田卓次「交通事故訴訟における事実の証明度」『民事交通訴訟の課題』136頁（日本評論社・1970）。

場面、事実認定の場面などで有効に機能するといわれる[5]。とりわけ、事実認定における経験則の重要性については、民事訴訟における事実認定は、「徹頭徹尾経験則の適用[6]」という表現をもって、象徴的に語られている。

事実認定の場面における経験則の役割を挙げれば、次のとおりである[7]。

第1に、経験則には、間接事実から他の間接事実または主要事実を推認する機能がある。これは、事実上の推定といわれる。民事訴訟の事実認定においては、警察・検察が証拠を収集する刑事訴訟における事実認定と比較して、経験則の果たす役割が大きい。これは、民事訴訟では、刑事訴訟よりも裏付け証拠が乏しく、そのなかで推論・洞察していく作業が相対的に重視されざるを得ないことに由来するものである。

第2に、経験則には、証拠資料の実質的証明力（証拠価値）をチェックする機能がある。当然のことながら、経験則上蓋然性がより高い証拠資料の方が、実質的証明力（証拠価値）は高いという評価がされる。

第3に、経験則には、補助事実が証拠資料の実質的証明力（証拠価値）の評価に影響を与える機能がある。例えば、証人が反対尋問で口ごもった場合に、証言内容に自信がないからではないかとみたり、当事者が反対尋問に答えなかった場合に、都合の悪いことがあるからではないかと考えるのは、一定の経験則に基づく評価を背景としているのである。

第4に、経験則には、弁論の全趣旨により証拠資料の実質的証明力（証拠価値）をチェックする機能がある。

裁判官は、主張に関して、一定の主張部分の合理性および主張全体の整合性をテストすることはもとより、主張提出それ自体の（提出時期をも含めた）自然性についてテストする。その結果、合理的・整合的・自然的なものでなければ、経験則に照らして、特段の事情の主張が必要と受け止める。また、例えば、当事者が主張を撤回した場合でも、いったん主張した事実を撤回したという訴訟追行態度は、撤回後の新たな主張または相手方の主張の当否の判断に際して、

5）本間・前掲注3）64頁、右田堯雄「経験則の機能」三ケ月章＝青山善充編『民事訴訟法の争点〔新版〕』240頁（有斐閣・1988）、伊藤滋夫「経験則の機能」青山善充＝伊藤眞編『民事訴訟法の争点〔第3版〕』199頁（有斐閣・1998）、後藤勇『民事裁判における経験則―その実証的研究』11頁、16頁（判例タイムズ社・1990）。
6）賀集唱「民事裁判における事実認定をめぐる諸問題」民訴雑誌16号72頁（1970）。
7）注釈民訴65頁〔加藤新太郎〕。

弁論の全趣旨として（多くの場合、新主張の当否の判断についてはマイナスに、相手方の主張の当否の判断についてはプラスに）斟酌されることがある[8]。

さらに、裁判官は、立証に関して、証拠価値の判断のために、当該証拠調べの結果自体の客観性・合理性、他の証拠調べの結果との整合性をテストするが、それ以外にも、当然提出されるべき証拠の不提出や証拠調べに協力的であったか等の周辺事情（これが弁論の全趣旨である）を斟酌することが許される[9]。

以上によれば、事実認定において経験則は、間接事実から主要事実への推認の場面で機能し、訴訟資料・証拠資料の信用性（証明力）の判断の場面で機能するのである。

3 事実上の推定

(1) 事実上の推定

事実上の推定とは、例えば、子の父に対する認知の訴え（民法787条）において判例が示した、「A女が甲を懐胎したと認められる期間中、B男と継続的に情交を結んだ事実があり、かつ血液型検査によってもBと甲との間に血液上の背馳がない場合には、当時AがB以外の男性と情交関係があった等の特段の事情がない限り、甲はBの子と推認すべきである[10]」という推論過程が、その典型例である。

このような子の父に対する認知の訴えでは、主要事実である「父子関係の存在」は、「①原告の母が原告を懐妊した当時被告と同棲の事実（情交関係）があったこと、②原告・被告間に血液型の背馳がないこと、③原告・被告間に身体的特徴の類似性があること、④被告に事実上認知を肯定するかのような言動があったこと」などの間接事実によって推認される、という構造を有しているのである[11]。

これに対して、被告は、推認を妨げるために、特段の事情として、「原告の母が原告を懐妊した当時他の男性と情交関係があったこと」を主張・立証する

---

8) 手続裁量論169頁、大判昭和11・5・21新聞3993号12頁など。
9) 手続裁量論170頁、大阪高判昭和59・10・5判夕546号142頁。
10) 最判昭和31・9・13民集10巻9号1135頁、最判昭和32・6・21民集11巻6号1125頁、最判昭和32・12・3民集11巻13号2009頁など。
11) なお、近時のDNA鑑定という科学的証明方法の確立によって、この推認ルールの効用は縮小してはいる。

ことになる。これは、一般に、「不貞の抗弁」または「多数関係者の抗弁」といわれるが、正確にいえば抗弁ではなく、主要事実の推認を妨げる間接事実の主張である。[12]

(2) 法律上の推定（法律上の事実推定）

事実上の推定と区別されなければならないものに、法律上の推定（法律上の事実推定）がある。

事実上の推定が、自由心証主義の一つの作用として、間接事実から経験則を適用して要証事実の推認を行うものであるのに対して、法律上の推定は、経験則に当たるものが法規に定められ（推定規定）、その規定の適用として一定の事実の推定が行われるものである（民法186条2項、破産法15条2項など）。したがって、事実上の推定は、経験則を利用した自由心証主義のもとにおける事実認定そのものであるが、法律上の推定は、経験則適用の作業（心証形成）とは関係がない。[13] その意味では、法律上の推定は、自由心証主義以前の問題である。[14]

(3) 一応の推定・表見証明

判例法上形成されてきたものとして、「一応の推定」という概念がある。

一応の推定は、通常の事実上の推定よりも高度の蓋然性ある経験則によって、間接事実（前提事実）から要証事実を推認するものと解されている。[15] 高度の蓋然性ある経験則は、例外随伴性が低く、前提事実の証明があれば推定事実の存在が高度の蓋然性をもって認識されることになるから、相手方が推定事実の不存在を推認させる事実（特段の事情）を証明（間接反証）しなければ、推定事実の証明があったものと認定される。[16] したがって、一応の推定は、自由心証主義

....

12) 特段の事情の証明は反証では足りず、本証であるとするのが、「間接反証理論」である。間接反証理論については、倉田卓次「間接反証」『民事実務と証明論』237頁（日本評論社・1987)、賀集唱「間接反証」青山＝伊藤編・前掲注5) 210頁、伊藤眞＝加藤新太郎＝山本和彦「証明責任論争」『民事訴訟法の論争』118〜122頁（有斐閣・2007) 参照。間接反証理論について疑義を呈し、問題点をクリアするために、「反対間接事実」を提唱する見解もみられる。伊藤滋夫『事実認定の基礎―裁判官による事実判断の構造』121頁（有斐閣・1996)。
13) 賀集唱「事実上の推定における心証の程度」民訴雑誌14号41頁（1968)、注釈民訴63頁〔加藤〕。法律上の推定については、ローゼンベルク〔倉田卓次訳〕『証明責任論〔全訂版〕』236頁以下（判例タイムズ社・1987) 参照。
14) 三ケ月章『民事訴訟法（法律学全集）』399頁（有斐閣・1959)。
15) 新堂民訴617頁、中野貞一郎＝松浦馨＝鈴木正裕編『新民事訴訟法講義〔第2版補訂2版〕』281頁、360〜362頁〔青山善充〕（有斐閣・2008)、山木戸克己『民事訴訟法論集』39頁（有斐閣・1990)。
16) 注釈民訴64頁〔加藤〕。

の枠内における経験則の適用の一場面と解されるから、自由心証主義の範囲内のものである。

　ドイツでは、損害賠償請求訴訟につき因果関係や過失の認定が争点となる類型において判例上確立しているとされる「表見証明」という概念があり、わが国でも、一応の推定とほぼ同義に用いられることが少なくない。

　表見証明は、定型的事象経過、すなわち、一般的な生活経験上、それ以上詳細な解明を行わなくてもその存在が認められ、その定型的性格のゆえに個別事実の具体的事情をさしあたり度外視して差し支えない事象の推移がある場合には、因果関係の証明としては、外形的事実の証明で足り、また、過失の証明としては加害者の行為の証明で足りるというものである。逆に相手方は、当該具体的事案において別の事象経過が存在した可能性があることを示す事実を証明して定型的事象経過に疑いを生じさせる必要があるが、それが証明責任を転換するものか否かについては争いがある。例えば、医師による外科手術後にメスが患者の腹腔内に残留されていれば、医師の過失および損害と因果関係を示す定型的事象経過があるといえる。表見証明は、その由来から対象が過失と因果関係に限られ、適用されるべき経験則の蓋然性が極めて高度のものであるが、その点を押さえておけば、一応の推定とほぼ同様の議論が妥当するとみてよいであろう[17]。

III　経験則と推認・信用性の判断

1　経験則と推認

　経験則により間接事実から主要事実を推認する実例をいくつかみておこう。

【ケース I 】製造物責任訴訟

　飲食店を営むXは、大手電気機械器具メーカーYが製造した業務用冷凍庫を食材の冷凍保存のために使用していたが、火災が発生し、店舗兼居宅が半焼した。Xは、業務用冷凍庫からの発火が原因であるとして、Yに対して、損害賠償請求をした。しかし、このケースでは、冷凍庫から発火したことにつき目撃

---

[17] 藤原弘道「一応の推定と証明責任の転換」『民事裁判と証明』61頁、77頁（有信堂高文社・2001）〔初出は、新堂編集代表・注３）146頁〕、春日偉知郎『民事証拠法研究』79〜158頁（有斐閣・1991）、中野＝松浦＝鈴木編・前掲注15）281頁、360〜362頁〔青山〕。

者がおらず、発火源が冷凍庫であるか否かが、事実に関する大きな争点となった。

　経験則によれば、そもそも冷凍庫から出火することは、通常は考えられない。しかし、例えば、電源プラグにほこりが溜まっている状態になると、そこに静電気が発生してコードの被膜が破れてショートし、その箇所から発火するという可能性はある。そのような原因であった場合には、「メーカーの責任なのか、あるいはユーザーがきちんと掃除をしないことがいけなかったのか」という争点になる。しかし、本件の冷凍庫は焼失してしまっているので、そうした原因かどうかも分からないし、そもそも、Yは冷凍庫が発火源ではないと断固否認して争っているのである。

　目撃者の証言という直接証拠はないので、本件における事実認定としては、間接事実により冷凍庫から火が出たのか、そうでないのかについて推理していくことになる。

　東京地判平成11・8・31判時1687号39頁は、火災の発火源について、次のような間接事実を総合して、冷凍庫から発火したものと推認することができると判示した。

①鋼鉄製の冷凍庫は、経験則上、本来外部からの火で燃える蓋然性は低いものであるのに、本件冷凍庫それ自体が焼損している。この点は、「冷凍庫からの発火」についての積極要素としてカウントすることができる。

②冷凍庫が置かれた場所と、その裏側に当たる板壁の焼損の位置が合致しており、板壁の部分は建物内部の他の箇所に比べて焼損の程度が大きい。

③冷凍庫の背面に近い部品の焼損よりも、背面から遠い部品の焼損が激しい。そうすると、経験則上、冷凍庫の内側からの火により焼損が広がっていったものと考えられる。

④一般的に（自然科学的知見からすれば）、冷凍庫のサーモスタット部品にトラッキング現象が発生することはあり、冷凍庫から発火して背後の板壁に

---

18) 例えば、東京高判平成11・4・14判時1700号44頁は、建物の火災について、電気器具の器具付きコードのプラグと室内の壁面に設置された電機配線のコンセントの接続部分にほこりが溜まり湿気が加わることによって生じるトラッキング現象が出火原因であると認定された具体例である。
19) 先例であるテレビ発火事件は、いずれも目撃証人がいるケースである。大阪地判平成6・3・29判時1493号29頁、大阪地判平成9・9・18判タ992号166頁（メーカーの責任肯定）。

着火する可能性がある。
⑤社会的事象としてみると、冷凍庫と冷却機能という点で類似する冷蔵庫からの発火による火災が、毎年複数件ある。統計があるからといって、本件もそうだということにはならないが、そうした可能性はないわけではないといえる。
⑥本件火災には、たばこ、ガス器具等からの発火、利得目的での放火など、その他の原因は見当たらない。

【ケース2】保険代位による損害賠償請求訴訟

　阪神淡路大震災の2日後に、倉庫会社Y保有の倉庫から火災が発生し、Aの貨物が全焼した。Aは、損害保険会社Xとの間で貨物海上保険契約を締結していた。Xは、Aに保険金を支払い、AのYに対する貨物保管義務違反の過失による不法行為に基づく損害賠償請求権を保険代位により取得した。そこで、Xは、Yに対して、損害賠償請求をした。事実に関する争点は、本件火災の原因とそのメカニズムであった。

　東京地判平成11・6・22判夕1008号288頁は、火災の原因とそのメカニズムについて、次のような間接事実を総合して、倉庫内の化学薬品が荷崩れにより漏出し、他の貨物から流出した水分と化合して発火したものと推認することができると判示した。

①本件火災発生当時、水分と接すると高熱を発して化合する性質を持つナトリウムメチラートパウダー（NMP）の貨物があった。
②NMPの保管状況からすると、大震災の揺れを契機として、水分を含有する貨物と接する可能性があった。
③本件倉庫内の他の貨物の内容・性状、倉庫内の立入りの状況等からすると、本件火災の原因として、NMP以外のものを想定することは困難である。

　【ケース1】や【ケース2】など、事故型紛争について、間接事実から主要事実を推認するものは、実務上は、枚挙に暇がない。
　また、契約型紛争についても、契約書のない消費貸借契約の存否について、次のような間接事実を認定し、主要事実が推認できるかを判定するのが、実務例である。すなわち、重要な間接事実としては、①当事者の関係（友人か、親戚か。過去にも貸借があったかなど）、②借主の懐具合（貸借と主張される時期とその前後の状況など）、③借主の借りる必要性・目的（貸借時のやりとりなど）、

④貸主の調達方法(手持ちの金員か、預金を払戻したのか、第三者から融通を受けたのかなど)といったものを想定して、事実についての判断をしていくのである。

さらに、事件類型として、ある程度定型的なものに関しては、実体的な観点から、重要な間接事実についての研究もされるに至っている。[20]

2　経験則と信用性の判断

当事者の主張・証拠が、経験則に照らして、疑問符の付くようなケースがある。そのようなケースは、弁論準備手続でも裁判官が当事者に指摘することになるし、証拠調べにおいても注意を払うことになる。

経験則により主張・証拠の信用性を判断した実例のいくつかをみておこう。

【ケース3】預託金返還請求訴訟[21]

X社(代表者A)は、中国においてパチンコ店を開店し営業することを企画する会社である。X社が、総菜屋であるY社(代表者B)に対し、パチンコ店内でおにぎりを販売しないかと商談をもちかけ、Y社はこれに乗ることにした。Aは、中国でのパチンコ店の開店、おにぎり店の開店許可を得るべく、関係当局に運動・交渉する必要があった。

Bは、Aに500万円を預託したが、結局、おにぎり店の開店には至らず、預託金返還請求訴訟を提起した。この金銭交付の趣旨が、争点となった。

X社は、6ヶ月以内にパチンコ店の開店許可を得たら、500万円の返還はしない(6ヶ月以内に開店許可が得られなければ500万円を返還する)という合意であったと主張した。これに対し、Y社は、6ヶ月以内におにぎり店が開店することができたら、500万円の返還はしない(6ヶ月以内に開店できなければ500万円を返還する)という合意であったと主張した。書面は作成されておらず、口頭の合意である。AとBは、尋問において、それぞれ自己の主張に沿う供述を

---

20) その例として、交通事故賠償・保険金の不当請求ケースに関する重要な間接事実について、加藤新太郎「交通事故賠償・保険金の不当請求」藤原弘道＝山口和男編『民事判例実務研究5』126頁(判例タイムズ社・1994)、火災保険金請求(故意推認)ケースに関する重要な間接事実について、竹濱修「火災保険における被保険者の保険事故招致」民商114巻4＝5号12頁(1996)、車両保険に関する不正請求ケース(盗難型、事故型)に関する重要な間接事実について、大阪地方裁判所金融・証券関係訴訟等研究会「保険金請求訴訟について」判タ1124号24頁(2003)など。
21)【ケース3】は、筆者が経験したケースをモディファイしたものである。

した。

　この主張・証拠の信用性をどのように判断すべきか。

　Aの関係当局に対する働きかけの結果、パチンコ店の開店許可は得られたが、実際には営業しておらず、おにぎり店も開店するには至っていない。問題となるのは、AはBにパチンコ店の開店許可が得られたことを直ちに告げていないこと（当事者間に争いのない事実）であった。また、500万円の使途をみると、中国において使われたわけではなく、X社の日本国内での他の支払いに流用されている。

　ビジネス上の経験則では、Bの関心事はおにぎり店の開店にあり、そのために500万円を預託するのであるから、それができなければ返還する旨の合意をすることが自然かつ合理的である。これに対して、パチンコ店の開店はその前提にすぎないから、これを500万円返還の条件にかからしめることは不自然かつ不合理である。この点からすると、Y社の主張が優位にある。これは、人証の信用性の評価に入る以前の主張と反論についての経験則からみた説得性の評価でもある。

　他の証拠をみると、中国におけるパチンコ店およびおにぎり店の開店許可の手続は明確でないが、それらの開店許可が得られたことをうかがわせる書面が提出されている。しかし、AがBにパチンコ店開店許可を得たことを告げていない点を考えると、開店許可それ自体に疑義がないではない。民事訴訟を提起した時点で、X社が中国でパチンコ店を営業していれば、その許可が得られたことは明らかであるが、パチンコ店営業の事実はない。さらに、パチンコ店の開店許可が得られた時点で、Bに告げて、おにぎり店の開店準備をさせることが必要であるのに、これをしていないのは奇妙である。その点についての合理的な説明もされていない。

　そう考えていくと、「Aがパチンコ店の開店許可が得られたことを、その段階でBに告げていないこと」は、経験則上、重要な意味をもつ。開店許可が出ていたとしても、その時期は合意から6ヶ月以内ではなく、もっと遅かったとも考えられる。そうすると、Bから時期遅れを指摘され、預託金の返還を求められることを懸念して、告げなかったのではないかと推測される。

　以上のような諸点からすると、Y社の主張の優位は揺るがず、Bの「6ヶ月以内に開店できなければ500万円を返還する」との約束のもとに金員を交付し

たという供述の信用性は高いが、反対に、Aの供述の信用性は低いという評価になる。

【ケース４】養子縁組無効確認請求訴訟[22]

原告Xの主張によると、「昭和60年に、韓国人女性Yとの養子縁組届けが、Xの知らない間に提出されていた。Xがそれを知ったのは、昭和62年に、ある事件の容疑で警察に取り調べられた時のことである。記憶をたどってみると、昭和60年ころ、知人Aと会社を設立しようとして、Aに実印を預けたことがある。それが悪用されて、Xの知らない間に、Yとの養子縁組届けがされたのであろうと考えて、Aを探したが見つからなかった。Xは、法律扶助を受け、弁護士に依頼し法務省入国管理局登録課に照会したところ、Yは、昭和60年11月に入国し、翌61年10月に出国していることが判明した。現在、AもYも、その所在は不明である。」というケースである。そこで、Xは、養子縁組無効確認訴訟（公示送達事件）を提起した。

Xは、その本人尋問において、上記の言い分に沿う供述をした。しかし、裁判官の補充尋問では、「会社設立のためAに実印を預けたというが、どのような会社なのか」尋ねられたが、説明できなかった。これは経験則に反しており、不自然である。また、「第三者が勝手に養子縁組届けをすることは犯罪であり、よほどの事態でなければされない」という経験則もある。

このケースでは、裁判官の補充尋問により、「Aから知り合いの韓国人女性Yを入国させ滞在させたいので、3ヶ月ほど戸籍を貸してくれと頼まれて、養子縁組届けに自分で署名した」という真相が明らかにされた。主張レベル・立証レベルで経験則を働かせた結果、真実発見に至ったケースといえるであろう。

【ケース５】離婚請求訴訟における婚姻中の暴力[23]

ある夫婦の離婚訴訟（夫から本訴請求、妻から反訴請求）において、夫婦関係は破綻していて離婚それ自体はやむを得ないが、破綻の原因がどちらにあるか争いとなった。

妻は、夫からたびたび暴力行為を受け、怪我をした事実もあり、婚姻破綻は

---

22) 【ケース４】は、筆者が経験したケースをモディファイしたものである。本書第５章Ｖ１の【ケース６】の解説も参照。
23) 【ケース５】は、筆者が経験したケースをモディファイしたものである。加藤新太郎編『民事尋問技術〔第３版〕』29頁（ぎょうせい・2011）。本書第５章Ｖ２参照。

夫の責任であると主張した。例えば、〇月〇日夫の実家に立ち寄った帰りに、妻が自動車に乗ろうとした際、実家での態度に立腹した夫から顔面を殴打され、怪我をしたため医者にかかったと主張した。妻は、本人尋問でも、そのように供述し、〇月〇日に受診した旨の医師の証明書も証拠として提出した。

夫は、〇月〇日に妻が怪我をしたことはあったが、それは夫の実家の階段を踏み外して、腰を打ったものだと反論した。夫は、本人尋問でも、妻の言い分を否定する供述をし、さらに、夫の両親も、「嫁が階段を踏み外したのを目撃したので間違いない」旨の陳述書を証拠として提出した。

これに対して、妻は、夫もその両親も夫に有利になるよう嘘をつく動機があるから、信用性が乏しいと指摘した。これは、広い意味での経験則ともいえ、一般論としては、誤りとはいえない。また、暴力を受け怪我をした事実がないのに、あえてそれがあったと主張することは、裁判所を騙そうとするものであるが、普通はそこまではしないと考えられる。これも、当事者の訴訟活動に関する経験則であるといえる。

この争点の決着のポイントは、医師の証明書にあった。この医師は、いわゆる接骨医であった。顔面を殴打され怪我をした者は、通常、外科医に行くことを考え、接骨医には行こうとしないであろう。しかし、階段を踏み外して腰を打った者が、接骨医を受診し治療を受けることは、経験則上、不自然ではない。そうすると、夫の本人尋問を信用するのが相当であり、妻の本人尋問は信用できないということになる。妻が主張した〇月〇日における夫の暴力行為の事実は、妻の本人尋問を信用することができないため、認めることができないのである。

このケースでは、妻は、別の日時の夫の暴力行為も主張し、供述もしていたが、やはり信用性を欠くという評価になった。一つ嘘をつく当事者は、ほかでも嘘をつく蓋然性が高いとみられるからであるが、これも広い意味での経験則であるといえる。

このケースをみると、民事訴訟における事実認定は「徹頭徹尾経験則の適用」である、ということが実感できるであろう。

【ケース6】株式無断買付事件

Xは、Y証券会社との間で株式や投資信託の委託取引を行っており、Yの担当者甲からA銀行の株の買付けを勧められたことがあったが、これを断った。

ところが、後日送付された取引報告書によりA銀行株2万株を買い付けたことになっていること（第1取引）を知り、Xは甲に、無断取引であるとして抗議の電話をした。しかし、その日にも甲は、Xの計算において、A銀行株6000株を買い付けていた（第2取引）。Xは、これにも甲に抗議をするとともに、甲の上司に対し二度にわたり抗議の手紙を書くなどしたが、「無断取引ではない」旨の回答がされた。その後、Xは、やむなくA銀行株を売却したが、売却損が発生した。そこで、Xは、Yに対し、不法行為に基づく損害賠償請求をした。

　このケースの事実に関する争点は、委託注文の有無である。東京地判平成12・12・12判夕1059号159頁は、直接証拠がなく、Xの供述と甲の証言とが真向から対立するなかで、経験則を駆使して、Xの供述を信用できると判断した。その判断の構造は、（A）ないし（D）のとおりである。

　（A）　①および②の間接事実から、無断取引であることが推認される。

①Xは、第1取引直後から複数回にわたり、Yに対する抗議を繰り返している。

②Xは、A銀行株の株価がさほど下がっていない時点から、一貫して無断であると抗議している。

　（B）　Xの抗議の内容について、客観的事実と異なることを疑わせるに足りる特段の事情があるか（反証が成功しているか）。

〔認定〕③ないし⑦の間接事実から、そのような特段の事情があるとはいえない。

③Xが第1取引の取引報告書を見る前に抗議をしているとは認められない。

④妻を通じての抗議、手紙による抗議であることは、Xの抗議内容の信頼性を低下させることにはならない。

⑤甲の上司に対する抗議の後に、Xが格別の措置を講じていないことは特に不合理とはいえない。

⑥XがA銀行株全部を売却したことは、損失の拡大を防ぐためであり、無断取引と主張していることと矛盾しない。

⑦Xの最初の抗議と調停申立てとの間が1年空いていることも、最後の取引との間隔を考えると不自然とはいえない。

　（C）　甲の証言が信用できるか。

〔認定〕⑧ないし⑩の間接事実から、甲の証言を信用することはできない。

⑧第1取引が成行注文であったのに、甲はXに、取引成否および価格を知らせていない。これは、通常の株式取引実務のあり方からすると極めて不自然であり、何らかの理由でXに直接報告することを避けていた疑念も生じる。

⑨甲が、A銀行株の株価が上がればXの事後承諾を得られると軽信したか、利益が上がれば問題とされないと考えたことはあり得る。

⑩甲は、Xからの抗議の電話のなかで、第2取引の注文を受けたというが、その際に、担当者に対するクレームとしては死活的に重大なものであったのにもかかわらず、電話でのやりとりをテープに録音するなど容易にできる方法で証拠保全しなかった。このことは問題である。

（D）YはXから委託注文があったことを証明することができないから、甲がした決済行為は違法となり、Yに損害賠償責任が認められる。

【ケース7】生前贈与ケース[24]

父親Aは、長女C夫婦が住宅を購入するのに際して金銭的な援助をし、C夫婦は、まずマンションを購入し、その後、戸建住宅に買い替えた。Aとその妻が相次いで亡くなると、長男B（兄）と長女C（妹）との間で遺産分割の争いが発生した。

Bは、遺産分割の審判を申し立て、そのなかで、Cに生前贈与がされたこと、具体的には、C夫婦のマンションの購入および戸建住宅への買い替えについて、Aが相当額の援助をしたと主張した。Cは、最初のマンション購入の援助については一部認めたが、それ以外はBの邪推であると頑強に否定した。

裁判所は、これらの主張事実を、どのように認定・判断していったか。それは、残されている証拠を読み解いて、経験則を駆使して事柄を洞察し、時間を追って、この家族にどのような出来事があったかを推認していくよりほかはない。

C夫婦は、昭和59年にマンションを代金1750万円で購入した。購入資金について、当初、Cは、Aから1000万円の贈与を受け、さらに信用金庫から1000万円を借入して、代金を支払ったと主張していた。これに対して、Bは、信金との金銭消費貸借契約では、貸金の弁済期限は1年後とされ、利息が年7.5％と

---

[24] 【ケース7】は、筆者が経験したケースをモディファイしたものである。

定められているから、Ｃ夫婦は借入日から１年後に1075万円を一括弁済することとなるが、当時のＣ夫婦にそのような弁済資力はなかったと反論した。

そうしたところ、Ｃは、前の主張は勘違いで、正しくは、ＡがＣ夫婦の名義で信金から借り入れた1000万円をＡからもらい、残金はＣ夫婦の預貯金から支払ったと主張を訂正した。

裁判所は、この主張の変更を、経験則の観点からどのようにみたか。

Ｃの主張変更がされたのは、当時のＣ夫婦には信金に対し1000万円および利息を支払う資力がないことをＢから指摘された後である。Ｂが指摘した点について、うまく弁解できなかったからではないか。Ｃの新主張のとおり、信金からの借入をＡが行い、Ｃ夫婦はその弁済に一切かかわっていないのであれば、信金からの借入金を購入原資に充てた旨の当初の主張をするのは不自然である。またＣは、残金は預貯金をもって充てたというが、その証拠はない。さらに、マンションの取得に際しては、売買代金のほかに、経験則上、仲介手数料・登録免許税等の諸費用として150万円程度がかかり、家具代や引越費用を除いても合計1900万円程度が必要となる。

そうすると、Ｃは、マンションの取得原資として、Ａから1000万円の贈与を受けたほかに、ＡがＣ夫婦名義で調達した信金からの借入金1000万円の贈与を受けたとみるのが合理的である。Ｃは、マンションの取得時点において、Ａから2000万円の贈与を受けたものと推認される。

次に、Ｃ夫婦は、昭和61年４月に戸建住宅を3400万円で購入した。Ｃは、その取得原資の内訳は、マンション売却代金1880万円、預金220万円、銀行からの借入金1300万円であり、銀行からの借入金は、昭和63年に夫の父から借り入れて返済したと主張した。

裁判所は、この主張を経験則の観点からどのようにみたか。

戸建住宅の代金は、契約締結時に手付金300万円、その月末に内金1100万円、翌月末に残代金2000万円支払う約定であった。Ｃ夫婦は、このうち1700万円について、銀行から融資を受ける予定であった。Ｃ夫婦が戸建住宅の買い替えをする場合には、経験則上、短期譲渡所得税・売却手数料・登録免許税・不動産取得税・ローン手数料等で合計約290万円程度の支出が発生する。そこで、Ｃ夫婦がマンションの売却代金のうち、住宅取得のために支出できる金額は1590万円程度であり、手付金と内金の額に見合う。そして、Ｃ夫婦は、銀行から

1300万円を借り入れ、これを残代金2000万円の一部とすると、700万円が不足する。

ところが、Aの銀行口座の取引経過には、昭和61年2月に405万円の出金（貸出）と、同日付けで300万円の出金（満期解約）がある。CはC夫婦の預金をもって不足分を出したというが、預金通帳などの裏付資料はない。そうすると、残代金のうち、不足する700万円は、Aの銀行口座からの出金分が充てられたものとみるのが合理的である。

C夫婦は、昭和63年10月に銀行からのローンを完済した。Cは、夫の父から借り入れてローンを支払った旨主張し、その証拠として金銭消費貸借契約公正証書を提出した。しかし、当時、夫の父にそれだけの資金があったのかは不明であるし、そもそも、それができるのなら、最初から、夫の父に借りればよかったのではないか。また、子が親から借金をする場合には、私製の契約書や借用書を作成するのが普通である。わざわざ公正証書を作成するのは、税務署など第三者に対する証明力を意識して行われることが多い。そう考えると、夫の父から借り入れたという話には疑問符が付く。改めて、Aの銀行口座の取引経過をみると、昭和61年7月に2014万円の出金がある。そうすると、銀行ローン分1300万円の返済も、Aが負担したとみるのが相当である。

Cは、1000万円の生前贈与しかないと言い張ったが、裁判所は、以上のように判断して、合計4000万円の生前贈与を認定し、これを持ち戻して遺産分割の審判をした。

【ケース3】ないし【ケース7】のように、経験則に基づいて、主張および証拠のレベルにおいて、それが自然かつ合理的であるか、主張や証拠の信用性（証明力、証拠価値）を吟味することは、実務上日常茶飯事である。

3　判例からみた経験則違反
(1)　経験則違反の判例10選

裁判官は、経験則に従った事実認定をすることを要請され、経験則に反する事実認定や合理的理由に基づかない事実認定は、違法と評価される[25]。したがっ

---

[25] 経験則違反が上告理由・上告受理申立て理由になる場合に関する議論については、本書第13章Ⅴ、Ⅵ参照。

て、前記1・2で考察したような経験則による推認または信用性の判断において、これを誤った場合には、違法と評価されることになる。

以下では、判例において経験則違反の事実認定とされたケースのうち、汎用性のある規範を明示した10例を整理しておくことにしたい[26]。これは、事実認定・評価における経験則の内実を明らかにするものでもある。

第1に、ある法律行為・事実行為がされる際に作成された書証（例えば、契約書・領収書など）がある場合には、特段の事情がない限り、その記載どおりの事実を認めるべきである。しかし、特段の事情が認められないのに、そうでない事実認定をしているときは経験則違反とされる（最判昭和42・5・23裁判集民87号467頁、最判昭和46・3・30判時628号45頁・判タ263号202頁、最判昭和59・3・13金法1077号32頁など）。

第2に、登記簿・土地台帳・家屋台帳に記載されている事項は、面積の点を除き、特段の事情がない限り、その記載どおりの事実を推認すべきである。しかし、特段の事情が認められないのに、そうでない事実認定をしているときは経験則違反とされる（最判昭和33・6・14裁判集民32号231頁、最判昭和34・1・8民集13巻1号1頁）。

第3に、国が私人との間に契約を締結し、かつ詳細な契約書を作成した場合には、特段の事情がない限り、契約書に記載されていない特約の存在を認めることはできない。しかし、特段の事情が認められないのに、そうでない事実認定をしているときは経験則違反とされる（最判昭和47・3・2裁判集民105号225頁）。

第4に、自己の権利義務に関する事項を記載した書面に署名捺印をしたものは、特段の事情がない限り、その記載内容を了解して署名捺印したものと推認

---

[26] 経験則違反が争点とされた判例としては、そのほかにも、手形保証の趣旨の裏書を原因債務の保証と推認することにつき、最判昭和52・11・15民集31巻6号900頁、最判平成2・9・27民集44巻6号1007頁、請負契約の全部解除か一部解除かにつき、最判昭和52・12・23判時879号73頁、建物の価額につき、最判昭和53・7・17判時909号48頁、建物の譲渡と敷地の共同賃借関係につき、最判昭和54・1・19判時919号59頁、当事者の合意書に反する認定につき、最判昭和54・3・23判時924号51頁、不渡手形消印手続の委任契約の成立につき、最判昭和54・5・29判時933号128頁、売買契約の成否につき、最判昭和54・9・6判時944号44頁、遺留分減殺請求権の行使につき、最判昭和57・11・12民集36巻11号2193頁、取得時効における所有の意思につき、最判昭和58・3・24民集37巻2号131頁、投与された薬剤が抗生物質に属するかにつき、最判昭和60・12・13判時1179号62頁、機動隊員の暴行と傷害の因果関係につき、最判平成3・1・18判時1378号67頁などがみられる。

すべきである。しかし、特段の事情が認められないのに、そうでない事実認定をしているときは経験則違反とされる（最判昭和38・7・30裁判集民67号141頁）。

　第5に、金融業者が金銭を貸与した場合には、特段の事情がない限り、弁済期および利息の定めがあったものと推認すべきである。しかし、特段の事情が認められないのに、そうでない事実認定をしているときは経験則違反とされる（最判昭和45・11・26裁判集民101号565頁）。

　第6に、弁済の領収証はなくても、借主が借用証書を所持していれば、特段の事情がない限り、借金は返済されたものと推認すべきである。しかし、特段の事情が認められないのに、そうでない事実認定をしているときは経験則違反とされる（最判昭和38・4・19裁判集民65号593頁）。

　第7に、売買契約における目的物の価値と代金とは対価的均衡がみられることが経験則である。しかし、合理的な理由を説示することなく、時価より著しく低額な対価で不動産の売買が成立したと事実認定をしている場合は、経験則違反とされる（最判昭和36・8・8民集15巻7号2005頁：時価151万円余の家屋・敷地が10万円で売買されたケース）。

　第8に、特別の事情がないのに、運送契約締結の際、荷送人が、運送人に保険契約を締結するよう申し出るとともに事故による損害については保険金のみをもって塡補することを約した事実のみで、荷送人が運送人に対し一切の損害賠償請求権を放棄したと事実認定をしている場合は、経験則違反とされる（最判昭和43・7・11民集22巻7号1489頁）。

　第9に、化膿性髄膜炎の患者である幼児が入院治療を受け、重篤状態から一貫して軽快していた段階で、医師が治療のためルンバールを実施した後、発作が突然起こり、右半身痙攣性不全麻痺・知能障害・運動障害等の病変が生じた場合において、当時化膿性髄膜炎の再燃するような事情（特段の事情）が認められない事実関係のもとでは、ルンバール施術と発作およびこれに続く病変との因果関係の存在を推認すべきである。しかし、特段の事情が認められないのに、そうでない事実認定をしているときは経験則違反とされる（ルンバール事件判決。最判昭和50・10・24民集29巻9号1417頁）。

　第10に、従業員の特定の日限りでの退職の意思表示と使用者が適当な職場を斡旋することに努力する旨の文言のある当事者間の念書から、特段の事情を示すことなく、従業員の退職の意思表示をすべき債務と使用者の就職斡旋の債務

とが対価関係にあると事実認定をしている場合は、経験則違反とされる（最判昭和54・3・23判時924号51頁）。

（2） 近時の経験則違反の判例5選

　最高裁は、平成民事訴訟法のもとで、経験則による認定やその適用における誤りは法令違反であり、「法令の解釈に関する重要な事項」に該当する場合があるとの判断を示している。例えば、上告が受理され、経験則違反と判断された近時の判例としては、次のものがある。

　第1に、現時点においては公証人の署名押印がある遺言公正証書原本について、当該原本を利用して作成された謄本の作成方法に関する公証人および書記の証言等の内容に食違いがあることなどを理由として、上記謄本作成の時点において公証人の署名押印がなかったとした原審の認定判断には、上記謄本の作成方法に関する公証人および書記の証言等はその細部に食い違いがあるものの主要な部分で一致していること、原本の各葉上部欄外には公証人の印による契印がされているのに公証人の署名欄に署名押印がされていないとするのは不自然であること、公証人が原本作成と同じ日に作成して遺言者に交付した正本および謄本には公証人の署名押印がされていることなど、判示の事情のもとにおいては、特段の事情の存しない限り、経験則違反または採証法則違反の違法がある（最判平成16・2・26判時1853号90頁）[27]。

　第2に、納税者が、土地の譲渡所得を得た年分の所得税の申告を委任した税理士から、委任に先立ち、実際には出費していない土地の買手の紹介料等が経費として記載されたメモを示され、多額の税額を減少させて得をすることができる旨の説明を受けたうえで、同税理士に上記の申告を委任したものであり、同税理士が架空経費の計上などの違法な手段により税額を減少させようと企図していることを了知していたとみられることなど、判示の事情のもとにおいては、税理士に申告を委任する者は法律に違反しない方法と範囲で必要最小限の税負担となるように節税することを期待して委任するのが一般的であることなどを理由として、上記納税者が脱税を意図し、その意図に基づいて行動したとは認められないとした原審の認定には、経験則に反する違法がある（最判平成17・1・17民集59巻1号28頁）[28]。

---

27) 評釈として、藤原弘道「判批」民商131巻1号160頁（2004）。
28) 評釈等として、増田稔「解説」最判解民事篇平成17年度(上)24頁（2008）、同「判批」ジュリ1310号

第3に、入院患者がメチシリン耐性黄色ブドウ球菌（MRSA）に感染した後に死亡した場合につき、鑑定書には、担当医が早期に抗生剤バンコマイシンを投与しなかったことは当時の医療水準にかなうものではないという趣旨の指摘をするものと理解できる記載があることがうかがわれ、医師の意見書は、担当医が早期に上記抗生剤を投与しなかったことについて当時の医療水準にかなうものであるという趣旨を指摘するものであるか否かが明らかではないなど判示の事情のもとにおいては、上記の鑑定書や意見書に基づいて、担当医が早期に上記抗生剤を投与しなかったことに過失があるとはいえないとした原審の判断には、経験則または採証法則に反する違法がある（最判平成18・1・27判時1927号57頁）[29]。

　第4に、病院で上行結腸ポリープの摘出手術を受けた患者が、術後9日目に急性胃潰瘍に起因する出血性ショックにより死亡した場合において、患者の相当多量な血便や下血、ヘモグロビン値やヘマトクリット値の急激な下降、頻脈の出現、ショック指数の動向等からすれば、患者の循環血液量に顕著な不足をきたす状態が継続し、輸血を追加する必要性があったことがうかがわれ、第1審で提出された医師Aの意見書中の担当医には追加輸血をするなどして当該患者のショック状態による重篤化を防止すべき義務違反があるとする意見が相当の合理性を有することを否定できず、むしろ、原審で提出された医師Bの意見書の追加輸血の必要性を否定する意見の方に疑問があると思われるにもかかわらず、両意見書の各内容を十分に比較検討する手続をとることなく、医師Bの意見書が提出された原審の第1回口頭弁論期日において口頭弁論を終結したうえ、医師Bの意見書を主たる根拠として、担当医が追加輸血等を行わなかったことにつき過失を否定し、医師Aの意見書等に基づき担当医の過失を肯定した第1審判決の請求認容部分を取り消した原審の判断には、採証法則に反する違法がある（最判平成18・11・14判時1956号77頁）。

　第5に、賃貸人が定期建物賃貸借契約の締結に先立ち説明書面の交付があったことにつき主張立証をしていないに等しいにもかかわらず、賃貸借契約に係る公正証書に説明書面の交付があったことを相互に確認する旨の条項があり、

145頁（2006）、首藤重幸「判批」ジュリ1323号200頁（2006）、片山健「判批」判タ1215号261頁（2006）。
29）評釈として、小池泰「判批」民商135巻6号1118頁（2007）。

賃借人において上記公正証書の内容を承認していることのみから、借地借家法38条2項において賃貸借契約の締結に先立ち契約書とは別に交付するものとされている説明書面の交付があったとした原審の認定は、経験則または採証法則に反する違法がある（最判平成22・7・16判時2094号58頁）[30]。

　これらの判例は、いずれも、事実認定の方法に関する規範を示すものであり、事実審裁判官として、「事実認定・評価判断の正当性が上告審で維持されなかったのは、どこに原因があるのか」を認識するための好素材ということができる。

（3）【ケース8】ケース・スタディ

　（ア）【ケース8】における推論の構造　　前掲最判平成22・7・16を素材にして、「事実認定・評価判断の正当性が上告審で維持されなかったのは、どこに原因があるのか」を考えてみることにしよう[31]。

　このケースにおける立証命題と経験則の適用との関係は、「①および②から、③の事実を推認することができるか」という問題として整理することができる。

①本件公正証書に説明書面の交付があったことを賃貸人Ｘと賃借人Ｙとが相互に確認する旨の条項があること

②Ｙは本件公正証書を公証人から読み聞かされ内容の確認をされていること

③ＸからＹに対し説明書面の交付があったこと

　まず、本件では、公正証書が作成されていて、その公正証書の条項中に説明書面の交付があったことをＸ・Ｙが相互に確認するという条項があった（①の事実）。

　また、公正証書は、公証人が条項を当事者に読み聞かせて当事者から内容に間違いないという確認をとる。これは、公正証書の通常の作成過程であり、一般的な知見である。したがって、本件でも、Ｙは本件公正証書を読み聞かされ内容の確認をされているはずである（②の事実）。本件公正証書の確認条項は報告文書という性質をもち、説明書面の交付の事実（③の事実）を推認するのに有力な間接証拠であると解される。すなわち、①のような条項が存在する事

30）評釈として、下村眞美「判批」私法判例リマークス43号122頁（2011）、折田恭子「判批」平成22年度主要民事判例解説〔別冊判タ32号〕224頁（2011）、加藤新太郎「判批」判タ1361号42頁（2012）。

31）加藤・前掲注30）「判批」48頁参照。

実と②のその条項を含む内容確認の事実とは、③の説明書面の交付の事実を推認する間接事実として機能する。それは、「当事者は、ある事実がないのに、当該事実があったと確認する条項を公正証書に入れることはない」、「当事者は、公証人が公正証書の内容を読み聞かせて確認をとる場合に、その内容が真実（真意）と異なるときには、疑義を呈し、訂正を求める」という経験則があるからである。これは、高度の蓋然性をもって一定の結果を推認させる経験則といえるであろう。しかし、公正証書の証明力は一般的に高いとはいえるが、上記の経験則は例外なく適用されるものとはいえない。例えば、一方当事者が問題関心を欠いていた場合、または、不注意であった場合には、ある事実がないのに、当該事実があったと確認する条項が公正証書に入っていても、これに疑義を呈しないこともあるからである。[33]

このように、経験則には例外が随伴するから、これを事実に適用して推論する場合には、当事者の争い方とその程度を勘案することが求められる。例えば、本件において、「説明書面の交付」の事実の主張に対し、借主が「不知」という程度の争い方をしたとすれば、上記①および②の事実から、③の事実を推認することは十分考えられる。しかし、本件では、まさに「説明書面の交付」自体の有無が争点事実なのである。したがって、「説明書面の交付」につき証明責任のあるXとしては、相応の主張立証をして、裁判所に「説明書面の交付」の事実につき高度の蓋然性ありとのレベルの認識形成をさせることが要請される。

そのような観点から、Xの本件における主張立証をみると、④Xは説明書面を交付したと主張するものの、これを証拠として提出しないこと、⑤Xは「Yには契約の締結時と本件公正証書作成時の2回にわたり、定期建物賃貸借契約について説明を受ける機会があった」などと別個の説明書面の交付がないことを前提とするかのような主張立証をしていたことを意味のあるものとして指摘できる。④については、「説明書面を交付したのであれば、その写しを容易に証拠として提出できるはずである」という経験則が働き、「それをしないのは、

---

32) 奥村正策『公正証書に関する総合的研究』司法研究報告書13輯1号9頁、86頁（1961）。
33) 【ケース8】は、処分証書のなかに報告文書が含まれているものについての証拠価値の判断が問題とされたものである。

説明書面を交付していないからであろう」という推論が成り立ち得る[34]。また、⑤については、Xの主張は、説明書を交付してはいないが、実質的に説明すればそれでよいという趣旨に解されるから、「説明書面の交付」の事実を推認するにはマイナスの事情である。

　（イ）【ケース8】における経験則の働かせ方　　以上のような状況のもと、原判決は、「公正証書の条項中に説明書面交付の確認条項があることと公証人が読み聞かせて意思確認をとることから、説明書面交付の事実を推認することができる」とした。経験則上通常は、上記二つの事実（①、②）から「説明書面の交付あり」との推認はできるとしてよいが、④および⑤の事実の含意についての検討・考察を欠いている点が問題である。Xにみられたような本件訴訟における活動経過は弁論の全趣旨に入るが、本判決は、こうしたマイナス事情を過小評価または無視するのは相当でないと評価したものと考えられる。

　少なくとも、原審の判決書に①および②の事実のみから「説明書面の交付」の事実ありと推認することが適切であることを示す合理的説明はされていない。すなわち、本件は、一方では、本件公正証書に係る①および②の事実があり、それらから③の事実を推認できそうであるが、他方では、弁論の全趣旨としてその推認を覆すような④および⑤の事実がみられたのであるから、原審としては、判決書の理由中で、その軽重を評価・判断すべきであった[35]。本判決は、それをしていない原審のような認定判断には経験則違反または採証法則違反があるとして、破棄差戻しをしたのである[36]。

　事実審裁判官としては、本判決から、事実認定における経験則の働かせ方を意識的に考えるべき場面があることを学びたい。すなわち、本判決は、自由心証主義における内在的制約としての経験則の適用のあり方を示唆しているものと受け止めるべきである。

----

34)「説明書面を交付したのであれば、その写しを容易に証拠として提出できるはずである」という経験則は、「高度の蓋然性をもって一定の結果（それをしないのは、説明書面を交付していないから）を推論させる経験則」という評価が可能である。

35) 判決書の理由中に、当該経験則を適用することを根拠づける事実、または適用すべきでない方向に働く事実について、合理的な理由をもって、その軽重が説明されていれば、経験則違反・採証法則違反とはされなかった可能性がある。条解民訴1387頁〔竹下〕は、「経験則違反が247条違反となるのは、判決理由が合理的理由を欠いている場合」と説く。

36) 本件のような訴訟経過であるのにもかかわらず、原審のような推論をすることは、不意打ち的であると論評するものとして、本判決匿名コメント・判タ1333号112頁（2010）。

Ⅳ 経験則についての留意点

1 経験則の例外随伴性

　事実認定においては、経験則には、その蓋然性に高低があるばかりでなく、例外があることに留意しなければならない。前節の【ケース8】でも、経験則の例外随伴性について触れたところである。

　経験則の例外随伴性の例としては、会社の従業員が会社ないし代表者に金銭を貸すというものがある。通常の経験則では、「会社の従業員が会社ないし代表者に金銭を貸すことはしない」のであるが、例えば、会社が資金不足となり、それを契機に倒産につながるような場合に、事情を知らされた従業員が、代表者に懇請されて、手持ちの金銭を融通することがある。例外事象であるから、蓋然性は高くはないが、これも経験則の一つということができる。

　次のケースには、経験則の例外となるような事情があった。裁判官が経験則の原則型に固執すると、かえって目が曇ることがあることを教えるケースといえよう。

【ケース9】取締役の責任追及ケース[37]

　スポーツ用品元売り会社Aは、事業に行き詰まり、オーナー社長Bが自殺をして、倒産した。A社に商品を卸し、商社金融などで助力していた商社Xが、Bと同居していた長男Yに対して、取締役の第三者に対する責任（旧商法266条ノ3〔現会社法429条〕）に基づき、損害賠償請求をした。YはBの生命保険金の受取人になっており、Xは、その金を目当てに提訴したとみられる。

　Yの責任原因に関するXの主張は、登記されている取締役であるのに、放漫経営を放置した結果、倒産の事態が生じたというものであった。これに対し、Yは、「自分は別の会社に就職しており、父親の会社にもほとんど行ったことがなく、取締役の登記がしてあることについては、A社の倒産の直前、Bが自殺する直前まで知らなかった」と反論した。

　経験則によれば、「小規模の同族会社において、オーナー社長の長男が取締役となることは世上よくみられることである」、「オーナー社長と同居している

---

[37]【ケース9】は、筆者が経験したケースをモディファイしたものである。

長男が、取締役の登記がされていることを知らなかったということは不自然である」と考えられる。そこで、この点を、証拠に基づき解明する必要がある。この点に関して、A社の給与台帳、生命保険料支払関係書類などの書証が提出され、Yの当事者本人尋問も実施された。

その結果、A社の給与台帳により、「Yには何も支払われていない。A社に勤務したことはないし、給与も役員報酬も支給されたことはない」ということが判明した。この種の同族会社では、実際には勤務していない親族に給料を支払っている例がみられないわけではないが（これも経験則である）、本件では、そうしたこともなかった。

また、Bの生命保険金は1億円で、掛け金もかなり大きかったことから、A社の経費でB保険料を負担していたのではないかという疑問がもたれた。しかし、関係証拠によると、「保険料は、Bの個人名義の預金口座から引き去られており、B個人で負担していたこと」が判明した。

さらに、Yの本人尋問の結果、「自殺したBは、A社を自分一代で興し、好調な時期には年商が何十億に達したこともあり、利益も相当上がっていたが、中長期的な業績見込みに不安を抱いていた。Bとしては、YにA社を継いでほしいが、一方で、Yに経営の才があるか危惧しており、また、資金繰りの苦労をさせることはかわいそうだという気持ちもあった」ということが推測された。そして、Yが取締役登記される前はBの妻（Yの母親）が取締役であったが、同人が死亡したため、その後、Yを取締役登記したという事情があった。

要するに、Bとしては上述のような気持ちでYを取締役として登記したとみられ、したがって、Yに対してその時点で、きちんとした話をすることなく勝手に登記してしまったという事実を推認するのが相当であると判断された。そうすると、Yは、無断で取締役の登記がされたにすぎない者と評価され、第三者に対する責任が問題となる余地はないことになる。

このように、事実認定に当たり、尋常でない事態の存在を認識する必要があるケースもみられることに留意すべきである。

2　経験則の体系化

経験則の体系化について、これを深めようとする議論が、近時展開されている。

経験則の体系化論は、伊藤滋夫判事の提唱にかかるものである。経験則の体系化とは、具体的には、間接事実による要件事実の推認に利用できる経験則を、さしあたり、一般的な人間の行動法則について、「現実の行動の経験則」と「証拠に関する行動の経験則」とに体系化する試みである。

現実の行動の経験則としては、例えば、「①人の財産的行為（取引行為）は原則として経済的利益を追求するものである。②人の財産的行為（取引行為）は原則として自己防衛的なものである。③財産的行為（取引行為）においても、特別の事情（人間関係、状況など）のある場合には、人は経済的利益の追求や自己防衛的であることを止める」という基本命題を提示される。また、証拠に関する行動の経験則についても、「④人は財産的行為（取引行為）では、原則として証拠を残す。⑤特別の事情のある場合には、人は、財産的行為（取引行為）においても証拠を残さない。⑥人は純粋の好意に基づく行為では、原則として証拠にまでは留意しない」という基本命題を提示される。そのうえで、それらから導かれる具体的な派生命題を整理し、体系的な位置づけを試みようとするものである。[38]

こうした経験則の体系化の試みを、どのように受け止めるべきであろうか。

吉川愼一判事による、経験則の体系化の試みに対する次のような批判がみられる。すなわち、「①経験則を人間行動の法則として理解するとして、人間行動のすべてをカバーするためには、さまざまな内容の法則を立てるばかりでなく、ほとんど常に『特別の事情のある場合には』という例外を置くことになる。②問題は、どのような場合に『特別の事情』があるかという点にあるから、経験則の体系化は労多くして功少ないものではないか。③人間行動について明解な法則を立てることは、現実とは遠ざかる面がある」というのである。[39]

吉川判事の批判は、経験則の例外随伴性に関連するものである。まさしく、その批判の②でいうように、経験則の原則と例外のいずれが、当該ケースに適合的とみるかが、経験則を適用する際の最大のポイントである。そして、現実の民事訴訟案件は、事柄の性質上、経験則の例外に属するものも少なくない。しかし、これらは、およそ裁判官が経験則を適用しようとする場合に常に留意すべき事柄であって、経験則の体系化の試みの是非とは必ずしも直接関係する

38）伊藤・前掲注12) 98頁ないし102頁。
39）吉川愼一「事実認定の構造と訴訟運営」自由と正義50巻9号67頁（1999）。

事柄ではないように思われる。

　そうすると、経験則の体系化それ自体の意義はあると解される。少なくとも、これがオープンな体系として構成されているのであれば[40]、事実認定過程を明晰にする方向に導くものであるように受け止められる。裁判官が、事実認定において、体系化された経験則を参照することは、定型的事象経過の何たるかを自覚的に反芻するという意味で、望ましいように思われる。とりわけ、経験の乏しい若手の裁判官には、それが悪しきマニュアル的に使われなければ、有用ではなかろうか[41]。また、訴訟代理人である弁護士も、争点事実の経験則上の位置づけを理解したうえで、証明活動を展開することは、より効果的なものになると考えられる。すなわち、裁判官も弁護士も、自分が用いようとする経験則は、体系化された経験則のどのレベルのものなのか、原則なのか例外なのか、例外の例外なのかを意識的・自覚的に点検することが必要であるが、それをしさえすれば、論理的な思惟になるはずである。そのようなことから、経験則の体系化の有効性には限界はあるにしても、その作業には一定の意義が認められると解される。

3　経験則の証明

(1)　問題の所在

　日常的な経験則は公知の事実に準ずるもので、証明の必要はないが、特殊専門的な学識経験に属する知識や法則については、証明の対象となる。なお、経験則の存在についてした自白は、裁判所を拘束する効力はなく、単に経験則の存在を判断する一資料となるにすぎない（大判昭和8・1・31民集12巻51頁）。

　経験則の証明について、厳格な証明によらなければならないか、自由な証明で足りるかという問題がある。この問題は、専門訴訟の増加に伴い、特殊専門的経験則の訴訟手続への導入をいかにして実現するのが相当かという今日的テ

---

40) 伊藤・前掲注12) 98頁。伊藤滋夫判事は、体系化された経験則につき、固定的に完成された体系と考えてはならないとされる。経験則の体系化は、そのようなものとして構想するのが相当であるが、それを「体系」と名乗ることには謙抑的でありたいとするスタンスが、吉川愼一判事の批判の根底にあるのであろう。いずれにしても、経験則の体系化の有効性には限界があるといえよう。

41) そのためには、経験則を適用する場合においても、「もっともらしいことも疑ってみる、疑わしいことも信用してみる」という姿勢が重要であることを指摘するものとして、加藤新太郎編『民事事実認定と立証活動 I』368頁〔須藤典明発言〕（判例タイムズ社・2009）。

ーマとの関係で、近時、重要性を増している。
(2) 判例の動向

　判例をみると、①経験則の知識は、当事者が立証することも、裁判所が職権で鑑定を命ずることもできるが、当事者の主張と立証によらなければ適法ではないと解することはできず、裁判官は、その個人的知見を利用できるし、むしろ、文献に当たるなど、自ら進んで訴訟外の手段でこれを探知する職責があるとして、自由な証明によることを認めた前掲大判昭和8・1・31がある[42]。これは、経験則の証明につき自由な証明説をとり、裁判官が私知により認識している経験則を事実認定に利用してよいとするものと解される。しかし、その後、②「裁判官の通常の知識により認識し得べき推定法則は、その認識のために特に鑑定等の特別な証拠調べを要するものではない」と判示した、最判昭和36・4・28民集15巻4号1115頁があらわれている。これは裏を返せば、裁判官の通常の知識によっては認識することのできない専門的経験則については厳格な証明をすることが相当であるという含意をもつ判示とも解されるから、判例の態度は必ずしも明確とはいえない[43]。

(3) 学説の状況

　それでは、学説の状況はどうであろうか。

　第1に、およそ経験則は客観的な一般的知識として存在するものであるから、厳格な証明によらなくとも裁判の公平・信頼を担保できるという理由で、自由な証明で足りるとする見解がある[44]。従来の多数説である[45]。

　第2に、常識や法規の内容として裁判官が知ることを要求されているもの以

・・
42) 判旨反対の評釈として、兼子一『民事法研究(2)』201頁（酒井書店・1954）。
43) 杉山悦子「経験則の獲得方法」判例・民事事実認定76頁。
44) 岩松三郎「経験則論」『民事裁判の研究』160頁（弘文堂・1961）、菊井維大『民事訴訟法(下)』300頁（弘文堂・1968）、三ケ月・前掲注14）358頁、兼子一＝松浦馨＝新堂幸司＝竹下守夫『条解民事訴訟法』929頁〔松浦〕（弘文堂・1986）〔ただし、その後改説している〕、野田宏「鑑定をめぐる実務上の二、三の問題」中野貞一郎編『科学裁判と鑑定』6頁（日本評論社・1988）、齋藤秀夫ほか編『注解民事訴訟法(8)〔第2版〕』12頁〔齋藤〕（第一法規・1993）、松本博之＝上野泰男『民事訴訟法〔第7版〕』401頁（弘文堂・2012）、村松俊夫「証拠における弁論主義」『岩松裁判官還暦記念 訴訟と裁判』270頁（有斐閣・1956）など。
45) 経験則の確定と解釈は、法規のそれと同様に、本来裁判官が職責としてしなければならないものであるから、裁判所は必ずしも訴訟上の証拠のみによる必要はなく、個人的に、裁判外での読書や先輩・同僚の意見などによって研究・探知することができるばかりではなく、むしろ、しなければならないとする見解もみられたほどである。菊井維大＝村松俊夫『全訂民事訴訟法Ⅰ』1161頁（日本評論社・1989）。

外の特殊専門的経験則は、厳格な証明によるべきであるとする見解がある[46]。近時、次第に多数になりつつあるものである。

　第3に、特殊専門的経験則の存否・内容が争点判断に必要不可欠であり、当事者がこれをめぐって実質的に攻撃防御を展開している場合に限定して、厳格な証明によるべきであるとする見解が登場している[47]。

　第4に、裁判所が柔軟かつ機敏に特殊専門的な知識を知得したり、真実を発見できるようにするために、自由な証明が果たす機能は少なくないことから、専門的経験則の証明について、自由な証明が全く許容されないとはいえないが、鑑定を要するような場合には厳格な証明によるべきであるとし、また、自由な証明が許容される場合であっても、裁判の公正を確保するためには、釈明等を活用するほか、当事者に対して、自由な証明によって得られた証拠資料についての意見陳述の機会を確保し、これらの資料を記録に残すなどの措置が講じられるべきであるとする見解もみられる[48]。

　第3説と第4説は、いずれも第2説の修正説であり、中間説といってよいであろう。

(4) 考　　察

　一般的経験則については証明の必要のない場合が多いであろうし、証明の必要がある場合でも、自由な証明によることで差し支えないであろう。特殊専門的経験則の存否・内容が関係するものの争点判断に必要不可欠ではなく、当事者もこれをめぐって攻撃防御を展開していない場合には、実際上、その証明が問題となることもない。

　実践的な問題の核心は、「ある特殊専門的経験則の存否が争点となっている訴訟において、当事者がそこに焦点を合わせて攻撃防御を展開している中で鑑定申請がされた場合においても、裁判官がたまたま私知により当該経験則につ

---

46) 兼子一『新修民事訴訟法体系』243頁（酒井書店・1965）、新堂民訴579頁、伊藤民訴332〜333頁（有斐閣・2011）、重点講義(下)31頁、林屋礼二『新民事訴訟法概要』297頁（有斐閣・2000）、本間・前掲注3）81頁、栂善夫「科学裁判と鑑定」新堂編集代表・前掲注3）251頁、小林秀之『新証拠法〔第2版〕』53頁（弘文堂・2003）、中野＝松浦＝鈴木編・前掲注15）282頁、284頁〔青山〕など。

47) 手続裁量論253頁、条解民訴1013頁〔松浦馨＝加藤新太郎〕〔自由な証明で足りるとする第1説を改説〕。

48) 森英明「厳格な証明と自由な証明」門口正人編集代表『民事証拠法大系(2)』62頁（青林書院・2004）。

いての知識があれば、それを利用してよいとすべきかどうか」である。

上記の第1説によれば、これを肯定することになろうが、特殊専門的経験則も事実としての性質を有しているのであるから、裁判官がたまたま個人的研究や私的経験上知っていた場合に、そのまま事実認定に用いることができるとしてよいかについては疑問がある。第2説は、このように考えているのであろう。この点については、①裁判の公正性の担保の観点から、民事訴訟法の精神として、鑑定人とその意見の採否を決する裁判官が同一であってはならないこと（民訴法23条1項4号参照）、②手続保障の観点から、当事者はその証明活動として、争点となっている特殊専門的経験則について攻防し得る（一定の見解を述べることができる）という保障がされるべきであること、③当事者の納得の観点から、事実認定に対する当事者の納得性をできる限り高めるようにすべきであること、などを考慮すると、上記の問題は、消極に解するのが相当と思われる。そして、専門委員制度が導入され、一定の専門的知見が訴訟手続に導入される手続的基盤が整備されたことも併せ考慮すると、実質的かつ真摯な争いのある場合には厳格な証明によることが相当と解される。したがって、中間説である第3説が相当である。

また、裁判官が私知により認識している特殊専門的経験則を利用して事実認定をする場合には、一定の手続保障が要請される。例えば、裁判官がたまたま別件で同様の論点を扱ったことがあり、そのことから特殊専門的経験則を認識している場合は実際にないとはいえない。具体的には、例えば、交通訴訟専門部の裁判官が、雨で濡れている舗装道路で重い貨物を満載した大型貨物自動車は、時速何kmで走っていればブレーキをかけたとき何mで停車するというような法則を知っているような場合、医療専門部の裁判官が、ある疾病の死亡に至る機序と回避措置として求められる治療内容についての医療水準を認識している場合などである。このような場合には、裁判官としては、審理のなかで、当該特殊専門的経験則の内容を当事者に告げたうえで意見を聴取するなど防御権を保障することが要請される。このような手続保障に配慮することなく、私

---

49) 専門委員制度については、本書第11章参照。
50) 上北武男教授は、より一般的に、経験則をめぐって裁判所と当事者とが対論する手続が不可欠のものであるとされる。この点につき、同「自由心証主義に関する一考察—事実認定における経験則の選択と適用について」同志社法学64巻7号74頁（2013）。また、高橋宏志教授は、裁判官が医師免許や建築士の免許を持っている場合には、人事訴訟法20条（職権探知）に倣い、事項によっ

知により認識している特殊専門的経験則を事実認定に利用することは相当とはいえないと解される。

V　むすび

　本章は、民事事実認定における経験則の機能を考察してきたが、その要旨を五点に絞ってまとめておくことにしよう。
　第1に、事実認定において、裁判官は、論理法則および経験則に従わなければならない。裁判官は、追証可能で、論理的整合性のある事実認定を目指すべきである。判例において経験則違反の事実認定とされたケースは、事実認定方法についての規範を示しており、事実審裁判官としては、これらから、「事実認定・評価判断の正当性が上告審で維持されなかったのは、どこに原因があるのか」を学ぶことができる。
　第2に、事実認定において経験則は、間接事実から主要事実を推認する場面とともに、訴訟資料・証拠資料の証拠価値（実質的証明力）を判断する場面で機能する。
　第3に、経験則には、その蓋然性に高低がある（重層性）こと、その例外があること（例外随伴性）、複数の経験則には相反するものがあること（相反性）を、事実認定上、留意すべきである。
　第4に、経験則の体系化は、事実認定過程を明晰にする方向に導くものであり、裁判官の事実認定において、弁護士の証明活動において、定型的事象経過の何たるかを自覚的に反芻させるという意味で、有用である。
　第5に、特殊専門的経験則については、その存否・内容が争点判断に必要不可欠であり、当事者がこれをめぐって実質的に攻撃防御を展開している場合には、厳格な証明によるべきである。

ては裁判官の私知を訴訟に顕出して討議の対象とし、批判を仰ぐことで済ますことも考えられないではないとされる。この点につき、重点講義(下)31頁。これらの見解はもとより相当であり、裁判官の私知の利用においては手続保障が不可欠である。

第8章 情報の歪みと是正

I 事実認定の意味合い

　法律実務家と法学生・法科大学院生とを分けるものは何であろうか。それは、事実認定をするか否かである。すなわち、大学・法科大学院の教室・演習室では、事実を所与のものとして、規範（解釈論等）の議論が交わされるのに対して、法実務では、事実認定をしたうえで、規範を適用するのである。

　そして、現実の民事訴訟は、複雑な社会・経済関係、人間関係を基礎としているものであるから、その事実は、比較的単純なものから複雑なものまで、また、類型的なものから個別性の高いものまでさまざまである。争点にかかわる事実について、裁判官がその認定を誤った場合には、いかに精緻な法解釈論が展開されたとしても、その事案の適切な解決のためには意味がない[1]。また、結論を先に決めておいて、これに合わせる形で証拠を取捨して事実認定をすることは論外であり、先輩裁判官から厳しく戒められているところである。さらに、法理論を好む裁判官は事実認定を疎かにする傾向があるといわれることがあるが[2]、正確にいえば、「法理論が分かっているという自信を中途半端に持つ裁判官は、事実認定も中途半端にしかできない」ということであろう。

　民事訴訟において適正な事実認定が行われるためには、第1に、裁判官が事

---

1) もっとも、近時、「裁判の外部性」の観点から、事実認定と法適用（法判断）との関係について、事実認定における誤判は当事者の私的コストにとどまるが、法判断における誤判は、それに加えて社会的コストが大きくなると指摘する見解もあらわれている。太田勝造『法律（社会化学の理論とモデル7）』125頁（東京大学出版会・2000）。正しい事実認定と法適用（法判断）とは、良質な裁判の「車の両輪」というべきものであろう。
2) 松田二郎判事は、「とかく頭が良いと自負しているいわゆる秀才型の［裁判官の―筆者注］うちには、事実認定の困難性を十分に理解しないで、主として法律論にのみ関心をもつものがある」が、「このような秀才の書いた判決文は、一見、いかにも理論的には整頓されているにせよ、その事件の実体に即してみると、事件の真実を把握しているかについて、疑を懐かざるを得ないものがあり」、「こういう裁判がいちばん危険」なのであると述べる。同「最高裁判所より見た民事裁判」『私における裁判と理論』56頁（商事法務研究会・1981）。

実認定の構造を十分認識すること、第2に、適正な事実認定を支援する手続システムが適切に作動すること、第3に、裁判官が自らの事実認定のスキルを向上させることが不可欠の前提といえる。

本章では、民事訴訟における事実認定の特色をみたうえで、情報処理プロセスという観点から考察を加え（Ⅱ）、当事者から供給される情報（主張、証拠）にはさまざまな歪みがあり得ることを正面から見据えて、その発現形態と歪みが生じる要因について、いくつかの具体的なケースを通じて分析する。そのモチーフは、民事訴訟の事実認定を誤らせる要因となる情報の歪みを是正するものを探ることにある（Ⅲ、Ⅳ）。そして、最後に、その要旨をまとめる（Ⅴ）。こうした作業は、適正な事実認定を行うための前提のいずれにもかかわるところである。本章は、そのような意味で、事実認定基盤論にかかわるテーマである。

Ⅱ　情報処理プロセスとしての民事訴訟

1　民事事実認定の特色と与件

田尾桃二教授は、民事訴訟における事実認定の特色について、次の六つを挙げられる[3]。すなわち、①事実認定の資料が原則として当事者提出のものに限定されていること、②認定の対象、方法（手段）に制限があること、③時間の制約があるうえに、必ず結論を出さなければならないこと、④当事者間に闘争性があること、⑤認定の対象が、単なる事実ばかりでなく、評価・判断と混交したものが少なくないこと、⑥裁判官は世の中の出来事すべてについて事実認定をしなければならないことである。換言すると、民事事実認定は、弁論主義・当事者主義などの民事訴訟法の原則のもとにおいて、当事者の党派的訴訟活動を前提として、当該事象の専門家ではない裁判官が、法定の手続に則り証拠法則を遵守して、法的に意味のある主張の不一致である争点について、評価性を含む事象を認識していく営為である[4]。

3）田尾桃二「民事事実認定論の基本構造」民事事実認定36頁。
4）本書第1章Ⅵ2参照。

2　情報処理プロセスとしての民事訴訟

　民事事実認定は、裁判官が事象を認識していく作用であり、情報処理プロセスおよび認識形成（心証形成）プロセスと位置づけることが可能である。すなわち、民事訴訟プロセスの構造は、①審理の主宰者としての裁判官による情報処理のプロセスと、②判断者としての裁判官による認識形成（心証形成）のプロセスとの複合体ということができる。そして、情報処理プロセスは、認識形成（心証形成）プロセスの手段という関係に立っている。さらに、情報処理プロセスを段階別にみると、（ⅰ）情報の収集・加工・組立て、（ⅱ）情報交換、（ⅲ）情報評価の各パートに分けることができる。

　通常の情報処理のプロセスにおいては、情報処理をする主体が情報収集をし、評価分析を加えて、一定の判断を加えていくことになるが、民事訴訟の事実認定では、田尾教授が正当に指摘されたように、情報処理をする主体でない者が供給した情報（主張、証拠）を判断していくところに特色がある。そして、情報供給者は、闘争性を内包する当事者であるから、情報供給に過度に熱心となることは不可避である。そうすると、供給される情報のなかに、情報として不適切なもの、偏ったもの、無意味なものが混在することは免れない。しかも、その判断は、手続法の規制のもとで行わなければならないのである。[5]

　すなわち、民事訴訟の事実認定は、田尾教授が指摘される①および④の特色である、当事者が提出する情報は闘争性等からくる歪みがあること、当事者は情報操作をする場合があること等を認識したうえで、相手方当事者が的確な反論・反証をし、裁判官が、それらに適切な評価を加えていくことが必要不可欠なのである。[6] さらに、民事訴訟の情報収集・加工・組立ての場面でも、情報交換、情報評価の場面でも、これを賢明に行うためには、裁判官はもとより訴訟代理人である弁護士も、その歪みの発現形態およびそれが生じる要因について、十分に理解することが望まれる。

---

5) 加藤新太郎「効率的司法への課題」判タ400号83頁（1980）。なお、私的自治の世界においては、十分な情報を保持することが、自己決定権を的確に行使するうえでの前提となるとする立場から、現行民事訴訟法における情報開示・証拠開示・証拠収集の機能を果たす制度を考察し、情報開示機能の充実を図るべきと提言する見解として、田原睦夫「証拠（情報）の開示制度」『鈴木正裕先生古稀祝賀　民事訴訟法の史的展開』499頁（有斐閣・2002）参照。
6) 田尾桃二＝加藤新太郎「〈対談〉民事事実認定論の展望―解題をかねて」民事事実認定7頁〔加藤発言〕。

3　事実認定を歪める要因

　事実認定を歪める要因は、類型として観念することができる。

　当事者の供給する情報には、主張レベル、証拠レベルの双方において歪みがみられることがある。主張レベルでは、そこまで主張する必要がないのに、誇張したり、過剰に主張することがみられる（過剰主張型）。証拠レベルでは、書証を作出（捏造）すること、目撃事実を歪曲することなどがみられる（証拠作出型）。

　主体面からみると、情報の歪みをもたらすのは、当事者である場合、訴訟代理人である場合、両者が競合する場合がある。

　過剰主張型と証拠作出型のいずれについても、制度を悪用（不当利用）しようとする意図に基づくもの（制度の不当利用型）が少なくない。当事者は、事実主張において、あった事実を「ない」と主張することがみられる。そうした当事者の過剰主張の背後には、わが国の法援用の特質があるもの（特殊日本的法援用随伴型）、人格非難を防御するためのもの（人格防衛型）、勝訴を完全なものとする意図に基づくもの（自己主張の完全性志向型）がみられる。また、訴訟代理人の行う情報操作には、弁護士の訴訟代理人的役割への過剰適応と目されるもの（訴訟代理人的役割への過剰適応型）もある。

　以下では、具体的ケースを通じて、情報の歪みについて、制度の不当利用型、訴訟代理人的役割への過剰適応型、特殊日本的法援用随伴型、人格防衛型、自己主張の完全性志向型に分けて、その内容および発現形態をみていくことにしたい。

III　民事訴訟における情報の歪みと是正（その1）

1　制度の不当利用型——総説

　制度の不当利用型にも、主張レベルで発現するものと証拠レベルで発現するものとがある。

　まず、主張レベルのものとして、当事者が事件を作出する例【ケース1】、訴訟代理人である弁護士が事件を作出する例【ケース2】、当事者が相手方の証拠収集能力の限界を見越して、自己の（虚偽）主張を通そうとした例【ケース3】をみてみよう。

次に、証拠レベルのものとして、当事者が書証を作出する例【ケース4】、証人が目撃事実を歪曲する例【ケース5】をみることにしたい。

2　主張レベルにおける発現形態
(1)　当事者が事件を作出したケース
　数多い民事訴訟事件のなかには、当事者が、事件を作ってしまい、不正に利益を得ようとするケースがある。次のケースは、その典型例である。
【ケース1】詐盲保険金請求ケース
　交通事故（自損事故）によって両眼全盲等の後遺障害を負ったと主張する原告が、保険会社6社を被告として総額3億円余の保険金請求をした。原告訴訟代理人は、1枚の事故証明と2通の両眼全盲の診断書を証拠として、この訴訟を提起したが、被告側の反証によって、原告の故意による事故招致・詐盲（事故後原告は、眼鏡着用等の条件が付せられていない免許証の再交付まで受けていた）の事実が明らかにされた。[7]

　このケースでは、当事者が詐欺的な不当請求を目論んで、主張・証拠いずれも歪めていた。原告訴訟代理人である弁護士も、そうした事実を知らず、不正請求の片棒を担がせられそうになったもののようである。

　本件の情報の歪みは、被告側の反証によって是正された。効果的な反証活動が、適切な事実認定のためのポイントであったということができる。もっとも、原告訴訟代理人も、今少し丹念な事前の事情聴取、資料収集、事実調査をしていれば、事故後も眼鏡着用等の条件が付せられていない免許証の再交付まで受けていたという、原告本人の「詐盲」に騙されずにすんだといえよう。制度的には、訴訟代理人である弁護士の事案スクリーニング機能が期待されるところでもある。[8]

(2)　弁護士が事件を作出したケース
　当事者ではなく、弁護士が、不正な利益を獲得する目的で事件を作出するケースもみられないではない。もとより稀有ではあるが、次のケースがそれであ

---

[7] 加藤新太郎『弁護士役割論〔新版〕』287頁（弘文堂・2000）、同『コモン・ベーシック弁護士倫理』136頁（有斐閣・2006）。本件は、裁判所の勧告を受けて、訴えの取下げがされた。
[8] 加藤・前掲7）『弁護士役割論』156頁。なお、加藤新太郎「ノーと言える弁護士」法の支配123号32頁（2001）参照。

る。

【ケース２】弁護士による事件作出ケース

　宗教法人Ａ寺は、借地人との間で底地権売買の交渉をしたいと考えた。しかし、Ａ寺は、紛争当事者となることを避けるため、Ｂ社（経営者Ｃ）と通謀虚偽表示をしてＢ社に所有権移転仮登記（登記原因は売買予約）を終え、弁護士乙を代理人として、借地人を相手に調停申立てをした。弁護士甲は、これを知り、自分の顧問先のＤ社（代表者Ｅ）を新たな取引関係に入った被害者に仕立て上げ、Ａ寺から損害賠償金を詐取することを企てた。

　まず、弁護士甲は、「売主Ｂ社、買主Ｄ社間の虚偽の土地売買契約書」（書証①）を作成し、仮登記をした。さらに、甲は、売買代金のうち、契約時支払いの１億円について、Ｂ社がＤ社から借り受けたことを確認する旨の「債務弁済公正証書」（書証②）記載の１億円を充当したことを仮装して、その旨の「領収書」（書証③）を作成し、中間金の１億円について、Ｂ社から甲の銀行口座に振り込まれた１億円を甲がＤ社の代理人として再びＢ社の銀行口座に振り込み（振込受取書、書証④作成）、その支払いを仮装した。

　Ａ寺は、Ｄ社に対して、本件土地仮登記抹消請求訴訟を提起した。甲はＤ社の訴訟代理人となり、「Ａ寺とＢ社との間の売買予約が虚偽であることにつきＤ社は善意である」旨主張して、書証①ないし④を提出した。さらに、ＣおよびＥの証人尋問に当たっては、Ｄ社が善意の第三者であることを立証するため、「虚偽の書証①ないし④を真実である旨の証言をするよう」に教唆して、甲が尋問して偽証させた。その結果、裁判所は、「Ｄ社の善意の第三者である」旨の主張を認定して、Ａ寺の請求を棄却した。控訴審で和解が成立したが、それまで、甲は違法な訴訟活動を継続して遂行した。[9]

　本件は、弁護士甲が、不正な利益を獲得する目的で、事件そのものをまさしく捏造したケースである。文書を偽造し、偽証も教唆しているから[10]、裁判所もこれを見破ることができず、甲は目論見どおりの成果を挙げたのである。本件が発覚したのは、Ｃが、その後甲と袂を分かち、甲に対する懲戒請求を申し立てたためである。「天網恢恢、疎にして漏らさず」という言葉を思い出させる

---

[9] 東京弁護士会会長1999年12月22日公告参照。弁護士甲には、退会命令処分がされている。なお、加藤・前掲注８)「ノーと言える弁護士」38頁参照。
[10] 弁護士が偽証をそそのかすことは、弁護士職務基本規程75条に違反する非違行為である。

経過ではあるが、裁判所は、結果的に事実誤認を強いられている。

このように、本件では、情報の歪みが当該訴訟手続のなかで是正されることはなかった。甲とCとの仲間割れという偶然の事態で、事件の真相が判明したわけである。制度的には、原告（A寺）側の立証活動に期待されるところであるが、本件では、功を奏することはなかった。裁判所としては、事件を捏造する弁護士が実際にいることも念頭に置いて審理に当たることが要請されることになるが、実効的な対策はなきに等しいであろう。一般論としては、弁護士倫理を徹底する必要性を汲み取るべきであろうが、弁護士甲の行動は、訴訟詐欺そのものであり、弁護士倫理以前の問題である。

（3）　当事者が虚偽主張を通そうとしたケース

架空の事件を作出するというほど悪質ではなくとも、当事者が、自己の主張について相手方は反駁するだけの裏付け資料を提出できないものと見越して、事実に反する主張をすることもみられる。こうしたケースは、実務的な経験からすると少なくないように思われる。次のようなケースが、それである。

【ケース3】妹らによる連帯保証ケース[11]

家業である中小企業を経営する兄の金融機関からの資金繰りを助けるため、3人の妹達が、それぞれの夫名義で連帯保証契約および抵当権設定契約を締結し、夫名義の自宅と土地に抵当権設定登記をした。その後、債務を残して、兄は死亡し、会社も倒産したため、金融機関は、妹らの夫名義の自宅と土地の競売申立てをした。そこで、妹らが、金融機関に対して、「いずれも夫に内緒で行ったことであり、契約書の署名押印も勝手にしたことである」として、債務不存在確認と抵当権設定登記抹消登記請求をした。

本件は、「①全く夫に知られることなく、連帯保証契約および抵当権設定契約を締結したといえるか、②契約した時期との間隔からして、夫らは登記簿謄本などを見て抵当権設定登記がされていることを知る機会があったにもかかわらず、特段の行動を起こしていないから、追認と解する余地もあるのではないか」等が争点となった。

弁論準備手続において、金融機関としては、肉親の情も考慮すれば、必ずしも徹底的に債権を回収することが相当とはいえないであろうという方向が打ち

---

11)【ケース3】は、筆者が経験したケースをモディファイしたものである。

出された。そこで、人証の取調べに入ることなく、和解手続に切り換えられて、「相当程度の債務額を減額して和解する」という方向で調整が進められていた。

　ところが、和解手続の途中で、本件債権が整理回収機構に債権譲渡され、訴訟承継がされた。そして、整理回収機構の訴訟代理人による調査の結果、「兄が自殺したことによる生命保険金が会社に対して支払われており、これを実際には妹らが取得し、夫らも認識していたという事実」が判明した。そうすると、原告らは、この事実を秘匿して、本件訴訟を提起していたということになり、少なくとも、その時点では、追認があったとみるべきであると思われるし、そもそも夫に内緒で本件各契約を締結したとの主張の真否も疑問となる。結局、原告らは、受領した生命保険金をすべて債務返済に充て、さらに上積みした金額（当初調整されていた額を大幅に超えるもの）を被告に支払うことで、和解が成立した。

　本件の原告は、被告となる金融機関が保険金支払いの事実について認識することはないであろう（手続的にもできない）という制度的制約を逆手にとって、主張を歪めていた。その意味で、制度の不当利用型とみてよいであろう。しかし、原告らの見込みに反して、整理回収機構に債権譲渡され、その訴訟代理人の調査により決定的事実が判明したのである。情報の歪みを是正したのは、被告訴訟代理人の証拠収集活動とその結果であった。証拠収集手続の拡充が、事実認定の歪みを正すポイントになることを示唆するケースといえる。

　原告らの訴訟代理人が、事前に、原告らの保険金取得という決定的事実を認識していたか否かについては、明らかでない。依頼者が弁護士に対し、必ずしも全貌を話すとは限らないから、原告らは訴訟代理人に生命保険金の取得の事実を隠していた可能性もある。その結果、訴訟代理人としては、裁判所および被告側に面目を失する結果となっている。

　仮に、弁護士がこの決定的事実を認識したのにもかかわらず、これを等閑に付したまま和解交渉に臨んでいたとしたら、その弁護活動はどのように評価されるべきであろうか。弁護士職務基本規程5条では、「弁護士は、真実を尊重し、信義に従い、誠実かつ公正に職務を行うものとする」と定めているが、弁護士倫理7条では、より端的に、「弁護士は、勝敗にとらわれて真実の発見をゆるがせにしてはならない」と定めていた。これらの定めは、弁護士法1条の弁護士の一般的責務の定めとともに、真実義務を担保する制度的基盤となる行

為規範であると考えられる[12]。そうすると、決定的事実を隠蔽したまま和解交渉に当たることは、適正な内容の和解になる蓋然性を低めることになり、アンフェアというべきであり、弁護士倫理上相当に問題があると評すべきであろう。しかし、それが判明することがなければ、見過ごされてしまい、アンフェアな当事者がほくそ笑む結果になるわけであるから、深刻な問題というほかない。

また、裁判官の心証形成のあり方についても、いわゆる「事件のスジ」に寄り掛かることの危険を教えるケースであるといえよう[13]。すなわち、本件について、「兄の苦境を見兼ねて妹らがそれぞれ夫に内緒で債務の連帯保証をした気の毒な事案」という見方をすることは、原告らの思う壺に嵌まったことになるのである。

3 証拠レベルにおける発現形態

(1) 当事者が書証を作出したケース

当事者は、いずれの側においても、勝訴を得るために、虚偽の内容を記述した文書を作成することが稀ではない。報告文書であることが多いが、処分文書であることもある。次のケースは、そうした例である。

【ケース4】報告文書作出ケース[14]

原告とAとは、飲食店の店舗の営業委託契約をし、被告はAの債務を連帯保証した。契約期間は2年間であったが、契約書には、「双方協議の上合意更新が可能である」旨の約定がされていた。原告は、契約更新後、Aの対価支払いがされておらず、その見込みもないとして、残りの期間の対価相当分について連帯保証人である被告に請求した。

被告の反論は、「Aは在留資格のない外国人であり、入国管理局に身柄拘束

---

[12] 加藤・前掲注7)『コモン・ベーシック弁護士倫理』133頁、136頁、同・前掲注7)『弁護士役割論』290頁、日本弁護士連合会弁護士倫理委員会編著『解説弁護士職務基本規程〔第2版〕』9頁（日本弁護士連合会・2012）、日本弁護士連合会弁護士倫理に関する委員会編『注釈弁護士倫理〔補訂版〕』38頁（有斐閣・1996）。

[13] 「事件のスジ」については、伊藤滋夫『事実認定の基礎』263頁（有斐閣・1996）、手続裁量論65頁、加藤新太郎（司会）「〈座談会〉裁判官の判断におけるスジとスワリ」民事事実認定421頁、田中豊「判例形成と『筋』又は『落着き』」『小島武司先生古稀祝賀　民事司法の法理と政策(上)』629頁（商事法務・2008）、加藤新太郎編『民事事実認定と立証活動II』142頁（判例タイムズ社・2009）など参照。

[14] 【ケース4】は、筆者が経験したケースをモディファイしたものである。

され、本国に強制送還された。自分は、この店の客という関係で連帯保証をしたが、本来そのような義理のある関係ではない。Aが預託していた保証金が控除されるべきであるし、そもそも本件の契約更新後の債務について連帯保証の効力が及ぶものとはいえない」というものであった。

　原告の提出した証拠によると、原告は被告に対し、連帯保証の効力を及ぼすべく、「本件営業委託契約は法定更新された」旨の内容証明郵便を出していた。裁判官は、弁論準備手続において、原告の訴訟代理人に対し、契約書には「合意更新のみが可能である」旨の約定があることと、この内容証明郵便の内容との関係を釈明した。原告側は、次回期日に、「Aは○月○日原告に対し電話により更新を申し入れてきて、原告はこれを承諾した」旨を記載した原告作成の報告書を書証として提出した。ところが、別途行った調査嘱託の結果によれば、「○月○日は、Aが入国管理局に身柄を拘束されていた最中」であり、したがって、Aが原告に電話をかける機会はあり得なかったことが判明した。そうすると、原告は「双方協議の上合意更新をした」という事実を捏造し、報告文書を作成したということになる。裁判官は、この点を、原告訴訟代理人に指摘した上、被告に、更新前の契約についての債務不履行分の一部を支払わせる和解を勧告し、これを成立させた。

　本件は、原告が、虚偽の内容を記載した報告文書を書証として提出することにより、事実認定を自己に有利に歪めようとしたところ、裁判官の記録検討により、その歪みが是正されたケースである。訴訟手続が本来予定している審理のなかで真実解明が実現したものということができる。弁論準備手続において裁判官が事案解明のために丹念に主張・証拠を検討することの必要性を教える事例である。[15]

　本件において、原告訴訟代理人が原告の目論見を認識していたかについては、不明である。原告訴訟代理人が調査嘱託の結果と本件書証の記載との間の矛盾に気づかなかったことは、原告にとっては物足りないということになろうが、

---

[15] 弁論準備手続における争点整理のあり方については、加藤新太郎「協働的訴訟運営とマネジメント」『原井龍一郎先生古稀祝賀　改革期の民事手続法』153頁（法律文化社・2000）、同「民事訴訟における争点整理」同編『民事訴訟審理』151頁（判例タイムズ社・2000）、同「争点整理手続の構造と実務」『栂善夫先生・遠藤賢治先生古稀祝賀　民事手続における法と実践』247頁（成文堂・2014）参照。

実体的真実発見・解明の観点からは、むしろ幸いであったというべきであろう。

（２）　証人が情報を歪めようとしたケース

当事者や訴訟代理人ではなく、証人も、一定の意図に基づき情報を歪めようとすることがある。証人が当事者に近い立場の場合には、裁判官としても、予め相応のスタンスをとってその者から供給された情報に評価を加えることができるが[16]、それほど当事者と近い立場にない場合でも、情報の歪曲がみられることがある。次のケースは、その例である。

【ケース５】　パトカー追跡事故目撃ケース[17]

パトカーが不審車両を追跡中に無理な走行をしたため交通事故が発生し、さらに、それが球突き事故となり自動車が次々、炎上する大事故につながったことを請求原因として、事故に巻き込まれた被害者が、地方公共団体に対して損害賠償請求をした。

証拠調べ期日において、原告申請の証人は、主尋問のなかで、「自分はその場に居合わせ、一部始終を目撃していたが、パトカーの追跡の仕方はあまりにも無謀で危険極まりない走行であった」という趣旨の証言を旨具体的にした。この証人は、社会的地位のある医師であり、原告との利害関係もない人物であったため、その証言の証拠価値は類型的に高いと評価されるものであった。

これに対して、被告訴訟代理人は、反対尋問において、この証人の過去の素行を質問していった。その結果、この証人は、「過去に愛人の看護士が不審死を遂げており、その件で証人が警察で取調べを受けたことがあったこと」が明らかにされた。このことから、刑事事件にこそならなかったものの、証人は警察に対して恨みをもっているのではないかと推測され、その信用性を一気に失った。

本件は、目撃事実の作出に対して、反対尋問が功を奏したケースである。適正な事実認定をするために要請される反対尋問の本来的機能が発揮された例といえるが、その前提として、被告訴訟代理人の適切・周到な調査活動が重要で

---

16) 例えば、信販契約を利用した売買契約にかかわる立替金請求訴訟において、基本となる売買契約の成否が争点となり、販売店の店員が売買を肯定する証言をする場合には、裁判官も一定の注意を払って証言を吟味するスタンスをとるのが通常である。なお、今中道信「民事事実認定のマインド」民事事実認定150頁も参照。

17)【ケース５】は、筆者が経験したケースをモディファイしたものである。加藤新太郎編『民事尋問技術〔第３版〕』264頁（ぎょうせい・2011）。

あることがわかる。本件においては、実質的な被告である警察が全面的に協力した結果、目撃証人の信用性の問題点が把握できていたものであろう。これを一般化することは難しいかもしれないが[18]、反対尋問の機能向上という観点からは、示唆するところは大きいように思われる。

IV　民事訴訟における情報の歪みと是正（その２）

1　訴訟代理人的役割への過剰適応型

訴訟代理人である弁護士が、自ら追行する民事訴訟において勝訴に拘泥するあまり、主張レベル、証拠レベルで情報に歪みを生じさせることもないわけではない。弁護士には、訴訟代理人としての役割と公益的（公共的）役割がある[19]が、その役割衝突の場合において、前者に過剰適応してしまった結果とみるべきものであろう。そのようなケースとして、【ケース６】、【ケース７】がある。

【ケース６】処分文書捏造ケース

土地を競落したＸから、賃借人Ｙに対する建物収去土地明渡請求訴訟が提起された。

Ｙ側から、「対抗できる占有権原として賃借権がある」という抗弁が主張され、それを裏付ける証拠として賃貸借契約書が提出された。これに対して、Ｘ訴訟代理人の的確な反証により、使われていた市販の定型フォームの賃貸借契約書が、Ｙ主張の契約締結日の時点には販売されていなかった事実が明らかにされた。

本件は、一見すると、訴訟当事者が訴訟に勝つために決定的な証拠を捏造して、主張・証拠を歪めたケースである。しかし、このケースで注目されるのは、ある弁護士の示唆によって賃貸借契約書が作成されていたという事情が明らかになったことであった。その弁護士は、Ｙの顧問弁護士をしていたことがあり、本件のＹの訴訟代理人は、同弁護士の元の勤務弁護士という親しい関係にあっ

---

[18]【ケース５】は、昭和50年代の事件であった。当時は、格別の疑問もなく許容されるものであったが、今日では、個人情報保護の観点から、実質的な被告である警察が目撃証人のセンシティブな個人情報を反対尋問の材料として提供・使用している点が問題視され得ると思われる。

[19] 石川明「弁護士の基本的性格に関連して」『民事法の諸問題』393頁（一粒社・1987）、加藤・前掲注７）『弁護士役割論』６頁、加藤・前掲注７）『コモン・ベーシック弁護士倫理』13頁。

たから、Yの訴訟代理人も、その間の事情を認識していたのではないかとも推測されたのである。[20]

本件の歪みを是正したのは、X訴訟代理人の反証活動であり、その前提となる証拠収集手続である。Yに対しては、真実義務に違反するような応訴は、不当応訴として民事責任を追求することが可能であろう。[21]

また、弁護士は、訴訟追行の場面において、①依頼者との信頼関係に基づく誠実義務・善管注意義務を負うばかりでなく、②裁判所と協力して、社会正義を実現すべき義務がある。したがって、弁護士は、依頼者の権利の実現ないし利益の擁護をするためにも相当な手段を選ばなければならないのであり、前述したように、訴訟当事者の真実義務違反を助長するような訴訟追行は禁じられている（弁護士職務基本規程5条、75条）。そのようなことから、Yの訴訟代理人に対しては、当事者の真実義務の実効性を担保するものは、弁護士の執務規範（弁護士倫理）のほかにないことを強調しなければならないであろう。[22]

【ケース7】 一審認定辻褄合わせケース[23]

原告Xが、貸金返還請求をし、被告Aが一部弁済の抗弁を主張したが、一審では、Aが不出頭のまま、Xの本人尋問のみが実施され、X勝訴の判決言渡しがされた。Aは控訴した（本人訴訟）。争点は、貸金2000万円のうち750万円についてAが弁済したか否かであった。Aは、「平成○年11月4日に、甲信用金庫の自分の口座から800万円の現金を下ろし、そのうち750万円を、乙農協の窓口でXの口座に振り込み弁済した」旨の主張をし、これに沿う証拠も提出した。もっとも、振込はAの名義でしたのではなく、第三者名義でしたというものであった。控訴審判決は、この抗弁を認めることなく、控訴を棄却した。

---

20) 加藤・前掲注7)『弁護士役割論』287頁。
21) 加藤・前掲注7)『弁護士役割論』290頁、加藤・前掲注7)『コモン・ベーシック弁護士倫理』234頁。不当訴訟のリーディング・ケースとしては、最判昭和63・1・26民集42巻1号1頁がある。なお、本間靖規「民事訴訟と損害賠償」民訴雑誌43号33頁（1997）、池田辰夫「民事訴訟の提起と不法行為」『新堂幸司先生古稀祝賀　民事訴訟法理論の新たな構築㊤』41頁（有斐閣・2001）も参照。
22) 加藤・前掲注7)『弁護士役割論』290頁、加藤新太郎「民事司法過程における弁護士の役割」日本弁護士連合会編集委員会編『あたらしい世紀への弁護士像』136頁（有斐閣・1997）など参照。
23)【ケース7】は、筆者が経験したケースをモディファイしたものである。なお、石村善助教授は、プロフェッションの依頼者への過剰適応を排し、中立性を維持すべき旨を説得的に述べておられる。この点につき、同『現代のプロフェッション』81頁（至誠堂・1969）参照。

Xの訴訟代理人は弁護士Yであるが、この事件後、XとYは弁護士報酬等をめぐり不仲となり、Xは、Yに対し、弁護過誤訴訟を提起した。Yは、「前訴である貸金訴訟において善管注意義務違反はない」旨の主張をし、その具体的な裏付けとして、「実体的真実（真相）と異なる事実の主張をし、それが控訴審でも維持された」旨の陳述書を提出した。その要旨は、次のとおりである。

　「高等裁判所に至り、Aは猛烈に反論してきました。一審同様Aの弁済がなかったという事実認定になりましたが、証拠上は、明らかにXの錯覚だったのを、うまく辻褄を合わせて、勝訴したものです。Xは、11月4日に自分の架空名義の口座の定期預金を解約したと主張するのです。さいわい、私（Y）は、乙農協の顧問を長く務めており、この弁済について、乙農協に調査を依頼しましたが、その結果は、『11月4日には、現金の入金があっただけで、Xの架空名義の定期の解約と、これによる入金は全くなく、さらに、Xが自分の定期を解約したのは、12月23日である』ことが判明しました。これを知った私（Y）は、Xにその記憶違いを何回となく問い質しましたが、Xは頑として、自分の言い分を譲りません。証拠を見せても、承知しないのです。これは危ない、証拠上は、明らかに負けるのではないかと思いました。しかし、私（Y）は、前年末の定期預金の合計額と、当年末の定期預金残高の証明書を示し、この差額で750万円の決済を済ませたと強弁し、それが通ったのです。」

　本件は、弁護士が、依頼者の主張が真相と異なることを知りながら、紛らわしい証拠を提出することで証拠を歪め、裁判所の事実認定を誤らせたというケースである。弁護士が訴訟代理人的役割に過剰適応した典型例ということができる。

　本件では、結局、情報の歪みが是正されることないまま、控訴審判決が出されている。本件は、AがXに対して老人ホームを建設するという架空の話で金銭を借り受け、これを返済しなかったという事情があり、詐欺的な言辞を弄する悪質なAであるから、弁済した旨の主張も眉唾ものであろうという「スジ」でみられやすかったといえる。加えて、Xは老女であり、「社会的弱者である」という先入観があったともいえよう。

　事実認定を適正にするという観点からは、Aの「甲信用金庫当座口から800万円を現金で下ろし、そのうち750万円を現金で、乙農協の窓口でXの口座に振り込み弁済した」旨の主張およびこれに沿う証拠と、Xの「前年末の定期預

金の合計額の証明と、当年末の定期預金残高の証明」の差額で750万円の決済を済ませたという証拠との優劣の判断を誤らないためには、裁判官としては、乙農協に対する調査嘱託を行うことが考えられる。しかし、Aは本人訴訟でもあり、それを思いつくことはなかったのであろう。Aに対し、調査嘱託を申し立てないかと釈明をすることも考えられないではないが、「スジ」からして、裁判官は、そこまでする必要はないと判断したのであろう。このケースは、①「スジ」に頼りすぎるべきではないこと、②「弱者」であるから虚偽を言い張らないとはいえないこと、③「弱者」というだけで証拠評価において有利な評価を与えてはならないこと、④「弱者」を甘く見るべきではないことなどを教える貴重な素材というべきであろう。

もとより、弁護士倫理の観点からみると、本件における弁護士Yの執務の問題性は明らかであろう。「弁護士は、偽証若しくは虚偽の陳述をそそのかし、又は虚偽と知りながらその証拠を提出してはならない」と定める弁護士職務基本規程75条に違反するばかりでなく、真実義務にも違反している。Xのために、ここまでしているのにもかかわらず、Xから弁護過誤訴訟を起こされていることは皮肉というほかないであろう。

2　特殊日本的法援用随伴型

当事者は、事実主張において、自己の主張を完全にしようとするあまり、「あった事実をない」と主張することがみられる。そのなかでも、当事者として、「自分は悪くない、相手方が酷い」という状況であることを強く訴える形態で法援用をしたい場合がある。そのような場合にも、供給される情報に歪み

---

24) 法援用における特殊日本的形態については、棚瀬孝雄「脱プロフェッション化と弁護士像の変容」日弁連編集委員会編・前掲注22) 200頁。棚瀬教授は、法の援用を職業とする弁護士にとって、法援用が道徳的に正しいとして正当化できることが好ましく、「①法援用は倫理的に無色な行為であるとする正当化、②法援用は法に内在する理念を具体化するものであるとする正当化、③法援用は、法を無視して人権の抑圧が実際に行われているのに対して、正義を実現するためのものであるとする正当化」の三類型が考えられるという。そして、わが国においては、弁護士は、扱っている事件の実際の内容以上に、③の類型に依拠して、業務を「自由と人権の擁護」として正当化していると指摘する。本文でいう情報の歪みについての「特殊日本的法援用随伴型」は、この棚瀬説に示唆を得ている。すなわち、棚瀬教授のいわれる法援用における③の類型の正当化を、当事者も望んでおり、それが民事訴訟過程において、情報の歪みという形態で発現する場合があると思われるのである。

を生ずることがあるが、これを、特殊日本的法援用随伴型と呼ぶことにする。【ケース8】は、そのような例である。

【ケース8】変額保険のパンフレット不交付主張ケース

　原告Xらは、相続税対策として、Y_2銀行から一時払保険料を借り入れ、Y_1生命保険会社との間で変額保険契約を締結した。Xらは、その際、Y_1生命保険会社の担当者Aから、①変額保険のパンフレット、設計書等の交付を受けていない旨、②Aが変額保険の仕組み、リスク等について十分な具体的説明をせず、「絶対損をしない良い保険」と抽象的な説明に終始した旨主張して、Yらに対して、保険契約の錯誤無効・詐欺取消に基づく払込保険料の不当利得返還、Aの説明義務違反による不法行為に基づく損害賠償請求をした。判決は、「Xらの主張事実は認められず（パンフレット、設計書等の交付は受けていた）、Xらは変額保険の基本的仕組みは理解していたもので、錯誤にも、詐欺にも当たらず、変額保険の勧誘に際し、生命保険会社担当者の説明義務違反もなかった」として、請求を棄却した。[25]

　変額保険関係訴訟において、保険契約者側が勝訴した裁判例をみると、①担当者が虚偽事実を述べたケース（東京地判平成6・5・30判時1493号49頁、東京地判平成8・3・25判時1572号75頁）、②断定的判断を提供したケース（最判平成8・10・28金法1469号51頁）、③運用実績がマイナスになっていることを告げなかったケース（東京地判平成10・5・15判タ1015号185頁）、④融資銀行の支店長（代理）が不当な勧誘を行ったケース（東京地判平成8・7・30判時1576号103頁、横浜地判平成8・9・4判タ922号160頁）、⑤保険会社と融資銀行が一体となって不当な勧誘を行ったケース（東京地判平成9・6・9判時1635号95頁・判タ972号236頁・金法1489号32頁、東京地判平成17・10・31判時1954号84頁・金判1229号12頁）など、いずれも、その勧誘において不当性が高いものである。[26]

　Xらは、本件勧誘が不当なものであることを強調する意図で、変額保険のパンフレット等の交付を受けていない旨の主張をしたものと思われる。まさしく、「自分は悪くない、相手方が酷い」ということを強調したい、特殊日本的法援用である。そして本件では、これが、事実認定において否定された。「パンフ

---

25) 東京地判平成11・2・23判タ1029号206頁。本書第5章Ⅲの【ケース1】参照。
26) 瀬川信久「一連の変額保険判決について」判タ933号75頁（1997）、本田純一『契約規範の成立と範囲』102頁（一粒社・1999）、森田章『金融サービス法の理論』156頁（有斐閣・2001）など。

レット等の交付を受けたか否か」は、Xらの主張全体の信用性にもかかわるところであり、たとえパンフレット等が交付されていたとしても、なお担当者の説明の適否は問題とし得るのであるから、主張としては、過剰であったと解される。このような過剰主張は、事実認定を歪める要因といえよう。

　本件では、この歪みは、他の証拠方法（人証）によって是正されている。事実認定が適正にされるか否かは、全体的な立証計画をどのように構成するかという訴訟運営ともかかわることを示唆するものといえよう。

3　人格防衛型

　民事訴訟のなかには、当事者の人格評価にかかわる事実が主張されることも少なくない。金銭請求訴訟であっても、感情問題が絡むと人格訴訟化して、人格評価にかかわる事実があらわれるが、それ以外の訴訟でも、同様の事実が主張される場合がある。そのような場合には、当事者は、自分に向けられた人格非難（人格攻撃）を防御するために、しばしば事実と異なる主張をして、情報を歪めることがみられる。【ケース9】は、その例である。

【ケース9】キャリアウーマン不倫事件

　X・Yが数年間に及ぶ内縁関係を解消することになった。それは、女性Yが職業上の関係者であるAと男女関係を生じたことが原因であったとして、男性Xが、YとAに対して不法行為に基づく損害賠償請求訴訟を提起した。Xは、Y・Aの関係をYの手帳の記載によって認識したとして、そのコピーを書証として提出した。

　関係証拠から事実として認定できる事項は、①Xは定職に就いていない期間が長いのに対して、Yは外資系の金融機関を転職してキャリアアップを図るなど積極的なキャリアウーマン（現在は、外債のディーラー）であること、②Aは商社に勤務する独身男性で、Yが販売する金融商品の顧客であり、為替レート

---

27) 弁護士が当事者本人から事情聴取をした際、当事者が、明らかに経験則に反する事実、そこまではいかないまでも経験則に照らして首肯し難い事実を述べ、それに固執する場合に、弁護士としてどのように対応するかは悩ましい問題である。弁護士としては、全体の争い方を構想するなかで、派生的事項はむしろ固執すべきではない旨の説得をするのが通常であると思われる。それでもなお当事者が言い張るときには、①従前どおりの訴訟追行をする、②辞任する、③裁判所に虚偽の事実を開示するという3つの選択肢があるといわれるが、いずれにも難点がみられ、まことに悩ましい課題となる。この点について、日弁連弁護士倫理に関する委員会編・前掲注12）200頁。

の変動に関連して売買をするため一日のうちでも何回も連絡を取ることが必要とされる業務の形態であったこと、③Y・Aの連絡方法は電話が主であり、YがAを接待する経費は会社から支出され、レストランその他で複数回にわたり夕食を振る舞っていたこと、④Yはそのレシートを精算用に保存していたうえ、手帳にも接待予定を記入しており、Aとの接触をXに隠していたとはみられないこと、⑤Xは、Aに直接会っており、Yとの交際について苦情を述べたところ、Aは、「現在は、仕事の上での関係であるが、結婚を前提に付き合いたいと考えている」と答えたこと、⑥Aは、その後、外国に赴任し、Yとの関係はないように見受けられることなどである。

さらに、Xは、本人尋問において、「Yに未練があり、内縁関係の破綻で精神的にダメージを受けた。YはAと休日の昼間にホテルで会ったことがあるが、自分には、別の用事で出掛けると言って家を出た。自分は、Aと談判したが、ラチがあかなかった」と供述した。

これに対し、Yは、本人尋問において、「自分の実家の反対があり、Xとは入籍しなかったが、結婚式を挙げてはいる。家計の負担が自分にかかってきており、さらにXの両親の扶養まで現実問題になってきて、Xと別れることになるのは時間の問題であった。Aとは仕事上の付き合いで、男女関係はない」と供述した。

内縁解消の原因が女性の異性関係にあるという場合、男性側が損害賠償請求を提起することは、現在のわが国の風土を前提にして考えると、あまり一般的とは思われない。女性に逃げられた男性が思い切り悪くいつまでもこだわり続けている図であり、男性としては恥を晒すことになると受け止められる傾向がある。したがって、そのような提訴には抑制的になるのが通常であるから、そこには何か背景事情があると推測される。本件では、Xは、Yと購入した建売住宅があり、そのローン返済と共有持分の清算を意図して提訴に及んだのであった。そのうえ、Xは、すでに別の女性と婚姻していたことも判明した。

また本件では、Yが別の用件を口実に外出していた日にAとホテルで会っていたことが分かり、上記⑤も併せ考えると、事実としては、YとAとの間には男女関係があったとみるのが相当と思われた。しかし、Yとしては、倫理の観点から、自己の人格防衛という意味で、あえて不倫行為について否認したものと推測された。これも、事実認定を歪めるものであるが、全体の審理とりわけ

証拠調べを通じて、その歪みは是正されたといえる。[28]

　間接事実と経験則とを駆使して事実認定をすることの重要性を示唆するケースであるといえよう。

4　自己主張の完全性志向型

【ケース10】保証債務履行請求事件

　被告Ｙは、知人Ａの原告Ｘに対する貸金債務について連帯保証をするとともに、Ａ振出の約束手形に裏書をした。貸金返済期限が到来したが、Ａは返済できず、約束手形は返却された。Ｘは、この時点で、Ａに対し、さらに金員を貸したという形式をとったのであるが、これが、「①新規の貸付なのか——そうであれば、Ｙの連帯保証人としての責任はなくなる、②返済猶予なのか——そうであれば、Ｙの連帯保証人としての責任は残存する」という争点となった。書証によると、新たな金銭消費貸借契約書を作成し、他の契約分も入れて貸付額も増加させ（先の貸金はこれで返済扱いとする）、新たな連帯保証人も付けているので、結論としては、①とみることが可能であり、かつ相当な事案であった。

　ところが、前の貸金返済期限の前後に、Ｙは、Ａから、新たな約束手形への裏書を依頼され、これを断っているが、Ｙは、「この時のＡの依頼は、『Ｘから新たな借入をするので、その担保の手形裏書を頼む』というものであった」と主張し、被告本人尋問でもその旨供述した。しかし、関連する書証等から、Ａは、その時点では、「前の貸金が残っている。再度手形を振り出す必要があるから、裏書を頼む」といったはずであることが明らかな事情がうかがわれた。すなわち、Ｙの主張は、勝訴を確実にするための完全性志向による過剰主張であったといえる。

　Ｙは、このような主張をしなくとも、有利な事実認定が可能な状況にあったのにもかかわらず、過剰主張をした。そうした主張をあえてすることは、事実認定を歪める要因となるだけでなく、Ｙの信用性の問題にもかかわることとな

---

28)　【ケース9】は、筆者が経験したケースをモディファイしたものである。本件は、「Ｘ・Ｙが内縁関係にあった時期に購入した共有名義の土地建物について、Ｘの単独所有名義とし、Ｙは既払代金の精算分を放棄し、Ｘが今後のローン支払いをしていくこととし、その余の金銭授受はしない」という内容の裁判上の和解が成立した。

る点に注意すべきであろう。[29]

【ケース11】株式の譲渡担保権の実行と会計処理[30]

　X社は資金ショートを補うため取引先のY社から緊急の融資を受けた。当初は、両社のオーナー経営者が親戚関係にあったため、担保を徴してはいなかったが、Y社の資本構成に変化があり、実質的オーナーが交替したため、X社から担保を徴することになった。そこで、X社はY社に対し、A社の株式を融資金の担保のために、差し入れた。その後、X社は債務を弁済することができなかったため、株式は売却された。X社は、Y社が勝手に株式を売却したとして、損害賠償請求訴訟を提起した。

　争点は、「本件株式の差入れは質権設定契約か譲渡担保契約か」であった。質権設定契約であれば株式売却は流質契約の禁止に抵触し得るが、譲渡担保契約であれば問題はない。

　関係証拠からは、譲渡担保契約と認定してよいように思われるが、Y社は、担保権実行後、株式売却代金につき、被担保債権に充当して債務償却をするという処理をせず、会計上、営業外収入として計上していた。X社は、この点を捉えて、株式売却は譲渡担保権の実行としてされたものとはいえず、ひいては、譲渡担保契約の成立にも疑いがあると主張した。

　Y社の経理担当者は、証人尋問において、この会計処理について、「誤記ないしミスである」と弁明した。もちろん、その可能性はないとはいえない。しかし、本件では、株式差入れ時の経緯からして、さらには事柄の性質上、Y社担当者としては、売却後の代金会計処理も、慎重に扱ったはずである。そうすると、誤記・ミスとは考えにくく、承知で行ったものと推測される。すなわち、経験則上「この会計処理は誤記・ミス」いう弁明は通らない。

　Y社が営業外収入として計上していた理由は、①被担保債権額が大きく、まだ大きな負債が残っているため、会計上損金計上分を減らさないようにする意図か、または、②当該年度で貸借対象表上損失が出ないように操作する意図ではなかったかと推測される。

　しかし、そのように真実を述べると、Y社のずる賢さが明らかになってしま

---

29)【ケース10】は、筆者が経験したケースを要約したものである。本件は、保証債務の1割を支払う和解が成立した。
30)【ケース11】は、筆者が経験したケースをモディファイしたものである。加藤編・前掲注17) 31頁。

う。そうすると、このケースにおけるＹ社の主張全体の信頼性に影響しないとも限らない。Ｙ社は、このように考えて、誤記・ミスなどと強弁したのではないかと推察される。これは、自分の主張する事柄には一点の曇りも非もないという、自己主張の完全性志向型に由来する情報の歪みと解することができる。

V むすび

本章の要旨を五点にまとめておこう。

第１に、民事訴訟の事実認定を歪める要因の一つに、当事者から不適切な情報が供給されるという構造上の問題がある。

第２に、そうした情報の歪みは、その要因に着目すると、①制度の不当利用型、②訴訟代理人的役割の過剰適応型、③特殊日本的法援用随伴型、④人格防衛型、⑤自己の主張の完全性志向型などに分類できる。

第３に、民事訴訟を、①情報の収集・加工・組立て、②情報交換、③情報評価という情報処理プロセスとしてみた場合、各パートごとに、情報の歪みを生じさせることを可及的に少なくし、生じた歪みを是正するシステム（事実認定支援システム）の形成が要請される。

第４に、①情報の収集・加工・組立てでは、訴訟代理人である弁護士が適切に役割を果たすことが不可欠である。②情報交換では、裁判官および当事者双方の訴訟代理人との間で、情報の歪みを上手く吟味できるような嚙み合った議論・対話を展開する必要性が痛感される。③情報評価では、裁判官が豊富な経験則を備え、眼光紙背に徹して主張と証拠を点検し、自由心証主義の神髄を発揮するような心証形成をしていくことが、情報の歪みを是正することになる。

第５に、具体的には、訴訟代理人による適切な反証活動（【ケース I】、【ケー

---

31) 仮に、そうであるならば、Ｙ社の訴訟対応は不誠実であるし、訴訟上の真実義務にも反すると評価される。【ケースⅡ】では、この虚偽があったとしても、他の証拠関係からして譲渡担保契約という認定を左右するものとはいえないと判断された。しかし、これは個別の事情によるところが大きく、一般化することはできないであろう。自己主張の完全性志向に拘泥して情報を歪めた場合であっても、事柄によりけりであり、当事者としては主張全体の信頼性を失うリスクを想定すべきであろう。

32) 経験則については、本書第７章参照。

33) 自由心証主義および弁論の全趣旨については、本書第６章、手続裁量論161頁参照。

ス3】、【ケース8】)、適切な反対尋問(【ケース5】)が情報の歪を是正するためには、極めて重要である。また、裁判官による丹念な証拠・間接事実または経験則の検討(【ケース4】、【ケース9】、【ケース10】、【ケース11】)も有効である。さらに、弁護士倫理の徹底(【ケース2】、【ケース6】、【ケース7】)は、その前提要件であるように思われる。

　以上の考察から、問題の核心は、「情報の歪みを是正し、適正な事実認定を支援するものとしての事実認定支援システムを有効に機能させていくための手立ては、どのようなものであるべきか」にあることが明らかになった。これについて、具体的には、証拠収集手続の拡充、証拠調べにおける手続保障(反対尋問権の保障など)、当事者の真実義務および真実義務を担保する弁護士倫理の遵守のほか、専門的知見の導入[34]などを挙げることができるであろう。また、裁判官としては、当然の事柄ではあるが、事実認定の構造を十分理解したうえで、自らの経験を積み重ねるほか、先輩の体験談を聴き実践の参考にするなど、不断の研鑽が望まれよう。[35]

---

34) 当事者の真実義務および真実義務を担保する弁護士倫理については、加藤・前掲注7)『弁護士役割論』286頁、加藤・前掲注7)『コモン・ベーシック弁護士倫理』131頁。
35) 専門的知見の導入のあり方については、本書第11章、中野貞一郎編『科学裁判と鑑定』(日本評論社・1988)、小島武司「鑑定と科学的争点」『民事訴訟の基礎法理』95頁(有斐閣・1988)、司法研修所編(前田順司=高橋譲=中村也寸志=近藤昌昭=徳田園恵)『専門的な知見を必要とする民事訴訟の運営』(法曹会・2000)、加藤新太郎(司会)「専門訴訟の審理」同編・前掲注15)『民事訴訟審理』247頁参照。アメリカ合衆国における議論状況については、渡辺千原「事実認定における『科学』(一)(二・完)」民商116巻3号19頁、4＝5号189頁(1997)参照。

第9章 契約の解釈

I 課題の設定

　契約の解釈という作業は、法律実務家にとって、その執務のなかでは極めて日常的なものである。民事訴訟のプロセスにおいて、契約紛争案件につき、「契約の解釈」が争点となることは大層多い。「契約の解釈」について、当事者の言い分が異なり、争いとなっているからこそ、紛争が生じるのである。当然のことながら、民事訴訟を提起する前の段階において、当事者双方の弁護士が、もつれた契約案件について自らの「契約の解釈」を拠り所として、事態打開のため交渉に臨むことは、それ以上に多いと思われる。

　ところが、そのように日常的な作業でありながら、「契約の解釈」についての実務的手法ないしスキルの体系が明快な形で語られることは少ない。現実の案件には常に個別性が随伴するから、その手法ないしスキルについて、普遍的・体系的に語ることは困難なことがその原因の一つであろう。

　いうまでもなく、契約の解釈は、個々の法律行為の解釈を前提とする。法律行為の解釈ないし契約の解釈の方法・基準については、これまでの学説の蓄積があり、近時における本格的な解釈論的研究の進展もある。しかし、およそ解

---

1) 穂積忠夫「法律行為の『解釈』の構造と機能（一）（二・完）」法協77巻6号1頁（1961）、78巻1号27頁（1962）、内池慶四郎「無意識的不合意と錯誤との関係について―意思表示の解釈の原理をめぐり」慶應義塾大学法学研究38巻1号219頁（1965）、賀集唱「契約の成否・解釈と証書の証明力」民商60巻2号3頁（1969）、川島武宜編『注釈民法3』40頁〔平井宜雄〕（有斐閣・1973）、川島武宜＝平井宜雄編『〔新版〕　注釈民法(3)』53頁〔平井〕（有斐閣・2003）、石田穰「法律行為の解釈方法―再構成」『法解釈学の方法』141頁（青林書院新社・1980）、磯村保「ドイツにおける法律行為解釈論について―信頼責任論への序章的考察（一）～（四・完）」神戸法学27巻3号281頁、28巻2号231頁、30巻3号495頁、4号705頁（1977～1981）、野村豊弘「法律行為の解釈」星野英一編集代表『民法講座1　民法総則』291頁（有斐閣・1984）など。
2) 山本敬三「補充的契約解釈―契約解釈と法の適用との関係に関する一考察（一）～（五・完）」論叢119巻2号1頁、4号1頁、120巻1号1頁、2号1頁、3号1頁（1986）、沖野眞已「契約の解釈に関する一考察―フランス法を手がかりとして（一）～（三）（未完）」法協109巻2号1頁、4号1

釈基準というものは、抽象的であることを免れないから、これを実務に架橋し、誰でも使えるスキルとして練り上げていくことが必要不可欠の作業として要請される。

そこで、本章では、学説で展開されている「契約の解釈」の基準について、民事実務との架橋を試み、実務的スキルに編成するための基礎作業を行うことを課題とする。「契約の解釈」は、民事事実認定方法論の重要テーマの一つである。

本章の構成としては、学説における契約の解釈および解釈基準についての議論を整理したうえで（Ⅱ）、いくつかの裁判例をもとにして、契約の解釈における実務の諸相を具体的に考察する（Ⅲ）。これは、いわゆるケース・スタディにほかならないが、筆者が関与した事案で、かつ、判例雑誌に登載されたものを対象にすることにした。抽象的な議論にとどまることなく、できる限り、実証的に考察を加えたいという意図に基づく。そして、契約の解釈が必要とされる場面の基本型を類型化して、解釈基準を実務的作業にリンクさせ、この場面における汎用性あるスキルとは何かを明らかにして（Ⅳ）、一応の結論を提示したい（Ⅴ）。

Ⅱ 契約の解釈の基準

1 総　説

現在の学説の到達点は、次のようなものである。

契約の解釈は、成立した契約の内容を確定する作業である[3]。したがって、論

頁、8号1頁（1992）、同「いわゆる例文解釈について」『星野英一先生古稀祝賀・日本民法学の形成と課題(上)』603頁（有斐閣・1996）、鹿野菜穂子「契約の解釈における当事者の意思の探究—当事者の合致した意思」九大法学56号136頁（1988）、滝沢昌彦「表示の意味の帰責について—意思表示の解釈方法に関する一考察」法学研究（一橋大学）19号187頁（1989）、中田裕康「裁判所による契約書の訂正」『継続的取引の研究』458頁（有斐閣・2000）、吉田邦彦「契約の解釈・補充と任意規定の意義」『契約法・医事法の関係的展開』116頁（有斐閣・2003）、上田誠一郎『契約解釈の限界と不明確条項解釈準則』（日本評論社・2003）、平井宜雄『債権各論Ⅰ(上)　契約総論』76頁（弘文堂・2008）など。なお、約款そのものの解釈および約款を含む契約全体の解釈については、河上正二『約款規制の法理』257頁以下（有斐閣・1988）、上田誠一郎「約款による契約の解釈—いわゆる約款の客観的解釈を中心に」同志社法学42巻4号49頁（1992）〔上田・前掲書243頁に所収〕参照。

3）我妻栄『新訂民法総則（民法講義Ⅰ）』249頁（岩波書店・1965）、川井健『民法概論1　民法総則

理的順序として、契約の成否から契約の解釈へと判断を経ていくことになる。

契約の成否の判断は、当事者の「法律行為の解釈」、「意思表示の解釈」の問題でもある。現在では、表示主義の立場が一般的であり、契約の成否を判断する際の意思表示の解釈は、表示を基本として客観的にすべきであると解されている（契約の成立に関する表示主義）。

契約の成否の判断に続いて行われる契約の解釈も、当事者の合意した表示の客観的意味を明らかにすることであるというのが、伝統的な通説の立場であった（契約の解釈に関する表示主義）[4]。内心の意思によって契約の意味が決められるとすると、表示に対する信頼が害され、第三者が思わぬ不利益を被るおそれがあるという理由から、そのように解するのである。

これに対して、近時は、①当事者の意思が一致している場合には、表示の客観的意味よりも共通意思を優先するという見解が有力になっている[5]。これに対して、②当事者の意思が一致していない場合には、（ⅰ）表示の客観的意味を基準とするという見解[6]と、（ⅱ）契約当事者がそれぞれ表示に付与した意味のうち、いずれが正当であるかに従って契約内容を確定するという見解[7]とが対立している。

2　契約の解釈の類型

契約の解釈には、意味の確定、補充、修正の三類型がある。

契約の解釈の基本型は、契約の内容を確定するために表示行為の意味を明らかにすることである。これが、「意味の確定」であり、狭義の契約解釈といわれる。実務的には、①「契約当事者が、どのような表示行為をしたか」を確定する事実認定（事実判断）と、②「その表示行為は、どのような意味を有するか」を判断する作業を行うことになる。①は、純然たる事実の認識であるが、②は、事実の評価という性質をもつ。

〔第4版〕』133頁（有斐閣・2008）、四宮和夫＝能見善久『民法総則〔第8版〕』183頁（弘文堂・2010）、北川善太郎『民法総則〔第2版〕』134頁（有斐閣・2001）、山本敬三『民法講義Ⅰ〔第3版〕』135頁（有斐閣・2011）など。

4）我妻・前掲注3）249頁。

5）四宮＝能見・前掲注3）186頁、山本・前掲注3）135頁、平井・前掲注2）84頁、磯村保「法律行為の解釈方法」加藤一郎＝米倉明編『民法の争点Ⅰ』31頁（有斐閣・1985）。

6）四宮＝能見・前掲注3）187頁。

7）磯村・前掲注5）32頁。

そして、契約の解釈の応用型として、補充的解釈と修正的解釈とがある。

第1に、契約には、当事者の表示によっても明確にならない部分が残る場合がある。そのような場合には、裁判官は、契約の内容を補充することが求められる。これが、「補充的解釈」である。

第2に、当事者の表示は明らかであるが、その表示のままに法的効果を認めると条理に反すると思われる場合がある。そのような場合、裁判官は、法律行為の内容を修正せざるを得ない。これが、「修正的解釈」である。

契約の解釈の応用型である補充的解釈と修正的解釈は、狭義の契約解釈とは異なり、「意味の確定」という事実判断ではなく、「意味の持ち込み」という規範定立が行われているとみるのが、一般的な理解となっている。[8]

3　解釈の基準

狭義の契約解釈は、当事者の意思が一致している場合と、そうでない場合とで、その作業内容が異なることは前述した。

その具体的な解釈基準としては、①当事者の意図していた目的、②慣習、③任意法規、④信義誠実の原則（条理）が挙げられる。また、表示の客観的意味を確定するに当たっては、「当事者の用いた表示および表示手段（言語・動作・電話・電報・文書・ファクシミリ・ｅメール）が、当該事情のもとで、慣習・取引慣行や条理に従って判断した場合に、相手方または一般社会にとってどのように理解されるか」をスタンダードにしなければならない。そして、契約の一部に矛盾する条項を含むときは統一的に解釈すべきであるし、当事者が達成しようとしたと考えられる経済的・社会的目的に適合するように、かつ、できる限り有効となるように解釈すべきであるとされる。[9]

---

[8] 穂積・前掲注1）（二・完）法協78巻1号31頁、賀集・前掲注1）20頁、野村・前掲注1）300頁。なお、契約の解釈は、事実問題か法律問題かという論点があるが、①意思表示がどのようにされたか、表示行為が存在するか否かなどは、事実問題であるが、②そのように確定された事実が法的にどのような意義を有するかは、法的評価であり、法律問題であると解されている。これは、補充的解釈や修正的解釈だけでなく、狭義の契約の解釈についても問題となるところである。また、アメリカ契約法においては、「当事者の意思を重視し、契約に対して第三者（裁判所）が意味を持ち込むこと（押しつけること）を嫌う傾向が強い」という。この点について、樋口範雄『アメリカ契約法〔第2版〕』361頁（弘文堂・2008）。

[9] 四宮＝能見・前掲注3）187頁。債権法改正の議論においては、契約の解釈の原則に関し、「1　契約の内容について当事者が共通の理解をしていたときは、契約は、その理解に従って解釈しな

また、周到な比較法研究に基づいて、(ⅰ)契約解釈の際に疑いが残る場合、その契約文言を用いた当事者に不利に解釈しなければならないという「表現使用者に不利に」解釈準則、(ⅱ)債務またはその他の義務の大小に疑いがある場合、より小さい債務またはより軽い義務を負わされているものと解すべきであるという「義務者に有利に」解釈準則、(ⅲ)不明確な条項が存在することにより有利な法的地位を得る者に不利に解釈すべきであるという「有利な法的地位を得る者に不利に」解釈準則に整理する見解もみられる。[10]

　補充的解釈については、当事者が表示したところに空白部分があり、それが争いになっている場合の手法であり、裁判官が空白部分を補充していくことになる。その場合の解釈基準は、狭義の契約解釈に準じて、次のように解されている。[11]

①当事者の意図していた目的から、当事者が補充するとしたらどのように補充したかを考える。
②上記①ができない場合には、慣習により補充する。
③上記①、②ができない場合には、任意法規により補充をする。
④任意規定もない場合には、条理による。

　修正的解釈は、解釈とはいうものの、実質的には契約条項の修正である。一定の基準に従って契約条項の効力を否定し、空白になった部分を合理的な内容で補充する作業にほかならない。いわゆる例文解釈は、修正的解釈の一つであ

ければならないものとする。2　契約の内容についての当事者の共通の理解が明らかでないときは、契約は、当事者が用いた文言その他の表現の通常の意味のほか、当該契約に関する一切の事情を考慮して、当該契約の当事者が合理的に考えれば理解したと認められる意味に従って解釈しなければならないものとする」旨の規定を設けることが提案されている。この点につき、商事法務編『民法（債権関係）の改正に関する中間試案の補足説明』359頁（商事法務・2013）。

10)　上田・前掲注2）2頁。なお、「表現使用者に不利に」解釈準則を、条項作成者不利の解釈原則と、「義務者に有利に」解釈準則を、債務者有利の解釈原則と呼ぶこともある。この点について、北川・前掲注3）134頁。また、アメリカ法においては契約の解釈につき文理に忠実な厳格解釈をすることおよびその理由を探究することの意義について、樋口・前掲注8）360頁参照。

11)　四宮＝能見・前掲注3）189頁は、任意法規、条理による補充的解釈は、任意規定の適用・条理から導かれる法の一般原則（法規）の適用と考えるべきであり、補充的解釈と呼ぶことは適当でないとする。なお、債権法改正の議論においては、補充的解釈の基準に関し、「3　上記1及び2によって確定することができない事項が残る場合において、当事者がそのことを知っていれば合意したと認められる内容を確定することができるときは、契約は、その内容に従って解釈しなければならないものとする」旨の規定を設けることが提案されている。この点につき、商事法務編・前掲注9）359頁。

る。

4　単独行為、合同行為の解釈との差異

　契約の解釈と単独行為の解釈との差異はあるか。

　契約の解釈においては、相手方の信頼を考慮する必要があるのに対して、例えば、遺言のような単独行為については、その必要は少ないといえる。したがって、遺言解釈では、文言を形式的に判断するだけでなく、できる限り遺言者の真意を探究すべきであり、可能な限り有効になるように解釈すべきであるとされる。[12]

　また、合同行為については、例えば、社団・財団設立行為は、それに基づき設立される社団・財団が対外的活動をすることになるから、できる限り客観的な解釈を求められる。[13]

　そうすると、解釈の主観性・客観性というスケールを用いるとすれば、契約の解釈は、その両端にある遺言の解釈と社団・財団設立行為の解釈との中間に位置するものといえよう。

III　契約の解釈における実務の諸相

1　契約の成否の解釈

【ケース1】東京地判平成12・9・26判タ1054号217頁

(1)　本件の概要

　(1)Xは、Y会社が経営するガソリンスタンドの近くに事務所を構える暴力団の幹部であり、このガソリンスタンドを給油・洗車等でしばしば利用していた。Xの組員であるAは、X所有のメルセデスベンツを本件スタンド内に鍵をつけ

---

12) 最判昭和58・3・18判時1075号115頁（自筆遺言証書中の「不動産を甲に遺贈し甲の死亡後は乙がこれを所有する」旨の記載は、その証書の全記載および作成当時の事情などを考慮すれば、甲に対する遺贈は通常のものであり、乙に対する遺増は遺言者の単なる希望を述べたにすぎないものとはいえない）、最判平成5・1・19民集47巻1号1頁（受遺者の選定を遺言執行者に委託する旨の遺言は、遺産の利用目的が公益目的に限定されているため、当該目的を達成することができる被選定者の範囲が国または地方公共団体等に限定されているものと解されるときは、有効である）など。
13) 四宮＝能見・前掲注3）194頁。

たまま置き、「何もしなくていいから、置いておいてくれ」と告げて立ち去った。

(2)Aが本件車両を置いていった際、本件スタンド従業員Bは、明確に拒絶する態度をとることはなく、業務の支障となることから車両を事務所脇のスペースに移動し、鍵を事務所内に保管した。

(3)本件スタンドの顧客にはかつて本件スタンドを駐車場代わりに長時間利用する者もいたが、Yとしては、洗車等で一時的に預かる場合にも引渡票を交付するシステムをとっており、給油だけの顧客の駐車は認めていない。本件スタンドで暴力団関係者の殺人事件が発生した後は、この方針を徹底したが、無視する者もみられた。

(4)翌未明、Xから本件車両を引き取るよう頼まれたという二人組の男が本件スタンドに現れたので、Yのアルバイト従業員Cは車両の鍵を渡した。しかし、これはXの意を受けたものではなく、盗難であった。

この場合において、XがYの責任を追求しようとするとき、争点の一つとなるのは、「X・Y間の本件車両についての寄託契約（商事寄託＝商法593条、民事寄託＝民法659条）の成否」である。[14]

(2) 契約の解釈

本件では、寄託契約の成否に関して法律行為の解釈をする必要がある。[15]

本件事実関係によれば、X側の表示および表示方法は、次のとおりである。

①メルセデスベンツを本件スタンド内に鍵をつけたまま置き去った。
②その際、「何もしなくていいから、置いておいてくれ」と告げた。

これに対して、Y側の表示および表示方法は、次のとおりである。

③明確に拒絶する態度をとることはなかった。
④業務の支障となることから車両を事務所脇のスペースに移動した。
⑤鍵を事務所内に保管した。

さらに、Y側の採用していたシステムが、間接事実として参考になる。

⑥Yは洗車等で車両を一時的に預かる場合にも引渡票を交付している。

---

14)【ケース1】における、もう一つの争点は、事務管理の成否である。このケースについては、本書第5章Ⅵの【ケース8】も参照。

15) 太田知行「契約の成立の認定」『鈴木禄彌古稀記念　民事法学の新展開』251頁（有斐閣・1993）参照。

Ⅲ　契約の解釈における実務の諸相

⑦給油だけの顧客の駐車は認めてはいない。

これらの事実関係から、どのように法律行為の解釈ができるであろうか。

X側の表示行為（①、②）は、Y側に対する「自動車を預かってほしい」という寄託の申込みであったとみてよいであろう。

Y側は、寄託の申込みを承諾する明示の意思を表示していない。明確に拒絶する態度をとらなかったこと（③）は、特段の事情がない限り、「自動車を預ります」という承諾を意味しない。この場合の特段の事情とは、例えば、このガソリンスタンドで日常的に車両預かりサービスをしていたような場合である。しかし、そうしたシステムはとられていない（⑥、⑦の間接事実）。そして、Y側が車両を移動させたこと（④）は、業務の支障となるから、そのようにせざるを得なかっただけのことであり、寄託の申込みに対する承諾とみることはできないであろう。鍵を事務所内に保管したこと（⑤）も、その延長線上の行為であり、これを承諾とみることは無理である[16]。

そのように考えると、法律行為の解釈として、Y側は、寄託の申込みを承諾してはいないから、X・Y間に本件車両を預かる合意は存在しない。したがって、寄託契約は成立していない。

【ケースⅠ】における契約（法律行為）の解釈は、「契約の成否を判断するに当たり、表示を基本として、客観的に意思表示の解釈をすべきである」という基準を適用したものと解することができる。

一般的な議論をするならば、契約の成否については、表示の類型のなかでは、どのような発言をしたかという事実および評価が重要である。例えば、契約当事者が「結構です」と発言した場合でも、「それで、結構です」（承諾）といったのか、「それは、結構です」（拒絶）といったのかによって、意味が逆になる。また、そのような発言の評価に当たっては、（ⅰ）契約成立とみてよい間接事実、（ⅱ）契約成立とみるべきでない反対間接事実を押さえることも大切である。間接事実を評価する場合は、経験則に合致する自然な流れがあるか、または、経験則に反するものの相応の説明が可能であるかなどがポイントとなろう。

---

[16] 【ケースⅠ】においては、ガソリンスタンドに自動車を置いていった事実とその後のガソリンスタンド側の対応の事実から、事務管理は認められている。

2 契約の当事者の解釈

【ケース2】東京地判平成12・2・23判タ1044号128頁

(1) 本件の概要

(1)Xは、Aの経営するファーストフード店舗の水道・空調・ダクト工事を請け負い（本件契約という）、これを完成させたが、工事代金の一部の支払いがされなかった。

(2)この工事は、BがAから請け負い、Y_1（代表取締役Y_2）が下請けとして受注した。Xは、Y_1から、この工事を請け負ったと主張したが、その間に、Cが介在している。Y_1はCに孫請けさせたと主張した。

(3)契約当事者を明確にした書面はない。

(4)Xは、代金の残額支払いのため、Bの担当者とY_2の立会いのもと、Cとの間で分割払いの和解書を作成し、さらに、立会人Dとの間で債務保証の合意書（誓約書）を作成したが、その支払いは滞ったままであった。

このような事実関係のもとにおいて、Xは、請負工事代金の残額を回収したいと考えている。この場合、争点となるのは、「本件契約の当事者は誰か」という、まさに契約の解釈の問題である。

(2) 契約の解釈

本件では、X側が、Y_1と契約したと主張するのに対して、Y側はXはCと契約したと反論している。すなわち、法的には、「Xは孫請けか、曾孫請けか」という争いとして構成される。しかし、契約書が作成されておらず、明示の（口頭）合意もないから、契約の解釈に当たっては、間接事実から推論していくことが必要となる。

本件における間接事実としては、次のようなものがある。

① Xは、Cには過去に工事を依頼されたことがあるが、Y_2とは面識がなかった。

② Xは、Cに対して本件契約にかかる工事につき出来高の支払請求をしている。

③ 和解書作成にはY_2も立ち会っているのに、同和解書では、発注者はC、工事業者はXとされており、CがXに代金を支払う内容となっている。

④ Xは、CとDから誓約書を徴しているが、Y側からは徴していない。

上記の間接事実のなかでは、③が重い意味をもつであろう。後付けではある

が、そこで契約の仕切り直しがされたとみることができるからである。これを補強するものとして、契約当事者となるべき合理性（①）、Xは当事者として誰を想定していたか（②、④）に関する間接事実を考慮するべきである。本判決も、このような点を考慮して、本件契約の当事者はXとCであるとした。

本判決は、契約の解釈として、契約書が作成されなかった請負契約において、当事者を特定するのに意味ある間接事実を評価して、当事者が誰であるかについて解釈している。当事者が空白であったところを補充する作業とみると、補充的解釈の一種であるが、解釈基準としての「当事者の意図していた目的」を考慮する以前の「その当事者は誰か」という解釈が問題となっている。当事者の特定の判断に当たり、外形的表示行為（②ないし④）について、客観的観点から評価する作業が、本件の契約解釈であったというべきであろう。

そこでは、経験則が活用されている。経験則とは、個別的契約から帰納的に得られた事物の概念や事実関係についての法則的命題をいう。すなわち、本件に即していえば、「①それまで面識のない者よりも、過去に工事を依頼されたことがある者の方が、契約の当事者となる蓋然性が高い、②工事の出来高の支払請求をする相手は、通常、契約の当事者である、③和解書において、発注者とされ代金を支払う義務を負った者は、通常、契約の当事者である、④和解契約に基づく支払いにつき誓約書を徴されたる者とそうでない者は、前者が契約の当事者である蓋然性が高い」といった経験則を用いている。その意味では、【ケース2】においては、学説で示されている解釈基準は、必ずしも役立っているとはいえない。

3 契約の法的性質の解釈

【ケース3】東京地判平成11・12・1判夕1031号185頁

（1） 本件の概要

(1)Xは、Yの経営する将棋クラブの常連客であったが、ある時に、Yが株式取引をして利益を上げていることを知った。

---

17)【ケース2】では、Xは、③の和解書作成を捉えて、和解契約を請求原因として、Cに対して金銭請求することが考えられるが、資力等の点を考慮して、上記のようにYらに対する請求としたのであろう。

18) 実務上、経験則は、事実認定の場面だけでなく、法律行為の解釈の場面においても有効に機能することは、一般的な理解となっている。この点につき、本書第7章Ⅱ参照。

(2) Xは、Yに利益の上がりそうな株を教えてもらい、その株の売買で利益が発生したときには、その1割をYに支払うという合意をした。

(3) その後、Xは、Yから株売買の指南を受けて株式取引を行ってきたが、利益も出た反面、損失も発生した[19]。

この場合において、XがYに対して、損失が発生した責任を追求しようと考え、Yに株売買の助言または代行につき善管注意義務違反があったと主張した。そうすると、争点となるのは、「本件合意から発生するYの注意義務の程度はどのようなものか」という問題である。

(2) 契約の解釈

「本件合意から発生するYの注意義務の程度はどのようなものか」という争点は、契約の解釈の問題となる。この場合における契約の解釈は、本件合意が典型契約である委任か、そうではない一種の無名契約かという法的性質を決定することと同義である。なぜなら、委任契約であれば、善管注意義務が導かれるが、そうでなければ、それよりも程度が軽減された注意義務とみてよい場合があるからである。

本件の事実関係は、次のとおりである。

① XとYとは、本件合意をする以前から、将棋を趣味とする親しい間柄であった。

② 本件合意は、Xが将棋を指しに将棋センターに行った際に、YとAがしていた株取引（株式投資）に関する会話にXが加わったことがきっかけであった。

③ Aは、かねてYから株取引の指南を受けていて、Yが勧めた株売買で利益を上げた場合には謝礼としてその1割を支払う約束をしており、それを実行していた。

④ 本件合意の際には、Xが「俺も買う」という言葉に対して、Yが「儲かったら1割払うんだぞ」と応じ、Xはこれに同意したという口頭のやりとりがあったにすぎない。

⑤ 書面は作成されておらず、損失が発生した場合の取決めもされなかった。

---

[19] 【ケース3】では、全体ではXは損失が470万円余であるのに対して、利益は680万円余あがっているのであるが、自らの利益はそのままにし、損失のみYの責任であるとして追求しているところに特色がある。そこで、この点を捉えて、Yは権利濫用の主張をしている。

⑥本件合意当時、XはYの株売買の知識や能力を高く評価していた。

本判決は、①ないし⑥の事実関係から、X・Yの合理的意思としては、「株売買の助言または代行は、Yの有する知識・能力を前提として、Yが自分の株の売買をする場合と同じ程度の注意を払って行えば足り、それ以上に特別の調査をするなどの一般的・客観的注意を払うべきであるとする意思ではなかった」と解釈した。したがって、Yは自己の財産におけると同一の注意義務が課せられたものであり、「Yとしては、自分が利益の上がると考えた株の売買をXに助言するか、又は売買の代行をすれば本件合意に基づく義務は果たされる」と判示したのである。

本件合意には、「損失が発生した場合の取決めがない」という空白があったのであるから、本件の契約の解釈は、補充的解釈である。

【ケース3】における契約の解釈基準としては、「当事者の意図している目的」を考慮したと一応はいえようが、それだけではまかなえない部分がある。本件において、「当事者の意図している目的」は、Xとしては、Yの株取引の知識・能力を利用して儲けたいというものであり、Yとしては、自分の助言によりXに利益が上がればその一部をもらいたいというものである。これだけでは、争点を判定する材料としては不足しており、そのため、本判決では、当事者間の人間関係や力関係という主観面、合意の契機、書面作成の有無、株式取引の性質などから合理的意思を解釈しているのである。そのようなことから、本件においても、学説の示す解釈基準だけでは十分でないことが分かる。

4　条件の解釈

【ケース4】東京地判平成11・5・18判タ1027号161頁

(1)　本件の概要

(1)Xは、Y（宅地建物取引業者）との間で不動産媒介契約を締結し、そのなかで、不動産売買契約の成立を停止条件として報酬金を支払う合意をした。

(2)Xは、Yの仲介により、Aとの間で借地権付建物の売買契約を締結し、手付金を支払った。この段階で、XはYに対し、報酬金の内金も支払った。

(3)本件売買契約には、停止条件として、「地主Bの借地権譲渡につき書面による承諾が必要である」旨の約定がある。

(4)Xは、その後、借地権の譲渡承諾の書面に、実印の押捺と印鑑証明書の添

付を求めたが、Bはこれを拒絶したため、本件売買契約の効力は発生せず、AからXに対し手付金の返還がされた。

この場合、XがYに対し、報酬金の内金の返還を求めることができるか、反対に、YがXに対し、報酬金の残部を請求することができるか。これらの点は、Xが故意に不動産媒介契約の報酬金支払いの停止条件の成就を妨げたといえるか否かにかかる。

条件成就の妨害は、条件成就とみなされる（民法130条）が、その妨害行為は、妨害と評価されるものであれば、作為・不作為、事実行為・法律行為を問わない。典型事例としては、①山林売却の斡旋を依頼し、一定条件に従い報酬金を支払う旨の停止条件付契約を締結したところ、委任者が受任者を介さずに第三者に売却した場合（最判昭和39・1・23民集18巻1号99頁）、②土地売買につき宅地建物取引業者に仲介を依頼し、契約の成立を停止条件として報酬金を支払う旨の停止条件付契約を締結したところ、買主が業者を排除して直接売主との間に契約を成立させた場合（最判昭和45・10・22民集24巻11号1599頁）などである。

そこで、本件では、(3)の停止条件のある売買契約において、(4)のように借地権の譲渡承諾の書面に実印の押捺と印鑑証明書の添付を求めることが、(1)の条件成就の妨害となるかが争点となる。

（2） 契約の解釈

本件においては、(3)のような停止条件の解釈、すなわち、「借地権譲渡につき書面による承諾が必要である旨記載されているが、どのような印鑑が押捺されるべきか」という契約の解釈により、約定の内容を確定したうえでなければ、条件成就の妨害に当たるか否かを判定することができない。

本件における事実関係は、次のとおりである。

①本件売買契約には、停止条件として「借地権譲渡につき書面による承諾が必要である」旨記載されているが、どのような印鑑が押捺されるべきかについては明示的な定めがない。

②不動産売買の必要書類には、目的物の高額性、登記の必要性等から、当事者の意思の確実性を明確にする趣旨で、実印を押捺し、印鑑証明書を添付する取引慣行がある。

③借地権付建物の売買では、借地権譲渡について承諾が得られていることは、

建物の存続を図り、売買の目的を達するために極めて重要であり、将来、地主側に相続が発生するなどして賃貸人の変更が生じた場合に、借地権譲渡につき真実承諾が得られていたかが問題となる事態は十分予想される。

以上の事実関係から、本判決は、契約（停止条件）の解釈として、「書面による地主の承諾」の「書面」とは、「地主により実印が押捺され、印鑑証明書が添付された、借地権の譲渡を承諾する旨の意思が明示された書面」を意味するものであると解釈した。これは、解釈によって、条項の明確化を図ったものといえる。

本件の契約の解釈における解釈基準は、どのようなものであったといえるか。本判決では、不動産取引には書類に実印を押捺し、印鑑証明書を添付する取引慣行があるとしている。これは、借地権譲渡の承諾においてもそうしたものを要求することが自然であることを含意するが、借地権譲渡の承諾書面の慣行として述べているものではない。そうすると、【ケース4】における契約の解釈基準としては、「当事者の意図している目的」を考慮したものといえるであろう。すなわち、Xが「書面による地主の承諾」を求めたのは、「借地権譲渡の承諾の確実性の担保及び将来の紛争回避」の目的であったのであり、そうした目的からは、地主の実印の押捺および実印の真正を確認するために印鑑証明書の添付を求めることには合理性があるということができるからである。

5　付款の解釈

【ケース5】東京地判平成13・1・31判タ1071号190頁

(1)　本件の概要

(1)X（建物建築・設計等を業とする会社）は、Yから、自宅・店舗併用の賃貸マンション（本件建物）の設計および建築確認業務を請け負った。

(2)その後、YはXに、本件建物の建築実施設計図書一式も発注し、請負代金の支払時期を「建物着工時」とすることを合意した。

(3)ところが、Xが完成した建築実施設計図書一式を提供した後も、Yは資金調達ができないとして、建物建築に着手しない。

この場合において、XがYに対し、請負代金を請求するとしたら、約定の請負代金支払時期である「建物着工時」の意味が問題となる。すなわち、「不確定期限であるか、停止条件であるか」が争点になるのである。本件では、Xは、

「建物着工時」とは、Yが建物の建築資金を金融機関から借り入れ、その借入金が交付された時を不確定期限とする合意であると主張し、Yは、停止条件であると反論した。

(2) 契約の解釈

法律行為の付款として、「期限」と「条件」がある。法律行為の効力の発生・消滅を、将来発生することが確実な事実にかからせる特約が期限であり、将来発生することが不確実な事実にかからせる特約が条件である[20]。そして、契約における合意（約定）が「期限」か「条件」かという争いとなった場合において、そのいずれであるかを決定するのは、「契約の解釈」にほかならない[21]。

本件事実関係は、次のとおりである。

①実施設計図書の作成を内容とする請負契約であることが明示された契約書が作成されている。

②Yは、本件請負契約締結当時、建築実施設計図書一式を完成させた後に、Xに建物の建築を発注し本件建物の建築を開始することを予定し、具体的な完成時期の心積もりもしていた。

③約定の請負代金支払時期は、「設計完了時」から、「建物着工時」と変更されている。この変更は、Yが希望したことによるものであり、金融機関からの融資が実現する時期を勘案したことによる。

④Xは、本件建物の建築実施設計図書一式を完成させた。

⑤Yは、本件建物建築につき、2000万円余の資金が不足し、これを調達する目処も立たず、Xに値引き要求を繰り返すような状態であった。

土地所有者が建物の建築プランを練ったとしても、いろいろな事情（例えば、資金調達の困難など）によって建築着手にまで至らないことがあり得る。本件の当事者も、そうした事態に遭遇したのである。そのような場合には、代金支払時期を「建物着工時」とする合意をどのように解釈すべきか。

本件契約の文言の解釈としては、（ア）注文者が建物を建築しない場合には、請負人は報酬を取得しないという解釈、（イ）「建物着工時」は必ず到来するも

---

20) 川井・前掲注3）296頁、山本・前掲注3）248頁、285頁、内田貴『民法Ⅰ〔第4版〕』299頁以下（東京大学出版会・2008）、大村敦志『基本民法Ⅰ〔第2版〕』109頁（有斐閣・2006）。
21) いわゆる出世払い債務を不確定期限とした古い判例に、大判大正4・3・24民録21輯439頁があるが、これも契約の解釈の問題である。

のである（請負人が報酬を取得できない事態はない）ことを前提としているという解釈とがあり得る。

　本判決は、請負代金支払時期につき「建物着工時」としたのは、当事者が、この時期が必ず到来するものであることを前提とし、建築工事の着手が社会通念上実現しないことが確定した場合には、この代金支払いの期限が到来したこととすることを約したもの、すなわち、建物着工時は不確定期限であると解釈した。そして、本件の⑤の事実から、建築工事の着手が社会通念上実現しないことに確定したものということができると判示したのである。

　【ケース5】は、契約の解釈において、「当事者の意図していた目的」を解釈基準にしているといえよう。本件合意は、建築実施設計図書一式を作成する請負契約であり、当事者の意図する目的は、Yは建物建築、Xは設計による報酬取得である。したがって、上記（ア）のような合意があったとすることは、経験則上不自然であるし、信義則の観点からも問題であるところから、不確定期限と解釈しているのである。

　また、請負代金支払時期に関する条項は、Xのイニシアティブにより変更されたものであるから、いわゆる「表現使用者に不利に」解釈準則（「条項作成者不利の解釈原則」）からも説明することができよう。すなわち、「表現使用者に不利に」解釈準則は、条項を作成する者は熟慮して自分にメリットが生じるよう配慮するという経験則を踏まえていると考えられるのである。

IV　契約の解釈におけるスキル

1　契約の解釈が必要な場面——ケース・スタディのまとめ

　契約の解釈が必要とされる基本的な場面については、次のように整理される[22]。

　第1に、契約の成否を明らかにするために、法律行為の解釈が必要な場面がある。【ケース1】は、この場面における法律行為の解釈が問題とされたものであり、解釈の結果、契約の成立が否定された。この場面では、表示を客観的に解釈する手法が有効であると考えられる。

　第2に、契約の主体を明確化するために、契約の解釈が必要な場面がある。

---

22) 滝澤孝臣「契約の解釈と裁判所の機能(上)(中)(下)」NBL746号46頁、749号46頁、750号57頁（2002）。

【ケース２】は、契約書が作成されなかった請負契約の契約当事者について、間接事実を積み重ねて、当事者を確定した。この場合には、学説にいう解釈基準は必ずしも有効に機能せず、経験則の活用が有効であった。

　第３に、契約の法的性質を明らかにするために、契約の解釈が必要な場面がある。【ケース３】は、合意の法的性質が委任契約か無名契約かに関連して、合意の内容から導かれる注意義務の程度を判断するために契約の解釈（補充的解釈）が必要なものであった。解釈基準として、「当事者の意図していた目的」が考慮されたが、それだけでは足りず、間接事実が併せ考慮された。

　第４に、契約の付款の意味を明確化するために、契約の解釈が必要な場面がある。【ケース４】は、契約に付された停止条件の意味・内容を明らかにする必要がある場合であり、解釈基準として、「当事者の意図していた目的」が重視された。【ケース５】は、付款について期限か条件かを判定する必要がある場合であり、解釈基準として、「当事者の意図していた目的」が用いられたが、信義則も加味されていた。

　本章におけるケース・スタディは、筆者が関与した事案で、かつ、判例雑誌に登載されたものを対象にしたため、基本型ばかりであり、いわゆる例文解釈がされるケースや契約内容を修正する必要があるケースは登場しなかった[23]。しかし、これらも、契約の解釈が必要な場面であることはいうまでもない。これらのケースの契約の解釈については、公序良俗（民法90条）や信義則（同１条２項）など、規範的観点からの考察が不可欠であるといえる。

２　汎用的スキルとしての目的適合的解釈

（１）目的適合的解釈

　ケース・スタディを通じて明らかになったことは、解釈基準の一つである「当事者の意図していた目的」が、しばしば用いられ、時に有効に機能したことである。過度に一般化するのは適切とはいえないが、通常の民事訴訟実務においては、「当事者の意図していた目的」は、契約の解釈基準として重要であると受け止めることができる。この解釈基準を実務的スキルに架橋した場合、

---

23) 同様に、解釈基準についても、ケース・スタディでは、慣習・任意法規によらなければならないケースがあらわれていない。しかし、これらも、一定の場合には解釈基準として妥当することは疑いない。

その手法を、「目的適合的解釈」と呼ぶことにしよう。

「目的適合的解釈」とは、「契約の解釈に当たり、その契約を締結するに至った事情、慣習および取引の通念等を斟酌しつつ、契約書の文言（口頭契約では用いられた言葉または表示）について、当事者の目的に適合するよう合理的にその意味を明らかにする」という解釈手法である。【ケース3】、【ケース4】、【ケース5】も、「目的適合的解釈」手法を用いている。

契約の解釈におけるスキルという観点からみた場合、「目的適合的解釈」は汎用性を有する。その例は、判例においても枚挙に暇がない。

最判平成12・3・24民集54巻3号1126頁もその一例である。これは、「建物の利用に関する契約に基づく甲請求権と同契約の債務不履行に基づく損害賠償請求権である乙請求権とが同一建物の利用に関して同一当事者間に生じた一連の紛争に起因するものであるという事情の下においては、甲請求権について訴訟上の和解をすることの委任を受けた弁護士は、乙請求権について和解をすることの具体的委任を受けていなくても、訴訟上の和解において、乙請求権を含めて和解をする権限を有する」と判示しているケースである。このケースは、弁護士の訴訟上の和解権限の内実を問題にするものであるが、委任契約の範囲の解釈としても捉えることが可能である。そうした観点からは、弁護士委任契約をする際における紛争解決を図るという目的を考慮した「目的適合的解釈」をしたものと解することができる。

（2）　目的適合的解釈の実相

目的適合的解釈の実際について考察するために、【ケース6】をみることにしよう。

【ケース6】複合契約における目的適合的解釈のあり方

　　【6－1】　最判平成8・11・12民集50巻10号2673頁
　　【6－2】　東京地判平成21・6・24判時2060号96頁

　　（ア）【ケース6－1】の概要　　Y社は、リゾートマンションを建設し、その一区画をXに売却した。リゾートマンションには、スポーツクラブが併設予定で、マンション売買契約書の表題等に、同スポーツクラブの「会員権付」

24）最判昭和51・7・19裁判集民118号291頁参照。
25）加藤新太郎「判批」NBL707号71頁（2001）、八田卓也「判批」法学教室242号158頁（2001）。
26）滝澤・前掲注22）NBL746号49頁。

と記載されていた。また、特約事項として、買主はマンション購入と同時にスポーツクラブの会員となる旨が定められていた。さらに、スポーツクラブ会則には、マンション区分所有権を譲渡した場合には会員たる資格を失う旨の定めがあった。Y社は、新聞広告等に、「マンションを購入すれば、テニスコート・屋外プール・サウナ・レストランを完備したスポーツクラブ施設を利用できること」を宣伝し、1年後には屋内温水プールが完成予定と明記していた。ところが、2年近く経過しても、屋内温水プールの建設はされなかった。そこで、Xは、リゾートマンションの売買契約を解除して、Yに対して支払済み売買代金の返還を求めた。

　最高裁は、「売買契約の目的不動産は、屋内プールを含むスポーツ施設を利用することを主要な目的としたいわゆるリゾートマンションであり、買主は、本件不動産をそのような目的を持つ物件として購入したものであることがうかがわれ、売主による屋内プールの完成の遅延という会員権契約の要素たる債務の履行遅滞により、本件売買契約を締結した目的を達成することができなくなったものというべきであるから、本件売買契約においてその目的が表示されていたかどうかにかかわらず、履行遅滞を理由として民法541条により本件売買契約を解除することができる」と判示した。すなわち、「屋内プールを含むスポーツ施設を利用することを主要な目的としたリゾートマンションの売買においては、特段の事情のない限り、この売買契約と同時に締結されたスポーツクラブ会員権契約の要素である屋内プールの完成遅延を理由として売買契約を解除することができる」とした。一つの契約の債務不履行を理由に他の契約を解除することは、原則的にはできない。しかし、「複数の契約相互間の密接な関連性」と「全体としての契約目的が達成されないこと」という要件を充たせば、一つの契約の債務不履行を理由に他の契約を解除することができると解釈しているのである。これは、「目的適合的解釈」の典型例である。[27]

　　（イ）【ケース6－2】の概要　　A社は、リゾートホテルの経営等を目的とするB社から、リゾートホテル建物の共有持分権を買い受け、これと同時にリゾートホテルの利用を目的とするクラブに入会する契約も結んだ。このクラブ契約には、会員に対し、リゾートホテル利用券を年間20枚発行し、未使用の

---

[27] 後藤勇『続・民事裁判における経験則』200頁、437頁（判例タイムズ社・2003）。

利用券については１枚につき１万円で買い上げるという約定があった。Ｂ社は、リゾートホテル建物の共有持分権の販売に当たり、「未使用利用券の買上げシステムが安全な財テクになります」と宣伝していた。未使用利用券は、しばらくは１万円で買い上げられていたが、その後、クラブの経営状況の悪化に伴い、買上金額は１枚1500円とされ、さらに470円にまで減額された。

そこで、Ａ社は、クラブ契約の債務不履行を理由に、その契約とリゾートホテル建物共有持分権の売買契約の解除をした。そして、Ｂ社に対し、リゾートホテル建物の持分一部移転登記の抹消登記手続を求めるとともに、共有持分権の売買代金、クラブの入会登録料、平成15年までの年会費の返還請求訴訟を提起した。

一審判決（前掲東京地判平成21・６・24【ケース６－２】）は、Ａ社の請求を一部認容した（売買代金の返還請求は認容、クラブの入会登録料、入会から解除までの年会費の返還請求は棄却）。その理由は、「不動産の共有持分権の得喪とクラブ会員たる地位の得喪は、不可分のものとして密接に関連付けられているから、売買契約とクラブ契約が別々に締結手続や入会手続がとられているとしても、クラブ契約の債務不履行があり、その履行がなければ売買契約の目的が達成されないような特段の事情がある場合には、クラブ契約のみならず売買契約をも解除することができる」というものであった。

東京地裁がこのような判決をしたのは、スポーツクラブ会員権付きマンションの売買契約と会員権契約という複数の契約の債務不履行と解除に関する、最高裁判例【ケース６－１】があったからである。

それでは、本件には、「複数の契約相互間の密接な関連性」と「全体としての契約目的が達成されないこと」という要件はあるといえるか。

第１に、リゾートホテル建物の共有持分権の売買契約とクラブ契約との間には、互いに「密接な関連性」があるといえそうであるが、さらに検討を要する。

第２に、クラブ契約に債務不履行があったといえるか。未使用利用券の買上げは、クラブ契約の特約であるから、未使用利用券をいくらで購入してもらえるかは、その特約で、どのように定められていたかにより決まる。１枚１万円での買上げが保証される約定であれば、減額したことそれ自体が債務不履行となるが、本件では、「事情により減額することがあります」という留保条項があった。そうすると、信義則に反するような特段の事情のない限り、債務不履

行と評価することは難しい。

　第3に、未使用利用券の買上金額の減額があった場合に、「全体としての契約目的が達成されないこと」になるといえるか。クラブ契約の目的は、リゾートホテルの利用ができることにある。したがって、利用券が使用不可という事態になれば債務不履行といえるが、自分で使用することはできるのであるから、買上金額の減額により、契約目的が達成されなくなるとはいい難い。クラブ契約の目的が、利用そのものではなく、未使用利用券の買上げによる利益獲得にあると解することはできないからである。

　そうすると、目的適合的解釈をした結果、一審判決を維持することは難しいことになる。そこで、控訴審においては、A社とB社との間の複数の契約を合意解除して、リゾートホテル建物の共有持分権の現在の価値を清算するという和解を成立させて、事件は終了した。[28]

3　汎用的スキルとしての経験則の活用

　多くのケースにおいて、表示の意味を検討する場合、「経験則」を活用する意義は大きなものがあった。したがって、「経験則の活用」は、契約の解釈において汎用性のあるスキルといってよいであろう。また、「表現使用者に不利に」解釈準則（「条項作成者不利の解釈原則」）なども、経験則から説明することができる。

　そのような視点で眺めると、判例のなかには、経験則によって契約の解釈を行っているものが、少なからずあることが分かる。

　例えば、最判昭和61・2・27判時1193号112頁は、「一筆の土地のA部分が残部のB部分から明確に区分されて、A部分は甲に、B部分は乙に賃貸された後、甲が目的物を一筆の土地と表示して売買契約を締結したが、その際、他に賃貸されているB部分を含むとする旨の明示的な合意がされている等、特段の事情がない限り、取引の通念に照らし、A部分のみを売買の目的物としたものと解すべきである」と判示している。[29]　これは、まさしく、経験則により契約の目的物について解釈がされているケースである。

　さらに、「冷凍冷蔵庫について売買契約締結の形式をとったとしても、売買

---
28)【ケース6－2】の控訴審は、筆者が担当した。
29) 後藤勇『民事裁判における経験則』166頁（判例タイムズ社・1990）。

契約ではなく、融資に関する合意であり消費貸借契約または諾成的消費貸借契約と解釈すべきである」とした最判平成5・7・20判時1519号69頁も、経験則を活用して契約の法的性質決定をしたケースであるが、併せて「目的適合的解釈」[30]もしている。また、前掲最判平成8・11・12【ケース6－1】も、「目的適合的解釈」と「経験則の活用」を併用しているが、両者は、そうした使われ方をすることに留意する必要があろう。

V　むすび

　本章の考察について、一応の結論をまとめておこう。
　Ⅲ・Ⅳで考察したように、契約の解釈が必要とされる基本型における実務的なスキルとしては、「目的適合的解釈」と「経験則の活用」が汎用性をもつ。そして、それらの基礎になければならないものは、信義則のあり方についての一定のセンスである。
　これらは、実務的には格別目新しい事柄というわけではないが、学説の提示する解釈基準の具体化という点において意味があると考える。そして、本章のケース・スタディの対象としなかった、例えば、継続的契約や実務的要請から生み出される新しい類型の契約[31]についても、その解釈の場面においては、ここにみたスキルが妥当するように思われる。
　いずれにしても、法律実務家としては、これらのスキルを意識的に体得していくことが、契約の解釈における執務の質を向上させることになる。また、研究者にとっては、そのような観点から、改めて裁判例を分析することにより、「契約の解釈」について新しい局面を切り拓くことが可能になるように思われる。

30）後藤・前掲注27）206頁、437頁。
31）継続的契約の解釈については、中田裕康『継続的売買の解消』（有斐閣・1994）、同『継続的取引の研究』（有斐閣・2000）、加藤新太郎編『判例Check　継続的契約の解除・解約〔改訂版〕』（新日本法規・2014）、平井宜雄「いわゆる継続的契約に関する一考察」『星野英一先生古稀祝賀　日本民法学の形成と課題(下)』701頁（有斐閣・1996）、中田裕康＝吉田和彦＝手嶋あさみ＝馬場純夫＝加藤新太郎（司会）「座談会　継続的契約とその解消」判タ1058号4頁（2001）、中田裕康＝加藤雅信＝加藤新太郎「継続的取引とその現実」加藤（雅）＝加藤（新）編『現代民法学と実務(中)』155頁（判例タイムズ社・2008）など参照。

第10章 相当な損害額の認定

I はじめに

1 民事訴訟法248条の趣旨

　民事訴訟法248条は、「損害が生じたことが認められる場合において、損害の性質上その額を立証することが極めて困難であるときは、裁判所は、口頭弁論の全趣旨及び証拠調べの結果に基づき、相当な損害額を認定することができる」と定める。これは、平成8年民事訴訟法における新設規定である。

　その趣旨は、次のように説明される。損害賠償請求訴訟においては、原告は、「①損害が発生したこと、②損害額がいくらであるか」の双方につき主張・立証責任を負うので、損害の発生を証明することができたとしても、損害額の証明に奏功しなければ請求は棄却される。このように、損害の発生は認められるが、その性質上、損害額を算定する根拠につき個別的・具体的な立証が困難であるため、損害額の立証が客観的に極めて困難である場合に、損害額につき厳格な立証を要求すると、原告に不当に不利益になることがある。しかし、それでは当事者の公平の要請に反するし、社会の納得も得られにくい。そこで、このような場合に、裁判所は、口頭弁論の全趣旨および証拠調べの結果に基づき、相当な損害額を認定することができるとしたのが、民事訴訟法248条である。[1]

　比較法的には、ドイツ民事訴訟法（ZPO）287条1項が参考にされている。ZPO287条1項は、「損害が発生したか否か及び損害額又は賠償すべき利益の額がいくらになるかについて当事者間で争いのあるときは、裁判所は、これについてすべての事情を評価して、自由な心証により裁判する」と規定する。[2]

---

1) 法務省民事局参事官室『一問一答　新民事訴訟法』287頁（商事法務研究会・1996）。
2) 民事訴訟法典現代語化研究会編『各国民事訴訟法参照条文』297頁（信山社・1995）。なお、民事訴訟法248条の存在意義および問題状況に関する比較法的研究（ドイツ法）を含む基本的文献として、内海博俊「訴訟における損害賠償額の確定に関する一考察（一）（二）（三）（四・完）」法協128巻9号1頁、10号80頁、11号80頁（2011）、129巻12号（2012）。

民事訴訟法248条の文言と比べると、ZPO287条1項は、損害額だけでなく、損害の発生に関しても、「すべての事情を評価して、自由な心証により裁判する」と明文で定めているのに対して、248条は、損害額に限定している点に差異がある。

2 本章の目的

民事訴訟法248条については、学説において、少なからぬ議論がみられるし、実務上も活用され、裁判例も多く出されている[3]。学説上これまでの議論の多くは、民事訴訟法248条が適用の対象とする損害はどのようなものかという「対象論」、その法的性質をどのように解するかという「性質論」を展開するものであった。

本章は、そうしたなかで、民事訴訟法248条の要件論および効果論を構造論として捉え、従来の規範的議論である対象論と性質論を、そのなかに吸収することにより、論点を整理して、方向性を確認したうえで、実務における相当な損害額認定のための審理のあり方を論じるものである。民事事実認定論の体系においては、本質論と方法論とにかかわる。

その構成としては、まず、民事訴訟法248条をめぐる問題状況について、実務上のいくつかのエピソードを挙げて問題意識を明らかにしたうえ（II）で、構造論として、要件論（III）および効果論（IV）についての学説を整理し、裁判例の動向を検討して、私見を述べる。そして、実務上の問題として、相当な損害額認定のための審理のあり方について論じ（V）、最後に、論旨を要約する（VI）。

本章のモチーフは、民事訴訟法248条における規範的議論である対象論と性質論を、要件論および効果論（構造論）として組み立て直すことにより、損害額認定における規範的議論と実務における審理のあり方という実践的課題とを架橋することにある。

---

3) 裁判例については、樋口正樹「民法248条をめぐる裁判例と問題点」判タ1148号23頁（2004）〔滝澤孝臣編『判例展望民事法I』113頁（判例タイムズ社・2005）に所収〕、円谷峻「裁判所による損害賠償額の認定」平野裕之＝長坂純＝有賀恵美子編『新美育文先生還暦記念 現代民事法の課題』373頁（信山社・2009）、井上繁規「相当な損害の認定」新堂幸司監修・髙橋宏志＝加藤新太郎編『実務民事訴訟講座〔第3期〕③民事訴訟の審理・裁判』385頁（日本評論社・2013）、コンメ民訴V135頁など参照。

II　民事訴訟法248条をめぐる問題状況

1　民事控訴審の口頭弁論期日におけるエピソード

　ある日の民事控訴審の口頭弁論期日において、控訴人（一審被告Y）と被控訴人（一審原告X）との間で、次のようなやりとりがあった。

　事案は、XがYに対して、街宣行為差止め、業務妨害に基づく損害賠償を求め、一審判決が、これを一部認容したため、Yが控訴したものである。

　Yは、街宣車を用いて街宣行為を行い、X法人の予備校・事務所に近接する道路上を走行し、一時停車したり最徐行しながら、街宣車に設置した拡声機から大音量で軍歌を流したり、数分にわたり大音量でXを誹謗中傷する発言をする行為を繰り返した。この街宣行為は、受忍限度を超えてXの業務を妨害するものであり、Yが今後も街宣行為を続ける蓋然性があると主張して、Xは平穏な業務遂行権に基づき、Yの街宣行為の差止めを求めるとともに、業務の妨害に基づく損害賠償を求めた。これが、事実関係である。

　Yは、Xの主張する「無形損害」は、業務に支障をきたしたことであるが、これは財産上の損害（有形損害）であり積算が可能であるところ、その主張立証がないと反論した。これに対して、Xは、①Xが主張し、一審判決が損害賠償を認容した根拠は、最判昭和39・1・28民集18巻1号136頁が判示した「無形損害」の法理であり、「法人の名誉毀損について、金銭評価の可能な無形の損害を被ったと認められる限り、加害者に対し損害賠償を請求することができる」[4]のであるから、一審判決には何ら問題はない旨、②本件は、民事訴訟法248条の要件を充たしており、その点からも、一審判決は正当化される旨、再反論した。

　ここで問題とされたのは、従前の判例法理と民事訴訟法248条との関係であった。両者の関係については、どのように理解するのが相当であろうか。これ

---

[4]　評釈等として、中島恒「解説」最判解民事篇昭和39年度88頁（1973）、加藤一郎「判批」判評71号（判時377号）139頁（1964）、福地俊雄「判批」法時37巻4号98頁（1965）、植林弘「判批」民商51巻5号74頁（1965）、森泉章「判批」法学29巻4号130頁（1965）、同「判批」別冊ジュリ31号158頁（1971）、同「判批」別冊ジュリ85号138頁（1985）、大淵由子「判批」大阪府大経済研究33号83頁など。なお、加藤新太郎＝大熊一之「慰謝料(3)―法人の名誉毀損」篠田省二編『裁判実務大系15　不法行為訴訟法(1)』375頁（青林書院・1991）も参照。

は、要件論および対象論にかかわるものである。

2 民事訴訟法248条を適用する前提としての損害

　有価証券報告書虚偽記載という上場廃止事由の存在を隠して株式上場を続けてきた上場会社が上場廃止になった後、株主が上場廃止に伴う株価暴落により損害を被ったとして損害賠償を求めて提訴した場合には、①損害をどのように構成するか、②損害額をどのように算定するかという問題が生じる。

　この点について、最判平成23・9・13民集65巻6号2511頁[5]は、①有価証券報告書等に虚偽記載のある上場株式を取引所市場において取得した投資者が虚偽記載がなければこれを取得しなかった場合には、虚偽記載により投資者に生じた損害は、「株式の取得それ自体」であるとしたうえで、②当該虚偽記載と相当因果関係のある損害の額は、投資者が、（ⅰ）虚偽記載の公表後、株式を取引所市場において処分したときは「その取得価額と処分価額との差額」、（ⅱ）株式を保有し続けているときは「その取得価額と事実審の口頭弁論終結時の株式の市場価額との差額」を基礎とし、「経済情勢、市場動向、会社の業績等当該虚偽記載に起因しない市場価額の下落分」を差額から控除して、損害額を算定すべきものであるところ、その損害額は、損害の性質上その額を立証することが極めて困難である場合には、民事訴訟法248条が適用される旨判示した。これに対し、原審である東京高判平成21・2・26判時2046号40頁は、①投資者に生じた損害は、「有価証券報告書虚偽記載という上場廃止事由が発覚し上場廃止に伴い株価が急落したこと」であると捉え、②その損害額は、損害の性質上その額を立証することが極めて困難であるときに当たり、民事訴訟法248条の適用がある旨判示した。

　いずれも、実体法（民法上）の損害概念である差額説を採用しているが、差額説を適用する際の損害そのものについての把握の仕方が異なっている。その意味では、民事訴訟法248条を適用する前提としての、損害の把握それ自体の重要性を物語るものというべきであろう。これは、要件論にかかわるものである。

---

[5] 評釈等として、飯田秀総「判批」ジュリ1440号110頁（2012）、奈良輝久「判批」金判1385号2頁（2012）、黒沼悦郎「判批」金判1396号2頁（2012）、若松亮「判批」判タ1370号38頁（2012）、加藤雅之「判批」民事判例Ⅴ140頁（2012）。

3　民事訴訟法248条の規範としての意味合い

　損害賠償請求訴訟において、加害者の一定の行為により損害が発生したことを認定することができる場合、その損害額が損害の性質上立証することが極めて困難であったときには、民事訴訟法248条により相当な損害額が認定されなければならないか。これは、裁判所は248条の適用を義務づけられるかという問題にほかならない。

　この問題については、最判平成18・1・24判時1926号65頁・判タ1205号153頁[6]、最判平成20・6・10判時2042号5頁・判タ1316号142頁[7]という二つの最高裁判例により、肯定的に解された。民事訴訟法248条に関する審理のあり方そのものにかかわるものであるから、その実務的な含意を整理しておくことが必要であろう。これは、効果論にかかわるものである。

III　民事訴訟法248条の要件論

1　総　説

　民事訴訟法248条を適用するための要件は、「①損害が生じたことが認められる場合であること、②損害の性質上その額を立証することが極めて困難であるときであること、③口頭弁論の全趣旨及び証拠調べの結果に基づくこと」である。

　民事訴訟法248条は、その趣旨・内容からして損害賠償請求訴訟において適用されるのが典型であるが、文言上は、損害賠償請求訴訟に限定されているわけではない。したがって、損害の認定および損害額の算定の必要な場面であれば、例えば、売買代金請求訴訟において、損害賠償請求債権を自働債権とする相殺の抗弁が主張されたような場合にも、その要件を充足する限り、適用され

---

6)　評釈等として、蘆立順美「判批」ジュリ1332号267頁（2007)、諏訪野大「判批」法学研究79巻8号41頁（2006)。

7)　評釈等として、河津博史「判批」銀行法務21・52巻9号69頁（2008)、上田竹志「判批」法学セミナー54巻3号124頁（2009)、川嶋隆憲「判批」法学研究（慶應義塾大学）82巻5号169頁（2009)、畑宏樹「判批」明治学院大学法学研究87号105頁（2009)、杉山悦子「判批」民商140巻3号355頁（2009)、円谷峻「判批」法の支配155号94頁（2009)、越山和広「判批」速報判例解説(4)（法学セミナー増刊）119頁（2009)、三木浩一「判批」私法判例リマークス39号114頁（2009)、加藤新太郎「判批」ジュリ1376号151頁（2009)、同「判批」判タ1343号59頁（2011)。

る。[8]

2　損害が生じたことが認められる場合であること

(1)　損害の発生

(ア)　損害の概念　　損害の概念については、実体法の解釈上、①一定の加害行為がなかった場合に想定することができる利益状況（原状）と加害行為によって現実に発生した利益状況（現状）とを金銭的に評価して得られた差額であるという差額説（現実損害説）が、通説・判例の立場である[9]。これに対して、②権利侵害の結果ないし不利益状態それ自体を損害（例えば、死傷損害）と捉え、後は損害の金銭的評価の問題とする損害事実説も有力である[10]。

実務においては、一般に、差額説を前提として、損害を財産的損害（積極的損害・消極的損害）と精神的損害（非財産的損害）とに区分し、個別的な損害項目ごとに損害額を積み上げて、全体の損害額を算定する方式（個別損害項目積上げ方式）がとられている[11]。判例も差額説を採用していることは、前掲最判平成23・9・13、東京高判平成21・2・26などから明らかである。

民事訴訟法248条の損害概念も、実体法の解釈を前提とするものである。248条の文理上、概念としての損害と損害額とは区別されるものであることに留意しなければならない。この点は、差額説・損害事実説のいずれに立ったとしても、同様に解されるが、差額説においては、両者の立証は重なり合うことになるのに対して[12]、損害事実説においては、損害を認定（認識）したうえでその金銭的評価としての損害額算定をするというプロセスを経ることになる。ただ、いずれの説においても損害額算定の証拠方法それ自体が異なるわけではなく、

---

8) 山本克己「自由心証主義と損害額の認定」竹下守夫編集代表『講座新民事訴訟法Ⅱ』304頁（弘文堂・1999）、新谷晋司＝吉岡大地「自由心証主義〔5〕民事訴訟法248条の損害額の認定」門口正人編集代表『民事証拠法大系1』327頁（青林書院・2006）。
9) 四宮和夫『不法行為』434頁（青林書院・1987）、森嶋昭夫『不法行為法講義』329頁（有斐閣・1987）、高橋眞「損害論」星野英一編集代表『民法講座別巻1』205頁（有斐閣・1990）など。
10) 平井宜雄「民事訴訟法第二四八条に関する実体法学的考察」『不法行為法理論の諸相』280頁（有斐閣・2011）、内田貴『民法Ⅱ〔第3版〕』384頁（東京大学出版会・2011）。
11) 佐藤歳二「積極損害．消極損害．慰謝料」鈴木忠一＝三ケ月章監修『新・実務民事訴訟講座4』83頁（日本評論社・1982）。なお、潮見佳男「不法行為における財産的損害の『理論』―実損主義・差額説・具体的損害計算」曹時63巻1号1頁（2011）も参照。
12) 畑郁夫「新民事訴訟法二四八条について」『原井龍一郎先生古稀祝賀・改革期の民事手続法』498頁（法律文化社・2000）。

算定の作業そのものもそれほどの差異はないから、その限りで、248条の適用において、両説の違いが顕在化することはないと解される。[13]

（イ）損害の対象　（ⅰ）慰謝料　精神的損害である慰謝料が、民事訴訟法248条の適用対象になるかについては、学説上争いがある。

慰謝料は、旧法下における実務上、その性質から、厳格な証明を要求せず、裁判官が諸般の事情を考慮して、その額を算定することが許容されていた（大判明治43・4・5民録16輯273頁、大判昭和7・7・8民集11巻1525頁、最判昭和47・6・22判時673号41頁など）。

そうしたなかで、積極説として、①民事訴訟法248条は、こうした判例・実務の考え方を明文化したものであるとして、慰謝料についても適用を肯定する見解[14]、②248条の適用範囲は、その額の立証が極めて困難な損害であるならば、財産的損害と非財産的損害である慰謝料とを区別する必要はないとする見解[15]がある。そして、これに対して、消極説として、③慰謝料額の基礎となる事実は証明の対象ではなく法的評価の問題であるとして、248条の適用はないとする見解[16]がみられる。

確かに、精神的損害である慰謝料について、その損害額は、加害行為の性質、加害者の属性（法人か自然人か、被害者との関係など）、被害の性質・程度、被害者の属性（年齢、職業、生活状況）など諸般の事情を総合的に勘案して算定すべきものであり、規範的（法的）評価にかかるものである。そうしたことから、消極説は、慰謝料額の算定は、認定された損害を証拠に基づいて金銭的価値に転換するものではなく、諸般の事情を総合的に勘案した、事実認定の領域外の作業であるとして、民事訴訟法248条の適用を否定する。しかし、248条が制定されたことを所与の前提とした場合、同条の「損害」の文理解釈において、

---

13) 新谷＝吉岡・前掲注8) 310頁。
14) 法務省民事局参事官室・前掲注1) 288頁、竹下守夫＝青山善充＝伊藤眞編『研究会新民事訴訟法』319頁〔柳田幸三発言〕（有斐閣・1999）。
15) 春日偉知郎「民事訴訟法248条の『相当な損害額』の認定」『民事証拠法論』260頁（商事法務・2009）。
16) 伊藤眞「損害賠償額の認定」前掲注12)『改革期の民事手続法』60頁、伊藤民訴324頁、重点講義(下)58頁、伊藤滋夫「民事訴訟法二四八条の定める『相当な損害額の認定』(中)」判時1793号3頁、コンメ民訴Ⅴ131頁。なお、慰謝料算定に関する判例理論は実体法ルールを定立したものであり、民事訴訟法248条の適用によりなされるべき判断ではないとする見解として、山本・前掲注8) 318頁。

精神的損害を排除しなければならない必然性はないように思われる。そして、慰謝料は、定型的に、その額の立証が極めて困難な損害と評価することができるから、248条の適用を肯定してよいと解する。慰謝料額の算定は、248条が存在しなくとも可能であったものではあるが、その制定をみた以上、248条の適用を肯定することは問題がないように思われる。この点について、従前の私見（消極説）を改説したい。[17]

（ⅱ）積極的財産損害　　積極的財産損害は、評価的要素の大小の差異はあるものの、民事訴訟法248条が適用される。積極的財産損害は、①回顧型損害額算定（加害行為により一定の時期までに発生した損害額の算定）、②予測型損害額算定（不確定要因の多い不確実な予測的事実に基づき、将来に向けて発生することが見込まれる損害額の算定）に分けられる。

回顧型損害額算定のうち評価的要素の小さいもの、例えば、動産の損壊による損害額は、当該動産の購入費用、使用期間、現在の新品の価格、同等の中古品の価格、修理費などの評価の基礎となる事実を参考にして算定されるが、「損害の性質上その額を立証することが極めて困難であるとき」の要件を欠くとされることが多いであろう。[18]

予測型損害額算定となるようなもの、例えば、独占禁止法に違反する価格協定による消費者の被る損害額は、現実の購入価格と価格協定がなかったと仮定した場合の想定購入価格との差額と考えられる。旧法下の判例には、想定購入価格を推認することができるのは、価格協定の実施当時から消費者が商品を購入する時点までの間に、その商品の小売価格形成の前提となる経済条件、市場構造その他の経済的要因等に変動がないときに限られるとして、当該想定購入価格の証明がなく、その結果、損害の証明なしとして請求を棄却した鶴岡灯油事件判決（最判平成元・12・8民集43巻11号1259頁）がみられる。しかし、民事訴訟法248条の「損害」の文理解釈において、積極的財産損害のうち予測型損

---

[17] 加藤新太郎「相当な損害額の認定」ジュリ1166号107頁（1999）。もっとも、実務的には、慰謝料について、民事訴訟法248条の適用を肯定する見解の採否によって結果に差異が生じるわけではない。その限りで理論的な論点である。

[18] 実務上、人身傷害の場合における入院付添費、通院付添費、入院雑費、葬儀関係費用などについては、受傷による一定期間の入・通院や付添の事実、付添の必要性、死亡の事実が認められれば、被害者側に逐一個別的な立証をさせずに、定型的かつ定額的な損害額算定をしている。こうした実務は、従前から行われていたものであるが、現行法の下では、248条の適用によるものという説明が可能であろう。

害額算定となるものを除外することに合理性はないから、これを248条の適用対象外とすることは相当とはいえない。裁判例においても、公共工事談合により自治体の被った損害額など、予測型損害算定について248条を適用したものは枚挙に暇がない。

　（iii）　消極的財産損害　　逸失利益などの消極的財産損害については、学説上争いがある。旧法下においては、死亡した幼児の逸失利益の損害額の算定が困難である場合においても、あらゆる証拠資料に基づき、経験則と良識とを十分に活用して、できる限り蓋然性のある額を算出すべきであり、蓋然性に疑いがもたれるときも、被害者側にとって控え目な算定方法を採用すべきであるとする判例（最判昭和39・6・24民集18巻5号874頁）があった。

　そうしたなかで、多数を占めるのは積極説であり、これには、①民事訴訟法248条は、こうした実務の考え方を明文化したものであるとして適用を肯定する見解、②幼児の逸失利益は、本来証明の対象となる事項であるが、損害の発生を前提とすると損害額がゼロであることは論理的に考えられず、証明度を軽減することにより損害額が算定されるものであるとする見解、③消極的財産損害については、予測型損害額算定をすることになるが、この算定は裁量評価的な性質を有するもので、248条の適用があるとする見解がある。これに対して、消極説として、④幼児の逸失利益については判例が実体法ルールを設定したものであり、248条の適用はないとする見解もみられる。248条の「損害」の文理解釈において、消極的財産損害を除外することに合理性はないから、積極説が相当であると解される。

　（iv）　小括　　以上にみたように、民事訴訟法248条にいう「損害」は、財産的損害（積極的財産損害・消極的財産損害）ばかりでなく、精神的損害（慰

---

19) 伊藤民訴325頁注245、山本・前掲注8）318頁、松本博之＝上野泰男『民事訴訟法〔第7版〕』416頁（弘文堂・2012）、加藤・前掲注17）107頁、竹下＝青山＝伊藤編・前掲注14）323頁〔鈴木正裕・竹下守夫各発言〕。反対、竹下＝青山＝伊藤編・前掲注14）323頁〔柳田発言〕。
20) 民事訴訟法248条により談合に基づく損害額を算定した高裁段階の裁判例として、大阪高判平成18・9・14判タ1226号107頁、大阪高判平成19・10・30判タ1265号190頁、東京高判平成21・5・28判時2060号65頁、東京高判平成23・3・23判時2116号32頁など。
21) 法務省民事局参事官室・前掲注1）288頁、竹下＝青山＝伊藤編・前掲注14）319頁〔柳田発言〕。
22) 伊藤（眞）・前掲注16）65頁、伊藤民訴323頁。
23) 加藤・前掲注17）107頁。
24) 山本・前掲注8）301頁。

謝料）も含むと解してよい。慰謝料額の算定は、248条が存在しなくとも可能であったものではあるが、248条の制定をみた以上、その適用を否定することに合理性はないからである。また、判例法理により認められてきた類型の損害についても、248条の適用を肯定することが相当である。実定法上の論拠が付与されたものと解されるからである。

（２）　損害の発生が認められる場合であること

民事訴訟法248条の適用要件として、損害が生じたことが認められる必要がある。すなわち、一定の加害行為または債務不履行により、損害が発生したという事実につき、高度の蓋然性（原則的証明度）の存在を証明することが必要である[25]。

（３）　損害の発生自体の立証が極めて困難である場合

損害の発生自体の立証が極めて困難である場合または因果関係の立証が極めて困難である場合に、民事訴訟法248条を類推適用することが認められるか。

この点については、消極説として、①民事訴訟法248条は例外的規定であること、ZPO287条1項が損害額だけでなく、損害の発生に関しても適用があると明文で定めているのに対して、民事訴訟法248条は損害額に限定していることなどを根拠に、類推適用を消極的に解する見解がみられる[26]。これに対して、積極説としては、②248条の性質を証明度軽減と捉えて、損害額の認定は立証が困難な一例であるとして、損害の発生や因果関係の立証についても248条の類推適用を積極的に認める見解[27]、③損害の発生自体の立証が極めて困難である場合について、差額説では、損害の立証と損害額の立証は重なり合うことになるが、損害の立証を厳格に要求することは248条の意義を失わせることになり妥当とはいえないとして、損害の発生自体の立証が極めて困難である場合に248条の類推適用を肯定する見解がある[28]。

そこで検討すると、単に、損害の発生や因果関係の証明が事柄の性質上困難であることのみでは、248条を類推する必要性があるというにすぎない。しかし、それに加えて、損害発生の証明が困難である結果、実体法の趣旨・目的に

---

25) 加藤・前掲注17）106頁。証明度に関する議論については、加藤新太郎「確信と証明度」『鈴木正裕先生古稀祝賀　民事訴訟法の史的展開』549頁（有斐閣・2002）、本書第3章参照。
26) 新谷＝吉岡・前掲注8）328頁。
27) 竹下＝青山＝伊藤編・前掲注14）324頁〔青山善充発言〕。
28) 条解民訴1389頁〔上原敏夫〕。

照らして著しい不利益が生じるような場合であれば、これを避けるために248条を類推することには相当性があると解される。さらに、原則的証明度と等価値の立証が可能となる代替手法も想定されない場合に限定すれば、類推する範囲が広がりすぎることもないであろう。このように、①損害の発生や因果関係の証明が事柄の性質上困難であること（必要性）、②損害発生の証明が困難である結果、実体法の趣旨・目的に照らして著しい不利益が生じること（相当性）、③原則的証明度と等価値の立証が可能となる代替手法も想定されないこと（補充性）という要件を具備する場合であれば、248条が例外的規定であることを考慮しても、なお損害の発生や因果関係の立証についても248条を類推適用することは許容されるものと解する[29]。もっとも、その場合には、審理において、248条を類推適用することがあり得ることを明示して手続の進行を図ることが相当であろう。

3　損害の性質上その額を立証することが極めて困難であるとき

(1)　損害の性質

　民事訴訟法248条を適用する要件として、損害の性質上その額を立証することが極めて困難であることが必要である。損害の性質とは、当該損害の客観的性質をいい、個別の事案に特有の事情はこれに当たらない[30]。

(2)　立証困難顕著性

　　（ア）　立証困難顕著性の客観的把握　　立証することが「極めて困難であるとき」（立証困難顕著性）とは、原則的証明度を要求した場合に、原告が不当に不利益となり、損害賠償法など実体法の趣旨・目的にそぐわない結果を生じ、損害額を立証するために民事訴訟法248条による以外に代替的な立証手段手法もないときをいうものと解する[31]。そして、立証に利用可能な証拠方法があるか、原則的証明度と等価値の立証が可能となる代替手法が想定されるか、など事柄の性質上、客観的に判断されることが必要となる（客観説）。

　これに対して、立証困難顕著性について、具体的な立証活動の実践のなかで、

---

29) 本書第3章Ⅳ4、手続裁量論145頁参照。
30) 新谷＝吉岡・前掲注8) 312頁、伊藤滋夫「民事訴訟法二四八条の定める『相当な損害額の認定』（上）」判時1792号4頁（2002）。
31) 春日・前掲注15) 260頁、手続裁量論145頁。

証明責任を負担する側が、事案ごとに可能と思われる立証努力を果たすという動態的な立証過程において、通常の立証の困難さの顕著性が判断されるべきであるとする主観説もある[32]。しかし、前述のとおり、立証困難顕著性は客観的に把握されるべきであるから、相当とはいえない。もっとも、主観説は、立証困難顕著性を安易に肯定することを戒める意図を有するが、この点は、客観説においても、要件審査に当たり留意すべきであろう。

　（イ）立証に要する費用との関係　　立証困難顕著性に関して、損害の性質上は、高度の自然科学や社会科学の知識・理論を用いれば証明は可能であるが、その立証に請求額と比較して釣り合いのとれないような多額の費用がかかる場合には、民事訴訟法248条を適用ないし類推適用してよいとする見解[33]がみられる。費用対効果の観点を立証困難顕著性の判断に組み込むことの可否の問題である。

　実務上、損害発生それ自体や加害行為と損害の因果関係の立証について高度の自然科学・社会科学的知見が必要とされる場合と比較すると、損害額の立証について、これらが必要とされることは相対的に少ないように解される。しかし、現実のケースは多様であるから、実際にないとはいえないであろう。

　この場合には、損害の発生自体の立証は原則的証明度をもってされていることを与件としたうえで、損害額の立証が費用対効果ないし当事者の財産的負担の観点から無理を強いるものであり、実体法の趣旨・目的に照らして著しく不正義であると評価される場合には、立証困難顕著性を肯定してよいと解する。

(3)　各　　論

　（ア）滅失動産の損害額の立証　　滅失動産、例えば、火災により焼失した家財道具の損害額の立証としては、①家財の品目・購入価格・購入年月日などを個別に立証させる方法と、②モデル家庭の標準的評価表中の家財道具の価額などの統計的データを用いて被害者の生活程度、家族の数などから推認する方法とが考えられる。この場合において、①のように、家財品目ごとに個別に立証させ、損害額を認定することができればよいが、通常人がそうした個別立

---

32)　畑・前掲注12) 509頁。
33)　条解民訴1389頁〔上原〕、春日・前掲注15) 261頁、三木浩一「民事訴訟法248条の意義と機能」『井上治典先生追悼　民事紛争と手続理論の現在』427頁（法律文化社・2008）〔同『民事訴訟における手続運営の理論』471頁以下（有斐閣・2013）に所収〕。

証ができるほどの証拠方法を保存していることは期待し得ないであろう。したがって、上記の例では、立証困難顕著性が肯定されるから、②のように、原告（火災被害者）に統計的データの立証をさせ、裁判所が、これを資料として被害者の生活程度、家族の数などから推認して、相当と認められる損害額を認定することが許される。[34]

　裁判例にも、火災により焼失した家財道具の損害額の算定について、民事訴訟法248条を適用して、損害保険会社（共済組合）が火災後に行った査定の基準であるモデル家庭の標準的評価表中の家財道具の価額を基本としつつ、この査定が保険金額の上限を考慮して行われたことにかんがみ、損保会社のした評価額の1割増しを相当な損害額と認定したもの（東京地判平成11・8・31判時1687号39頁）がみられる。[35]

　　（イ）包括一律請求による損害額の立証　　公害訴訟・薬害訴訟など、原告が多数当事者となる集団訴訟において、実務上、いわゆる包括請求、一律請求や、これらを合わせた包括一律請求という方式で、損害賠償請求がされることがある。このような包括一律請求が、民事訴訟法248条の要件を充たすかという論点がある。

　包括請求とは、被害者が受けた肉体的・経済的・生活的・家族的・社会的・環境的な全損害（総体としての損害）を、包括的に請求しようという意図を有する損害請求の方式である。一律請求とは、多数当事者訴訟における原告が一律に同一金額またはランク付けをしたうえで、同一基準額による損害賠償を請求する方式をいう。裁判例においては、これらの請求方式の可否につき、肯定例と否定例がみられたが、一律請求よりも包括請求の方に、より大きな問題があるとされてきた。

　そこで筆者は、包括請求について、①多数の被害者が存在し、個別損害立証が（時間がかかりすぎることも含めて）困難である場合において、②全体立証ができる事実のみをもって、少なくとも慰謝料算定の基礎となる事実と評価することができ、③再訴する意思がないことを明示しているときには、損害費目の

---

34) 伊藤（眞）・前掲注16) 63頁、伊藤民訴323頁、山本・前掲注8) 316頁、318頁、竹下＝青山＝伊藤編・前掲注14) 322頁〔福田剛久発言〕。

35) 評釈等として、勅使河原和彦『民事訴訟法判例百選〔第3版〕』143頁、判例・民事事実認定257頁〔三木浩一〕。これに続くものとして、大阪地判平成15・10・3判タ1153号254頁、東京地判平成18・11・17判タ1249号145頁など。

名目のない損害である包括損害として許容することができるとして定式化を試みたことがある。私見は、下級審裁判例を判例法理と捉えて定式化したものであったが、民事訴訟法248条の制定により、実定法上の論拠が付与されたものと解することができる。すなわち、包括一律請求による損害額の立証は、立証困難顕著性の要件を充たすものと解される。立証困難顕著性の要件に該当する以上、全体立証により当事者の個別の損害額を算定することもできるから、248条のもとにおいては、「損害費目の名目のない包括損害が請求として許容されるか」という問題の立て方をする必要はなくなるのである。

（ウ）　無形損害　Ⅱ1でみた無形損害は、判例法理により認められてきた類型の損害である。無形損害も、民事訴訟法248条にいう「損害」であることは問題ないし、類型的に立証困難顕著性の要件に当たるものと解される。判例法理により認められてきた無形損害は、248条により実定法上の論拠が付与されたものと解することが相当である。

4　口頭弁論の全趣旨および証拠調べの結果に基づくこと

（1）　損害額の認定のための資料

損害額の認定のための資料は、口頭弁論の全趣旨および証拠調べの結果である。民事訴訟法247条にいう、「口頭弁論の全趣旨及び証拠調べの結果」と同様に解することが相当であるから、当事者が提出しなかった事実を損害額算定の基礎にすることはできず、これをした場合には、弁論主義違反の問題が生じる[37]。

（2）　損害額算定の基礎となる事実の証明

損害額算定の基礎となる事実について、自由な証明によることができるか、厳格な証明によることが必要か。この点については、自由な証明によることを認める見解もある[38]。しかし、本案たる請求の当否を理由づける事実は、原則として厳格な証明によるべきであるとするのが通説であり、損害額算定の基礎となる事実も、請求を理由づけるものにほかならないから、法定の証拠方法と手続によって行われる厳格な証明によるべきであると解する[39]。

36）加藤新太郎「包括一律請求をめぐる諸問題」塩崎勤編『現代民事裁判の課題⑧』904頁（新日本法規・1989）。
37）春日・前掲注15）262頁。
38）春日・前掲注15）262頁。
39）新谷＝吉岡・前掲注8）325頁。なお、自由証明については、高田昌宏『自由証明の研究』3頁

Ⅳ 民事訴訟法248条の効果論

1 相当な損害額認定の法的性質
(1) 立案担当者の説明

民事訴訟法248条の要件を充足すると、相当な損害額を認定することができる。これが、効果であるが、要件・効果の法的性質については、議論が錯綜している。

ところで、民事訴訟法248条についての立案担当者の説明ぶりには変遷があり、そのことが性質論についての議論を錯綜させた一因となっている。

立案担当者は、当初、損害額の算定は、本来客観的事実の存否の認定の問題ではなく、損害の金銭的評価の問題であって裁判所の裁量に委ねられるという見解もあるとして、損害賠償請求訴訟においては、損害が発生したことは認められるが、損害の性質上その額を立証することが極めて困難である場合には、裁判所は、合理的な裁量により損害額を認定することができることを提案するものと説明していた。[40]ところが、その後に公表された改正要綱試案の段階では、本条の立法趣旨につき、自由心証主義の範囲内で証拠に基づいて事実の認定をするという事実認定の原則を変更するものではなく、認定すべき事実の性質上、認定のために必要とされる証明度を一定の範囲で低減したものという説明をしている。[41]さらに立法後の解説も、証明度の軽減を規定したものと説明している。[42]このように、立案担当者の説明が、後述するような裁量評価説から証明度軽減説に変遷しているのである。

(2) 学説の状況

(ア) 証明度軽減説　証明度軽減説は、民事訴訟法248条は損害額に関する証明度を軽減したものと解する。すなわち、損害額も事実であるという前提に立ち、民事訴訟において事実を認定するためには、原則的証明度（高度の蓋

以下（有斐閣・2008）参照。
40) 法務省民事局参事官室『民事訴訟手続の検討課題』別冊NBL23号46頁（商事法務研究会・1992）。
41) 法務省民事局参事官室『民事訴訟手続に関する改正試案』別冊NBL27号53頁（商事法務研究会・1994）。
42) 法務省民事局参事官室・前掲注1）287頁。

然性）が必要であるが、248条は、認定すべき事実の性質を考慮して、損害額認定という限定された場面で、証明度を一定の範囲で軽減することを許容したものとみる[43]。証明度軽減説の立場によれば、248条は、原則的証明度の例外を定めるものであるが、自由心証主義の例外を定めるものではない。民事訴訟法248条は、「口頭弁論の全趣旨及び証拠調べの結果に基づき」として、自由心証主義を定める同法247条と平仄を合わせたものになっており、裁量評価説と解するZPO287条1項の文言とは異なることも、その理由の一つとする。

　（イ）裁量評価説　　裁量評価説は、損害額の認定について裁判所による裁量評価を許容したものと解する[44]。この説は、損害立証の基礎となる事実については原則的証明度を証明度が必要であるが、民事訴訟法248条は、損害額の評価については裁量的であることを許容したものという。すなわち、損害額の認定は、証拠に基づく心証を証明度に照らして事実の存否を判断する狭義の証明ではなく、その本質において裁判官の裁量評価であり、248条は、その意味では、当然の事理を定めた注意規定であるとみる。裁量評価説は、損害額は損害の金銭的評価であると位置づける実体法の理解とも整合的であるとされる[45]。

・・

43) 法務省民事局参事官室・前掲注1) 287頁、竹下＝青山＝伊藤編・前掲注14) 319頁〔柳田発言〕、320頁〔青山発言〕、山本・前掲注8) 301頁、松本博之「民事証拠法の領域における武器対等の原則」前同22頁、畑・前掲注12) 507頁、松本＝上野・前掲注19) 417頁、中野貞一郎＝松浦馨＝鈴木正裕編『新民事訴訟法講義〔第2版補訂2版〕』362頁〔青山善充〕（有斐閣・2008）、新谷＝吉岡・前掲注8) 303頁、井上・前掲注3) 399頁。なお、証明度軽減説には、機能的観点から、「加害行為によって発生した損害額を賠償させる」という実体的法規範につき、「その発生額について『証明』がない場合には、損害額はゼロとして裁判せよ」という証明責任規範を、「その損害額の証明が極めて困難な場合には、弁論の全趣旨および証拠調べの結果に基づき裁判官が相当と認める額の賠償を命じる裁判をせよ」という内容に変容させ、その限度で、実体的法規範の適用可能性を拡大したものという説明をする見解もみられる。新堂民訴606頁。
44) 竹下＝青山＝伊藤編・前掲注14) 320頁〔鈴木・竹下各発言〕、春日・前掲注15) 255頁、坂本恵三「判決③―損害賠償額の認定」三宅省三＝塩崎勤＝小林秀之編集代表『新民事訴訟法大系(3)』275頁（青林書院・1997）、同「新民事訴訟法二四八条をめぐる諸問題」民訴雑誌45号228頁（1999）、重点講義(下)58頁、判例・民事事実認定416頁〔三木〕、河野正憲『民事訴訟法』465頁（有斐閣・2009）。なお、「裁量評価」という用語は、損害発生の事実を前提として裁量の幅のなかで規範的評価をすることにより損害額を認定するという趣旨であるから、法的評価説と呼ぶ方が適切ともいえるが、裁量評価説との呼称が一般的なことも考慮し、以上のような理解をしたうえで、裁量評価説ということにする。
45) 平井・前掲注10) 280頁、平井宜雄『損害賠償法の理論』140頁（東京大学出版会・1971）。なお、損害額算定の裁量評価的性格については、藤原弘道「損害及びその額の証明―鶴岡灯油事件最高裁判決を機縁に」同『民事裁判と証明』133頁（有信堂高文社・2001）、五十部豊久「損害賠償額算定における訴訟上の特殊性」法協79巻6号720頁（1963）参照。

このように、裁量評価説は、損害額の算定（認定）は、事実認定の原則である自由心証主義の範疇外のものと捉えているのである。

（ウ）折衷説　折衷説は、民事訴訟法248条は、証明度軽減および裁判所の裁量評価の双方を認めたものと解する[46]。すなわち、証明度軽減法理は、証明度以下であっても要証事実につき一定の心証が形成されることを前提とする考え方であるが、248条は、そのような場合に限らず、損害額について一定程度の心証が形成されない場合であっても、なお裁判所の自由な判断によって相当な損害額の認定（証明度との相関で損害額を定めること）を許容するものであり、証明度軽減と裁判所の裁量判断の双方を認めた規定であるという。その意味で、民事訴訟法248条は、自由心証主義（同247条）の例外を認めるものであるという。

（3）　裁判例の状況

裁判例をみると、民事訴訟法248条は、「証明度の低減を図ったもの」と明示するもの（名古屋地判平成21・8・7判タ1330号247頁）もあるが、その性質に言及するものは少ない。したがって、裁判例における248条の運用の仕方や適用対象の範囲などから、証明度軽減説・裁量評価説のいずれに整合するかという解釈を施すことにより、その法的性質についての考え方をみることになる。

そのような観点から、①多くの裁判例は裁量評価説を前提としていると推測する見解[47]がある。例えば、先に挙げた、火災により焼失した家財道具の損害額の算定事例（前掲東京地判平成11・8・31は、損害保険会社のした評価額の1割増しを相当な損害額と認定した）などは、裁判官の裁量評価としての損害額算定（認定）とみることが相当であろう[48]。

また、最判平成20・6・10判時2042号5頁をどのように理解するかをめぐって、学説には、②裁量評価説を前提としているとみるのが相当とする見解、③一定の留保をしつつも、裁量評価説に立脚しているとみることもできるとする見解、④裁量評価説または折衷説に立つとする見解などがあるが、いずれも裁

---

46) 伊藤・前掲注16) 52頁、伊藤民訴323頁、コンメ民訴Ⅴ129頁。なお、伊藤眞教授が、近時の裁判例を検討しつつ、議論状況を整理し、改めて折衷説の正当性を立証しようとする論考として、「民事訴訟法248条再考」『栂善夫先生・遠藤賢治先生古稀祝賀　民事手続における法と実践』475頁（成文堂・2014）。
47) 判例・民事事実認定435頁〔三木〕。
48) 判例・民事事実認定424頁〔三木〕、加藤・前掲注7）判タ1343号62頁。

判例につき裁量評価説をとると捉えるものである[49]。これに対して、⑤前掲最判平成20・6・10は、民事訴訟法248条につき一般的な法的見解を示しているのではないから、裁量評価説をとっているとみるのは性急にすぎるとする見解、⑥証明度軽減説と親和的と評価することも不可能ではないが、裁量評価説に近い考え方を採用したと評価することもできる（要するに、どちらともいえる）とする見解もみられる[50]。

2　検討と私見

(1)　検　　討

　学説上、証明度軽減説と裁量評価説との優位性に関する論争には、決着がついていない。また、裁判例が証明度軽減説をとるか裁量評価説をとるかについても明確とはいえない。そもそも、証明度軽減説、裁量評価説、折衷説は、民事訴訟法248条の理論的位置づけと相当な損害額の認定の法的性質を語るものであり、その意味で、重要な議論であるが、具体的な差異はどのような場合に生じるのであろうか。この点については、具体的な差異は生じないとする説と差異が生じるとする説とに分かれる。

　具体的な差異は生じないとする説には、①民事訴訟法248条の性質論、対象範囲論は、理論的には意義があるものの、実践的にはそれほど実益のあるものではないとする見解[51]、②各説の考え方の差は一種の（損害額の算定における）姿勢の問題として重要な意味をもつが、248条の適用において必然的に異なった結論が導かれるほどの違いはないとする見解[52]がみられる。

　これに対して、具体的な差異が生じると説くのは三木教授である。三木説は、裁量評価説においては、割合的心証論と同様の結果を得るべく心証割合を加味した損害額の算定（割合的心証型。神戸地判平成14・7・18交通民集35巻4号1008頁）、立証に要する当事者の財産的負担（例えば、鑑定費用）を考慮した損害額

---

49) ②につき、加藤・前掲注7)「判批」判タ1343号63頁、三木・前掲注7)「判批」117頁。③につき、越山・前掲注7)「判批」122頁。④につき、苗村博子「企業の損害と民訴法248条の活用」判タ1299号39頁（2009）。
50) ⑤につき、松本＝上野・前掲注19）418頁。⑥につき、杉山・前掲注7)「判批」359頁。
51) 重点講義(下)58頁、中野＝松浦＝鈴木編・前掲注43）362頁〔青山〕、清水正憲「損害額の認定」滝井繁男＝田原睦夫＝清水編『論点新民事訴訟法』401頁（判例タイムズ社・1998）。
52) 伊藤（滋）・前掲注16）6頁。

の算定（財産負担考慮型。東京地判平成10・10・16判タ1016号241頁）のほか、多数当事者が原告となるいわゆる包括一律請求にも適用できるなど、損害額の認定の実際において、証明度軽減説とは異なるという。そして、裁量評価説の方が、損害額の算定における柔軟性および適切性の点で優れているとする⁵³⁾。

　三木説に対して、損害額の算定における柔軟性・適切性については証明度軽減説からも何らかの説明をすることができるであろうし、その例示する事項については、民事訴訟法248条の解釈論としての適否は吟味されるべきであるとの指摘がある⁵⁴⁾。そうした観点から検討すると、三木説は、包括一律請求は立証困難性の要件は原告ごとに考えるべきであるから、証明度軽減説では248条の要件を充たすことは困難であるが、裁量評価説では、多数当事者に被害が発生していること自体が損害の性質として捉えることが可能であり、248条の要件を充たすという。しかし、多数当事者訴訟における個別損害立証の困難性の判断について立証に要する時間を考慮要素とすることは可能と解されるから、証明度軽減説においても、立証困難顕著性の要件を充足する。そうすると、いずれの立場に立つとしても、包括一律請求による損害額については、立証困難顕著性の要件を充たすことになるといえよう。

　上告等の可否についても、証明度軽減説によれば、相当な損害額の認定に関する不服は事実認定の不服にほかならないから、自由心証主義（247条）違反による上告等の可否の問題に吸収される。これに対して、裁量評価説によれば、相当な損害額の認定に関する不服は、裁判官に付与された裁量権に内在する制限を逸脱するものと捉え、248条違反と構成することになる。いずれの説によっても、法令違反（312条3項、325条1項・2項）に当たると解される余地があるが、単なる法令違反は上告受理の理由にはならず（312条、318条、325条）、上告が制限されている現行法のもとでは、上告等の可否については両説の差異はほとんどないと解される⁵⁵⁾。

　以上の検討によれば、証明度軽減説と裁量評価説との間において、これまで指摘されている点について、具体的な差異は生じないということになる。

----

53) 判例・民事事実認定416頁〔三木〕、426～427頁、431頁。
54) 重点講義(下)63頁。
55) コンメ民訴V127頁、新谷＝吉岡・前掲注8）305頁。

(2) 私　　見

　証明度軽減説と裁量評価説との差異は、損害額の認定を事実の認定であるとみるか、証明された一定の事実、すなわち、「（ⅰ）損害発生の事実、（ⅱ）損害額の評価を根拠づける事実」を前提として行われる法的評価とみるかという点にあると解されてきた。両説には、「損害額の認定は、法律問題か事実問題か」という、本質論における差異があるという見方である。

　そこで考えるに、証明度軽減説に立ったとしても、損害額の認定における評価的側面を原理的に否定することはできない。また、裁量評価説に立ったとしても、民事訴訟法248条を適用することが証明度軽減という機能を果たしていることは間違いない。少なくとも、観念的なレベルにおいては、このような指摘が可能である。

　さらに、先にみたように、火災により焼失した家財道具の損害額の立証には、①個別立証方法と、②統計的データを用いた推認による立証方法とがある。両者を比較すると、②の方法は、裁量評価をしていることはもちろんであるが、①の方法よりも「（ⅱ）損害額の評価を根拠づける事実」の立証における証明度を軽減していないとはいえないように思われる。このように、具体的にも、248条による損害額の認定につき証明度軽減性と裁量評価性との交錯を観察することができるのである。すなわち、裁判例には、事案によって、証明度軽減的要素の大きいものと、裁量評価的要素の大きいものとがみられることになる（例えば、前掲最判平成20・6・10は、裁量評価的要素の大きいものであった）。したがって、単に個別の裁判例を検討するだけでは、一般的に、証明度軽減説・裁量評価説いずれの立場を採用しているかを明らかにすることは難しい。

　このことを整理すると、損害額の認定には評価的要素が内在する以上、本質論としては、裁量評価説が相当であるが、248条による損害額の認定については証明度軽減的要素と裁量評価的要素とを観察することができるから、248条の法的性質としては、折衷説のように理解することが相当と解される。そこで、従前、筆者は、裁量評価説によっていたが、上記の理由により、折衷説に改説[56]することにしたい。

---

56) 注釈民訴(4)70頁〔加藤新太郎〕。

3 相当な損害額の認定

(1) 総　説

　民事訴訟法248条を適用して相当な損害額を認定するに当たり、裁判所は、どのようにすべきであろうか。これについては、裁判所としては、訴訟資料・証拠資料、弁論の全趣旨、経験則、論理的整合性、当事者間の公平、一般常識などに照らして、相当かつ合理的な損害額を算定することが要請される[57]。

(2) 損害額認定のスタンス

　相当な損害額を認定する場合には、裁判所としては、どのようなスタンスをとるべきか。

　この点に関する裁判例をみると、①損害額につき控え目な金額を相当とするのもやむを得ないとする抑制的算定説（大阪高判平成18・9・14判タ1226号107頁、名古屋地判平成21・12・11判タ1330号144頁など）、②損害額につき合理的な根拠をもって実際に生じた損害額に最も近いと推測できる金額を相当とすべきであるとする合理的算定説（東京地判平成19・10・26判タ1293号129頁、前掲名古屋地判平成21・8・7、東京高判平成23・3・23判時2116号32頁など）、③いずれとも言及しないもの（東京高判平成21・5・28判時2060号65頁、東京地判平成21・6・18判タ1310号198頁など多数）に分かれている。

　民事訴訟法248条によって認定すべき損害額に関する抑制的算定説は、旧法下において、死亡した幼児の逸失利益につき、被害者側にとって控え目な算定方法を採用すべきであるとした判例（最判昭和39・6・24民集18巻5号874頁）の影響があるように思われる。しかし、「相当な損害額」という以上、証拠資料からここまでは確実に存在したであろうと考えられる範囲に抑えた額ではなく、合理的に考えられるなかで実際に生じた損害額に最も近いと推測できる額と解すべきであり、合理的算定説が相当である。

V　相当な損害額の認定のための審理

1　民事訴訟法248条の規範としての意義

　裁判所は民事訴訟法248条の適用を義務づけられるであろうか。

---

57) 加藤・前掲注7)「判批」判タ1343号63頁、三木・前掲注7)「判批」117頁。

この論点に関する判例としては、II 3で挙げたとおり、①「特許庁の担当職員の過失により特許権を目的とする質権を取得できなかった場合において、それによる損害額は、特段の事情のない限り、被担保債権が履行遅滞に陥ったころに質権を実行して回収できたはずの債権額であり、仮に損害額の立証が極めて困難であったとしても、248条により相当な損害額が認定されなければならない」と判示して、損害の発生を否定した原判決を、損害額の認定につき審理を尽くさせるために破棄差戻しをした事例（最判平成18・1・24判時1926号65頁）、②「採石権侵害の不法行為を理由とする損害賠償請求事件において、損害の発生を前提としながら、248条の適用について考慮することなく、損害の額を算定することができないとして請求を棄却した原審の判断に違法がある」と判示して、さらに審理を尽くさせるために破棄差戻しをした事例（最判平成20・6・10判時2042号5頁）がみられる。

　損害額の立証が極めて困難な場合には、裁判所としては、相当な損害額を認定することができることは、248条の文言上、当然である。これは、行為規範として損害額の算定が許容される場合である。しかし、上記①・②最高裁判決は、それを超えて、裁判所としては、相当な損害額を認定しなければならず、そうしないで請求棄却したことは判決に影響を及ぼすことが明らかな法令違反と評価されるとして、さらに審理を尽くさせるために原判決を破棄差戻しとしたのである。これは、248条を評価規範として機能させたことを意味する。すなわち、より一般化した規範命題は、「原告に損害が発生したことが認められる場合、その損害額が損害の性質上立証することが極めて困難であったときには、248条により相当な損害額が認定されなければならない」と定式化される。これは、実務上、裁判所に248条の適用を義務づけていることにほかならない。[58] その限りで、損害賠償を請求する者は、損害発生の事実だけでなく、損害の数額（損害額）も立証すべきであり（大判明治37・1・28刑録10巻105頁）、損害額が証明されないときは、その請求を棄却すべきである（最判昭和28・11・20民集7巻11号1229頁）という判例法理は、上記①・②最高裁判決により、実質的

---

58) 加藤・前掲注7)「判批」判タ1343号62頁、畑・前掲注7)「判批」117頁、杉山・前掲注7)「判批」358頁、中野＝松浦＝鈴木編・前掲注43) 363頁〔青山〕は、①の判例は、「損害額の立証がきわめて困難であっても、民訴法248条により損害額を認定すべきであるとの原則」を確認したものという。

に一部変更されたとみることができる[59]。

2 審理のあり方

　実務上、裁判官には、民事訴訟法248条が行為規範としてだけでなく、評価規範として機能することをも意識して、審理・判断していくことが求められる。その場合には、248条の要件該当性の主張・反論、要件審査、要件該当性が認められる場合における損害額の評価を根拠づける事実の主張・反論、立証・反証というプロセスで審理していくことになる。したがって、裁判所と当事者との間で、口頭弁論期日ないし弁論準備期日において、当該損害額の立証のあり方につき、248条の要件を充足するか否かを含めて認識を共通にしておくことが、インフォームドされた訴訟状態を形成し、不意打ちを避けるために必要であると解される[60]。

　さらに、民事訴訟法248条と同様の趣旨の定めは、知財関係法にもいくつかみられる。例えば、著作権法114条の5〔相当な損害額の認定〕、特許法105条の3〔相当な損害額の認定〕、意匠法41条〔特許法105条の3の準用〕、商標法39条〔特許法105条の3の準用〕、不正競争防止法9条〔相当な損害額の認定〕などであるが、これらに関する訴訟においても、同様の姿勢で審理をしていくことが相当である[61]。

3 判決理由記載の程度

　判決書の理由は、一般に、判断に至る過程を明らかにすることが求められる（民訴法253条）。民事訴訟法248条が存在することにより、原告が損害発生を立証している場合には、損害額の立証がないという理由だけでは、損害賠償請求を棄却することはできない。原告に損害が発生したことが認められる場合には、損害額の立証が極めて困難であったとしても、248条により、相当な損害額が認定されなければならない（前掲最判平成18・1・24、前掲最判平成20・6・10）から、請求を棄却するときには、損害額の立証が不十分であることに加えて、

---

59) 川嶋・前掲注7）「判批」178頁、三木・前掲注7）「判批」117頁。
60) 加藤・前掲注7）「判批」判タ1343号63頁。審理はインフォームドされた訴訟状態を形成するものであることについては、加藤新太郎「釈明の構造と実務」『青山善充先生古稀祝賀　民事手続法学の新たな地平』105頁（有斐閣・2009）。
61) 円谷・前掲注7）「判批」102頁、加藤・前掲注7）「判批」判タ1343号63頁。

立証困難顕著性の要件を欠き248条が適用されない旨を判決理由に記載すべきことになる。

判決書の明確性・明晰性の要請から、248条を適用した場合においても、①損害の性質上その額を立証することが極めて困難であると判断した理由、②損害額の算定に当たり考慮した事由・要素などを、概括的に判決理由中に記載することが相当である。これには、裁判所が248条の要件審査と相当な損害額の認定を適正に行ったことを明示するという意義がある。

VI　むすび

本章は、民事訴訟法248条の要件論および効果論を構造論として捉え、対象論と性質論を、そのなかに吸収することにより、規範的議論と実務における審理のあり方とを架橋することを試みてきた。本章の論旨を10のポイントに要約して、むすびとしたい。

第1に、民事訴訟法248条を適用する場合には、その前提として適切に損害の把握をすることが必要不可欠である。

第2に、民事訴訟法248条にいう「損害」は、財産的損害（積極的財産損害・消極的財産損害）ばかりでなく、精神的損害（慰謝料）も含むと解してよい。慰謝料額の算定は、248条が存在しなくとも可能であったものではあるが、248条の制定をみた以上、この適用を否定することに合理性はないからである。

第3に、①損害の発生や因果関係の証明が事柄の性質上困難であること（必要性）、②損害発生・因果関係の証明が困難である結果、実体法の趣旨・目的に照らして著しい不利益が生じること（相当性）、③原則的証明度と等価値の立証が可能となる代替手法も想定されないこと（補充性）という三つの要件を具備する場合には、損害の発生や因果関係の立証についても、民事訴訟法248条を類推適用することが許容される。

第4に、立証困難顕著性の判断には、費用対効果を考慮要素とすることもできる。高度の自然科学や社会科学の知識・理論を用いれば論理的には証明可能であっても、その立証に請求額と比較して釣り合いのとれないような多額の費用がかかるときには、民事訴訟法248条を適用ないし類推適用することができる。

第5に、包括一律請求や無形損害など、判例法理により認められてきた類型の損害についても、民事訴訟法248条の適用を肯定することが相当である。実定法上の論拠が付与されたものと解されるからである。

　第6に、民事訴訟法248条は、証明度軽減および裁判所の裁量評価の双方を認めたものという折衷説の理解が相当である。損害額算定における評価的側面を原理的に否定することはできないが、248条を適用することにより、機能的にはもとより、実際にも証明度軽減となっているケースがみられるからである。

　第7に、裁判所は、民事訴訟法248条を適用する場合には、訴訟資料・証拠資料、弁論の全趣旨、経験則、論理的整合性、当事者間の公平、一般常識などに照らして、相当かつ合理的な損害額を算定することが要請されるが、合理的な根拠のある実際に生じた損害額に最も近いと推測できる金額を、相当な損害額とすべきである。

　第8に、裁判官には、民事訴訟法248条が行為規範としてだけでなく、評価規範として機能することをも意識して、審理・判断していくことが求められる。原告に損害が発生したことが認められる場合には、損害額の立証が極めて困難であったとしても、248条により相当な損害額が認定されなければならないのである。

　第9に、裁判所と当事者間において、インフォームドされた訴訟状態を形成する趣旨で、口頭弁論ないし弁論準備手続を通じて、損害額の立証のあり方につき、民事訴訟法248条の要件を充足するか否かを含めて認識を共通にしておくことが求められる。

　第10に、民事訴訟法248条を適用した場合には、判決書の明確性・明晰性の要請から、①損害の性質上その額を立証することが極めて困難であると判断した理由、②損害額の算定に当たり考慮した事由・要素などを、概括的に判決理由中に記載することが相当である。

第11章 専門的知見の導入

I はじめに

　欧米の民事訴訟にみられる特徴は、それぞれの国の民事訴訟制度を支える訴訟思想に由来する。谷口安平教授によれば、ドイツでは、民事訴訟は裁判官主導型であり、裁判官によって真実発見がされるべきであると考えられているのに対して、アメリカ合衆国では、アドバーサリー・システムのなかで、当事者の訴訟活動によって自ずから明らかになるものが真実にほかならないと考えられており、フランスでは、法と事実との峻別を基礎として、「鑑定人は事実の裁判官」とする分業思想が生きているとされる[1]。各国の民事訴訟の特徴は、審判の対象とする事象の理解に専門的知見を必要とする専門訴訟の審理においても、顕著にあらわれる[2]。例えば、鑑定は証拠調べという性質を有するが、ドイツでは、鑑定人は中立性原則が強く働き、裁判所の補助者として裁判官と同視される傾向があるのに対して、アメリカ合衆国では、攻撃防御方法たる専門家証人として党派性をもったまま訴訟に登場し、反対尋問という試練に耐えるという具合である[3]。

　ところで、専門訴訟の審理においては、専門的知見を適切に手続に導入していくことができる訴訟プロセスを構築することが鍵になる。専門的知見とは、裁判官が通常備えることを期待されている一般的知見を超えた特別の専門的知

---

1) 谷口安平「訴訟思想と鑑定人の責任」『民事手続法の基礎理論 II〔民事手続法論集第1巻(下)〕』421頁（信山社・2013）〔初出は、法学論叢128巻4＝5＝6号56頁（1991）〕。
2) 伊藤眞「専門訴訟の行方」判タ1124号4頁（2003）、加藤新太郎「専門委員の制度設計のあり方」判タ1092号36頁（2002）、同（司会）ほか「専門訴訟の審理」同編『民事訴訟審理』247頁（判例タイムズ社・2000）、司法研修所編『専門的な知見を必要とする民事訴訟の運営』（法曹会・2000）など〔前田順司ほか〕。
3) 小島武司「専門家証人の中立化」『裁判運営の理論』292頁（有斐閣・1974）、谷口・前掲注1) 441頁、高橋宏志（司会）ほか「座談会　現代型訴訟と鑑定―私鑑定を含めて」NBL782号5頁〔加藤新太郎発言〕、6頁〔森脇純夫発言〕（2004）。

識・経験則・見識を指すから、これを補充することが必要不可欠なのである。

そして、専門的知見を訴訟手続に導入するためには、次の各方式が考えられる。

第1に、裁判官が、自らの実務経験や自己研鑽により専門的知見を獲得・集積する方式[4]。

第2に、裁判所の補助者に専門家を置き、その補助者を通じて獲得する方式[5]。

第3に、当事者の攻撃防御活動である証拠調べを通じて獲得する方式（鑑定、書証、人証）[6]。

第1の方式は、裁判官という職層にとって、仕事の性質上いわば当然の事柄に属するが、制度的なものというよりは、事実上のものである。第2の方式は、専門的知見の職権調達型であり、第3の方式は、法廷提出型といえる。現実の訴訟政策においては、これらを組み合わせたものとして制度設計し、専門的知見については、一方で、裁判官自らまたはその補助者を通じて、他方で、法廷に提出される証拠方法によって、これを導入することが賢明な方式であると考えられる[7]。

専門訴訟とは、審判の対象としている事象の理解に専門的知見を必要とする訴訟をいう。その典型例は、医事訴訟、建築関係訴訟、知的財産権関係訴訟などであり、これらは、長期化する要因を内在する訴訟類型である[8]。審判対象と

4）裁判官の専門的知見には、①「鑑定人にとって替わり得る専門的知見」、②「裁判官自身の専門知識（ゼネラリストとしての専門知識）」の二類型があるといわれる。①は、裁判官が当該専門分野について大学等で体系的教育を受け、その後も当該専門分野の研究を継続している場合や、専門部に長年勤務して類似のケースを繰り返し経験し、鑑定証拠が不要の状態に達している場合に備わるものである。②は、ゼネラリストである裁判官が、具体的事件において、自ら勉強して専門的知見を獲得したものである。この点について、木川統一郎『民事鑑定の研究』8頁（判例タイムズ社・2003）参照。思うに、①の前提は成り立ちにくく、現実には②がほとんどであろうが、当然のことながら限界がある。

5）わが国における裁判所の補助者たる専門家には、裁判所調査官がある（裁判所法57条）。知的財産権関係訴訟、租税関係訴訟、建築関係訴訟など、専門訴訟についての専門的知見の供給源の一つであるが、裁判所常勤職員としての裁判所調査官の専門的知見の範囲・内容については、実際には限界がある。

6）鑑定人は、専門的知見の一般的な供給源であり、当事者の攻撃防御活動により、専門的知見の信頼性を検証できるというメリットがある。なお、中村也寸志「日本の専門訴訟の問題はどこにあるか」判タ1011号16頁（1999）も参照。

7）伊藤・前掲注2）13頁。

8）専門訴訟の平均審理期間は、民事通常訴訟のそれと比較すると、統計上、格段に長期間を要しているのが現状である。

Ⅰ　はじめに

なる事象の理解と評価は、訴訟手続においては争点整理および証拠評価という形で実施されるが、専門的争点の整理それ自体が難しい。そこを何とかクリアして鑑定を実施することにしたとしても、鑑定人を確保することが困難で、鑑定人探しに時間を要することになるうえ、鑑定そのものにも長期間を要する。さらに、鑑定書が提出されても、その評価がこれまた難しく、鑑定人尋問が必要となる場合も少なくない。加えて、裁判官にとっては、判決書作成に時間がかかるケースであることが通常である。[10]

わが国の専門委員制度は、専門訴訟の適正迅速な処理を目指し、その審理に専門的知見を導入することを目的として創設されたものである。[11]まさに、職権調達型と法廷提出型の中間に位置するものといえる。

専門的知見を訴訟手続へ導入する手続をいかに構築するかは、主張・反論の理解、争点整理、証拠評価、事実認定など、専門訴訟の審理・判断における喫緊の課題といってよいであろう。[12]

本章は、専門委員による専門的知見の訴訟手続への導入に関する諸問題について論じることを目的とするものであり、事実認定過程論および事実認定基盤論にかかわる。その構成としては、専門委員制度とその手続の概要および留意点を押さえたうえ（II）で、専門委員と事案解明（III）、実体形成（IV）、手続保障（V）について論じ、鑑定の運用などに波及する点に言及してむすびとす

---

9) 鑑定結果（鑑定意見）の証拠評価の方法は、必ずしも一般化されてはいないが、①鑑定人の専門性・中立性の吟味、②鑑定意見それ自体の合理性の検討（鑑定意見の論理的完結性、推論の合理性、論拠の有無・強弱、説得力の大小などの総合的評価）、③他の証拠との関連ないし整合性の検討などは必須であろう。この点につき、条解民訴1154頁〔松浦馨＝加藤新太郎〕参照。
10) 伊藤眞（司会）ほか「特別座談会 司法制度改革の視点と課題」ジュリ1167号68頁〔加藤新太郎発言〕（1999）、中村愼「専門訴訟はなぜ時間がかかるのか」判タ1004号4頁（1999）。
11) 専門委員制度の導入は、司法制度改革審議会意見書における「国民の期待に応える司法制度」の中の「民事司法制度の改革」の一項目である、「専門的知見の要する事件の対応強化」で提案された。そこでは、「専門的知見を要する事件の審理期間をおおむね半減することを目標とし、民事裁判の充実・迅速化に関する方策に加え、以下の方策等を実施するべきである」とされ、方策の一つとして、「各種専門領域における非法曹の専門家が、専門委員として、その分野の専門技術的見地から、裁判の全部又は一部に関与し、裁判官をサポートする新たな訴訟手続への参加制度（専門委員制度）については、裁判所の中立・公平性を確保することなどに十分配慮しつつ、それぞれの専門性の種類に応じて個別に導入の在り方を検討すべきである」とされた。これを受けて、専門委員制度は、平成15年民事訴訟法改正（平成15年法律第108号）により創設された。
12) 杉山悦子『民事訴訟と専門家』（有斐閣・2007）、木川・前掲注4）、中野貞一郎「鑑定の現在問題」『民事手続の現在問題』141頁（判例タイムズ社・1989）、吉川愼一＝高橋彩「専門的民事訴訟の争点整理段階からの専門家の活用」司法研修所論集104号67頁（2000）など。

る（Ⅵ）。

Ⅱ　専門委員による専門的知見の導入

1　専門委員制度の概要

　専門委員は、裁判所が決定により職権で手続に関与させるものであり、裁判所の補助者（訴訟手続上の補助機関）としての性質を有する。専門委員が関与できる事件の種類については、明文では限定されていないが、専門的知見を導入する必要性の高い訴訟について活用される[13]。

　専門委員は、①争点整理、②進行協議の手続、③証拠調べ手続、④訴訟上の和解手続に関与することができる[14]。専門委員制度は、民事訴訟の審理に必要な高度の専門的知見を導入する手続であるから、その性質に相応しく、かつ、制度が実効的なものとして機能し、訴訟手続の全体構造と適合的・整合的なものとして解釈されなければならない。

　裁判所は、争点整理、進行協議、証拠調べに当たり、当事者の主張や証拠調べの結果の趣旨を明確にし、訴訟手続の円滑な進行を図るために専門委員の専門的知見に基づく説明を聴くことや、和解の勧試に当たり、専門委員の専門的知見に基づく説明を聴くことができる（民訴法92条の2）。

　専門委員の関与については、当事者の自律性・主体性を尊重すべきであり、その意向に配慮しなければならないが、その配慮の程度は、専門委員が関与する手続と関与の態様によって異なる。例えば、争点整理、進行協議、証拠調べにおいて専門委員の関与を求める場合には、当事者の意見を聴取することで足りるが（同92条の2第1項・2項）、証人尋問、当事者本人尋問、鑑定人尋問に

---

13) 長谷部由起子「専門委員、鑑定」ジュリ1252号29頁（2003）、笠井正俊「専門委員について」曹時56巻4号15頁（2004）、村田渉「専門訴訟」大江忠＝加藤新太郎＝山本和彦編『手続裁量とその規律』201頁（有斐閣・2005）、德岡由美子「専門的知見を要する訴訟における専門委員の活用についての考察」民訴雑誌57号197頁（2011）、奥宮京子「専門委員制度の実情と課題」『門口正人判事退官記念　新しい時代の民事司法』563頁（商事法務・2011）。

14) 制度設計としては、判決作成の場面についても、専門委員の意見はあくまでも裁判官の判断の参考にすぎないという位置づけをすれば、その関与もあり得ないわけではない。しかし、手続の透明性確保の観点からの問題があるし、「専門委員の意見が、裁判所の心証形成（判断）に代替するものであってはならない」という要請にも反するから、不相当であろう。この点について、加藤・前掲注2）37頁。

おいて、裁判長の許可を得て証人・当事者本人・鑑定人に質問する場合や、和解の勧試に関与する場合には、当事者の同意が必要とされる（同条2項・3項）。また、専門委員を具体的に指定することについても、当事者の意見を聴取する必要がある（同92条の5第2項）。裁判所が、専門委員を手続に関与させる決定をすることは訴訟指揮の一場面であり、手続裁量が発揮されるところであるが、当事者の意見聴取および同意は、その制約要素となる。[15]

専門委員の関与する手続の透明性を確保するため、専門委員の説明は、書面または当事者双方が立ち会うことができる期日（口頭弁論期日、弁論準備手続期日、進行協議期日、和解期日）においてすることとし、当事者による専門委員に対する反論の機会が保障されなければならない（同92条の2、民訴規34条の2、34条の5）。これは、手続保障の観点からの規律である。また、証人尋問期日に専門委員に説明させる場合には、当事者の意見を聴取したうえで、専門委員の説明が証人の証言に影響を及ぼさないようにするために、証人の退廷その他適当な措置をとることができる（民訴規34条の4）。

専門委員については、その中立性・公平性を確保するため、裁判官と同様の除斥・忌避・回避の制度が認められている（民訴法92条の6、民訴規34条の9）。

裁判所は、相当と認めるときは、当事者の一方の申立てによりまたは職権で、専門委員を手続に関与させる決定を取り消すことができる（任意的取消）。ただし、当事者双方が専門委員を手続に関与させる決定の取消しを申し立てたときは、これを取り消さなければならない（必要的取消。民訴法92条の4ただし書）。後者は、手続裁量の制約要素である。

専門委員は、非常勤の裁判所職員であり（同92条の5第3項・4項）、その任免・欠格事由・所属等については、専門委員規則（平成15年最高裁規則20号）によって規律される。

---

15) 手続裁量については、手続裁量論63頁、加藤新太郎「協働的訴訟運営とマネジメント」『原井龍一郎先生古稀祝賀　改革期の民事手続法』148頁（法律文化社・2000）、同「民事訴訟の運営における手続裁量」『新堂幸司先生古稀祝賀　民事訴訟法理論の新たな構築(上)』195頁（有斐閣・2001）、同「基本的な考え方―実務家の視点」大江＝加藤＝山本編・前掲注13）3頁、同「手続裁量」伊藤眞＝山本和彦編『民事訴訟法の争点〔新・法律学の争点シリーズ4〕』152頁（有斐閣・2009）など参照。

2　専門委員制度の実効化

　専門委員制度を実効的なものとして機能させるためには、どのような点に留意すべきであろうか[16]。

　第1に、専門委員の関与手続の透明性の確保および手続保障が要請される。具体的には、①専門委員の手続関与には、当事者の意向が色濃く反映される。関与する手続と関与の態様により、当事者の意見を聴取することまたは同意を調達することが必要とされるし、専門委員の指定それ自体も、当事者の意見聴取が要件とされる。さらに、②専門委員が説明をするのは、書面による場合または当事者双方が同席する場合に限られ、③専門委員のした説明については、裁判所および当事者がその理由を質問する機会を設けるとともに、④当事者に反論を述べる機会を付与しなければならない。当事者の反論に対して、専門委員が再度の説明をすることも想定されるが、そのような形で議論の応酬が展開され、事案が解明されることにより、裁判所と当事者の事案に対する理解が全体として深まることが、手続保障として要請されているのであり、審理の充実につながるのである。

　第2に、運用面では、「専門委員に人を得る」ことが重要である。その分野でいかに著名な専門家であっても、備えている専門的知見がアウト・オブ・デイトでは、結局、専門性において疑義があるといわざるを得ない。また、中立性・公平性に少しでも欠ける者は、もちろん不相当である。この点について、立案段階では、医療訴訟の原告側弁護士層から、専門委員制度に対する危惧が表明された。医療訴訟における専門委員は、医師など医療関係者が想定されるが、例えば、①医師仲間のいわゆる「沈黙の共謀」が働き、医療側に有利な知見が述べられるのではないか、②専門委員が存在することにより、裁判所が原告側からの鑑定申請に消極姿勢を示すのではないか等が、その危惧の内実である。「専門委員に人を得る」ことは、①の危惧に対する有効な対応でもある。

　第3に、専門委員と裁判所調査官との役割分担については、どのように考えるべきであろうか。専門委員と裁判所調査官とは、いずれも専門的知見を訴訟手続に導入する裁判所の補助機関というリソースであるが、制度的位置づけは、専門委員が裁判所と区別された手続上の補助機関であるのに対して、裁判所調

---

16) 加藤・前掲注2) 37頁のほか、注12)掲記の各文献参照。

査官は、裁判所の内部的補助機関であるという差異がある。したがって、専門委員の手続関与については、当事者の意見聴取または当事者の同意が必要であるのに対して、裁判所調査官の利用については、裁判官独自の判断によるという違いがある。また、専門委員は、審判の対象となる事象の解明に要する専門的知見の分野には限定がないが、裁判所調査官は、知的財産権分野、租税関係分野等に限定されている。したがって、まず、両者の役割分担としては、専門分野によるものが考えられる。

　それでは、次に、両者を重畳的に活用できる専門訴訟の案件については、どのような役割分担が相当であろうか。これについては、①裁判所調査官には、幅広い範囲の一般的専門的知見の供給を、専門委員には、その訴訟に特有の高度の専門的知見の供給を求めることを前提として、裁判所調査官の関与を原則として、必要に応じて専門委員を関与させるのが相当であるとする見解、②専門委員にも一般的専門的知見の供給を求める形で関与させることとし、両者の関与形態は、裁判所の適宜な判断に委ねるとする見解、③専門訴訟については、専門委員と裁判所調査官とをいずれも原則関与させることとし、専門的知見のレベル・内容についても、相互乗り入れをしてよいとする見解などが考えられる[17]。

　①説は、裁判所調査官ではまかなえない、いわば「スキ間」について専門委員を活用するという「スキ間論」であり、②説および③説は、両者を同時併用するという「両輪論」である①説を支持するものもみられるが[18]、①説では、専門委員の活用の場面が限定されてしまう。逆に、③説では、専門委員のリソースの限界との関連で、過剰使用になるおそれがある。専門訴訟の多様性・個別性を前提にすると、審理における裁判所のフリーハンドを確保することが賢明であると考えられ、その意味では、専門委員と裁判所調査官の手続関与の原則・例外の枠付け、供給を求める専門的知見のレベル・内容についての区分けなどは規制しないことが相当である。したがって、②説が妥当であるといえよう。

---

17) 伊藤・前掲注2) 21頁参照。
18) 伊藤眞教授は、①説を合理的であるとするが、裁判所調査官の原則関与が困難という制度的制約条件が存在するのであれば、一般的専門的知見についても専門委員を関与させることは考えられるとする。同・前掲注2) 21頁。

III 専門委員と事案解明

1 争点整理・進行協議と専門委員

　民事訴訟の審理モデルは、民事訴訟法の基本原則のもと、可及的速やかに紛争の全体像を把握し、事件の振り分けを行い、裁判所と当事者および訴訟代理人が協働して的確な争点整理を行い、争点を解明する最良の証拠を提出し、集中的な証拠調べを実施するというものである。その意味で、現行民事訴訟法は争点中心審理を原則としている。[19] したがって、争点整理は、訴訟関与者がインフォームドされた状態を形成するために不可欠であり、その意味で審理の充実の基礎となる。

　争点整理のための手続としては、弁論準備手続（民訴法168条）、準備的口頭弁論（同164条）、書面による準備手続（同175条）があり、いずれも専門委員の関与が可能であるが、このほか、口頭弁論において実質的に争点整理をする場合にも、専門委員を関与させることができる。

　争点整理の場面では、訴訟当事者と裁判所との間で、例えば、弁論準備期日において、当事者双方の主張の含意および証拠の読み取り方について議論する。そうしたやりとりのなかで、争点が浮き彫りになり、事案の解明が図られることになるが、専門的経験則が問題となる主張について学識経験の豊かな専門委員の信頼できる説明を聴くことができれば、より実質的な議論をすることが可能になる。このことは、当事者の納得形成という観点からも望ましい手続進行になり、弁論準備手続それ自体としても実効的なものとなる。

　また、弁論準備手続においては、書証の取調べが行われる（同170条2項、171条）が、争点整理手続に専門委員を関与させる決定がされた場合には、専門委員は書証の取調べにも関与することができる。弁論準備手続において、例

---

19) 争点中心審理については、竹下守夫「新民事訴訟法制定の意義と将来の課題」同編集代表『講座新民事訴訟法Ⅰ』5頁（弘文堂・1998）、同「新民事訴訟法と証拠収集制度」法学教室196号6頁（1997）、今井功「争点・証拠の整理と審理の構造」竹下編集代表・前掲『講座新民事訴訟法Ⅰ』201頁、加藤新太郎「争点整理手続の整備」塚原朋一ほか編『新民事訴訟法の理論と実務(上)』211頁（ぎょうせい・1997）、同「弁論準備手続の機能」青山善充＝伊藤眞編『民事訴訟法の争点〔第3版〕』164頁（有斐閣・1998）、同「民事訴訟における争点整理」同編・前掲注2)『民事訴訟審理』135頁。

えば、医療訴訟の場合は、専門委員が書証として提出されたカルテ等の医療関係記録の記載の客観的な意味を裁判官および当事者に伝えること、建築関係訴訟の場合は、建築の瑕疵の原因を主張するために提出されている設計図その他の関係資料の整合性や関連性につき専門的経験則に基づき説明を加えることにより主張整理を支援することなどが考えられる[20]。このように考えると、専門委員の関与は、専門的情報を備えていないために、その事象について専門的経験則の観点から十分に吟味できていない当事者にとって有利に働くことも少なくないであろう。その限りで、専門委員制度には、結果として、当事者の実質的平等（武器対等）保障機能があると解される。

進行協議は、訴訟手続の進行に関して必要な事項を協議すること（民訴規95条）をいい、進行協議期日において行われるのが通常であるが、実質的な進行協議は、他の期日においても行われることがあり、専門委員はいずれにも関与することができる。複雑困難な事件について審理計画を定める場合（民訴法147条の2、147条の3）、専門委員に関与させ、裁判官が事案の展開の見通しを立てる際の参考にするために、専門的立場からの説明を求めることも有益であろう。

2 事案解明のための関与の必要性

専門委員を争点整理・進行協議に関与させるためには、「訴訟関係を明瞭にし、又は訴訟手続の円滑な進行を図るため必要があると認めるとき」であることが要件となる（民訴法92条の2第1項）。訴訟関係を明瞭にするとは、審理対象となる事実および争点を明らかにすることであり、事案の解明にほかならない。

専門委員の説明は、訴訟当事者にとって、事案の理解と訴訟方針の再考・転換の契機となり得る。例えば、弁論準備手続において、問題となっている特定の事項につき、専門委員が「原告（被告）の主張するA事実は、専門的経験則上、極めて起こりにくい」という説明をし、それを前提として、訴訟当事者間において議論をした場合について考えてみよう。訴訟代理人としては、このような場合、当事者本人と再度打ち合わせ、あるいは訴訟代理人自身も専門的観

---

20) 笠井正俊「専門訴訟への対応」法時74巻11号39頁（2002）。

点からの調査を加えたうえで、訴訟活動の方針について再検討し、次のような選択肢を模索することになるであろう。

① 専門委員の説明は実体として不合理であるという立場をとり、別途、自説の専門的観点からの正当性を主張証明するとともに、あくまでもA事実の主張を維持して、A事実を証明する訴訟活動をしていく。

② A事実の主張を変更して、別のB事実を主張証明する。

③ A事実の主張を維持しつつ、別のB事実を追加的に主張証明する。

裁判所は、この場合、専門委員の説明および訴訟当事者との間で闘わされる議論を聴き、「訴訟当事者のこれからの立証活動いかんによる」という留保を付しつつも、事案につき一定の見通しをもつことになろう。その際、訴訟当事者に対して、専門委員の説明に照らして、従前の主張についての再検討を釈明することも考えられる。このようにして、訴訟関与者の事案の理解が深まり、訴訟関係が明瞭になっていくのである[21]。

専門委員の関与の必要性は、高いものであることを要しない。専門委員の関与により、裁判所および当事者は専門的知見を補充されることになるのであり、一般的に、その有用性は承認される。裁判所としては、当該事案の内容、争点の性質、当事者の訴訟活動の状況等に照らし、専門委員が関与することによって、訴訟関係がより明瞭になり、訴訟手続がより円滑に進められるものと判断できれば、その必要性を肯定してよいと解される[22]。もっとも、専門委員を関与させるか否かは手続裁量に属するから、その必要性の判断は事案適合的であるとともに、状況適合的であることを要する。例えば、当事者の訴訟活動の状況としては、医療訴訟において、原告側にいわゆる協力医がいて、的確に主張し争点を明確にすることができれば、あえて専門委員を関与させる必要はないと考えてよい場合もある。

3　証拠調べ手続

専門委員は、証拠調べ手続に関与することができる。証拠調べ手続への関与の形態には、格別の限定はないが、現在の争点整理手続の運用を前提とすると、

---

21) 加藤・前掲注2) 判タ1092号38頁。
22) 村田・前掲注13) 209頁。

人証調べ期日や鑑定人質問の期日に専門委員を関与させることが中心となる。

　証拠調べ手続の段階において訴訟関係を明瞭にするとは、当事者の主張と証言等との対応関係が明確でない場合に、これを明らかにすることなどが想定される。また、証拠調べの結果の趣旨を明瞭にするとは、証言等にあらわれた専門用語の意味内容を明らかにすること、当事者の主張との関係で証言等の趣旨または不足する部分を確認することなどが想定される[23]。これらは、いずれも事案解明にほかならない。

IV　専門委員と実体形成

1　争点整理・進行協議における説明

　争点整理手続における専門委員の説明は、①書面による方法、②口頭弁論期日・弁論準備手続期日において口頭でする方法があるが、どの方法をとるかは裁判長の手続裁量により決められる。専門委員は、進行協議期日においても関与することができるが、そこでの説明も、裁判長が口頭でさせることができる（民訴規34条の2第1項）。専門委員の機動的な活用という観点からすると、当事者双方が立ち会うことのできる期日（口頭弁論期日、進行協議期日、弁論準備手続期日）において、口頭によって説明することが多くなるであろう。専門委員の説明については、透明性の確保および手続保障（意見陳述および議論の機会の保障）が求められるから、その口頭の説明は、調書に記載するのが相当であろう。なお、いわゆる電話会議システムを利用する場合（民訴法92条の3）には、一定の手続的規律が課されている（民訴規34条の7）。

　専門委員の説明は、争点整理・進行協議のために理解することが必要な専門的事項一般に及ぶ。争点整理手続においては、主張の整理、証人尋問事項の整理、鑑定事項の整理のほか、証人尋問や鑑定を実施する時期の決定などの証拠の整理をするため、専門委員の説明を聴くことになる。前述のとおり、弁論準備手続期日において、書証の取調べをする際に（民訴法170条2項）、専門委員の意見を聴くこともできる。専門的文献・私鑑定報告書などの意味を明確にするための説明や、その記述内容の評価（専門家の間で承認されている見解に基づ

---

23) 村田・前掲注13) 211頁。

いているか否か等)についての説明を求めることも可能である。

　裁判所には、専門委員のする説明について、それが専門的見地から学問的(科学的)に信頼できる原理・法則に基づくものであることを明らかにするような質問をしていくことが要請される。すなわち、専門委員の説明そのものの普遍的妥当性を、裁判所と当事者がともに確認し、認識を共有していくことが、的確な実体形成につながることになる。

2　証拠調べにおける説明

　専門委員の証拠調べにおける説明としては、例えば、①当事者の主張と証言等の趣旨との対応関係についての説明、②証言等にあらわれた専門用語の意味内容を明らかにすること、③当事者の主張との関係で証言等の趣旨または不足する部分を確認することなどが挙げられる。①は、証拠調べ手続の段階において訴訟関係を明瞭にするための説明であり、②および③は、証拠調べの結果の趣旨を明瞭にするための説明である。

　専門委員が証拠調べ手続に関与する場合においては、専門委員が説明する内容いかんにより、証人が記憶に基づく正確な供述をすることが妨げられるおそれのあるケースが想定される。このような場合のほか[24]、裁判長が必要と認めるときには、当事者から意見を聴取したうえで、専門委員の説明により証人の証言に影響が及ばないように、証人を退廷させるなどの適当な措置をとることができる(民訴規34条の4第1項[25])。さらに、当事者は裁判長に対して、このような措置を求めることができる(同条2項)。

3　訴訟上の和解における説明

　実質的な争点整理手続が行われると、裁判官ばかりでなく当事者双方とも、証拠調べ(人証)を待たずに結論の見通しが立ち、そうした見通しと同様の方

------

[24] 最高裁判所事務総局民事局『条解民事訴訟規則〔増補版〕』12頁(法曹会・2004)。
[25] 民事訴訟規則34条の4は、当事者本人尋問と鑑定人尋問には適用がない。当事者は、専門委員の説明を本来聴くことができる立場にあり、そうした機会が奪われてはならないからであり、鑑定人は、十分な専門的知見を有する専門家であり、一般的には、専門委員の説明により不当な影響が及ぶことは考えにくいからであるとされる。この点につき、最高裁事務総局民事局・前掲注24)13頁。しかし、鑑定人は専門委員の説明を聴くことにより一定の構えを形成することはあり得るから、鑑定人尋問には民事訴訟規則34条の4の類推適用の余地があると解する。

向で和解的解決を探ろうとするケースも出てくる。そのような場合において、専門委員の助言は極めて有効であると考えられる。また、証拠調べを終了し、事案の見通しが相当程度できるようになった段階で、専門委員に関与させ、専門的な事項の詰めをしつつ、和解的解決を図ることが相応しいケースも想定される。

　そのようなことから、裁判所は、専門委員から専門的知見に基づく説明を聴くことが和解成立に有用であると考えるときに、専門委員を訴訟上の和解手続に関与させることができる（民訴法92条の2第3項）。例えば、①和解の前提となる事実関係等を詰めることにつき、専門委員の専門的知見に基づく説明を得ることが有用な場合、②和解期日において当事者が予期しない反論を展開することに対して、議論の筋道を整序していくために、専門委員の専門的知見に基づく説明が有用な場合、③和解条項作成について、事案に相応しいものとするために、専門委員の専門的知見に基づく助言を得ることが有用な場合（例えば、建築関係訴訟において、補修方法とその範囲について条項を作成するような場合）、④紛争の全体的解決を図るために、専門委員の専門的知見に基づく助言を得ることが有用な場合（例えば、建築関係訴訟において、当事者が、審判の対象になっていない瑕疵等についても併せて和解したいと考えるような場合）などが想定される。

4　弁論主義と専門委員の独自性

　専門委員が手続に関与するなかで、当事者が主張しておらず、裁判所も気づいていなかった事項について、専門家の立場から言及する（説明する）ことは許されるであろうか。

　専門委員は、弁論主義など民事訴訟原則の下において裁判所の補助者として活動するものとして位置づけられているから、原則として、当事者の主張と提出された証拠とを前提にして、問題となる特定の事項について、専門的知見に基づき説明することが要請される。したがって、当事者の主張していない事項についてダイレクトに説明することは想定されていないと解される。もっとも、このことは、専門委員が関与する段階によって評価を異にすべきものである。専門委員に適切な役割意識を形成させるためには、裁判所からの情報付与は、必要不可欠であろう。

これを具体的にみると、第1に、争点整理、進行協議の段階であれば、当事者が専門委員の説明を聴き、あるいは専門委員の説明を聴いた裁判官の釈明に応じて、事案の理解について自らの見当違いを認識し、訴訟方針を再検討し、従前の主張を撤回して事実主張を組み立て直し、法的構成も練り直すことは、制度として折り込まれている。専門委員が争点整理に関与することの意味は、見当外れな事実主張と法的構成を可及的に排除して、当事者に、事案適合的な主張・証明を構想させることにあるからである。したがって、この段階では、一定程度の独自性を発揮することも、専門委員には期待されている。具体的に、専門委員が当事者の主張していない論点を説明することができる場合としては、例えば、裁判官が釈明の前提として専門委員に質問する場合が想定される。すなわち、裁判官には、当事者の申立て・主張における事実主張の当否・法的構成の適否についても、勝敗転換の蓋然性、当事者の公平、期待可能性などを考慮して釈明義務が課せられる場合があるが、そのような場合において、裁判官が釈明をする前提として専門委員に質問したときには、専門委員がこれを説明することは許容されるべきであろう。

第2に、これに対して、証拠調べの段階に至って、当事者の主張や他の証拠との関連を無視する形で、専門委員が証人等に独自性を発揮した発問をすることは、不都合である。また、和解期日において専門委員が独自性を発揮することも、同様に、謙抑的でなければならない。[27]

5 心証形成

専門委員は、民事訴訟手続に専門的知見を導入するものであり、専門委員の説明は証拠とはならない。すなわち、専門委員の説明は、裁判所の心証形成（判断）に代替するものにはなり得ず、それのみでは証拠原因とはならないと解される。

それでは、専門委員の説明は、弁論の全趣旨に当たるといえるであろうか。

---

26) 釈明については、中野貞一郎「弁論主義の動向と釈明権」『過失の推認』220頁（弘文堂・1987）、小島武司「釈明権行使の基準」新堂幸司編『特別講義民事訴訟法』335頁（有斐閣・1988）、竹下守夫＝伊藤眞編『注釈民事訴訟法(3)』121頁〔松本博之〕（有斐閣・1993）、加藤新太郎「釈明」大江＝加藤＝山本編・前掲注13) 131頁、同「釈明の構造と実務」『青山善充先生古稀祝賀 民事手続法学の新たな地平』123頁（有斐閣・2009）。
27) 笠井・前掲注13) 19頁。

弁論の全趣旨とは、証拠調べの結果（証拠資料）以外の当該訴訟の審理に現れた一切の資料であるとするのが通説的理解であるから、一見すると、専門委員の説明も弁論の全趣旨に含まれることになりそうである。しかし、弁論の全趣旨は、当事者の主張の内容・態度、訴訟の情勢から当然すべき主張・証拠の提出を怠ったこと、当初争わなかった事実を後になって争ったこと、裁判所や相手方の問いに対して釈明を避けたことなど、口頭弁論における一切の積極・消極の事柄を指すもの（大判昭和3・10・20民集7巻815頁）である。そうすると、当事者が口頭弁論において発信する情報に限定することが相当である。したがって、専門委員の説明は、当事者が口頭弁論において発信する情報とはいえないから、弁論の全趣旨に当たらないと解すべきである。[29]

V　専門委員と手続保障

1　当事者の意見聴取

(1)　争点整理・進行協議

　裁判所が、争点整理・進行協議に専門委員を関与させ、専門的知見を導入するためには、当事者の意見を聴取することが要件とされる[30]。これは、立法に際し、手続保障の観点から、当事者の自律性・主体性を尊重し、専門委員を関与させるかどうかについて、当事者の意向を反映させることが必要であると考えられたことによる。

　争点整理・進行協議に専門委員を関与させるために、当事者の同意ではなく、その意見の聴取で足りるとされたのは、裁判所が専門委員の関与の必要性が高いと判断しても、当事者の一方が反対すれば専門委員の関与が許されないとすることは、専門訴訟の審理の充実と円滑な進行にとって有益でないと考えられ

---

28) 手続裁量論164頁、西野喜一「事実の認定」『裁判の過程』18頁（判例タイムズ社・1995）。なお、谷口安平『口述民事訴訟法』444頁（成文堂・1987）は、弁論の全趣旨を「口頭弁論が終結した時点で一体としての口頭弁論を振り返り、そこから感得されるもの」として機能的観点から説明しておられるが、これは通説的理解と整合するものである。本書第6章IVも参照。
29) 同旨、コンメ民訴II243頁。
30) 当事者の意向の反映についての要件化に当たっては、立案段階では、①当事者の意見を聴くこと（意見聴取要件）と、②当事者の同意を得ること（同意要件）とが考えられた。その結果、関与の場面に応じて、要件が設定されることとなり、争点整理・進行協議、証拠調べ手続の関与には、意見聴取が要件とされ、専門委員の人証に対する発問、和解の関与には、同意が要件とされた。

たことによる。例えば、医療訴訟において、原告側にいわゆる協力医がいないために、医師の過失を構成することにも難渋しているような場合には、仮に、原告側が専門委員の関与に消極意見を述べたとしても、規範的には、裁判所は、専門委員の関与の決定をすることができるのである。

　専門委員の関与の決定は手続裁量の一種であるが、裁量判断の際の考慮要素における当事者の意見の重みには、相応のものがあると解すべきである[31]。

　第1に、当事者の双方が専門委員の関与に積極であれば、その旨の決定をするのに何ら問題はない。

　第2に、当事者の一方が専門委員の関与に消極意見を表明した場合には、裁判所は、その理由を具体的に尋ねるようにすべきであろう。そのうえで、その理由が合理的なものか否かにより、専門委員の関与の要否を決定することになるが、当事者の反対意思の強さの程度によってはその後の円滑な訴訟運営が阻害されることもあるから、状況適合的な判断をしていくことが求められる。

　例えば、医療訴訟において、①原告患者側が医学界・医療側に不信感を抱いていることから医師の専門委員の関与に反対する場合、②被告医療機関側が、必要に応じて被告側において専門的な説明をするし、医学文献の提供等のサポートもするとして反対する場合について考えてみよう。

　①の場合、合理的な理由とはいえないから、裁判所は当事者に対し、中立・公平な専門委員を指定することで対応可能である旨説明するとともに、現状のままで主張の構成および争点整理をしていくことができるのかについて再考させるべきである。そして、それにもかかわらず、反対意見を固持し、専門委員を関与させるとその後の訴訟進行の円滑さに支障をきたすことが予想されるような場合には、裁判所として、専門委員の関与を断念することが相当なケースもあろう。もっとも、この場合であっても、裁判所および当事者の専門的知見を補充するために、代替的措置（例えば、専門的文献の早期提出、早期の鑑定の申出、私的鑑定書の提出など）を考えるべきであろう。これに対して②の場合は、同様に、消極理由の合理性は乏しいと考えられるが、専門委員の制度趣旨を考慮すれば、原告患者側が専門委員の関与を強く希望しているときには、裁判所としては、専門委員の関与を決定すべきであろう。

----

31) 当事者の意見聴取の方法としては、例えば、「裁判所は、専門委員の手続関与が必要であると考えますが、いかがでしょうか」という形で尋ねるのが相当であろう。

第3に、当事者双方が専門委員の関与に消極意見を表明した場合にも、裁判所は、その理由を具体的に尋ねるべきであり、誤解に基づく反対であって翻意の余地があるときには、その旨説得してみることが考えられる。しかし、このような場合、裁判所が専門委員の関与を決定したとしても、その後に当事者双方の申立てがあれば、裁判所は、これを必要的に取り消さなければならない（民訴法92条の4）から、専門委員の関与の決定をすることは相当とはいえない。

（2）　証拠調べ手続

　専門委員が証拠調べ手続に関与するための要件である当事者の意見聴取についても、争点整理、進行協議への関与決定における意見聴取と同様の意義がある。すなわちこれも、立法に際し、手続保障の観点から、当事者の自律性・主体性を尊重し、専門委員の関与させるかどうかにつき、当事者の意向を反映させることが必要であると考えられたことによる。

2　当事者の同意

（1）　専門委員の証人等に対する直接の発問

　証拠調べの場面において、専門委員が、裁判長の許可を得て、証人、当事者本人または鑑定人に直接発問することも、専門訴訟の事案解明にとって有効である。

　立案段階では、専門委員が証人等に直接発問することの当否が問題とされ、消極意見もみられた。しかし、発問に対する答えが、証拠として裁判官の心証形成の材料となることは当然であるとしても、発問そのものについて、「裁判所の心証形成（判断）に影響を与えるおそれがある」として不相当と考えるのは、適切とはいえない[32]。そのような考え方から、専門委員が証人等に直接発問することが認められている。すなわち、専門委員は訴訟関係または証拠調べの結果の趣旨を明瞭にするために必要な事項について、証人等に対して発問することができるが、その要件として、①裁判長は当事者の同意を得ること、②専門委員は裁判長の許可を受けることが必要となる（民訴法92条の2第2項後段）[33]。

---

32) 加藤・前掲注2）判タ1029号38頁。
33) 専門委員が証人等に対して直接の発問をすることにつき、裁判長の許可を受けることを要件としたのは、それを認めるべき場合は例外と考えられたことによる。専門委員の説明を受けて、心証形成の主体である裁判所が証人等に質問することを、原則とすべきである。村田・前掲注13）214頁。

このように専門委員が証人等に直接発問する場合に、当事者の同意が要件とされるのは、専門委員の発問が裁判所による尋問に類似した意義をもち得ること、すなわち、発問に対する証人等の供述が証拠となり、それが訴訟の勝敗を左右することもあることから、当事者の意見聴取で足りる争点整理の関与、証拠調べの関与よりも高いハードルを設定したものである[34]。これは、手続保障の観点から、手続に当事者の意向をより反映させることが相当と考えられたことによる。当事者としては、それまでの専門委員の訴訟関与の実績をみて、その専門的知見を信頼してよいと考えれば同意するであろうし、そうでなければ消極の対応をすることになろう。

　専門委員を関与させる決定はすでに述べたとおり、手続裁量の一種であるが、当事者の同意は、裁量の制約要素である。鑑定人については、当事者の同意がなくても裁判長の許可を得れば、証人等に直接発問することが認められている（民訴規133条）のと異なる。

（2）　訴訟上の和解

　訴訟上の和解に専門委員を関与させるために当事者の同意が要件とされるのは、和解という合意型解決を目指す手続の関与であるということによる。すなわち、訴訟上の和解の本質は当事者の合意による紛争の解決であり、手続保障の観点から、合意形成過程の専門委員の関与についても当事者の意向を尊重すべきであると考えられたのである[35]。したがって、当事者の一方でも専門委員の和解手続への関与に反対している場合には、裁判所はこれを関与させる旨の決定をすることはできない。もっとも、専門委員の関与について当事者の同意が得られないケースでは、実際にも、和解そのものがほとんど奏功しないことになろう。

3　当事者の立会いの要否

　専門委員は当事者双方が立ち会うことができる期日において、訴訟上の和解に際して、専門的知見に基づく説明をすることになる。訴訟上の和解をすることができる期日としては、和解期日が典型であるが、口頭弁論期日、準備的口

34）伊藤民訴308頁、新堂民訴501頁。
35）伊藤民訴309頁。

頭弁論期日または弁論準備手続期日においても和解勧試をすること、和解を成立させることが可能である。いずれの期日においても、専門委員が関与できるのは、当事者双方が立ち会うことができる期日に限られる。

　和解進行の形態は、交互面接方式と同席方式とに分かれている。いずれをとるかは、裁判官の方針にもよるが、実際には当事者の意向に従うことが多く、当事者の一方が同席方式を好まない場合には交互面接方式が採用されるのが、実務例である。そこで、専門委員は交互面接方式の和解手続に関与し、専門的知見に基づく説明をすることが許容されるかという問題がある。これは、専門委員が関与すべき「当事者双方が立ち会うことができる期日」(民訴法92条の2第3項)とは、①現実に当事者双方が期日に立ち会っている期日であることを要するか、②当事者双方が立ち会う機会を保障されている期日であれば足りるかという問題でもある。この点については、(ⅰ)手続保障を重視する立場からは、専門委員は交互面接方式をとる和解期日においては説明をすることが許容されないとする消極説が唱えられ[36]、(ⅱ)当事者の意向を重視する立場からは、当事者が専門委員も交互面接方式の和解に関与することを承認しているのであれば許容されるとする積極説が打ち出されており[37]、両説が対立している。

　この場合における当事者の意向を分析すると、(a)その期日における和解手続について交互面接方式をとるか、同席方式をとるかに関するもの、(b)当該和解手続において、自分が同席しない状態で、専門委員が説明をしてもよいと考えるか、自分で専門委員から直接に説明を聴く機会を失うことは困ると考えるかに関するもの、とで構成されている。当事者双方が同席方式を希望すれば、そのように和解手続が進行するから、専門委員の説明が当事者双方の立ち会っている期日において行われることは保障される。これに対して、当事者の一方または双方が同席方式を好まない場合には、実務上、交互面接方式で進行することになるが、その場合には、当事者の(b)の意向が反映されるべきであろう。すなわち、交互面接方式がとられる和解手続において、当事者が専門委員から直接に説明を聴く機会を失うことは困ると考えるときには、そうした形態の専門委員の関与に同意しないのであるから、専門委員は説明すること

---

36) 笠井・前掲注13) 20頁、青山善充 (司会) ほか「特別座談会　民事訴訟法改正と民事裁判の充実・迅速化(下)」ジュリ1258号103頁、104頁〔青山・秋山幹男各発言〕(2003)。
37) 村田・前掲注13) 213頁、青山ほか・前掲注36) 103頁〔小野瀬厚・菅野雅之各発言〕。

はできない。しかし、当事者が、自分の同席しないときでも、専門委員が裁判官および相手方に対して説明をしてもよい（自分は、後で説明を聴けばよい）と考えた場合には、当事者が立ち会っていない状態でも、専門委員は説明することができる。なぜなら、当事者が専門委員から直接に説明を聴く機会を放棄することは可能であると解されるからである。したがって、専門委員は交互面接方式の和解手続に関与し、専門的知見に基づく説明をすることが許容されるかという問題に対しては、当事者が、自分の同席しないときでも、専門委員が裁判官および相手方に対して説明をしてもよいという意向を示す場合には許容されると解するのが相当である。そこで、裁判所には、和解の方式に関する当事者の意向確認と、専門委員の和解手続への関与の当事者の同意とを峻別して、対応すべきことが要請される。

4 当事者の意見陳述の機会

裁判所は、当事者に対し、専門委員がした説明について意見を陳述する機会を付与しなければならない（民訴規34条の5）。専門委員のした説明は、専門的知見が手続に供給されたという意味をもつが、当事者としては、そうした説明に対して質問をすることにより、さらにその理解を深めるほか、説明に対する反論・疑問などの意見を陳述することにより、説明の妥当性を吟味するなどの自律的・主体的な訴訟活動を展開することができる。

これも当事者に対する手続保障であり、専門委員の説明を吟味・検証する機会を付与して、専門委員が関与する手続の透明性を高めようとする趣旨に基づく。

裁判所が当事者に対し、専門委員の説明について意見陳述の機会を付与するには、当事者に、例えば、「ただいまの説明について、いかがですか」という形で尋ねることになろう。証拠調べ段階における説明に対しては、人証の尋問を終了してから意見を聴取するのが相当であろうが、説明と意見の後にさらに尋問をしたいという場合については、尋問をいったん中断して行うことも考えられよう。

5　期日外における説明と準備の指示

（1）　期日外における説明

　裁判所が専門委員から説明を受けるのは、書面による場合または当事者双方が立ち合うことのできる期日において口頭でされる場合に限られる。しかし、専門委員に対し、期日当日に突然、一定の説明を求めるのではなく、予告をしておいた方がよい場合も想定されるから、そのような場合には、裁判長は期日外において、専門委員に説明を求めることができる。ただし、この場合には、説明を求めた事項が訴訟関係を明瞭にするうえで重要な事項であるときには、裁判所書記官は、当事者双方に対し、その事項を通知しなければならない（民訴規34条の3第1項）。訴訟関係を明瞭にするうえで重要な事項とは、専門委員の説明内容いかんによっては、当事者の攻撃防御方法について重要な変更を生じるおそれがあり、専門委員が実際に説明をする以前であっても、説明を求めた事項について当事者に明らかにしておいた方がよいと判断されるような場合をいう。[38]

　また、専門委員は、期日外において、説明を記載した書面を提出することができる。このような場合には、裁判所書記官は、当事者双方に対し、その写しを送付しなければならない（同条2項）。いずれも、当事者の手続保障を図るものである。

（2）　専門委員に対する準備の指示

　専門委員は、事案について専門的知見に基づく説明をする役割を有するから、期日に臨んで、相応の準備（記録の検討、基本的な文献調査など）が求められることは当然である。しかし、専門委員は、このような通常の準備にとどまらず、例えば、関連の特殊な専門的文献を調査すること、建築関係訴訟において係争物である建物の瑕疵の状況を確認することなど、特別な準備をすることが必要とされることがある。裁判長は、専門委員を目的適合的で実効性あるものとして機能させるため、事案の内容、審理の状況、当事者の訴訟活動の実態などを考慮して、こうした特別な準備の必要性を判断する（民訴規34条の6第1項）。[39]

　裁判長が専門委員に対し特別な準備を指示した場合、当事者の訴訟活動に少

38）最高裁事務総局民事局・前掲注24）11頁。
39）最高裁事務総局民事局・前掲注24）15頁。

なからぬ影響を与えることが予想されるので、そのような場合には、裁判所書記官が、当事者双方に対し、その旨およびその内容を通知する（同条2項）。当事者に対する通知は、専門委員の準備に立ち会う機会を保障するという意味で、手続保障にほかならない[40]。また、専門委員が関与する手続の透明性を高めようとするものでもある。

VI むすび

　専門訴訟の審理において、裁判所と当事者が、その事案を深く理解し、適切な法的構成をし、事実の評価をしていくためには、事案に適合する専門的知見を得ることが必要不可欠である。専門委員による専門的知見を訴訟手続に導入することの意義も、その点にあることはいうまでもない。

　本章では、専門委員による専門的知見を訴訟手続に導入することの意義を、事案解明の促進および実体形成の的確化であると捉えて、その問題点を整理し、解釈論を展開してきた。

　専門委員制度を実効的なものとして機能させるためには、状況適合的な運用が望まれるが、その場合においても、手続保障を欠かすことはできない。専門委員による専門的知見の導入プロセスにおける手続保障は、第1に、当事者の主体性・自立性（自律性）を重視する点において、当事者自立型審理の方向に舵を取るためにも意味があり、第2に、手続の透明化の制度的保障のためにも有用である。

　専門委員の活用は、鑑定の運用についても一定の影響があるのではないかと思われる。鑑定は、①証拠方法として当事者の申出により実施される攻撃防御方法であるが、②裁判所の専門的事項に関する判断能力を補充する機能を有する。そのため、中立性ある鑑定人の確保が至上命題であったし、今後も忌避制度などが維持されるのは同様であるが、専門委員という裁判所の補助者を確保することができたことによって、②の点はやや相対化され、①の攻撃防御方法としての意味合いを強めていくであろうと予測される。例えば、ある鑑定人候補者が適任であると思われるのに、当事者の一方が同意しないために裁判所が

---

40) 笠井・前掲注13) 16頁。

その選任を躊躇することは不要となるであろう。また、当事者の鑑定申請に対し、専門委員が存在することのみをもって裁判所がその採用に消極姿勢を示すという危惧も、杞憂となるように思われる。

　専門訴訟の審理の質を向上させ、民事司法機能を強化・拡充していくことは、現代型訴訟対応、計画審理の推進とともに、民事訴訟の実践的課題である[41]。そうした課題を達成するためにクリアすべき理論的・実務的問題は少なくないが、専門委員による専門的知見の訴訟手続への導入は、その鍵の一つであることは疑いない。

---

41) 加藤新太郎編『民事訴訟実務の基礎〔第3版〕』275頁（弘文堂・2011）。

第12章 新種証拠の取調べ

I　はじめに

　今日の高度情報化社会の進展に伴い、技術革新の波とともに出現した情報媒体がある。録音テープ、ビデオテープ、マイクロフィルムなどのアナログ記録媒体のもの、コンピュータ用磁気テープ、磁気ディスク、光ディスクなどのデジタル記憶媒体等が、これである。しかも、科学技術の進展は日進月歩であり、次々に新しいものが生み出される。とりわけ、いわゆる電子記録およびこれに関連する技術は、社会経済的に少なからぬインパクトを与えており、取引の電子化など、新しいシステムの導入にもつながるものである。こうした情報媒体は、社会的に重要な機能を果たしてきており、これらが、証拠方法として、民事訴訟の証拠調べ手続に登場する時代を迎えている。

　こうした情報媒体を新種証拠として括り、これらが民事訴訟における証拠調べのステージに上る場合の方式およびその規律のあり方を整理しておくことは、民事訴訟法ないし民事訴訟法理論が情報化社会に対応するために、必要な課題といえる。そこで、この問題は、従来から学説の関心を呼び、新種証拠の証拠調べ方式として、「文書または準文書として書証の手続によるのか、検証物として検証の手続によるのか」等の論点につき、学説上、見解の対立がみられた。[1]

---

1) この問題に関する主要な文献としては、次のものがある。
　①竹下守夫「コンピュータの導入と民事訴訟法上の諸問題」ジュリ484号31頁（1971）。
　②春日偉知郎『民事証拠法研究』172頁（有斐閣・1991）。
　③同「新種証拠の証拠調べ」『民事証拠法論集』64頁（有斐閣・1995）〔初出は、同「新種証拠の証拠調べ」ジュリ1028号109頁（1993）〕。
　④加藤新太郎「新種証拠の証拠調べ」手続裁量論210頁〔初出は、同「新種証拠と証拠調べの方式」新堂幸司編集代表『講座民事訴訟⑤　証拠』221頁（弘文堂・1983）〕。
　⑤同「新種証拠と証拠調べ方式」三ケ月章＝青山善充編『民事訴訟法の争点〔新版〕』260頁（有斐閣・1988）。
　⑥梅本吉彦「情報化社会における民事訴訟法」民訴雑誌33号17頁（1987）。

そして、平成民事訴訟法改正においても、そうした問題状況を基礎としつつ、立法論として改正論議がされたところでもある。

本章は、こうした新種証拠について、証拠方法として、証拠調べ手続を実施する場合の方式およびその規律について検討することを目的とする。すなわち、事実認定過程論の論点の一つとして、新種証拠の証拠調べのあり方を考察するものである。ここでは、第1に、平成民事訴訟法の改正議論の経過を明確にすること、第2に、従来の問題状況を正確に把握して、訴訟運営の基礎となる有用なインフォメーションを選別すること、第3に、平成民事訴訟法下におけるこの問題の規律の内容と実務上の問題点について明らかにすることを意図している。[2]

本章の構成としては、まず、検討事項（平成3年12月の法務省民事局参事官室「民事訴訟手続に関する検討事項」）を出発点として押さえたうえで（Ⅱ）、このテーマに関する学説・裁判例の問題状況について、検討事項との関連を意識して振り返る（Ⅲ）。そして、改正要綱試案（平成5年12月の法務省民事局参事官室「民事訴訟手続に関する改正要綱試案」）、改正要綱（平成8年2月の法制審議会「民

---

⑦同「情報社会と民事訴訟法」自由と正義41巻1号47頁（1989）。
⑧佐上善和「システム契約における証拠と証明」北川善太郎編『コンピュータシステムと取引法』173頁（三省堂・1987）。
⑨同「コンピュータを用いた取引・契約と民事訴訟法」NBL386号39頁（1987）。
⑩夏井高人『裁判実務とコンピュータ』40頁（日本評論社・1993）。
⑪室町正美「民事紛争の証拠・証明文書としてのコンピュータ・データ」自由と正義38巻1号72頁（1987）。
⑫渡辺昭二「コンピュータ記憶媒体に関する証拠調べ方法と調書の記載」書研所報36号165頁（1990）。
⑬兼子一＝松浦馨＝新堂幸司＝竹下守夫『条解民事訴訟法』1040頁注(6)〔松浦〕（弘文堂・1986）。
⑭注釈民訴(7)9頁〔吉村徳重〕。
⑮小林秀之『新証拠法』26頁（弘文堂・1998）。
2）現行法の下における新種証拠の証拠調べ等に関する文献としては、次のものがある。
①宇野聡「準書証」三宅省三ほか編『新民事訴訟法大系3』85頁（青林書院・1997）。
②梅谷眞人「磁気ディスクと証拠(1)(2)」NBL625号24頁、628号48頁（1997）。
③春日偉知郎ほか「座談会　電子的文書保存の法的諸問題(上)(下)」NBL608号24頁、609号12頁（1997）。
④田所章一「新種証拠の取調べ」青山善充＝伊藤眞編『民事訴訟法の争点〔第3版〕』218頁（有斐閣・1998）。
⑤小林秀之『新証拠法〔第2版〕』26頁（弘文堂・2003）。
⑥条解民訴1176頁〔松浦馨＝加藤新太郎〕。
⑦コンメ民訴Ⅳ524頁。

事訴訟手続に関する改正要綱」)、平成民事訴訟法と続く議論の経過を見渡した後に (IV)、現行法の規律の内容と実務上の諸問題について検討と考察を加える (V)。

II 民事訴訟手続に関する検討事項

1 総　説

　平成3年12月に法務省民事局参事官室から発表された「民事訴訟手続に関する検討事項」(以下、「検討事項」という) は、「第五　証拠」の「七　新種証拠の証拠調べ」において、(i)新種証拠の証拠調べ方式一般について、「①録音テープ等、②磁気ディスク等、光ディスク等のコンピュータ用の記憶媒体 (以下「磁気ディスク等」という) 等のいわゆる新種証拠の取調べ方法について、改正すべき点があるか」という総論的な問題を提起したほか、(ii)録音テープ等の証拠調べ、(iii)磁気ディスク等の証拠調べについて、次項以下の各論点を提示した。
　その問題関心は、新種証拠の証拠調べの方式について、Iで触れたような学説上の争いがあることを背景として、新種証拠の証拠調べについて、改正の要否と方向を問うというものであった。

2　録音テープ等の証拠調べ

　検討事項は、録音テープ等の証拠調べについて、次のような考え方の当否を問うた。[3]

【証拠調べの方法】
　①　裁判所は、これらが専ら人の思想内容を証拠資料とするものである場合には、書証に準じた証拠調べをする (閲読に代えて、録音テープ等を再生する) ものとし、それ以外の場合には録音テープ等を再生して検証を行う (これにより裁判官が感得した内容を調書に記載する) ものとするとの考え方。
　②　裁判所は、これらが人の思想内容を証拠資料とするものであるか

---

[3] 法務省民事局参事官室「民事訴訟手続に関する検討事項」38頁〔法務省民事局参事官室編『民事訴訟手続に関する検討課題とその補足説明』別冊NBL23号 (商事法務研究会・1991) 所収〕。

否かにかかわらず、書証に準じた証拠調べをする（閲読に代えて、録音テープ等を再生する）ものとするとの考え方。

【反訳書面等の提出】
　①　当事者は、録音テープ等の証拠調べを申請するに際して、録音テープ等の内容を説明した書面（反訳書面を含む）を提出しなければならないものとするとの考え方。
　②　当事者は、録音テープ等の証拠調べを申請した場合において、録音テープ等の内容を説明した書面の提出を裁判所が命じたときまたは相手方が求めたときは、これを提出しなければならないものとするとの考え方。

【関連性に関する説明】
　当事者は、録音テープ等の証拠調べを申請する場合には、発言者、録取者、録取日時、録取場所等の事項を明らかにしなければならないものとする考え方。

【録音テープ等の複製の交付】
　当事者が、反訳書面のみを書証として提出する場合には、相手方に録音テープ等の複製を交付しなければならない旨の規定を設ける等、相手方が録音テープ等に録取された内容を確認することができるよう規定を整備ものとするとの考え方。

3　磁気ディスク等の証拠調べ

検討事項は、磁気ディスク等の証拠調べについて、次のような考え方の当否を問うた[4]。

【証拠調べの方法】
　磁気ディスク等に記憶された思想内容を証拠資料とする場合には、プリントアウトされて閲読可能になった文書（以下「プリントアウトされた文書」という）を原本として提出することができるものとするとの考え

4）法務省民事局参事官室・前掲注3）40頁。

方。

【入力、プリントアウト等に関する説明】
　磁気ディスク等に記憶された思想内容が証拠資料となる場合には、当事者は、プリントアウトされた文書の記載から明らかな場合その他一定の場合を除き、磁気ディスク等に入力した者、入力した日時、プリントアウトをした者、プリントアウトをした日時等の事項を明らかにしなければならないものとするとの考え方。

【鑑定に必要な情報の開示】
　プリントアウトされた文書が書証として提出された場合において、磁気ディスク等に入力された内容を確認するための鑑定を行うときは、裁判所は、証拠調べを申請した者が当該磁気ディスク等を管理している場合には、その者に対し、情報入力の形態等鑑定に必要な情報の開示を命ずることができるものとするとの考え方。

4　検討事項が提示した論点に対する各界意見の状況

(1)　録音テープ等の証拠調べ

　検討事項が提示した録音テープ等の証拠調べに関する論点についての意見照会の結果は、次のとおりであった。[5]

　第1に、証拠調べの方法については、書証と検証との区別に対応した規定を設けるべきである等の理由から、①の考え方に賛成する意見が大多数であった。これに対して、思想内容を表現したものかどうかの判断は困難であること、裁判所が心証を得るためには録音テープ等の再生が必要であるから調書を作成する意味がないこと等の理由から、②の考え方に賛成する意見もみられた。

　第2に、反訳書面等の提出については、常に反訳書面を必要とすると煩雑になることを理由として、②の考え方に賛成する意見が多数であった。これに対して、録音テープ等の内容を取り調べる場合には反訳書面に作成者が署名押印したものを原本として提出する必要がある、外国語の文書の訳文と同様に考え

---

5)　柳田幸三ほか「『民事訴訟手続に関する検討事項』に対する各界意見の概要」40頁以下〔法務省民事局参事官室編『民事訴訟手続に関する改正要綱試案』別冊NBL27号（商事法務研究会・1994）所収〕。

るべきである等の理由から、①の考え方に賛成する意見もみられた。

　第3に、関連性に関する説明については、すべてが賛成意見であった。なお、関連性を細部にわたって特定することが困難である場合には、抽象的な説明で足りることにすべきであるとする意見もみられた。

　第4に、録音テープ等の複製の交付については、圧倒的多数が賛成であったが、規定を設けること自体を不要とする意見もみられた。

(2)　磁気ディスク等の証拠調べ

　検討事項が提示した磁気ディスク等の証拠調べに関する論点についての意見照会の結果は、次のとおりであった。[6]

　第1に、証拠調べの方法については、検討事項の考え方に対して反対の意見もあったものの、圧倒的多数が賛成の意見であった。

　第2に、入力、プリントアウト等に関する説明については、すべてが賛成意見であった。

　第3に、鑑定に必要な情報の開示については、磁気ディスク等に入力された内容が争われた場合には、さらに進んで、磁気ディスクの提出が不可欠になるのではないかとの意見があったほかは、すべてが賛成意見であった。

　なお、検討事項において示された磁気ディスク等の証拠調べについての考え方は、基本的に新書証説（後述Ⅲ4）に沿ったものであると理解されていた。[7]

Ⅲ　学説・裁判例の問題状況

1　総　説

　新種証拠は、思想の記録・伝達という機能の面では文書と同一の機能を果たすものであるが、視覚によって記載内容を認識することはできず、その内容を閲読するためには、一定の機器を介在させる必要がある。この点で、証拠調べの形式面では文書とは異なるところがある。[8] とりわけ、磁気ディスク等は、内蔵するデータファイルが物理的に連続していないため（内容の不特定性）、その

---

6) 柳田ほか・前掲注5) 41頁。
7) 注釈民訴(7) 9頁〔吉村〕、春日・前掲注1) ③65頁、手続裁量論239頁。
8) 文書は、書かれてある状態（見読可能な状態）のものとして存在し、思想的意味を持つ事項（情報）を保存し、伝達する機能を有する。手続裁量論213頁、注釈民訴(7) 2頁〔吉村〕。

読解可能性も物理的可能性ではなく論理的可能性であることになる。プリントアウトされた書面は、見読可能であるが、元のデータとの同一性が保証されているとはいえないばかりでなく、その文書の作成者が誰であるか等の問題も生じる。そこで、民事訴訟法上の問題としては、これらについて、どのように証拠調べをすべきかという問題が議論されていたのである。

こうした事情を背景として、磁気ディスク等の証拠調べ方法に関しては、学説上、書証説、検証説、新書証説、新検証説に分かれていたというのが、近時の状況であった。

2 学説の諸相

第1に、書証説は、磁気ディスク等は、内蔵するデータファイルの内容をプリントアウトすることによって、見読可能な状態になるものであるから、磁気ディスクそれ自体が思想的意味を保存・伝達する文書であり、その内容を証拠資料とする証拠調べは書証の手続によるとする説である[9]。磁気ディスクは文書には当たらないが、準文書として書証の証拠調べ手続によるとする見解[10]も、書証説に分類される。書証説は、磁気ディスク等の機能を重視して、裁判官が媒体に内在する思想的意味を認識するところに意義があるとして、書証の手続により証拠調べをすべきであると考えるのである。

第2に、検証説は、磁気ディスク等は記録内容をそのままでは見読することができないから文書とはいえず、検証によって証拠調べをすべきであるとする説である[11]。これは、磁気ディスク等の媒体としての性質を重視して、形式的証拠力を裁判官の視覚によって判断できない以上、媒体の形状等を検証によって認識するほかないと考えるものである。

第3に、新書証説は、磁気ディスク等の記録された思想的意味ある内容を証拠資料とする書証説を発展させ、見読することができないから文書とはいえないとする批判に応えようとするものである。すなわち、新書証説は、磁気ディ

---

9) 竹下・前掲注1)31頁、春日・前掲注1)②171頁、兼子＝松浦＝新堂＝竹下・前掲注1)⑬1040頁〔松浦〕。

10) 梅本・前掲注1)⑥17頁、同・前掲注1)⑦47頁、佐上・前掲注1)⑧173頁、同・前掲注1)⑨39頁。

11) 住吉博「判批」判評243号29頁〔判時919号162頁〕(1979)、本間義信「判批」昭和53年度主要民事判例解説〔判タ390号〕265頁（1979）。

スク等の機能・存在形態・利用目的等を考慮し、情報媒体を可能文書、プリントアウトした文書を生成文書と呼び、生成文書が原本であり、これを書証の手続により証拠調べをすべきであるとする説である。

　第4に、新検証説（個別機能説）は、磁気ディスク等の情報媒体は見読することができないから文書とはいえず、情報媒体自体および媒体上のデータの証拠調べは検証によるべきであるが、プリントアウトした文書はそれ自体独立した原本（独立文書）として書証の手続による証拠調べをすべきであるとする説である。新検証説のなかでも、プリントアウトした文書は磁気ディスクのデータの存在・内容を推認させる一種の報告文書とみる見解[13]、プリントアウト文書が直接証拠とならないことについて批判的な見解[14]がみられ、ニュアンスの差異がある。

3　裁判例

　裁判例としては、〔1〕大阪高決昭和53・3・6高民31巻1号38頁[15]、〔2〕大阪高決昭和54・2・26高民32巻1号24頁がある。

　〔1〕は、コンピュータ用磁気テープについて文書提出命令が求められたケース（多奈川火力公害訴訟）に関するものであるが、「磁気テープの内容がプリントアウトされれば紙面の上に可視的状態に移しかえられるのであるから、磁気テープは文書に準ずるものと解すべく、直接視読による証拠調べの困難なことをもって、その準文書性を否定することができない」と判示した。

　〔2〕は、同じ多奈川火力公害訴訟において、民事保管物として保管していなかった磁気テープ等（プログラムを含む）について記録の謄写申請がされたことに対し、磁気テープの準文書性につき、「見読可能な文言が紙面等の上に

---

12) 手続裁量論227頁、加藤・前掲注1）⑤261頁。新書証説に好意的な見解として、春日・前掲注1）②172頁注(9)があり、「新書証説は、検証説の批判を克服し、従来の書証説を発展せしめたものであり、実務上の処理もこうした方向で行われるものと考える」とする。また、兼子＝松浦＝新堂＝竹下・前掲注1）③1040頁注(6)〔松浦〕も、新書証説によれば、「可能文書としての属性を有するマイクロフィルム、ワードプロセッサ用フロッピーディスク等も同様に考えることができ、簡明である」としていた。
13) 夏井・前掲注1）⑩102頁。
14) 渡辺・前掲注1）⑫165頁。
15) 評釈として、住吉・前掲注11）29頁、本間・前掲注11）265頁、春日偉知郎「判批」判タ362号119頁（1978）、加藤新太郎「判批」民事訴訟判例百選〔第2版〕214頁（1982）、梅本吉彦「判批」民事訴訟判例百選Ⅱ〔新法対応補正版〕301頁（1998）など。

顕出され記載されたものが準文書たる磁気テープの写し又はその内容を顕出した文書の原本そのものとなるのであり、この写し又は原本が提出され記録に編綴されることにより、はじめて裁判所もこれを判断資料とすることができる」と判示した。

　裁判例〔1〕は、磁気テープはプログラムとともに提出するのであれば、その内容も特定している旨の理由づけをもって、文書に準ずるものと解し、これが文書提出命令の対象となることを肯定し、〔2〕も、磁気テープが準文書であることを前提としていると理解される。その論理的帰結として、磁気テープは書証として証拠調べがされるべきものという立場（書証説）がとられていると解される[16]。これに対して、磁気テープ等の内容の不特定性（ランダム・アクセスの特性）から、これらの裁判例が磁気テープの証拠調べ方法につき書証説をとったとすることに疑問を呈する見解もみられる[17]。

4　私　見

　筆者は、コンピュータ用磁気テープに代表される電磁的記憶媒体の証拠調べの方式について、新書証説を提唱した。新書証説は、理論的な観点からは、磁気テープの属性および取調べの目的に照らして相当であると考えられ、かつ、現実的な証拠調べ手続自体の効率・コストにも目配りがされているものである。

　その後、新書証説を基本的に支持する説がいくつか現れた。例えば、(i)「磁気テープ等に記録された思想内容の証拠調べは、原則として、プリントアウト文書を原本とする書証によるべきであり、これと磁気テープ内容の同一性について問題があれば検証または鑑定によるとする新書証説が妥当であろう。ただ、個別的に磁気テープの内容を直接書証によって取り調べることができる場合があれば、個別機能的に対応することも認められる」とする見解[18]、(ii)「裁判所の限定された諸条件の下で証拠調べを実施する際に、総対的には、①新書証説を原則として、出力印字された文書を原本として取り調べ、これと情報媒体との同一性については検証又は鑑定に委ねることとし（この方式は実務上定着していると見て差し支えないであろう）、②証拠調べの個別目的から画一的

---

16) 加藤・前掲注1）⑤260頁。
17) 夏井・前掲注1）⑩156頁、春日・前掲注1）③58頁、注釈民訴(7) 4 頁〔吉村〕。
18) 注釈民訴(7) 9 頁〔吉村〕。

な処理になじまない場合には、個別機能説的な方法に従うのが妥当ではないかと考える」とする見解、(iii)「コンピュータ・データの特性に即した証拠法上の取扱いとしては、準書証ないし新書証ととらえ、一定の操作により見読可能になる情報として、形式的証拠力についてもその操作を管理ないし実際に行っている人間を作成名義人として証人尋問を行い、なお疑問がある場合はプリントアウトの再施やコンピュータ自体の検証・鑑定をさせて確認すればよいと思われる」とする見解などが、これである。

このようにみてくると、第1に、学説の対立状況としては、「書証説」対「検証説」から「新書証説」対「新検証説」へと移行しつつあり、第2に、「新書証説」と「新検証説」との間では、表明されたものをみる限り、「新書証説」に賛意を示す見解の方が多いという状況であったといえる。

IV 要綱試案から現行民事訴訟法まで

1 要綱試案の内容

(1) 総　説

平成5年12月法務省民事局参事官室から発表された「民事訴訟手続に関する改正要綱試案」(以下、「要綱試案」という) では、新種証拠の証拠調べ手続について、事項としては、「録音テープ等の証拠調べ」のみが残り、「磁気ディスク等の証拠調べ」は盛り込まれなかった。

(2) 録音テープ等の証拠調べ

要綱試案では、録音テープ等の証拠調べについて、次のとおりの内容の試案が示された。

> ①録音テープおよびビデオテープを準文書（旧法332条）の例示として掲げるものとする。
>
> ②録音テープ等の証拠調べの申出をした当事者は、その録音テープ等の

---

19) 春日・前掲注1) ③64頁。
20) 小林・前掲注1) ⑮27頁。
21) 手続裁量論239頁。
22) 法務省民事局参事官室「民事訴訟手続に関する改正要綱」26頁〔同・前掲注5) 所収〕。

内容を説明した書面（その録音テープを反訳した書面を含む）の提出を裁判所が命じたとき、または相手方が求めたときは、これを提出しなければならないものとする。

③録音テープ等を反訳した書面の証拠調べの申出をした当事者は、相手方がその録音テープ等の複製の交付を求めたときは、これを相手方に交付しなければならないものとする。

（3）　磁気ディスク等の証拠調べ

　要綱試案においては、「磁気ディスク等の証拠調べ」の項目は盛り込まれていない。その理由として、説明されているところは、次のとおりである。[23]

　証拠調べの方法ついては、第1に、磁気ディスク等に記憶された思想内容を証拠資料とする場合には、通常は、プリントアウトされた文書を書証として取り調べれば足り、また、磁気ディスク等自体を取り調べなければならない事態が生じたときは、鑑定または検証の方法によるほかないので、実務上、磁気ディスク等の証拠調べについて規定を設ける必要性に乏しいと考えられるという理由により、第2に、性質の異なる各種のコンピュータ用記憶媒体を包括的に規制の対象とすることは困難であると考えられたという理由により、要綱試案に盛り込むことが見送られたと説明されている。

　入力、プリントアウト等に関する説明については、「磁気ディスク等に入力した者、入力した日時、プリントアウトをした者、プリントアウトをした日時等の事項を明らかにし」た書面は、書証における証拠説明書の一種として取り扱うことができると考えられるという理由により、要綱試案で取り上げることが見送られたと説明されている。

　鑑定に必要な情報の開示については、証拠申請した者が正当な理由なく鑑定に必要な情報を開示しない場合には、プリントアウトされた文書の証拠価値に関する自由心証の問題として対処することができると考えられるという理由により要綱試案で取り上げることが見送られたと説明されている。

23）法務省民事局参事官室「民事訴訟手続に関する改正要綱試案補足説明」45頁、46頁〔同・前掲注5）所収〕。

2 要綱試案に対する各界意見の状況とコメント

要綱試案で提示された録音テープ等の証拠調べに関する各界意見は、次のとおりであった[24]。

①録音テープ等の証拠調べにおける準文書の例示については、圧倒的多数が賛成であった。

②反訳書面の提出については、あえて立法化する必要性に乏しいとする意見もみられたが、圧倒的多数が賛成であった。

③録音テープ等の複製の交付についても、すべて賛成意見であった。

要綱試案について、簡単にコメントしておくと、まず、①準文書の例示については、録音テープ・ビデオテープは、「記号の組合せにより思想を表現しているが可視的に表示されていないもの」であるから、これらを準文書の例示として掲げることは相当である。また、②反訳書面の提出についても、反訳書面が提出されていれば、録音テープ等の証拠調べが極めて能率的に実施できるから、これらを提出することがある場合を定めることは合理的であり、相当である。さらに、③録音テープ等を反訳した書面が書証として提出された場合には、相手方としては、その反訳の正確性を確認するために録音テープ等を聴いてみたいと考えるであろうから、その前提として、録音テープ等の複製の交付請求権（証拠申請者の複製交付義務）を認めることは相当である[25]。

3 立法論としての磁気ディスク等の証拠調べ

前記1（3）でみた要綱試案補足説明の記述によれば、「磁気ディスク等の証拠調べ」の問題は、新書証説の説くところに従って書証の手続により証拠調べを行うことで対応できるから、新たに立法して規律する必要がないというのが、立法的な手当てをしないことについての理由の骨子である。この説明には、新書証説の主張する証拠調べの方式が一般的に支持されるものという前提があると考えられ、そのような理解それ自体には、賛成できる。

ここでは、立法に対する考え方の問題を指摘しておかなければならないであ

---

24) 柳田幸三ほか「『民事訴訟手続に関する改正要綱試案』に対する各界意見の概要(5)」NBL565号38頁（1995）。
25) 民事訴訟法改正研究会「民訴改正『要綱試案』の検討(2)」判タ876号74頁以下〔加藤新太郎〕（1995）。

ろう。すなわち、立法論としては、確定した解釈のもとに取り扱われている事柄についても、異説が存し得るから、確認的な趣旨で明文の定めを設けることは十分考えられるところである。ただ、この点については、性質の異なる各種のコンピュータ用記憶媒体につき、しかも技術革新の顕著な時代において、包括的に規制することが実際問題として難しいということも理解できないわけではない（もっとも、立法は立法として対処したうえで、そうした困難な問題は解釈論で対応すべき事項ではないかという反論はなお可能であろう）。そうすると、立法的な選択肢として、解釈論に委ねる立場をとることは、一応、合理的な面があったと評することができよう。[26]

いずれにしても、法改正作業においてみられた「磁気ディスク等の証拠調べ」についてのこうした議論は、この問題についての今後の解釈論およびそれを前提とした運営論の方向性に大きな影響を与えるように思われる。

4 改正要綱および現行民事訴訟法

平成8年2月、法制審議会は、「民事訴訟手続に関する改正要綱」を決定し、これを法務大臣に答申し、現行民事訴訟法に結実した。

現行民事訴訟法では、231条において、文書に準ずる物件への書証の証拠調べ手続ルールの準用が定められ、民事訴訟規則において、規則における手続ルールの準用（民訴規147条）、写真等の証拠説明書の記載事項（同148条）および録音テープ等の内容を説明した書面の提出等（同149条）の手当てがされた。

V 現行法の規律と実務上の諸問題

1 総　説

新種証拠の問題は、これらが民事訴訟における証拠調べのステージに上る場合の方式およびその規律のあり方いかんという問題であった。新種証拠の証拠調べについて、現行法により手当てされたものもあるが、解釈・運用に委ねられたものもある。

現行法においては、「図面、写真、録音テープ、ビデオテープその他の情報

---

26) 手続裁量論241頁。

を表すために作成された物件で文書でないもの」の証拠調べは、書証の節の規定を準用することとされた（民訴法231条）。すなわち、書証の証拠調べの文書に準ずる物件への準用である。ここに例示されたものは、立法的に手当てされたといえるが、そうでないもの（その代表が、磁気ディスク等）は、なお解釈・運用に委ねられている。

2　文書に準ずる物件の意義

「文書に準ずる物件」とは、情報を表すために作成された物件であって、文書でないものである。旧民事訴訟法332条においては、「証徴ノ為作リタル物件ニシテ文書ニ非サルモノ」が準文書とされていた。立案担当者によれば、新法においては、準文書の典型とされている図面、写真を例示として掲げ、分かりやすい表現に改めたと説明されている。[27]

ところで、旧法では、準文書は、目印や識別のために作成された物件ないし文字または符号が記載されてはいるが思想を表さず、その外形と存在とによって証拠となるものであり、例えば、下足札、割符、境界標、地図、設計図、商品見本、検査済マーク等が、その例であると解されていた。[28]これによれば、準文書とは思想的意味を表示しないものをいうとの理解がされていたことになる。[29]しかし、現行法においては、録音テープなども例示されている。録音テープに記録された音声が思想的意味を有しており、これを認識して証拠資料にしたいと考える場合についても、文書に準ずる物件として扱われるのであるから、準文書は、従来説明されてきたものに加えて、思想を表現しているが可視的に表示されていないものを含むことになると解される。[30]

---

[27]　法務省民事局参事官室編『一問一答　新民事訴訟法』277頁（商事法務研究会・1996）。

[28]　兼子一『新修民事訴訟法体系』375頁（酒井書店・1965）、三ケ月章『民事訴訟法〔第3版〕』473頁（弘文堂・1992）、新堂幸司『民事訴訟法〔第2版補正版〕』376頁（弘文堂・1990）、菊井維大＝村松俊夫『全訂民事訴訟法II』667頁（日本評論社・1989）など。

[29]　手続裁量論218頁、近藤昌昭「文書に関する二、三の問題について」『伊東乾教授古稀記念　民事訴訟の理論と実践』401頁（慶應通信・1991）。

[30]　手続裁量論218頁。準文書とは思想的意味を表示しないものをいうとの理解に対して、高橋宏志教授は、もともと文書と準文書との外延は不明瞭であり、文書と準文書もいずれも書証の手続により証拠調べをされるのであるから、旧法下においては、厳密に思想的意味の表示の有無で区別されていなかったというべきかもしれないといわれる。この点につき、重点講義(下)218頁。確かに、旧法下において、文書（広義）は、証徴のために作成した物件も含めて、各人が覚知し得る記号により思想を表示する一切のものをいうと定義していた学説（菊井維大『民事訴訟法(下)〔補正

文書に準ずる物件の証拠調べは、書証の手続に準ずることになる。民事訴訟規則においても、書証の申出等、訳文の添付等、書証の写しの提出期間、文書提出命令の申立ての方式等、提示文書の保管、受命裁判官等の証拠調べの調書、文書の提出等の方法、録音テープ等の反訳文書の書証の申出があった場合の取扱い、文書の成立を否認する場合における理由の明示、筆跡等の対照の用に供すべき文書等に係る調書等の定め（民訴規137条ないし146条）は、特別の定めがある場合（写真・録音テープ等についての特則として、同148条、149条）を除き、文書に準ずる物件の証拠調べに準用される旨定めている（同147条）。

3　図面、写真等の証拠調べ

　図面は、旧民事訴訟法下においても、準文書と解されており、書証の手続により証拠調べがされていた。現行法231条では、これを明示的に例示したものである。

　当事者が写真を証拠資料としようと考える場合、①事故現場や家屋の状況等を撮影した写真、②文書を撮影した写真、③文字またはこれに代わる符号を用いていないが思想的意味を表している写真などさまざまなものが想定される。旧法下において、①の写真は、それによって被写体の状態を認識することになるから、証拠調べの性質につき、本来は検証であると解されていた。②の写真は、文書の写しを原本として提出した場合と異ならないから、書証であり、③の写真は、準文書と解されていた。そして、実務上はいずれの場合についても、紙片に類似する形態および手続の簡便さ等から、書証の手続と同じ扱いにより証拠調べがされていた。[31]

　写真は、書かれてあるものではない（文書でない）が、情報を表すために作成された物件であるから、現行法においては、①ないし③のいずれの写真も、その形態・画質を調べる場合を除き（これらは検証である）、準文書として書証の手続により証拠調べがされるべきものとなったのである。写真の証拠調べの申出をするときは、その証拠説明書において、撮影の対象、日時、場所を明ら

　　版）』333頁（弘文堂・1968））もあったから、高橋教授の指摘もその限りで理解できる。もっとも、こだわるわけではないが、旧法下での大方の理解は、準文書は思想的意味を表示しないものであったとみることはできるように思われる。
31) 菊井＝村松・前掲注28) 668頁、コンメ民訴IV527頁。

かにしなければならない（民訴規148条）。なお、写真の証拠評価に際しては、デジタル技術の進展により、撮影日を細工することはもとより、写っている人や物を消したり、実際にはその場に存在しなかった人や物を付加することが可能になっていることにも留意すべきである[32]。

マイクロフィルムは、事務の能率化、書類の保管場所の節約、長期保存等のために書類を撮影したものであるが、そのままでは見読できず、情報を表すために作成された物件であるから準文書に当たる[34]。

4　録音テープ、ビデオテープ等の証拠調べ

(1) 総　説

録音テープ、ビデオテープ等は、記録媒体に作成者の思想が記録されたものである場合には、文書と同様の機能を有する。これらは、情報を表すために作成された物件ではあるが、文書ではない。しかし、これらは法廷において適宜な装置を使用することにより、裁判官が知覚または聴覚をもってその内容を直接認識することができる。そこで、録音テープ、ビデオテープ等は「文書に準ずる物件」として、書証の手続により証拠調べがされることになった（民訴法231条）。具体的には、所要の機器を用いこれを再生して証拠調べを行う。すなわち、文書の閲読に相当するものとして、法廷において録音テープ等を再生する方法により証拠調べがされる。

録音テープの証拠調べの方法についても、学説上、書証説と検証説との争いがあったが[35]、民事訴訟法231条は、書証説を採用することにした点に意義があ

----

32) 医療訴訟においては、患部を撮影したレントゲンフィルム自体が証拠として提出されることが多い。これも、書かれてあるものではない（文書でない）が、情報を表すために作成された物件であるから、準文書である。

33) ネガのあるものでは連続性や前後関係を確認することができるが、電子情報については、プリントアウトした写真だけではなくて、そのもとになったデータ（デジタル情報）を提出させることにより、改ざんの有無を点検しないと、証拠価値を判定しにくいケースもある。この点について、加藤新太郎編『民事事実認定と立証活動Ⅰ』147頁〔加藤発言〕、158頁〔山浦善樹発言〕（判例タイムズ社・2009）参照。

34) マイクロフィルムは、旧法下においても、書証として取り調べられるものと解されていた。手続裁量論231頁注(53)、菊井＝村松・前掲注28) 669頁、宮脇幸彦「マイクロフィルムの民事訴訟における証拠能力と証拠力」商事法務159号6頁（1959）、古谷明一「民事紛争におけるマイクロフィルムの証拠能力」NBL142号12頁（1977）など。なお、マイクロフィルムにつき証拠調べしようとする場合には、写真として作成して書証の手続に乗せることが、実務上相当であろう。

35) 手続裁量論232頁。

る。

（2）証拠調べの方法

　当事者が、録音テープ、ビデオテープ等の証拠調べの申出をするときは、その証拠説明書において、録音、録画の対象、その日時、場所を明らかにしなければならない（民訴規148条）。これらの事項が示されなければ、形式的証拠力が認められないことに留意すべきである。[36]

　デジタル録音であるICレコーダーのデータをCDに、あるいは、デジタルカメラで撮影した画像データをDVDに保存して、これらのCDやDVDを証拠として証拠調べの申出をする場合には、どのように取り扱うことが相当であろうか。この点については、「媒体上の情報そのものを裁判官が法廷において容易に認識できる種類のものか否か」がメルクマールとなると解される。[37]すなわち、媒体上の情報そのものを裁判官が法廷において容易に認識できる種類のものとしては、録音テープ、ビデオテープ、マイクロフィルムなどがあり、そうでないものには、磁気ディスク、光ディスクなどがある。ICレコーダーのデータのCD、デジタルカメラで撮影した画像データのDVDは、相応の機器があれば、録音テープ、ビデオテープと同様の取扱いができるものであるから、録音テープ、ビデオテープと同様に、準文書と解するのが相当である。

　録音テープ等の証拠調べの申出をした当事者は、裁判所または相手方の求めがあるときは、その録音テープ等の内容を説明した書面（反訳書面を含む）を提出しなければならない（同149条1項）。反訳書面は、発言者を特定し、その発言内容を記載した書面であるが、内容説明書が常に反訳書面でなければならないわけではなく、必要に応じて説明の程度、範囲が決められることになる。[38]当該申出をした当事者は、これを相手方に直送し（同条2項）、相手方は、この書面について意見があるときは、意見書を裁判所に提出しなければならない（同条3項）。

　当該申出をした当事者が、反訳書面のみを書証として提出する場合には、相

---

36) 竹下守夫＝青山善充＝伊藤眞編『研究会新民事訴訟法』315頁〔竹下発言〕（有斐閣・1999）。なお、デジタル録音であるICレコーダーの実質的証拠力（証拠価値）の判定においては、技術的に音声の付加・修正または編集が可能であることにも留意する必要がある。この点について、加藤・前掲注33）169頁〔馬橋隆紀発言〕、170頁〔須橋典明発言〕参照。
37) 伊藤民訴402頁、403頁。
38) 宇野・前掲注2）①96頁、重点講義(下)216頁。

手方が録音テープ等の複製物の交付を求めたときは、相手方にこれを交付しなければならない（同144条）。これは、厳密にいえば、録音テープの証拠調べではなく、反訳書面そのものにより本来の書証を実施するものである。この場合における録音テープの複製物の交付義務は、相手方が反訳書面と録音テープ等の内容が一致しているかどうかを確認する手段を確保するための前提となるが[39]、これは、証拠調べにおける手続保障（防御権の保障）と位置づけるべきものであると解される[40]。

　以上のように、録音テープに記録された思想内容を証拠資料とする場合については、①録音テープそのものを証拠として提出し、準文書として書証の手続により証拠調べ（再生、聴取）をする方法、②録音テープの反訳書面を文書として提出し、書証の手続により証拠調べ（閲読）をする方法のいずれもが可能である[41]。

　これに対して、録音テープの形態、性状等を証拠資料とする場合[42]、録音内容となっている状況の雰囲気を明らかにしようとする場合、録音内容となっている騒音の程度を明らかにしたり、音楽や歌唱それ自体を明らかにする場合等[43]については、検証（民訴法232条）の証拠調べがされるべきである。

5　磁気ディスク等の証拠調べ

(1)　総　説

　磁気ディスク・磁気テープ等は、媒体の情報そのものを裁判官が法廷において容易に認識することができないが、この点について、録音テープ、ビデオテ

---

[39] 複製物の聴取により相手方がオリジナルの録音テープと反訳書面の記載内容が異なるという同一性を争う場合には、形式的証拠力の問題ではなく実質的証拠力の問題となる。この点につき、重点講義(下)216頁。

[40] 録音テープに記録された内容の証拠調べの方法としては、旧法下においても、これを再生・聴取して行う方法、反訳書面を提出して閲読して行う方法のいずれもが可能であり、認められるものと解されていた。手続裁量論235頁。

[41] 最高裁判所事務総局民事局監修『条解民事訴訟規則』313頁（司法協会・1997）。なお、再生による証拠調べは、時間がかかることが難点ではあるが、再生・聴取することにより、やりとりの言葉そのものに加えて、語調・雰囲気なども感得できる利点がある。この点について、加藤・前掲注33）171頁〔加藤発言〕参照。

[42] 例えば、録音テープの品質不良による瑕疵担保責任を理由とする損害賠償請求訴訟において、性能の状態を証明するための録音テープの証拠調べは、検証である。手続裁量論212頁注(2)、宇野・前掲注2）①91頁、重点講義(下)218頁。

[43] 手続裁量論232頁。

ープ等のように、準文書として例示されてはいない。立案担当者は、磁気ディスク等は、録音テープ、ビデオテープのように、裁判所において所要の機器を用いて再生することが一般的に容易であるとはいえず、結局は鑑定や検証によることになるのであることから、これを準文書とはしなかったというのが、その理由であるとする[44]。そこで、これらの証拠調べの方法は、なお解釈・運用に委ねられることになる。

（２）　プリントアウトされた文書の証拠調べ

　磁気ディスク等の証拠調べの方法について、学説には、書証説、検証説、新書証説、新検証説などがあることは、前述した。当事者が磁気ディスク等を証拠資料としたいと考えるのは、そこに記録された思想的意味のある内容（情報、データ）を要証事実の証明に用いる必要がある場合であろう[45]。そうすると、文書と同様の機能を利用したいという意図であるから、書証として証拠調べをすることが相当である（新書証説）[46]。

　具体的には、磁気ディスク等に記録された思想内容を証拠資料とする場合には、通常は、プリントアウトされて閲読可能になった文書（これが、原本となる）を書証の手続により取り調べるのが相当であると解する。そのような形で証拠調べの申出をする当事者は、証拠説明書において、プリントアウトされた文書の記載から明らかな場合その他一定の場合を除き、磁気ディスク等に入力した者、入力した日時、プリントアウトをした者、プリントアウトをした日時等の事項を明らかにすべきであろう（民訴規148条の類推）。さらに、裁判所または相手方の求めがあるときは、内容説明書を提出しなければならないと解する（同149条1項の類推）。

　プリントアウトされた書面と磁気ディスク等の内容の同一性に争いがある場合には、磁気ディスク等自体を取り調べなければならない。この場合における証拠調べの方法としては、鑑定または検証によることになるが、これは、証拠

----

44)　法務省民事局参事官室編・前掲注27）277頁。
45)　これに対して、磁気ディスク等の性状等が証拠調べの対象となる場合は、検証である。例えば、磁気ディスク等の所有者から保管業者の不手際により入力情報が消去されたことを請求原因とする損害賠償請求訴訟において、入力情報が消去されたことを証明するための磁気ディスク等の証拠調べが、これである。手続裁量論212頁(2)。
46)　条解民訴1177頁〔加藤新太郎〕、1273頁〔松浦＝加藤〕。現行法は、新書証説に傾きつつ立案されたのであろうとする見解として、重点講義(下)219頁。なお、前掲注12）参照。

価値（実質的証拠力）に関する補助事実の立証を目的とする[47]。

　プリントアウトされた文書が書証として提出された場合において、磁気ディスク等に入力された内容を確認するための鑑定を行うときは、裁判所は、証拠調べを申請した者が当該磁気ディスク等を管理している場合には、その者に対し、情報入力の形態等鑑定に必要な情報（情報の入力方式、プログラムなど）の開示を命ずることができると解される[48]。証拠申請した者が正当な理由なく鑑定に必要な情報を開示しない場合には、裁判所としては、プリントアウトされた文書の証拠価値に関する自由心証の問題として対処することになる[49]。

（3）　準文書としての証拠調べ

　以上のような理解は、磁気ディスク等が法廷において所要の機器を用いて再生され、裁判官がこれを認識することが困難である場合が通常であることを前提としている。今後の技術の進展により、法廷においてコストを要さず簡便に再生され、裁判官が認識することが可能な磁気ディスクおよび簡易な機器が現れることも想定できないわけではない[50]。そうした場合には、磁気ディスクは、情報を表すために作成された物件ではあるが、文書ではない。したがって、準文書（民訴法231条）であると解される。そこで、このような場合に、当事者が磁気ディスクに内蔵するデータを証拠資料としたいと考えるときには、準文書として書証の手続で証拠調べをすることもできる[51]。

　準文書として証拠調べされる場合には、証拠説明書、内容説明書について、民事訴訟規則148条、149条が適用されることは当然であり、磁気ディスク等の複製物の交付も義務づけられよう（民訴規144条）。この場合、内容説明書と磁気ディスク等の内容の同一性に争いがあるときには、鑑定・検証などの証拠調べが必要となることは、プリントアウトされた書面を証拠調べの対象とした場合と同様である。

....

47）　手続裁量論219頁、伊藤民訴403頁。
48）　これに賛成する見解として、コンメ民訴Ⅳ535頁。
49）　宇野・前掲注2）①106頁。
50）　磁気ディスク等の法廷における再生容易性については、個々的に判断されるべきものであるとする見解として、宇野・前掲注2）①107頁注(58)。事柄の性質上、証拠調べ手続自体の効率性およびコストの面から考察されることになろう。
51）　宇野・前掲注2）①105頁、重点講義(下)217頁、コンメ民訴Ⅳ535頁。

第13章 民事事実認定の違法

I はじめに

　本章は、民事訴訟において事実認定が違法と評価される場合の規律を考察する。これは、事実認定過程論および事実認定基盤論にかかわる問題であり、事実認定方法論を規範的観点から裏打ちするものでもある。

　事実認定は事実審裁判所の専権であり、まさしく、自由心証主義（民訴法247条）によって可能な限り実体的真実に迫る適切妥当な事実認定をすることが、事実審裁判所の役割である。そして、自由心証主義にも内在的制約があり、それを具体化した法令・判例があることは、本書第6章で考察したとおりである。しかし、事実審裁判所が、常に自由心証主義の内在的制約に則った事実認定をする保障はない。そこで、これをコントロールする論理が用意されなければならない。これが、事実認定の違法（法令違反、法令解釈に関する重要な事項を含む法令違反）の問題である。

　事実認定の違法には、手続的違法と実体的違法とがある。これを事実認定の違法類型別にみると、①違法な証拠資料（適法な手続によらない証拠資料）を証拠原因とする事実認定、②適法な手続に基づく証拠資料を看過した事実認定、③合理的理由に基づかない（論理法則・経験則に反する）事実認定、④裁量の範囲を逸脱した事実認定などに分けられる。①は手続的な違法であり、②ないし④は実体的判断の違法である。

　事実認定の違法の問題を意識することは、実践的には、裁判官が事実認定の方法を自覚的に再検討する際に有益な手掛かりを与える契機となるものでもある。

　本章の構成は、まず、事実認定の違法がどのように扱われるか、その基本的な規律枠組みと問題の所在（II）をみたうえで、事実認定の違法の内実について、手続的な違法（III）と実体的判断の違法（IV）を考察する。そして、事実

認定の違法を実質的に基礎づける経験則違反が上告理由となる場合（V）、上告受理申立て理由となる場合（VI）について検討し、要旨をまとめる（VII）。

II 事実認定の違法の規律枠組みと問題の所在

　第一審においては、手続的にも内容的にも、違法と評価されることのないような事実認定がされることが要請される。これは、第一審裁判官に求められる行為規範である。

　控訴審においては、原審における事実認定の違法は、それ自体としては取消事由となるものではない。なぜなら、控訴裁判所は、第一審裁判所と同じく事実審裁判所であり、第一審の事実認定が違法であるか否かにかかわらず、控訴審の口頭弁論終結時における訴訟資料・証拠資料に基づき事実認定をし、これに対する法の適用の結果として得られた結論を、原判決の主文の判断と比較し、両者に相違のある場合のみ、これを取り消すべきこととされている（民訴法302条2項）からである。

　これに対して、上告審は法律審であるから、上告裁判所は原判決において適法に確定した事実に拘束され（同321条1項）、これを前提として、原判決について法令違反の有無を審査するのが基本である。現行法では、高裁に対する上告理由は旧法をそのまま引き継いだ（旧民訴法394条、395条）が、最高裁に対する上告理由は、その負担軽減のため改正された。その結果、高裁に対する上告は、憲法違反および重大な手続違反を内容とする絶対的上告理由に加えて、判決に影響を及ぼすことが明らかな法令違反が上告理由となる（民訴法312条1項ないし3項）が、最高裁に対する上告理由は、憲法違反と絶対的上告理由に限られ、法令違反については、上告受理の申立てをして、最高裁が法令の解釈に関する重要な事項を含むものとしてこれを受理しない限り、上告審の審理の対象にならない（同312条1項・2項、318条）。そうすると、事実審において自由心証主義の範囲内でされた事実認定は、本来違法と評価される事態は招かないはずであるが、前述したように、事実審裁判所が自由心証主義の内在的制約を常に遵守する保障はない。

　そこで、自由心証主義に委ねられている事実認定が、どのような場合に法令違反（高裁に対する上告）、法令解釈に関する重要な事項を含む法令違反（最高

裁に対する上告）と評価され、上告審の審査の対象となるかが問題となる。この問題は、当事者からみると、どのような場合に事実認定に対する不服を理由として上告審の救済を求めることができるかという問題であり、上告審たる最高裁・上告審たる高裁からみると、どのような場合に下級審の事実認定に介入し、事実審の事実認定をコントロールすることができるかという問題である。[1]

III 事実認定の違法——手続的な違法

1 総説

裁判官が心証形成の基礎として用いることができる証拠原因は、適法に訴訟にあらわれた資料（証拠調べの結果および弁論の全趣旨）に限られる。[2]したがって、適法に訴訟にあらわれていない証拠資料を証拠原因とする事実認定は、違法と評価されることになる。例えば、①そもそも訴訟にあらわれていない資料に基づく事実認定（証拠資料や弁論の全趣旨によらない事実認定）、②不適法な証拠調べ手続による証拠調べの結果に基づく事実認定（適法に指定されなかった期日でされたまたは違法な手続でされた、不適法な証拠調べの結果に基づく事実認定）、③証拠能力を欠く証拠による事実認定（違法収集証拠に基づく事実認定ほか）などは、これに当たる。

証拠能力については、学説上、①一定の証拠資料を事実認定のために用いることができる適格をいうとする見解[3]と、②証拠調べの対象物を証拠方法として用いることができる適性をいうとする見解[4]とに分かれる。[5]証拠能力の制限とは、②の見解によるものであり、証拠方法それ自体の属性から、証拠方法としての

---

1) 条解民訴1382頁〔竹下守夫〕、コンメV113頁、注釈民訴(4)87頁〔加藤新太郎〕。なお、徳田和幸「最高裁判所に対する上訴制度」竹下守夫編集代表『講座新民事訴訟法III』47頁（弘文堂・1998）、宇野聡「上告理由と上告受理申立ての理由」新堂幸司監修・高橋宏志＝加藤新太郎編『実務民事訴訟講座〔第3期〕⑥上訴・再審・少額訴訟と国際民事訴訟法』91頁（日本評論社・2013）も参照。
2) 条解民訴1383頁〔竹下〕、コンメ民訴V102頁、110頁、注釈民訴(4)88頁〔加藤〕。
3) 三ケ月章『民事訴訟法〔法律学全集〕』380頁（有斐閣・1959）。
4) 兼子一『新修民事訴訟法体系』240頁（酒井書店・1965）、条解民訴1383頁〔竹下〕、伊藤民訴328頁、中野貞一郎＝松浦馨＝鈴木正裕編『新民事訴訟法講義〔第2版補訂2版〕』280頁（春日偉知郎）（有斐閣・2008）。
5) 三ケ月説は、兼子説にいう証拠方法として用いることができる適性を、「証拠適格」と呼び、証拠能力とは概念的に区別する。過度にこだわることなく、兼子説の定義に従ってよいとするのは、重点講義(下)29頁。

利用が制限されることをいう。民事訴訟法は、②の意味における証拠能力については、忌避された鑑定人（民訴法214条1項）を例外として、証拠方法を制限する定めを持たない。しかし、解釈上、証拠方法それ自体の利用が制限されることを肯定するならば、それは、証拠能力の制限ということになる。

以下では、解釈上、証拠能力の制限される可能性のある書証および人証について考察する。

2 違法収集証拠の証拠能力

(1) 学説・裁判例の概観

違法収集証拠の証拠能力の問題については、従来は、証拠が違法に入手された場合でも、証拠能力を肯定する見解[6]が一般的であった。しかし、それでは違法行為を助長しかねないし、民事訴訟の公正さを損なうことにもなるので、現在では、一定の限度で違法収集証拠の証拠能力を否定する見解[7]が多数説となっている。目的は手段を正当化しないから、一定の場合には証拠能力が否定されると解するのが相当である。

違法収集証拠として証拠能力が否定される具体例としては、窃取した文書、無断で撮影した写真、無断でコピーした文書、無断で録音したテープなどが想定される。このうち、無断録音テープやICレコーダーまたはそれを反訳した文書の証拠能力については、近時、機器の小型化・高性能化に伴って証拠収集に利用される機会が多くなり、録音テープ等の証拠能力が訴訟上争われることも、しばしばみられる。

裁判例としては、①第三者が窃取した相手方の文書につき、当事者が自らまたは第三者と共謀のうえで窃取したなどの信義則に反する特段の事情のない限り、証拠能力は否定されないとしたもの（神戸地判昭和59・5・18判時1135号

---

[6] 岩松三郎＝兼子一編『法律実務講座民事訴訟編(4)』154頁（有斐閣・1961）、大判昭和18・7・2民集22巻574頁。なお、刑事訴訟では、違法に差し押さえられた証拠物につき、刑事訴訟法の令状主義の精神を没却するような重大な違法がある場合には、証拠能力は否定される。最判昭和53・9・7刑集32巻6号1672頁。

[7] 新堂民訴595頁、伊藤民訴348頁、中野＝松浦＝鈴木編・前掲注4）354頁〔青山善充〕、間渕清史「民事訴訟における違法収集証拠（2・完）」民商103巻4号630頁（1991）、内堀宏ազ「証拠能力と証拠価値―違法収集証拠の証拠能力」門口正人編集代表『民事証拠法大系(2)』86頁（青林書院・2004）など。また、人事訴訟における同意なくして行われたDNA鑑定の利用の可否という先端の問題状況については、春日偉知郎『民事証拠法論』321頁（商事法務・2009）参照。

140頁)、②妻が夫の住居から無断で持ち出した信書につき、著しく反社会的な手段によって採取されたもの以外は証拠能力があるとしたもの（名古屋地判平成3・8・9判時1408号105頁）など、証拠能力の制限に慎重な構えをみせるものがある一方、③違法に取得された陳述書原稿につき、証拠申出を信義則違反としたもの（東京地判平成10・5・29判タ1004号260頁）もみられる。また、無断録音についても、同様に、④著しく反社会的な手段を用いたとはいえないとして証拠能力を肯定したもの（東京地判昭和46・4・26判時641号81頁、東京高判昭和52・7・15判時867号60頁）と、⑤信義則に反するとして証拠能力を否定したもの（大分地判昭和46・11・8判時656号82頁）とがみられる。

(2) 学説の諸相

違法収集証拠の証拠能力を否定する根拠や範囲については、学説上、議論がある。

第1に、違法性二段階説がある。これは、単なる過失行為により収集された証拠については証拠能力を認めるが、その収集態様が人権侵害に当たる場合には証拠能力は否定され、例外的に、違法性阻却事由が挙証者により証明されたときに限り、証拠能力が認められるとする見解[8]である。

第2に、信義則説がある。これは、社会的に容認されない違法な態様で収集された証拠を利用してある法規の要件を充足させた者が、自己の利益のためにその法規の適用を求めることは信義則に反するから、信義則に反すると判断される場合には、証拠能力を否定されるとする見解[9]である。

第3に、利益考量説もみられる。これは、裁判における真実発見・手続の公正・法秩序の統一性・証拠の違法収集誘発防止等の諸要請を調整するという観点から、当該証拠の重要性・必要性・審判の対象・収集行為の態様および被侵害利益の性質などの要素を総合的に比較考量して、証拠能力の有無を決すべきであるとする見解[10]である。

---

8) 中野＝松浦＝鈴木編・前掲注4）354頁〔青山〕、春日偉知郎『民事証拠法研究』167頁（有斐閣・1991）、森勇「民事訴訟における違法収集証拠の取扱い」判タ507号18頁（1983）、松本博之＝上野泰男『民事訴訟法〔第7版〕』406頁（弘文堂・2012）。
9) 条解民訴1377頁〔竹下〕。
10) 新堂民訴596頁、小林秀之『新証拠法〔第2版〕』123頁（弘文堂・2003）、渡辺武文「証拠に関する当事者行為の規律」新堂幸司編集代表『講座民事訴訟⑤ 証拠』178頁（弘文堂・1983）、注釈民訴(4)73頁〔加藤〕。

第4に、信義則・違法性段階評価折衷説もある。これは、当事者に訴訟追行において課せられる信義誠実義務（信義則）は、当事者に対し訴訟上の権能の濫用禁止を求めるものであることを根拠にして、違法収集証拠の取調べを求めることが信義則に反する場合は権利の濫用になるから、証拠能力を否定されるところ、その判断は、違法性の程度や証拠価値、事案の内容、訴訟の経過等を考慮して判断し、収集態様が刑法等の刑罰法規に触れ、または、公序良俗に反するような違法性の強いものであった場合には、原則として信義則に反するが、違法性を阻却する事実（正当防衛の場合、優越する法益保護の要請がある場合など）が存在する場合には例外として、証拠能力が肯定されるという見解である。[11]

第5に、いわゆる「第三の波説」がある。これは、当事者間で妥当する論争ルールからみて、当該証拠収集行為が許容されるか否かにより、証拠能力の有無を決すべきであるとする見解である。[12]

(3) 検　討

上記の各学説は規範適用の結果においては、顕著な違いを生じることはないと思われる。もっとも、第三の波説の「当事者間で妥当する論争ルール」というのはその内容が分かりにくいが、つまるところ、信義則によって規律されることになろう。

また、裁判例も、個別ケースの当てはめのレベルで結論を異にすることがあるが、違法収集証拠は証拠能力を否定される場合があるという規範は、共有しているものとみてよいであろう。問題は、その判断枠組みであるが、実務的には、柔軟な対応が可能となる利益考量説が相当であろう。信義則・違法性段階評価折衷説は、違法性評価についての規範的意味づけを試みるものであり、その具体的な判断手法は利益考量説と共通するところがある。

いずれにしても、違法収集証拠は、証拠能力が制限されることがあり、その場合に、これを事実認定に用いると、その限りで違法と評価されることになる。[13]

---

11) 内堀・前掲注7) 94頁、コンメ民訴Ⅳ23頁。
12) 井上治典「手続保障の第三の波」『民事手続論』53頁（有斐閣・1993）。
13) 関連する裁判例に、東京地判平成12・11・29判タ1086号162頁がある。これは、弁論準備手続期日における相手方当事者の発言内容について訴訟代理人が報告書と題する文書を作成して書証として提出した場合につき、必要であれば弁論準備手続調書に記載を求めるべき事柄であるのにもかかわらず、自由闊達な議論が保障されるべき弁論準備手続期日のやりとりの限定された一コマにすぎない当事者の発言を意味あるもののごとく取り上げ、後日、正確性の担保されない私製の報

3　人証の代わりに作成された文書の証拠能力

　人証の代わりに作成された文書の証拠能力について、証拠能力の問題が議論されている。

　学説は、証拠能力否定説と肯定説とに分かれる。

　証拠能力否定説は、人証の代わりに作成された書証の提出を許すことは、相手方の反対尋問権（民訴法202条1項、210条、民訴規113条、127条）を奪うことになり、実質的に尋問に代わる書面の提出（民訴法205条）となるから、相手方の同意がある場合を除き、証拠能力を否定すべきであるとする[14]。この見解によれば、相手方の同意がない、人証の代わりに作成された書証は、証拠能力が制限され、その限りで、自由心証主義の例外ということになる。

　これに対して、証拠能力肯定説は、人証の代わりに作成された書証については、違法収集証拠の証拠能力を制限しなければならない理由と比較すれば、証拠適格を排除される理由は乏しいと考える。すなわち、相手方当事者の反対尋問によるテストの機会を欠くことは手続保障のうえで問題がないとはいえないにしても、裁判官がこのことを証拠価値の判断において考慮することは可能であるし、また、手間と時間のかかる人証を書証で代替することは、効率性の観点から利点があるからである。証拠能力肯定説は、このように考え、人証の代わりに作成された書証について、相手方当事者の同意を証拠能力付与の要件にする必要はないと解するのである[15]。

　実務上、人証の代わりに作成された書証が利用されるのは、例えば、高齢であったり障害があって出廷できないなど相応の必要がある場合、それほど重要性が高くない争点に関する場合が少なくない。また、陳述書が広範に利用されてきている現状の実務を考えると、そのバランスからも、人証の代わりに作成された書証につき、相手方当事者の同意を証拠能力付与の要件にするのは相当とはいえないであろう。証拠能力肯定説が相当である。

　　告書に仕立て上げ書証として提出することは、弁論準備手続の目的に反し信義則に悖るものであると述べ、証拠としての適格性を欠くと判示した事例である。これは、違法収集証拠とまではいえないが、信義則の観点から証拠能力を制限されたケースと解すべきであろう。

14) 伊藤民訴399頁、条解民訴1374頁〔竹下〕、齋藤秀夫ほか編『注解民事訴訟法(4)〔第2版〕』355頁〔小室直人＝渡部吉隆＝齋藤〕（第一法規・1991）。

15) 新堂民訴595頁、注釈民訴(4)74頁〔加藤〕、兼子一『判例民事訴訟法』224頁（弘文堂・1950）。なお、齋藤ほか編・前掲注14) 365頁〔小室＝渡部＝齋藤〕では、証拠能力肯定説をとる。

4 訴訟提起後に作成された文書の証拠能力の問題

訴訟提起後に作成された文書についても証拠能力の問題がある。

判例は、訴訟提起後に係争事実について第三者が作成した文書（大判昭和14・11・21民集18巻1545頁）および訴訟提起後に係争事実について当事者が作成した文書（内容証明郵便）（最判昭和24・2・1民集3巻2号21頁）にも、証拠能力を認めている。民事訴訟法は証拠方法を制限する定めをもたないから、証拠能力に関しては、判例を支持してよいであろう。もっとも、実務上は、そうした文書は、他の証拠との関連において、慎重に証拠評価をすることが相当であろう。[16][17]

5 陳述書の証拠能力

陳述書は、当事者本人または証人となる第三者の見聞した事実に関する供述が記載された文書であり、その性質は、報告文書である。[18]そもそも、民事訴訟法は証拠方法を制限する定めをもたず、伝聞禁止法則もないから、原則として、陳述書の証拠能力は肯定される。[19]

問題は、人証採用に至らない陳述書について、相手方当事者の同意がなければ証拠能力を欠くとすべきか否かである。この点については、人証採用に至らない場合であっても、民事訴訟法には伝聞禁止法則はなく、裁判官が反対尋問権を欠いたものであることを当該陳述書の証拠価値の判断において配慮することにより対応が可能であるから、原則として、陳述書の証拠能力を排除するまでのことはないであろう。[20]人証の代わりに作成された文書と同様に解すれば足りる。

6 私的鑑定報告書の証拠能力

私的鑑定報告書は、当事者の一方が学識経験ある第三者に依頼して、経験則についての専門的知識あるいは経験則を用いて得た事実判断の内容を裁判所に

---

16) 三ケ月章『判例民事訴訟法』282頁（弘文堂・1974）。
17) コンメ民訴Ｖ98頁。
18) 陳述書の問題状況全般については、本書第4章補論参照。ここでは、証拠能力の問題に限って言及する。
19) 条解民訴1181頁〔加藤新太郎〕。
20) コンメ民訴Ｖ97頁。

報告する文書である[21]。例えば、医療訴訟における医学的知見と当該事例の機序についての見解、賃料増額請求訴訟における不動産鑑定士による相当賃料額についての見解、筆跡鑑定などが、これである。

私的鑑定報告書は、実務上、書証として提出されるが、そのような扱いに疑義を呈する見解もみられる。すなわち、私的鑑定報告書は、提出当事者の弁論における陳述の一部とみるべきであり、当然には証拠方法とはならないが、当事者の合意があって初めて、裁判上の鑑定人の鑑定意見と同様に扱うことが許されるとの見解が[22]、これである。

確かに、私的鑑定報告書は、これを依頼した者に有利な内容となっている証拠であり、客観性・中立性の観点から、作成者の見解に一律に証拠価値を認めることには問題がないわけではない。しかし、作成者の属性や書面の内容からみて、証拠価値が高いと認められる場合もある。そこで、そのような場合において、裁判所に対する鑑定申請がなく他に適切な証拠がないとき、相手方当事者の争い方が熾烈ではないときなどに、補助的に証拠価値を認めることは考えられる。このような運用は、証拠調べの効率性の観点からは、むしろプラスになるということができる。相手方当事者が私的鑑定報告書の内容を争う場合でも、通常はその作成の真正を争うことになるから、それを作成した専門家が証人尋問され、その中で当該報告書の成立の真正だけでなく、その専門家の適格性・中立性のほか、記載内容についても、反対尋問によりテストされるという手続を経るのが通常である[23]。

このように、私的鑑定報告書は証拠方法（書証）として一定の意味はあり、また、証拠評価を適切に施せばマイナスはカバーすることができる。また、そもそも、民事訴訟法は証拠方法を制限する定めをもたないのであるから、原則として、書証としての証拠能力を否定するまでのことはないと解してよいであろう[24]。

---

21) 前田順司「鑑定―専門訴訟の審理と鑑定」門口正人編集代表『民事証拠法大系(5)』45頁（青林書院・2005）、高橋宏志ほか「座談会現代型訴訟と鑑定―私鑑定を含めて」NBL782号10頁（2004）。
22) 野田宏「鑑定をめぐる実務上の二、三の問題」中野貞一郎編『科学裁判と鑑定』9頁（日本評論社・1988）、中野貞一郎「科学鑑定の評価」中野・前掲書53頁（中野旧説）。
23) 医療訴訟において、医師の私的鑑定報告書につき、相手方当事者の反対尋問に晒されていないことを、その証拠価値の消極的評価の理由に挙げるものとして、最判平成18・1・27判時1927号57頁。
24) 手続裁量論257頁、注釈民訴(4)75頁〔加藤〕、谷口安平＝福永有利編『注釈民事訴訟法(6)』420頁

7　反対尋問を経ない供述・証言の証拠能力

反対尋問を経ない供述・証言についても証拠能力の問題がある。

判例は、反対尋問を経ない証言（伝聞証言）の証拠能力に関して、交互尋問制とは別個の立法政策の問題であり、裁判官の自由心証に委ねられているとして証拠能力を肯定し（最判昭和27・12・5民集6巻11号1117頁）、主尋問終了後に立会医師の勧告（やむを得ない事由）により臨床尋問が打ち切られ、反対尋問の機会が与えられなかった当事者本人尋問の結果についても証拠能力を肯定している（最判昭和32・2・8民集11巻2号258頁）。しかし、反対尋問権の保障は、手続保障のうちで最も重要なものの一つであるから、反対尋問権が放棄された場合は別として、反対尋問を経ないことにつきやむを得ない事由がない場合には、供述・証言の証拠能力を否定すべきであろう。

反対尋問が実施不能になった原因が、相手方当事者（主尋問者）や証人による意図的妨害による場合（例えば、明らかに尋問時間の不当な引き延ばしなど）に、主尋問の結果を証拠資料としての採用を認めることは、当事者の対等・公正な裁判という観点から妥当性を欠くとする見解がみられる。これは、主尋問で尋問予定時間をすべて費やしてしまうような事態を想定しているものと思われるが、そうした場合には、反対尋問を経ないまま尋問を終了することはせず、反対尋問のために期日を続行するという訴訟指揮がされることになるであろうから、実際にこのような事態が生じることはないであろう。

IV　事実認定の違法——実体的判断の違法

1　総　　説

実体に関する自由心証主義の内在的制約として、①適法に訴訟にあらわれた資料（証拠調べの結果および弁論の全趣旨）は、事実認定に当たり顧慮しなけれ

〔太田勝造〕（有斐閣・1995）、高橋ほか・前掲注21）7頁、伊藤民訴398頁。書証としての提出を認めながら、私的鑑定報告書の難点を証拠評価に反映させるべきであるとするのは、中野貞一郎『民事手続の現在問題』176頁（中野新説）（判例タイムズ社・1989）。

25) 小谷勝重裁判官の反対意見があり、反対尋問を経ない供述は、反対尋問権が放棄された場合でない限り、供述としては未完成のもので、裁判資料とすることはできない（証拠能力なし）という。

26) 注釈民訴(4)76頁〔加藤〕、加藤新太郎編著『民事尋問技術〔第3版〕』14頁〔加藤〕（ぎょうせい・2011）、小林・前掲注10）46頁、条解民訴1374頁〔竹下〕。

27) 石川明「証拠に関する当事者権」新堂編集代表・前掲注10）24頁。

ばならないというテーゼ、②裁判官は、論理法則・経験則に従わなければならないというテーゼがある。また、③損害賠償請求における損害額の算定について被害者の過失を斟酌するか否かは、裁判所の裁量に属するが、この裁量は、一定の範囲を逸脱すると違法になると解されている。

そうすると、実体に関する自由心証主義の内在的制約を逸脱した事実認定は、実体的判断それ自体が違法と評価されることになる。

2 適法に訴訟にあらわれた資料を顧慮しない事実認定

適法に訴訟にあらわれた資料（証拠調べの結果および弁論の全趣旨）は、事実認定に当たり顧慮しなければならない。したがって、適法な証拠資料を看過した事実認定は、違法と評価される。例えば、構成員の過半数が共通する2つの裁判所（部）に同一取引に関する民事・刑事の両事件が同時に係属した場合において、先にされた刑事判決の理由のなかで一定の事実（契約の内容）を認定したことは、他の裁判所にとって顕著であるから、民事訴訟において当事者がこれと異なる事実についての自白を取り消し、刑事判決の認定に沿う事実が真実に合致すると主張するときは、その真実性を判断するに当たり、顕著な事実をも資料としなければならないとした判例（最判昭和31・7・20民集10巻8号947頁）は、これに当たる。もっとも、この判例は、民事訴訟の事実認定が刑事判決の認定に拘束されるという趣旨のものではない。判示の事実関係のもとで撤回された自白の反真実性の判断という限られた場面において、その判断に当たり刑事事件の事実認定も考慮すべきであるという、実体形成（心証形成）における当然の規範（内在的制約）を明らかにしたものと理解すべきである。[28]

適法な証拠資料を看過した事実認定の例として、かつては、判決書の事実摘示欄に実施した証拠調べや間接事実を含めた当事者の主張の記載を欠く場合を挙げる見解[29]がみられた。しかし、判決書において結論に至る論理的な過程が明らかにされていれば、関連証拠および主張事実の記載の程度は概括的なもので足りると解されるから、上記のようなケースにつき、違法とする評価は相当とはいえない。

---

28) 注釈民訴(4)50頁〔加藤〕。
29) 兼子一＝松浦馨＝新堂幸司＝竹下守夫『条解民事訴訟法』523頁（弘文堂・1986）。ただし、条解民訴1383頁〔竹下〕では、この記述は削除されている。

3　論理法則・経験則に反する事実認定

裁判官は、論理法則・経験則に従わなければならない。したがって、論理法則・経験則に反する事実認定、合理的理由に基づかない事実認定は、違法と評価される。

経験則違反ないし採証法則違反があるとした最高裁判決の例は、少なくない。[30]

4　裁量の範囲を逸脱した事実認定

（Ｉ）　過失相殺・素因減額

損害賠償請求における損害額の算定について被害者の過失を斟酌するか否かは、裁判所の裁量に属する（最判昭和34・11・26民集13巻12号1562頁）。この判例は、自由裁量というが、この裁量は、規範的な評価を前提とした裁量と解するのが相当であろう。[31] 自由裁量であっても、一定の合理的範囲を逸脱すると違法になるが、規範的評価を前提としたものとすれば、より合理性があることが要請されることになる。

裁判例にも、①交通事故訴訟において、信号機がなく交通整理が行われていない交差点での先入車両である自転車と自動車との過失割合を4対6としたのは、先入車両優先の原則を考慮すると、自動車の過失割合が著しく低く、裁量の範囲を逸脱して違法であるとした事例（最判昭和50・10・9裁判集民116号279頁）、②糖尿病患者が民間療法である断食の道場に入院した結果死亡した事故につき、断食療法士と患者との過失割合を3対7としたのは、断食療法士の過失割合が著しく低く、裁量の範囲を逸脱して違法であるとした事例（最判平成2・3・6判時1354号96頁）など、裁量の範囲を逸脱した事実認定を違法としたものがみられる。

さらに、被害者の素因と加害行為とが競合して損害が発生した場合には、民法722条2項の過失相殺の規定を類推適用し、被害者の素因を斟酌して損害額を減額することができる（最判平成4・6・25民集46巻4号400頁）。これを前提として、③交通事故の被害者に、平均的な体格ないし通常の体質と異なる身体的特徴があり（首が長く、これに伴う頸椎不安定症がある）、これが、交通事故と

---

30) 本書第7章Ⅲ3に掲記の各判例参照。
31) 注釈民訴(4)90頁〔加藤〕は、判例と同じくこの裁量を自由裁量としていたが、本文のとおり、規範的な評価を前提とした裁量と改める。

競合して被害者の頸椎捻挫等の傷害を発生させ、または損害の発生に寄与したとしても、この身体的特徴が疾患に当たらないときは、日常生活で通常人に比べてより慎重な行動をとることが求められるような特段の事情がない限り、このことを損害額を定めるに当たり斟酌することはできないとして、4割の素因減額をした原判決を破棄した事例（最判平成8・10・29民集50巻9号2474頁）がある[32]。これも、裁量の範囲を逸脱した事実認定を違法としたものと解することができる。

（2） 損害賠償請求における損害額の算定

損害賠償請求における損害額の算定について、これを事実認定とみるか、法的評価（裁量評価）とみるかによって、不服の性質が異なる。

損害額の算定も事実認定とみる立場からすれば、当然のことながら、損害額の算定に関する不服は事実認定の不服となる。したがって、自由心証主義が適用される場面にほかならず、経験則や論理則に従うべき内在的制約があるから、損害額の算定の基礎となる事実が明らかにされていなければ、合理的理由に基づかない事実認定として違法と評価されることになる[33]。

これに対して、損害額の算定は法的評価（裁量評価）とみる立場からすれば、損害額の認定に関する不服は、基本的に自由心証主義の問題ではないということになる。しかし、この立場においても、実体法により規律される目的に適合すべき裁量が一定の範囲を逸脱すると違法になると解されるが、その場合には、実体法に違反する違法（法令違反）と捉えることになろう[34]。

V　経験則違反と上告理由

1　問題の所在

事実認定において経験則の認定や適用を誤った場合には、このことが上告理由になり得ると解するのが、通説・判例である。

ここでの論点は、第1に、経験則違反が上告理由となる論拠は何かという問

---

32) 素因減額に関する問題状況については、加藤新太郎「因果関係の割合的認定」塩崎勤編『交通損害賠償の諸問題』150頁（判例タイムズ社・1999）、手続裁量論208頁参照。
33) コンメ民訴V118頁。
34) コンメ民訴V118頁。

題、第2に、上告理由となるのはどのような経験則違反かという問題に分けられる。前述のとおり、現行法下においては、最高裁に対する上告は制限されているから、以下の議論は、高裁に対する上告について妥当する。

2 経験則違反が上告理由となる論拠
(1) 学説の諸相

経験則違反が上告理由となる論拠をどこに求めるべきであろうか。

学説をみると、従前、「経験則違反が上告理由となる論拠は何か」という論点についての多数説は、経験則は事実認定において大前提として機能するうえ客観性・普遍性を有しており、法令と同視することができるから、経験則違反は法令違反として上告理由になるとする見解であった。[35]

しかし、現在では、経験則に従うことは自由心証主義の内在的制約であるから、経験則違反は経験則に従って心証を形成すべきことを命ずる自由心証主義（民訴法247条）に違反するものであり、それが法令違反（同312条3項）として上告理由になるとする見解が多数説となっている。[36][37]

さらに、有力説として、経験則が、(i)認定された事実を法規の構成要件に当てはめるに際し、事実を評価しまたは構成要件を解釈するために用いられる場合には、その経験則違反は法令（実体法）の解釈・適用の誤りとして上告理由（同312条3項）または上告受理事由（同318条1項）となるが、(ii)推論による事実認定の基礎として用いられる場合、(iii)証拠価値の評価に用いられる場合には、その経験則違反は本条に違反するものとして、上告理由または

---

[35] 岩松三郎「経験則論」『民事裁判の研究』162頁（弘文堂・1961）、三ケ月・前掲注3）385頁、菊井維大＝村松俊夫『全訂民事訴訟法Ⅰ〔補訂版〕』1168頁（日本評論社・1993）。
[36] 岩松＝兼子編・前掲注6）98頁、中野貞一郎『過失の推認〔増補版〕』53頁（弘文堂・1987）、本間義信「訴訟における経験則の機能」新堂編集代表・前掲注10）85頁、鈴木正裕＝鈴木重勝編『注釈民事訴訟法(8)』236頁〔松本博之〕（有斐閣・1998）、齋藤秀夫ほか編『注解民事訴訟法(9)〔第2版〕』435頁〔齋藤＝奈良次郎〕（第一法規・1996）、新堂民訴599頁、伊藤民訴700頁、松本＝上野・前掲注8）803頁、中野＝松浦＝鈴木編・前掲注4）364頁〔青山〕。
[37] 松本博之教授は、裁判所は証拠および徴表（間接事実）の評価に当たり、あらゆる解決可能性を考慮して、評価・衡量を尽くすべき（窮尽原則）であり、窮尽原則に反する場合には、実定法上、自由心証主義（民訴法247条）という法令違反を構成し、また、社会生活上ないし自然科学の法則上不可能な認定をすることも、自由心証主義の内在的制約に反し、民事訴訟法247条という法令に対する違反になると説明する。この点につき、同「事実認定における『経験則違背の上告可能性』」『小室直人＝小山昇先生還暦記念 裁判と上訴(中)』224頁（有斐閣・1980）。高橋宏志教授は、この説明が妥当であろうとされる。重点講義(下)682頁。

上告受理事由となるとする見解もみられる。

(2) 検　討

　有力説は、経験則違反にも、実体法の解釈・適用の誤りとなるものと、手続法原則である自由心証主義に反するものとがあるという分析を前提としているが、これは、基本的に相当である。すなわち、現在の多数説と有力説との異同は、経験則が債務の内容の解釈に用いられる場合、例えば、診療契約における医師の説明義務の内容の解釈に経験則が用いられる場合において、経験則違反があったときに、経験則違反の結果実体法の法律問題である医師の説明義務の解釈を誤った法令違反とみるか、経験則違反それ自体を自由心証主義に違反した法令違反とみるかという点にある。この点については、事柄の性質上、前者のようにみる方が相当と解されるから、有力説に賛成したい。

3　上告理由となる経験則違反

　それでは、上告理由となるのはどのような経験則違反か。学説分布をみてみよう。

　第1に、経験則違反であれば上告理由となるとする見解がある。しかし、経験則違反であればすべて上告理由になるとするのは、事実審と法律審とが適正な役割分担をして司法機能を十分発揮させるという政策的観点からは疑問がある。

　第2に、自然科学者しか分からないような特殊専門的経験則については、上告審の裁判官も素人であり、事実審裁判官と甲乙つけ難いから、これを除いた常識的経験則違反（常識に反し、論理のつじつまの合わない事実認定）が上告理由となるとする見解もみられる。これは、常識的経験則か専門的経験則かの区別が困難であることに加え、法律審に専門的経験則のコントロールを全くさせない結果になる点に問題がある。

　第3に、常識的経験則か専門的経験則かを問わず、高度の蓋然性をもって一

---

38) 条解民訴1386頁〔竹下〕。
39) 加藤新太郎「上告理由・上告受理申立て理由としての経験則違反」判タ1361号46頁（2012）。
40) 岩松・前掲注35) 162頁、三ケ月・前掲注3) 385頁、菊井＝村松・前掲注35) 1168頁。なお、重点講義(下)695頁は、実際には、高度の蓋然性をもった経験則しか上告審の審理対象になりにくいであろうが、理論としては、そのように限定する必要はないのではなかろうかとする。
41) 兼子・前掲注4) 345頁、新堂民訴525頁、599頁。

定の結果を推論させるような経験則を無視または誤用する場合には、経験則違反として上告理由となるとする見解もある。[42]

　第4に、上告理由となる経験則違反は、一応の推定のように判例上類型化されている場合の違反か、判決理由が客観的に矛盾する場合に限定すべきであるとする見解がある。[43]この説は、第3説をさらに具体化することにより上告理由になる場合を限定する点に意義がある。

　第5に、常識的経験則か専門的経験則かを問わず、また、高度の蓋然性の有無も問わず、経験則を用いた推論による事実認定・証拠力の評価が著しく不合理であるが、判決書にそのような事実認定・証拠力の評価が適切であることを示す合理的説明がされていない場合には、その経験則の選択が、許容される裁量の範囲を逸脱して、民事訴訟法247条に反するとして上告理由となるとする見解もみられる。[44]この説は、第1説を前提としつつ、実質的に上告理由になる場合を限定する点に意義があるが、結論的には、第3説にいう「高度の蓋然性をもって一定の結果を推論させるような経験則を無視または誤用する場合」と近似するように思われる。

　このようにみてくると、経験則違反が上告理由となる場合としては、第3説にいう、「高度の蓋然性をもって一定の結果を推論させる経験則を無視または誤用すること」に加えて、「高度の蓋然性をもって一定の結果を推論させる経験則であるが、例外もあるのにこれを無視または誤用すること」とするのが、相当と解される。そして、その判定においては、第5説が説くように、判決書の説示における当該部分の合理性に着目することが相当であろう。[45]

---

42) 中野・前掲注36) 55頁、岩松＝兼子編・前掲注6) 98頁、53頁、松本・前掲注37) 269頁、本間・前掲注36) 85頁、鈴木（正）＝鈴木（重）編・前掲注36) 236頁〔松本〕、齋藤ほか編・前掲注36) 435頁〔齋藤＝奈良〕、伊藤民訴699頁、松本＝上野・前掲注8) 804頁、中野＝松浦＝鈴木（正）編・前掲注4) 364頁〔青山〕。
43) 小林・前掲注10) 58頁。
44) 条解民訴1387頁〔竹下〕。
45) 加藤・前掲注39) 47頁。

VI　経験則違反と上告受理申立て理由

1　問題の所在

　前述のとおり、現行法下においては、高裁に対する上告について、上記Vの議論がそのまま妥当する。これに対して、最高裁に対する上告については、判例に影響を及ぼすことが明らかな法令の違反は上告理由にはならず（民訴法312条3項）、判例に反する判断のある事件およびその他の法令の解釈に関する重要な事項を含むと認められる事件について、上告受理がされることがある（同318条）にとどまるものとされたから、どのような経験則違背が上告受理申立て理由になるかという問題として、議論されることになる。[46]

2　学説の諸相と検討

（1）　学説の諸相

　どのような経験則違背が上告受理申立て理由になるかという論点に関する学説としては、次のようなものがある。

　第1に、適用範囲が広く、かつ、高度の蓋然性をもって一定の事実を推論させるような経験則についての判例の統一も最高裁判例の役割であるから、そのような経験則違反は上告受理申立て理由となるとする見解である。[47]

　第2に、通常人の常識に属する経験則の適用を誤った場合、または採用すべき専門的経験則の採用を怠った場合に限って、上告受理申立て理由となるとする見解である。[48]

　第3に、その経験則が当該事案における原判決に影響を及ぼすか否かを判断基準とするのが相当とする見解である。[49]

　第4に、上告受理の趣旨から、無限定の経験則違反を申立て理由とするのは不都合であるとして、第1説または第2説が相当であり、具体的な適用場面で

---

46)　藤原弘道「事実誤認と上告」『民事裁判と証明』37頁（有信堂高文社・2001）、加藤・前掲注39）「判批」47頁。
47)　中野=松浦=鈴木編・前掲注4）624頁〔上野泰男〕、松本=上野・前掲注8）809頁。
48)　伊藤民訴701頁。
49)　梅本吉彦『民事訴訟法〔第4版〕』1062頁（信山社・2009）。

は、両説に差異はないであろうとする見解である。[50]

(2) 検　　討

　上告受理申立ては、「判例と相反する判断のある事件その他の法令の解釈に関する重要な事項を含むと認められる事件」であることが必要であり、経験則違反が上告受理申立て理由になるときにも、この要件は不可欠である。また、第3説のいうとおり、当該事案において「原判決に影響を及ぼす」ことも与件であり、そのうえで、上告受理申立て理由としてどのような経験則違反を想定するかが、ここでの問題である。

　そのように考えると、基本的には、第4説が相当である。そして、「法令の解釈に関する重要な事項を含む」かどうかを判定する場合における規範的な基準としては、「高度の蓋然性をもって一定の結果を推論させる経験則を無視または誤用する」、または「高度の蓋然性をもって一定の結果を推論させる経験則であるが、例外もあるのにこれを無視または誤用する」という意味での経験則違反であって、上告受理制度の趣旨から、実務上の影響が大きいという意味合いで重要性の認められるものに限定することが、相当であると解される。[51]

　最高裁は、現行法下において、経験則の認定や適用の誤りは法令違反であり、「法令の解釈に関する重要な事項」に該当する場合があるとの判断を示している。[52]

VII　むすび

　本章では、民事訴訟における事実認定が違法と評価される場合の規律について考察してきた。その要旨を、以下の七点にまとめておくことにしよう。

　第1に、適法に訴訟にあらわれていない証拠資料を証拠原因とする事実認定は違法である。例えば、①そもそも訴訟にあらわれていない資料に基づく事実認定、②不適法な証拠調べ手続による証拠調べの結果に基づく事実認定、③証

---

50) 条解民訴1637頁〔加藤〕。
51) 加藤・前掲注39)「判批」47頁。
52) 上告が受理され、経験則違反と判断された近時の判例としては、最判平成16・2・26判時1853号90頁、最判平成17・1・17民集59巻1号28頁、最判平成18・1・27判時1927号57頁、最判平成18・11・14判時1956号77頁、最判平成22・7・16判時2094号58頁などがみられる。本書第7章III 3(2)参照。

拠能力を欠く証拠による事実認定などは違法である。

　第2に、違法収集証拠の証拠能力の有無は、裁判における真実発見・手続の公正・法秩序の統一性・証拠の違法収集誘発防止等の諸要請を調整するという観点から、当該証拠の重要性・必要性・審判の対象・収集行為の態様および被侵害利益の性質などの要素を総合的に利益考量して行うという判断枠組みが相当である。

　第3に、人証の代わりに作成された文書、訴訟提起後に作成された文書、陳述書、私的鑑定報告書は、原則として、いずれも書証としての証拠能力を否定するまでのことはない。

　第4に、反対尋問を経ない供述・証言は、反対尋問を経ないことにつきやむを得ない事由がない場合には、証拠能力が否定される。

　第5に、実体に関する自由心証主義の内在的制約として、裁判官は、①適法に訴訟にあらわれた資料（証拠調べの結果および弁論の全趣旨）は、事実認定に当たり顧慮しなければならず、②論理法則・経験則に従わなければならない。実体に関する自由心証主義の内在的制約を逸脱した事実認定は、実体的判断それ自体が違法と評価されることになる。

　第6に、常識的経験則か専門的経験則かを問わず、「高度の蓋然性をもって一定の結果を推論させる経験則を無視または誤用する」場合、「高度の蓋然性をもって一定の結果を推論させる経験則であるが、例外もあるのにこれを無視または誤用する」場合には、民事訴訟法247条違反として（上告審たる高裁に対する）上告理由となる。

　第7に、上告受理申立て理由の「法令の解釈に関する重要な事項を含む」ことの判定基準としては、「高度の蓋然性をもって一定の結果を推論させる経験則を無視または誤用する」、または「高度の蓋然性をもって一定の結果を推論させる経験則であるが、例外もあるのにこれを無視または誤用する」という経験則違反であって、実務上の影響が大きいという意味合いで重要性の認められるものに限定することが相当である。

　裁判官が事実認定の違法の問題を自覚的に反芻することは、実践としての事実認定の方法を再検討し、事実認定の技能を向上させるために必要不可欠な営為である。

Ⅶ　むすび

事項索引

あ
ICレコーダー　325
争い方の類型　2

い
慰謝料　267
一応の推定　190
一審認定辻褄合わせケース　229
五つのテスト　122
　——の相対性　151
違法収集証拠　332
違法性二段階説　333
意味の確定　241
妹らによる連帯保証ケース　223
因果関係の証明　42, 270
印章の共有・共用ケース　98
印章預託ケース　100

う
嘘つきの争い　4

え
営業委託契約　225
疫学的証明　60
演繹的推論　29

お
思い込みの争い　4

か
回顧型損害額算定　268
解釈上の証拠法則　157
解釈の基準　242
蓋然性説　46
解明度　66
解明度論の評価　67
確信テーゼ　35, 36
　——の見直し　45
確信＝判断基準説　50, 51
確信＝レトリック説　51
確率的心証論　48
確率論的事実認定論　11

か（続き）
過失相殺　340
株式の譲渡担保権の実行　236
株式無断買付事件　197
間接事実　20
　——からの主要事実の推認　169
間接推認型　21, 28
間接推認の反証型　28
鑑定結果の証拠評価　184

き
期限　253
期日外における説明　306
擬制自白　174
寄託契約　245
帰納的推論　29
規範の争い　3
「義務者に有利に」　243
キャリアウーマン不倫事件　233
供述者の信用性・信頼性　122
供述内容の信用性・信頼性　123
供述の変遷　140
共同訴訟　175
共同訴訟人間の証拠共通の原則　162
近代的裁判官制度　155
金融商品取引における説明　132

く
クリーンハンド　147

け
経験則　31, 149, 186, 216, 259
　——と信用性の判断　194
　——と推認　191
　——の機能　187
　——の証明　212
　——の体系化　210
経験則違反と上告受理申立て理由　345
経験則違反と上告理由　341
刑事訴訟における証明度　43
京阪電車置石列車脱線転覆事件　135
契約型紛争　124, 193
契約の解釈　3, 239
　——に関する表示主義　241

348

契約の成否　244
　　──に関する表示主義　241
契約の当事者　247
契約の法的性質　248
厳格な証明　212
検証説　315
原則的証明度　55,57

こ

合議体による審判　169
高裁に対する上告理由　330
構造論的事実認定論　8
合同行為　244
高度の蓋然性　50,55,346
公文書の証明力　183
合理性テスト　123,174
合理説　26
合理的算定説　281
合理的な疑いをこえる程度の確信　44
婚姻中の暴力　148,196
コンピュータ用磁気テープ　317

さ

最高裁に対する上告理由　330
採証法則違反　204,205,340
裁判心理学的事実認定論　11
裁量評価説　276
差額説　266
作成者確定説　86,88
詐盲保険金請求ケース　221
三段論法　28
三段論法的推論　29
残念な陳述書　115

し

磁気ディスク等の証拠調べ　312,314,319,326
事件のスジ　19
事実上の推定　188,189
事実認定
　　──の意義　1
　　──の違法　329
　　──の基本型　27
　　──のベイズ論的構成　29
　　──の理由　167
　　──を歪める要因　220
事実認定過程論　14
事実認定基盤論　14

事実認定対象論　14
事実認定方法論　14
事実認定本質論　14
事実の争い　4
事実の評価の相対性　22
事情　21
自然性テスト　174
思想的意味　83
私知　215
実体の判断の違法　338
実体法説　53
私的鑑定報告書　336
自白契約　171
写真　323
　　──の証拠評価　324
自由心証主義　30,154,329
　　──の意義　154
　　──の制度的基盤　158
　　──の内在的制約　165
修正的解釈　242
自由な証明　212
主要事実　20
準備の指示　306
準文書　322
　　──としての証拠調べ　328
消極的財産損害　269
条件　253
　　──の解釈　250
証言の誠実性　134
証拠後出し　128
証拠共通の原則　160
上告受理申立て　346
上告理由となる経験則違反　343
証拠契約　171
証拠原因　165
証拠調べにおける説明　297
証拠調べに対する態度　177
証拠調べの結果　182
証拠制限契約　172
証拠
　　──の一部の採用　184
　　──の取捨の理由　167
　　──の優越　43,46
　　──の優越説　46
証拠能力　331
証拠評価の基本　183
証拠法則からの解放　156

情報処理プロセスとしての民事訴訟　219
情報の歪み　218,237
証明過程論的事実認定論　8
証明構造論　14
証明責任契約　172
証明責任原則　163
証明度　34
　——のあり方　55
　——の決め方　53
　——の軽減　62,79
　——の軽減の可否　58
　——の変容　70,73
　刑事訴訟における——　43
証明度軽減説　275
証明論的事実認定論　9
書証　83
書証説　315
職権調達型　287
処分証書　83
処分文書捏造ケース　228
人格訴訟　129
人格防衛型　233
信義則・違法性段階評価折衷説　334
信義則説　333
新検証説　316
人事訴訟　174
真実解明　26
真実説　26
新種証拠　309
心証形成　299
心証補強則　187
新書証説　315
信頼度　69
審理のあり方　283

す

推測の争い　4
推定されない嫡出子　72
推論の構造　21,206
推論の理由　169
スキ間論　292

せ

整合性テスト　124,174
誠実性テスト　123
生前贈与ケース　199
製造物責任訴訟　191

静態的訴訟観　26
制度の不当利用型　220
積極的財産損害　268
折衷説　277,280
説明義務違反　125,132
専門委員　289
　——の関与手続　291
　——の関与の必要性　295
　——の中立性・公平性　290
専門家倫理　110
専門訴訟　287

そ

素因減額　340
争点整理・進行協議における説明　296
争点中心審理　293
相当な損害額　261
　——の認定　275,281
訴訟上の和解　303
　——における説明　297
訴訟代理人的役割への過剰適応型　228
訴訟提起後に作成された文書　336
訴訟法説　53
疎明　170
損害
　——の概念　266
　——の性質　271
　——の対象　267
　——の発生　266
損害事実説　266
存否不明　164

た

第三の波説　23,334
多段階的証明度説　47
多奈川火力公害訴訟　316
単独行為　244

ち

知識体系としての民事事実認定論　12
仲裁鑑定契約　172
直接認定型　28
直接認定の反証型　28
陳述書　106,336
　——の汚染　109
　——の作成　111
　——の証拠評価　113

残念な—— 115
陳述書利用消極論 107
賃貸借契約書 228

て
適格性テスト 123
適合性原則違反 132
適法な証拠資料を看過した事実認定 339
デジタルカメラ 325
手続裁量 290
手続保障 103,291,300,307,326

と
統計学的証明 61
当事者
　　——の意見聴取 300
　　——の意見陳述の機会 305
　　——の立会いの要否 303
　　——の同意 302
当事者照会 176
動態的訴訟観 26
盗用ケース 100
図面 323
図面、写真等の証拠調べ 323
特殊専門的経験則 214
特殊日本的法援用随伴型 231
取締役の責任追及ケース 209

な
内縁解消 234
長崎原爆訴訟上告審判決 42,74

に
二段の推定 98
　　——と反証 98
二要件説 50,51
人証の代わりに作成された文書 335
人証の証言・供述の態度 176
人証の証拠評価 120,147
認定すべき事実 20

は
陪審制 5
パトカー追跡事故目撃ケース 227
判決書の記載 166
判決理由記載の程度 283
反証提出責任 177

反対尋問を経ない供述・証言 338
パンフレット不交付主張ケース 124,232

ひ
ビデオテープ 324
評価規範 282
評価の争い 3
「表現使用者に不利に」 243
表見証明 191
表示主義 241

ふ
付款の解釈 252
複合契約 256
不自然ケース 101
不動産譲渡と詐害行為性 113
不動産媒介契約 250
フリーライダー・ケース 100
プリントアウトされた文書 327
文書 83
　　——に準ずる物件 322
文書成立の真正 84,87
　　——についての自由 102
　　——の推定 95

へ
ベイズ決定理論援用説 49
弁護士職務基本規定
　　——5条 224
　　——75条 110,231
弁護士による事件作出ケース 222
弁護士倫理 223,225,231
弁論主義 298
弁論主義原則 159
弁論の全趣旨 173,274
　　——と判決理由 180
　　——による事実認定 178
　　——の作用 174
　　——の内実 176

ほ
包括一律請求 273
報告文書 106,206
　　——作出ケース 225
放射線起因性の認定 54
法定証拠主義 155
法定証拠法則 156

事項索引

351

法定証拠法則説　95, 97
法廷提出型　287
忘年会カラオケ膝蹴り事件　143
法律行為の解釈　246
法律上の事実推定説　96
法律上の推定(法律上の事実推定)　190
保険代位による損害賠償請求訴訟　193
補充的解釈　242
保証債務履行請求事件　235
補助事実　20, 71

ま

マイクロフィルム　324

み

民事事実認定
　――の特色　12, 218
　――の与件　13
民事訴訟における判断のプロセス　17

む

無形損害　263, 274

め

滅失動産の損害額の立証　272

も

目撃者の証言　192
目撃証人の信用性　228
黙示の意思表示　4
目的適合的解釈　255

ゆ

優位性　6

優越的蓋然性説　46
有価証券報告書虚偽記載　264
「有利な法的地位を得る者に不利に」　243

よ

要件事実的思考　18
養子縁組無効確認請求訴訟　145
抑制的算定説　281
予告通知者等紹介　176
予測型損害額算定　268
預託金返還請求訴訟　194

り

利益考量説　333
立証困難顕著性　271
立証に要する費用　272
理由の食違い　168, 181
理由不備　168, 181
領収書　202, 203
両輪論　292

る

ルンバール事件判決　41, 77, 203

れ

例外随伴性　209
連帯保証　226

ろ

録音テープ　324
　――等の証拠調べ　311, 313, 324

事項索引

判例索引

明治30〜39年
大判明治36・12・23民録9-1462 …………184
大判明治37・1・28刑録10-105 ……………282

明治40〜45年
大判明治43・4・5民録16-273 ……………267

大正元〜9年
大判大正4・3・24民録21-439 ……………253
大判大正5・5・6民録22-904 ……………184

大正10〜15年
大判大正10・9・28民録27-1646…………162,175
大判大正10・10・20民録27-1794…………176
大判大正12・8・2評論13民訴96 …………180

昭和元〜9年
大判昭和3・10・20民集7-815 …31,173,179,300
大判昭和4・5・11評論19民訴103 …………184
大判昭和5・6・27民集9-619 ……………178
大判昭和5・9・12評論19民訴475…………184
大判昭和5・9・13新聞3180-13……………140
大判昭和7・3・7民集11-285 ……………184
大判昭和7・7・8民集11-1525……………267
大判昭和8・1・31民集12-51 ……212,213
大判昭和8・4・18民集12-689 …………174
大判昭和8・9・20新聞3613-12……………140

昭和10〜19年
大判昭和10・4・30民集14-1175…………162
大判昭和10・7・9民集14-1309……………179
大判昭和10・10・8評論24民訴454…………184
大判昭和11・5・21新聞3993-12…………174,189
大判昭和11・7・16新聞4022-10…………174
大判昭和14・11・21民集18-1545…………107,336
大判昭和15・12・20民集19-2215…………174
大判昭和15・12・20民集19-2283…………184
大判昭和16・10・8民集20-1269…………179
大判昭和16・11・7評論31諸法48 …………184
大判昭和18・7・2民集22-574 ……………332

昭和20〜29年
最判昭和23・8・5刑集2-9-1123 ………40,77
最判昭和23・9・18民集2-10-246 …………151
最判昭和23・12・21民集2-14-491 …………160
最判昭和24・2・1民集3-2-21 …………107,336
最判昭和25・2・28民集4-2-75………87,165,167
最大判昭和26・8・1刑集5-9-1684 …………170
最判昭和27・10・21民集6-9-841
……………………………71,73,103,178,179
最判昭和27・11・20民集6-10-1004 …………87
最判昭和27・12・5民集6-11-1117…………153,338
最判昭和28・5・14民集7-5-565……………160
最判昭和28・11・20民集7-11-1229…………282
最判昭和28・12・18民集7-12-1446 …………184
最判昭和29・11・26民集8-11-2098…………165

昭和30〜39年
最判昭和31・7・20民集10-8-947 …………339
最判昭和31・9・13民集10-9-1135…………189
最判昭和31・10・23民集10-10-1275 …………168
最判昭和32・2・8民集11-2-258 …………338
最判昭和32・6・11民集11-6-1030…………167
最判昭和32・6・21民集11-6-1125…………189
最判昭和32・6・25民集11-6-1143…………160,172
最判昭和32・7・9民集11-7-1203…………108
最判昭和32・10・31民集11-10-1779 …………168
最判昭和32・12・3民集11-13-2009…………189
札幌高判昭和33・2・26訴月4-6-805…………184
最判昭和33・6・14裁民集32-231…………202
最判昭和34・1・8民集13-1-1 ……………202
最判昭和34・7・2裁判集民37-5 …………168
最判昭和34・11・26民集13-12-1562 …………340
最判昭和34・11・26民集13-12-1573 …………165
最判昭和35・3・10民集14-3-389…………184
最判昭和35・4・21民集14-6-930…………184
最判昭和36・1・24民集15-1-35 …………165
最判昭和36・4・7民集15-4-694 …………180
最判昭和36・4・28民集15-4-1115…………213
最判昭和36・8・8民集15-7-2005…………169,203
最判昭和37・3・23民集16-3-594 …………168
最判昭和38・4・19裁判集民65-593…………203
最判昭和38・7・30裁判集民67-141…………203
最判昭和38・12・17裁判集民70-259 …………168
最判昭和39・1・23民集18-1-99 …………251
最判昭和39・1・28民集18-1-136 …………263

最判昭和39・5・12民集18-4-597‥‥‥‥‥‥98
最判昭和39・6・24民集18-5-874 ‥‥‥‥269,281
東京高判昭39・11・30東高民時報15-11-241
‥‥‥‥‥‥‥‥‥‥‥‥‥‥‥‥‥‥‥‥‥‥‥183

昭和40〜49年

最判昭和40・10・21民集19-7-1910‥‥‥‥‥183
大阪高判昭40・12・15金法434-8‥‥‥‥‥‥100
最判昭和41・1・21判時438-27 ‥‥‥‥‥‥175
東京地判昭42・3・28判タ208-127‥‥‥‥‥172
最判昭和42・5・23裁判集民87-467 ‥‥‥‥202
最判昭和43・2・9判時510-38 ‥‥‥‥‥‥184
最判昭和43・7・11民集22-7-1489‥‥‥‥‥203
最判昭和43・8・20民集22 8-1677‥‥‥‥‥168
最判昭和44・5・29民集23-6-1064 ‥‥‥72,158
最判昭和45・1・23判時589-50 ‥‥‥‥‥‥162
東京地判昭45・6・26判時615-46‥‥‥‥‥‥91
東京地判昭45・6・29判時615-38‥‥‥‥‥‥49
最判昭和45・9・8裁判集民100-415‥‥‥‥101
最判昭和45・10・22民集24-11-1599 ‥‥‥‥251
最判昭和45・10・30判時611-34 ‥‥‥‥‥‥104
最判昭和45・11・26裁判集民101-565‥‥‥‥203
最判昭和46・3・30判時628-45・判タ263-202
‥‥‥‥‥‥‥‥‥‥‥‥‥‥‥‥‥‥‥‥‥‥‥202
最判昭和46・4・22判時629-60‥‥‥‥‥‥‥92
東京地判昭46・4・26判時641-81 ‥‥‥‥‥333
富山地判昭46・6・30下民集22-5=6別冊1
‥‥‥‥‥‥‥‥‥‥‥‥‥‥‥‥‥‥‥‥‥‥‥60
大分地判昭46・11・8判時656-82 ‥‥‥‥‥333
最判昭和47・3・2裁判集民105-225‥‥‥‥202
最判昭和47・6・22判時673-41 ‥‥‥‥‥‥267
東京地判昭47・7・17判タ282-235 ‥‥‥‥‥49
最判昭和47・10・12金法668-38 ‥‥‥‥‥‥100
広島地判昭48・4・19判時700-89 ‥‥‥‥63,78
最判昭和48・12・13判時725-104 ‥‥‥‥‥‥40
東京地判昭49・7・18判時764-62‥‥‥‥‥‥49

昭和50〜59年

最判昭和50・6・12判時783-106 ‥‥‥‥‥‥99
最判昭和50・10・9裁判集民116-279‥‥‥‥340
最判昭和50・10・24民集29-9-1417
‥‥‥‥‥‥‥‥‥‥‥‥‥‥‥‥41,74,77,169,203
水戸地判昭50・12・8判タ336-312 ‥‥‥‥‥49
最判昭和51・7・19裁判集民118-291‥‥‥‥256
広島地判昭51・7・27判時823-17 ‥‥‥‥63,78
最判昭和52・4・15民集31-3-371 ‥‥‥‥‥103

東京高判昭和52・7・15判時867-60 ‥‥‥‥333
最判昭和52・11・15民集31-6-900 ‥‥‥‥‥201
最判昭和52・12・23判時879-73 ‥‥‥‥‥‥202
大阪高決昭和53・3・6高民31-1-38‥‥‥‥316
最判昭和53・7・17判時909-48 ‥‥‥‥‥‥202
東京地判昭和53・8・3判時899-48‥‥‥‥‥60
最判昭和53・9・7刑集32-6-1672 ‥‥‥‥‥332
最判昭和54・1・19判時919-59 ‥‥‥‥‥‥202
大阪高決昭和54・2・26高民32-1-24 ‥‥‥316
最判昭和54・3・23判時924-51 ‥‥‥‥202,204
広島高判昭和54・5・16判時944-40 ‥‥‥63,78
最判昭和54・5・29判時933-128 ‥‥‥‥169,202
最判昭和54・9・6判時944-44 ‥‥‥‥‥‥202
最決昭和54・11・8刑集33-7-695‥‥‥‥‥‥40
最判昭和55・4・22判時968-53 ‥‥‥‥‥‥103
最判昭和56・11・13判時1024-55‥‥‥‥‥‥167
最大判昭和56・12・16民集35-10-1369 ‥‥‥59
最決昭和57・5・25判時1046-15 ‥‥‥‥‥‥40
最判昭和57・11・12民集36-11-2193 ‥‥‥‥202
最判昭和58・3・18判時1075-115 ‥‥‥‥‥244
最判昭和58・3・24民集37-2-131 ‥‥‥‥‥202
最判昭和58・5・26判時1088-74・判タ504-90
‥‥‥‥‥‥‥‥‥‥‥‥‥‥‥‥‥‥‥‥‥‥‥182
宮崎地判昭和58・9・26交通民集16-5-1273
‥‥‥‥‥‥‥‥‥‥‥‥‥‥‥‥‥‥‥‥‥‥‥49
大阪地判昭和59・1・31判時1109-115 ‥‥‥135
最判昭和59・3・13金法1077-32‥‥‥‥‥‥202
神戸地判昭和59・5・18判時1135-140 ‥‥‥332
大阪高判昭和59・10・5判タ546-142‥‥175,189
東京高判昭和59・12・15判時1144-146 ‥‥‥41
大阪高判昭和59・12・25判時1158-210 ‥‥‥136

昭和60〜64年

最判昭和60・12・13判時1179-62‥‥‥‥‥‥202
最判昭和61・2・27判時1193-112 ‥‥‥‥‥259
最判昭和62・1・22民集41-1-17 ‥‥‥‥‥‥137
最判昭和63・1・26民集42-1-1 ‥‥‥‥‥‥229

平成元〜9年

最判平成元・12・8民集43-11-1259‥‥‥‥61,268
最判平成2・3・6判時1354-96‥‥‥‥‥‥340
最判平成2・9・27民集44-6-1007 ‥‥‥‥‥202
最判平成3・1・18判時1378-67 ‥‥‥‥‥‥202
名古屋地判平成3・8・9判時1408-105 ‥‥‥333
東京地判平成4・2・7判タ782-65 ‥‥‥‥62,63
最判平成4・6・25民集46-4-400 ‥‥‥‥‥340
最判平成4・10・29民集46-7-1174 ‥‥‥‥‥79

最判平成5・1・19民集47-1-1 ……………244
長崎地判平成5・5・26判タ816-258 …………75
最判平成5・7・20判時1508-18……………101
最判平成5・7・20判時1519-69……………260
最判平成5・12・7判時1510-14……………104
大阪地判平成6・3・29判時1493-29 ………192
東京地判平成6・5・30判時1493-49 ………232
東京高判平成7・1・30家月51-4-67 …72,158
東京地判平成8・3・25判時1572-75………232
東京地判平成8・7・30判時1576-103………232
横浜地判平成8・9・4判タ922-160…………232
最判平成8・10・28金法1469-51……………232
最判平成8・10・29民集50-9-2474……………341
最判平成8・11・12民集50-10-2673 ……256,260
東京地判平成9・6・9判時1635-95・
 判タ972-236・金法1489-32 ……………232
大阪地判平成9・9・18判タ992-166…………192
福岡高判平成9・11・7判タ984-103 …54,64,75

平成10〜19年
東京地判平成10・5・15判タ1015-185 ………232
東京地判平成10・5・29判タ1004-260 ………333
東京地判平成10・10・16判タ1016-241 ………279
京都地判平成10・12・11判時1708-71………63,78
東京地判平成11・2・23判タ1029-206 …128,232
東京高判平成11・4・14判時1700-44…………192
東京地判平成11・5・18判タ1027-161 ………250
東京地判平成11・6・22判タ1008-288 ………193
最判平成11・6・29裁判集民193-411・
 判タ1009-93……………………………168,181
東京地判平成11・8・31判時1687-39
 ………………………………………192,273,277
東京地判平成11・12・1判タ1031-185 ………248
東京地判平成12・2・23判タ1044-128 ………246
最判平成12・3・24民集54-3-1126……………256
最判平成12・4・11民集54-4-1368……………65
最判平成12・7・18判時1724-29・判タ1041-141
 ………………………………………42,54,58,64,74
最判平成12・9・22民集54-7-2574……………64
東京地判平成12・9・26判タ1054-217 …150,244

大阪高判平成12・11・7判時1739-45 …………80
東京地判平成12・11・29判タ1086-162 ………334
東京地判平成12・12・12判タ1059-159 ………198
東京地判平成13・1・31判タ1071-190 ………252
神戸地判平成14・7・18交通民集35-4-1008…278
東京地判平成15・10・3判タ1153-254 ………273
最判平成16・2・26判時1853-90……………204,346
最判平成17・1・17民集59-1-28……………204,346
東京地判平成17・10・31判時1954-84・
 金判1229-12……………………………………232
最判平成18・1・24判時1926-65・判タ1205-153
 …………………………………………265,282,283
最判平成18・1・27判時1927-57……205,337,346
最判平成18・3・3判時1928-149 ……………169
最判平成18・6・16民集60-5-1997 ……………61
大阪高判平成18・9・14判タ1226-107 …269,281
最判平成18・11・14判時1956-77……169,205,346
東京地判平成18・11・17判タ1249-145 ………273
東京地判平成19・10・26判タ1293-129 ………281
大阪高判平成19・10・30判タ1265-190 ………269

平成20〜24年
最判平成20・6・10判時2042-5・判タ1316-142
 …………………………………265,277,280,282,283
東京高判平成21・2・26判時2046-40……264,266
東京地判平成21・5・28判時2060-65……269,281
東京地判平成21・6・18判タ1310-198 ………281
東京地判平成21・6・24判時2060-96……256,258
名古屋地判平成21・8・7判タ1330-247
 ………………………………………………277,281
名古屋地判平成21・12・11判タ1330-144 ……281
最判平成22・7・16判時2094-58……………206,346
東京地判平成22・9・30金判1369-44…………132
東京高判平成23・3・23判時2116-32……269,281
最判平成23・9・13民集65-6-2511……………264,266
最判平成23・9・18民集2-10-246 ……………151
東京高判平成23・11・9判時2136-38・
 判タ1368-171……………………………………133
最判平成24・9・13民集66-9-3263……………157

著者紹介

加藤 新太郎（かとう・しんたろう）／中央大学大学院法務研究科
教授・弁護士

1950年生まれ。博士（法学・名古屋大学）。
1975年裁判官任官（東京地方裁判所）。その後、名古屋、大阪、釧路に勤務。1988年司法研修所教官（第2部）、1992年司法研修所事務局長、1998年東京地方裁判所判事（部総括）、2001年司法研修所上席教官（第1部）、2005年新潟地方裁判所長、2007年水戸地方裁判所長、2009年東京高等裁判所判事（部総括）、2015年から現職。

『弁護士役割論』（弘文堂・1992、〔新版〕2000）、『コモン・ベーシック弁護士倫理』（有斐閣・2006）、『手続裁量論』（弘文堂・1996）、『司法書士の専門家責任』（弘文堂・2013）、『民事訴訟実務の基礎』（編著、弘文堂・2004、〔第2版〕2007、〔第3版〕2011）、『リーガル・コミュニケーション』（編著、弘文堂・2002）、『リーガル・ネゴシエーション』（編著、弘文堂・2004）、『民事事実認定と立証活動Ⅰ・Ⅱ』（編著、判例タイムズ社・2009）、『民事尋問技術』（編著、ぎょうせい・1996、〔新版〕1999、〔第3版〕2011）、『民事訴訟法の論争』（共著、有斐閣・2007）、『コンメンタール民事訴訟法Ⅰ～Ⅵ』（共著、日本評論社・〔Ⅰ・Ⅱ〕2002、〔Ⅲ〕2008、〔Ⅳ〕2010、〔Ⅴ〕2012、〔Ⅵ〕2014、〔第2版〕〔Ⅱ〕2006、〔第2版追補版〕〔Ⅰ〕2014）、『条解 民事訴訟法〔第2版〕』（共著、弘文堂・2011）など

民事事実認定論

2014（平成26）年6月30日　初版1刷発行
2016（平成28）年11月30日　同　3刷発行

著　者　加　藤　新太郎
発行者　鯉　渕　友　南
発行所　株式会社　弘文堂　　101-0062 東京都千代田区神田駿河台1の7
　　　　　　　　　　　　　　TEL 03(3294)4801　振替 00120-6-53909
　　　　　　　　　　　　　　http://www.koubundou.co.jp
装　丁　大　森　裕　二
印　刷　港北出版印刷
製　本　牧製本印刷

© 2014 Shintaro Kato. Printed in Japan

[JCOPY]　＜(社)出版者著作権管理機構　委託出版物＞

本書の無断複写は著作権法上での例外を除き禁じられています。複写される場合は、そのつど事前に、(社)出版者著作権管理機構（電話 03-3513-6969、FAX 03-3513-6979、e-mail:info@jcopy.or.jp）の許諾を得てください。
また本書を代行業者等の第三者に依頼してスキャンやデジタル化することは、たとえ個人や家庭内での利用であっても一切認められておりません。

ISBN978-4-335-35541-7